"편집자의 일은 새로운 사고방법을 산출하는 것이다.
그러기 위해서는 인류가 지금까지 축적해온 것의
총체를 알아야 한다."

• 오쓰카 노부카즈

RISO NO SHUPPAN WO MOTOMETE
by OTSUKA Nobukazu

Copyright ⓒ 2006 OTSUKA Nobukazu
All rights reserved.
Originally published in Japan by TRANSVIEW, Tokyo.
Korean translation rights arranged with
TRANSVIEW, Japan
through THE SAKAI AGENCY and IMPRIMA KOREA AGENCY
大塚信一, 理想の出版を求めて――一編集者の回想 1963-2003, トランスビュー, 2006

이 책의 한국어판 저작권은
THE SAKAI AGENCY 와 IMPRIMA KOREA AGENCY를 통해
TRANSVIEW와의 독점계약으로 한길사에 있습니다.
저작권법에 의해 한국 내에서 보호를 받는 저작물이므로
무단전재와 무단복제를 금합니다.

한 출판편집자의 회상
책으로 찾아가는 유토피아

오쓰카 노부카즈 지음 · 송태욱 옮김

한길사

책으로 찾아가는 유토피아
한 출판편집자의 회상

지은이 · 오쓰카 노부카즈
옮긴이 · 송태욱
펴낸이 · 김언호
펴낸곳 · (주)도서출판 한길사

등록 · 1976년 12월 24일 제74호
주소 · 413-756 경기도 파주시 교하읍 문발리 520-11
        www.hangilsa.co.kr
        E-mail: hangilsa@hangilsa.co.kr
전화 · 031-955-2000~3   팩스 · 031-955-2005

상무이사 · 박관순 | 영업이사 · 곽명호
기획 및 편집 · 이현화 유 진 윤은혜 | 전산 · 한향림 | 저작권 · 문준심
마케팅 및 제작 · 이경호 | 관리 · 이중환 문주상 장비연 김선희

출력 · 지에스테크 | 인쇄 · 중앙문화인쇄 | 제본 · 경일제책

제1판 제1쇄 2007년 11월 10일

값 20,000원
ISBN 978-89-356-5860-2 03800

• 잘못 만들어진 책은 구입하신 서점에서 바꿔드립니다.

「이 도서의 국립중앙도서관 출판시도서목록(CIP)은
e-CIP 홈페이지(http://www.nl.go.kr/cip.php)에서 이용하실 수 있습니다.
(CIP제어번호: CIP2007003372)」

"독서가 도움이 되려면 뭔가의
노작勞作을 포함하는 하나의 수련修練이어야 한다."
....
• 에른스트 르낭

편집자로 보낸 40년의 기록
• 글을 열며

    1963년 봄 나는 이와나미쇼텐이라는 출판사에 입사했다. 40년간 근무하고 2003년 5월에 퇴사했다. 마지막 10년은 경영업무가 주였으나 그 이전의 30년은 오로지 편집 일만 하는 생활이었다. 종반의 10년간도 경영업무를 하는 한편, 젊은 사람들에게 미움을 받으면서도 기획과 편집 일에서 완전히 손을 떼지 않았다. 앞으로 할 이야기는 편집자로 보낸 40년을 돌아보는 기록이다.

    나중에 다시 말하겠지만 내 이야기는 "편집자라는 기묘한 인종의 신기한 행동방식"(야마구치 마사오)을 보여주는 것인지도 모른다. 동시에 내가 관계를 맺어온 수많은 학자나 예술가·국내외 편집자의 모습을 그린 기록이기도 하다. 일찍이 이런 편집자가 있어 이런 사람들과 함께 이런 일을 했다는, 1960년대부터 21세기 초에 이르는 40년과 관련된 하나의 증언으로 읽어준다면 더할 나위 없이 행복하겠다.

지은이 오쓰카 노부카즈

책으로 찾아가는 유토피아

편집자로 보낸 40년의 기록 …… 글을 열며   7

1. 애송이의 수업
…… 이와나미쇼텐의 '신입사원 교육'   13
…… 특집 기획을 맡다   25

2. 철학자들
…… '강좌·철학'의 편집   43
…… 편집 스승과의 만남   57
…… 개성이 두드러진 사람들   71

3. 신서 편집과 프랑크푸르트국제도서전
…… 청판의 시대   83
…… 황판의 출발   135
…… 프랑크푸르트 커넥션   143

4. 지적 모험의 바다로
…… '현대선서'와 '총서·문화의 현재'   155
…… '20세기 사상가문고'와 '강좌·정신과학'   189
…… 『마녀 랑다고』『세기말의 빈』등   207

5. 불가능에 대한 도전—『헤르메스』의 고리 I
⋯⋯ 문화 창조를 위한 계간지   233
⋯⋯ 정신적 지주로서의 하야시 다쓰오   271

6. 지적 모험의 여행을 즐기다
⋯⋯ 단행본과 새로운 시리즈   281
⋯⋯ '신이와나미강좌 · 철학'과 단행본   301

7. 편집장으로서의 후반전—『헤르메스』의 고리 II
⋯⋯ 동인들의 분발   323
⋯⋯ 베스트셀러 작가에서 과학자까지   337

8. 전환기의 기획—종반의 작업
⋯⋯ 장르를 넘어선 강좌   363
⋯⋯ 『나카무라 유지로 저작집』에서 『편하게 죽고 싶다』까지   397
⋯⋯ 21세기를 위한 몇 개의 시도   411

마침내 40년 동안 찾아온 '유토피아'를 엿보다 ⋯⋯ 글을 맺으며   437
커다란 손바닥 안에서 저질러온 반역 ⋯⋯ 저자 후기   441
한 편집자의 삶에서 보는 한 시대의 지성사 ⋯⋯ 옮긴이의 글   451
찾아보기   455

1. 애송이의 수업

"출판사의 사회적 지위가 향상됨에 따라 사원의 의식도,
　　　　자존심도 높아졌다. 지금은 '편집자'가 트렌디 드라마의
　주연으로 나오기도 한다. 그러나 출판이란 원래 수수하고
　　별로 눈에 띄지 않는 일이다. 편집자는 드러나지 않게 시중드는 사람이다.
출판계는 다시 한 번 초심으로 돌아가 구멍가게에서
　　　　　　다시 출발해도 좋지 않을까 싶다."
………………………………………

이와나미쇼텐의 '신입사원 교육'

애송이가 찾아왔어요!

1960년대 중반쯤의 일이다. 나는 처음으로 하야시 다쓰오(林達夫, 1896~1984) 씨 댁을 방문했다. 후지사와(藤澤) 구게누마(鵠沼)에 자리 잡은, 들보가 드러난 영국 옛 민가풍의 아름다운 집이었다. 나중에 하야시 씨로부터 이 집을 지을 때의 이런저런 고생담을 들었다.

현관에서 초인종을 누르자 하야시 부인이 나왔다. 물론 첫 대면이었다. "이와나미쇼텐(岩波書店)의 오쓰카입니다"라며 고개를 숙인 내 얼굴을 보고 부인은 안쪽을 향해 "이와나미의 애송이가 찾아왔어요!"라고 외쳤다.

와쓰지 데쓰로(和辻哲郎, 1889~1960)・다니카와 데쓰조(谷川徹三, 1895~1989) 씨 등과 함께 전전(戰前) 이와나미쇼텐의 고문으로서 또 『사상』(思想)[1)]의 편집에도 종사했던 하야시 씨는 이와나미쇼텐과 깊은 관계를 맺고 있었다. 전전 이와나미쇼텐은 아직 주식회사가 아니라 구멍가게에 지나지 않은 조그만 조직이었다. 당연히 창업자인 이와나미 시게오(岩波茂雄, 1881~1946) 씨가 점주였고, 고바야시 이사무(小林勇, 1903~81) 씨는 지배인이었다. 일반 사원은 점원이었고 젊은 사람들은 애송이였다. 그렇다면 학교를 막 졸업한 신참 편집부원이야 애송이로밖에 말할 수 없는 존재였으리라. 하야시 부인은 예전 감각으로 아주 자연스럽게 그렇게 말했던 것이다. 나는 '애송이'라는 말을 듣고, 솔직히 말하자면 깜짝 놀랐다. 그러나 지금 생각해보면 애송이에서 출발한 것은 그리 나쁘지 않은 일이었다.

지금부터 쓰는 이야기는 그럭저럭 내가 어엿한 편집자가 될 때까지의 과정을 그린 '애송이의 수업기록'인 셈이다.

출판사의 사회적 지위가 향상됨에 따라 사원의 의식도, 자존심도 높아졌다. 지금은 '편집자'가 트렌디 드라마의 주연으로 나오기도 한다. 학생들이 동경하는 대상이 된 것은 물론이다. 그러나 출판이란 원래 수수하고 별로 눈에 띄지 않는 일이다. 편집자는 드러나지 않게 시중드는 사람이다. 출판계는 다시 한 번 초심으로 돌아가 구멍가게에서 다시 출발해도 좋지 않을까 싶다.

『사상』 편집부로

1963년 봄, 나는 대학을 졸업하고 주식회사 이와나미쇼텐에 입사했다.

이케부쿠로(池袋)에 있는 집에서 스키야바시(數寄屋橋)행 노면전

---

1) 1921년에 창간한 철학·역사학·사회과학 등의 최신 성과를 담은 잡지. 2007년 9월 현재 1002호까지 나왔다.

차를 타고 고코쿠지(護國寺), 덴즈우인(傳通院), 가스가초(春日町), 스이도바시(水道橋)를 지나 30~40분이면 진보초(神保町)에 도착한다. 당시에는 아직 지하철이 없었으므로 노면전차와 버스밖에 지나지 않는 진보초는 육지의 외로운 섬이라고 해도 좋았다. 진보초의 교차로에서 동서남북을 바라보면 황거(皇居) 방향으로 왼쪽에 학사회관(學士會館), 오른쪽에 공립 강당이 있을 뿐, 나머지는 낮은 집들이 쭉 늘어서 있는 광경이었다.

전차 정류장에서 황거 쪽으로 난 세 갈래 길에서 오른쪽으로 돌면 현관에 나쓰메 소세키(夏目漱石, 1867~1916)가 '岩波書店'(이와나미쇼텐)이라고 가로로 크게 쓴 간판을 내건 사옥이 나온다. 원래는 히토쓰바시대학(一橋大學)의 강당이었다는 중후한 2층 건물 위에, 가설이라고 해도 좋을 정도로 가볍게 증축한 부분이 3층을 이루는, 아주 엉성해 보이는 사옥이었다. 바로 옆에는 당시 영업부의 창고가 있었다.

주변에는 영세한 인쇄소나 제본소가 많았다. 그리고 평범한 민가나 상점, 오래된 요릿집도 있었다. 커다란 건물은 거의 없었고, 출판사가 자리 잡기에 딱 어울리는 장소로 보였다.

입사 동기는 네 명이었는데 남자가 둘, 여자가 둘이었다. 나는 편집부의 잡지과에 배속되어 『사상』 편집부원이 되었다. 편집부원이라고 해도 정확히 열 살 많은 K선배와 단 둘이었다. 2층의 가장 안쪽에 있는 잡지과 방에는 『세계』 『사상』 『문학』, 그리고 섭외과의 스태프가 모여 있었다. 난방은 커다란 가스스토브가 둘, 냉방은 선풍기뿐이었다. 여름에는 기온이 30도가 넘으면 차디찬 우유 한 병이 지급되었던 것으로 기억한다.

당시의 과장이 처음으로 맡긴 일은 잡지 『사상』 몇 년분의 목차를 영어로 옮기는 일이었다. 그 일이 끝나자 O과장은 "집필자 중에서 만나고 싶은 사람이 있으면 말하게!" 했다. 나는 대중사회론 논쟁으로 화려하게 등장한 마쓰시타 게이이치(松下圭一, 1929~) 씨와 초기 마르크스 연구로 알려진 시로쓰카 노보루(城塚登, 1927~ 2003) 씨의 이름을 말했다. O과장은 당장 전화로 마쓰시타 씨에게 연락해 "내일 점심을 대접하고 싶으니 진보초로 좀 나와주시겠습니까?"라고 부탁했고, 다음날 '양자강'이라는 중국집에서 나는 마쓰시타 씨를 소개받았다. 그리고 며칠 후 시로쓰카 씨와도 만난 일을 기억하고 있다.

그 다음 O과장은 나를 도쿄대학 법학부 연구실로 데리고 갔다. 정문으로 들어가 바로 오른쪽에 있는 법학부 연구실의 1층 한쪽 끝부터 교수와 조교수의 방을 차례로 노크하고, 사람이 있으면 "이 사람이 새로 들어온 오쓰카입니다. 잘 부탁드립니다"라는 말만 하고는 상대의 반응도 기다리지 않고 나오는 일을 반복했다. 나는 그때마다 명함을 내밀며 "잘 부탁드립니다"라고 인사할 뿐이었다. 지금 돌이켜보면 그때 처음으로 쓰지 기요아키(辻淸明, 1913~91)·가와시마 다케요시(川島武宜, 1909~92)·마루야마 마사오(丸山眞男, 1914~96)·후쿠다 간이치(福田歡一)·사카모토 요시카즈(坂本義和) 씨 등을 만났다.

이어서 "두세 명만 더 소개하지" 하면서 O과장은 릿쿄대학(立敎大學)으로 향했다. 법학부로 가자 한창 교수회의를 하고 있었다. O과장은 사무원에게 "급한 일이 있으니까 가미시마 선생님만 좀 불러주게"라고 부탁했다. 그러자 무슨 일이 일어났나 하면서 가미시마 지로(神島二郎) 씨가 회의실에서 뛰쳐나왔다. O과장은 가미시마 씨에게 도쿄대 법학부에서와 마찬가지로 "이 사람이 새로 들어온 오쓰카입니다. 잘 부탁드립니다"라고 말했고, 나는 명함을 내밀고는 어리둥절해하는 가미시마 씨를 남겨두고 그 자리를 떠났다. O과장은 "오가타 노리오(尾形典男) 씨는 학부장인가 뭐라고 해서 부르지 않았네" 했다.

O과장의 교육은 이것으로 끝났다. 그 다음에는 갑자기 나를 편집 현장으로 밀어넣었다. 처음에는 인쇄소로 출장 교정을 데리고 가서는 교정하라며 교정쇄를 던져주었다. 『사상』은 세이코샤(精興社)에서 인쇄하기 때문에, 학사회관을 조금 지나 그 뒤쪽에 있는 세이코샤(본사는 오우메시에 있다)로 갔다. 학교를 막 졸업하고 아직 앞뒤도 가리지 못한 형편에 연달아 어려운 논문들을 읽어야만 했다.

3, 4개월이 지나 교정하는 법도 배우고 그럭저럭 출장 교정에도 참가할 수 있게 되었을 무렵, 세이코샤의 U씨(나중에 임원이 됨)가 "차라도 한 잔 하러 갈까요?" 했다. 이런저런 잡담을 한 뒤 그가 "잠깐 인쇄하는 현장 좀 보지 않겠습니까?"라며 나를 데리고 간 현장에서는 베테랑 식자공이 활자 정판(整版)을 하고 있었다. 나의 아버지보다 나이가 많아 보이는 직공이 내가 표시한 빨간 글자에 따라 활자를 바꿔 넣고 있었다. 활자만이 아니라 인테르(활자 조판에서 행과 행 사이에 적당한 간격을 두기 위해 끼우는 얇은 공목―옮긴이)도 그때마다 바꾸어 넣어야 했다. 번잡하기 그지없는 작업을 보고 나는 교정쇄에 빨간 글자를 넣는다는 것이 어떤 일인지를 비로소 알게 되었다. 아무렇지 않게 그것을 가르쳐준 U씨에게는 지금도 깊이 감사하는 마음을 가지고 있다.

두 저자에 대한 뚜렷한 기억

처음으로 맡은 일은, 이미 선배들이 집필을 의뢰해두어 완성된 원고를 받으러 가는 일이었다. 『사회학적 상상력』(社會學的想像力) 등의 저작으로 알려진 라이트 밀즈(Charles Wright Mills, 1916~62)와 함께 막스 베버의 선집을 편집한 한스 거스(Hans Heinrich Gerth, 1908~78)가 그 무렵 도쿄공업대학의 객원교수로 와서 일본에 머물고 있었다. 거스 씨는 미국의 대학교수였는데, 유럽에서 망명한 사람인 듯했다. 왜냐하면 나의 치졸한 영어로 대화를 나눠보았더니 그의 발음은 독일어 투가 꽤 강했기 때문이다. 원고는 「미국에서의 막스 베버 연구」(アメリカにおけるマックス・ウェーバー研究)였다. 거스 노부코(Gerth, Nobuko) 부인이 일본어로 번역해주었다. 학창시절에 나는 막스 베버에 흥미를 가지고 그의 저작 몇 권을 읽은 적이 있는데 그것이 꽤 도움이 되었다.

그런데 이 논고는 1년에 한두 번 꾸미는 『사상』의 특집 가운데 하나로, 「방법이란 무엇인가」(方法とはなにか, 『사상』 1963년 5월호) 중의 한 편이었다. 당시 '방법'이라고 하면 마르크스와 막스 베버의 그것이 중심이었고, 그 주변에는 근대경제학이나 사회학의 모델론이라든가 행동과학·논리실증주의 등이 약간 배치된 정도였다. 거스 씨의 논고는 일본의 베버 연구의 분위기와는 약간 달라 그 점이 흥미로웠지만, 그 후에 전개되는 미국의 대담한 베버 연구(예컨대 아서 미츠만Arthur Mitzman의 『철의 우리』*The iron cage*)를 예상케 하는 것은 아니었다.

선명한 기억으로 남아 있는 것은 이노우에 미쓰하루(井上光晴,

1926~) 씨와 기다 미노루(ぎだみのる) 씨다. 분명히 고가네(小金井) 근처에 있는 이노우에 씨 댁을 방문한 것으로 기억하는데, 이노우에 씨는 면담 중에 정좌를 한 자세를 흐트러뜨리지 않고 시종 진지한 표정으로 애송이 신입사원을 응대해주었다. 그는 「30대 작가의 '근대화' 내면」(三十代作家の '近代化'の內面)이라는 논고를 썼는데, 「특집 '근대화'를 둘러싸고」(『사상』 1963년 11월호)에 실렸다. 규슈(九州)에서 상경한 지 얼마 되지 않은 무렵이어서 그랬는지는 모르지만 그때의 이노우에 씨 같은 성실한 작가와는 두 번 다시 만날 기회가 없었다.

같은 특집을 위해 기다 미노루 씨는 「부라쿠와 도쿄」(部落と東京)라는 에세이를 보내주었다. 원고가 완성되었으니 가지러 오라고 해서 찾아간 곳은 자택이 있는 하치오지(八王子)가 아니라 이세사키(伊勢崎)였다. 기다 씨가 기거하는 집에는 30대로는 보이지 않는 여성과 갓난아기가 있었다. 나는 그날 중에 도쿄로 돌아갈 예정이었으나 기다 씨가 "무슨 일이 있어도 묵었다 가라"라고 해서, 이런 때 편집자는 저자의 의견을 따라야 한다는 생각에 예정을 변경했다.

에세이의 내용은 유명한 『미치광이 부라쿠』(氣違い部落)[2]라는 책의 변주였는데, 특별히 주목할 만한 것은 없었으나 딱딱한 잡지인 『사상』에 실을 원고에 일부러 외설적인 단어를 담고 있었다.

"저녁식사는 기다 씨가 좋아하는 거예요"라고 그 집의 여주인이 말했다. 얇게 썬 쇠고기를 기름에 구운 것이었는데, 위스키에 얼음을 넣어 마시면서 먹었다. 다 먹고 나면 여주인이 다시 새로 구워왔

---

[2] 기다 미노루의 소설로 나중에 영화화되기도 했다.

기 때문에 마음껏 먹고 마실 수 있었다. 완전히 취해버린 기다 씨는 갓난아기를 무릎에 올려놓고 프랑스어로 뭐라고 중얼중얼 속삭였다. 감기에 걸린 것 같았다. 전쟁 전 프랑스에서 공부할 때의 일을 이야기해줄 것으로 기대하고 있었는데 기다 씨는 취해 잠들고 말았다. 기다 씨는 이런 '가정'을 일본 여기저기에 몇 군데 가지고 있다고 했다.

원고를 가지러 찾아간 저자는 무척 많았지만 나중에 일로 관계가 깊었던 분들의 이름만 적어두고자 한다.

이키마쓰 게이조(生松敬三)・스기야마 추헤이(杉山忠平)・미타 무네스케(見田宗介)・야마다 게이지(山田慶兒)・이즈카 고지(飯塚浩二)・호리오 데루히사(堀尾輝久)・나가하라 게이지(永原慶二)・이치카와 하쿠겐(市川白弦)・야스기 류이치(八杉龍一)

원고를 의뢰하다

입사하고 1년쯤 지난 1964년, 『사상』 1월호에 내가 의뢰한 첫 원고가 게재되었다. 아키야마 기요시(秋山淸) 씨의 「러시아혁명과 오스기 사카에」(ロシア革命と大杉榮)였다. 나는 아나키즘에 관심을 가지고 있었으므로 아키야마 씨에게 원고를 의뢰한 것이었는데, 가장 놀란 사람은 아키야마 씨 자신이었다. 그는 "마르크스주의자나 아카데미즘의 딱딱한 논문이 쭉 늘어서 있는 『사상』지로부터 집필 의뢰를 받을 줄은 꿈에도 생각하지 못했다"라고 말했다. O과장이나 K선배도 놀란 것 같았으나 불평 한마디 하지 않았다.

다음으로 내가 직접 의뢰하여 원고가 게재된 사람은 후지사와 노리오(藤澤令夫) 씨였다. 당시 느슨한 형태로『사상』의 상담역을 맡아주고 있던 사람은 히다카 로쿠로(日高六郎) 씨와 구노 오사무(久野收) 씨였다. 어느 날 구노 씨가 '논쟁의 논리'라는 공통의 테마로 몇 사람한테 원고를 의뢰하면 어떻겠느냐고 제안했다. 무척 재미있을 것 같았다. 과연 구노 씨라고 감탄했다. 그것은 사상·철학 관계라서 내가 맡았다.

당시 다나카 미치타로(田中美知太郎) 문하의 준재로서 교토대학의 조교수였던 후지사와 씨에게 전화로 집필을 의뢰했다. 후지사와 씨는 설마 내가 앞뒤를 가리지 못하는 신입사원이라고는 생각도 못했을 것이다. "화이트헤드의 말대로 서양철학이 플라톤의 각주에 지나지 않는다면 '대화편'에서 현저하게 보이는 플라톤의 논쟁의 논리를 밝히는 것보다 중요한 일은 없다고 생각하는데⋯⋯"라고 어설픈 지식을 최대한 발휘하여 의뢰했던 것이다. 후지사와 씨는 다행히 승낙해주었다. 이 시점에서는 그 후 40년에 걸쳐 다양한 일을 의뢰하고 마침내 그의 저작집까지 간행하는 관계가 될 줄은 꿈에도 상상하지 못했다.

'논쟁의 논리'라는 공통의 테마로 집필을 의뢰한 사람은 후지사와 씨 외에 가와노 겐지(河野健二) 씨(「'자본주의논쟁'의 평가를 둘러싸고」'資本主義論爭'の評價をめぐって)·나카무라 유지로(中村雄二郞) 씨(「논쟁의 논리와 수사」論爭におけるロジックとレトリック)·야마시타 마사오(山下正男) 씨(「실재론에서 유명론으로」レアリズムからノミナリズムへ)였다. 나카무라 씨는 파스칼의 프로뱅시알 논쟁을 중심으로, 야마시타 씨는 서구 중세의 보편주의 논쟁에 대해 썼다.

그 후 1966년부터는 나카무라 씨에게 「『사상』의 사상사」(『思想』の

思想史)라는 연재를 부탁했다. 그리고 후지사와 씨와 마찬가지로 나카무라 씨와도 이후 40년간 아주 깊은 관계를 유지했다. 후지사와 씨는 서양 고전학이라는 아카데미즘의 실력자였고, 나카무라 씨는 자유롭게 사색을 전개하는 이른바 재야 철학자였다. 일본 철학계의 중추를 차지한 두 사람이 마침 동갑이었다는 것은 무척 흥미로운 일이었다.

하니 고로와 하나다 기요테루

『사상』 편집부원이 된 지 1년이 조금 지났을 무렵, 깊이 생각해야 할 경험을 했다. 그것은 하니 고로(羽仁五郎) 씨에게 의뢰했던 '근대와 현대'라는 기획과 관련된 일이었다. 첫 회는 하니 씨 자신이 집필한 것이었으나 2회째는 내셔널리즘에 대한 다케우치 요시미(竹內好)·가지니시 미쓰하야(揖西光速) 씨와의 토론이었다. 여기서는 다케우치 씨와 하니 씨가 격렬하게 논쟁을 전개한 일을 기억하고 있다. 그리고 3회째와 4회째는 「하나다 기요테루(花田淸輝)와의 대화」였다.

하니 고로 씨는 전전부터 이와나미쇼텐과 깊은 관계가 있었고, 기회가 있을 때마다 이런저런 충고를 해주었다. 다만 그 충고의 방식이 좀 색달랐다. 우선 하니 씨의 사설 비서로부터 신입인 나에게 전화가 걸려온다. 그리고 하니 씨가 수화기를 받아서 "점심 때 그쪽으로 가겠소. 오늘은 ○○요리를 먹고 싶으니 부탁하오" 하는 것이다. 가까운 가게에 전화로 예약을 해두고 기다리고 있으면, 하니 씨는 비서가 운전하는 커다란 외제 승용차를 타고 나타나는 식이었다.

당시 활발하게 활동하고 있던 전학련[3] 학생들이 하니 씨와 공개토론을 했을 때, "선생님께서는 항상 비프스테이크를 드신다고 하는데 정말 사치스럽고 부르주아적이 아닌가요?"라고 하니 씨를 추궁했다. 그 질문에 대해 하니 씨는 태연하게 "비프스테이크를 먹고 정력을 비축해두지 않으면 혁명도 할 수 없소"라고 대답했다는 에피소드가 있었는데, 과연 있을 법한 이야기 같았다.

그런 하니 씨가 하나다 기요테루 씨와 대담한 것이다. 대담은 하니 씨가 노령인 점도 있고 해서 황거의 해자와 면한 조그만 호텔에서 이루어졌다. 하니 씨는 대담 전날 호텔로 들어가 다음날의 대담을 준비했다. 저녁 무렵, 하니 씨의 상황을 살피러 갔더니 "팬티 고무줄이 끊어졌어. 어디 가서 좀 사다주게"라고 부탁하는 것이었다. 그래서 센슈대학(專修大學) 앞까지 고무줄을 사러 돌아다녔다. 편집자가 팬티 고무줄까지 사러 가야 하는가 하고 한심하다는 생각을 안 한 것은 아니었다.

다음날 하니 씨와 하나다 씨의 대화는 무척 흥미로웠다. 그중에서도 내가 가장 감동받은 것은, 당시 드러나기 시작하던 중소대립에 관한 이야기였다. 튼튼한 사회주의진영이 둘로 쪼개지는 일은 절대 생각할 수 없다는 것이 고전적인 마르크스주의자인 하니 씨의 입장이었다. 그에 비해 하나다 씨는 사회주의진영이 다양화하는 것은 바람직한 일이고, 여기서 비로소 풍부한 사회주의가 개화할 가능성이 싹텄다는 입장이었다. 나는 그 발언을 듣고 하나다 씨는 정말 굉장

---

[3] 전일본학생자치회총연합(全日本學生自治會總連合)의 약칭. 각 대학의 학생자치회의 전국적 연합 조직으로 1948년에 결성되어 학문의 자유, 교육기관의 민주화 등을 주장했다. 1950~60년대 학생운동의 중심이었다.

한 사람이라고 생각했다. 2회째의 대담 상대인 다케우치 요시미 씨나 하나다 씨는 자신만의 사상을 가지고 있는 사상가여서 감탄하지 않을 수 없었다.

하니 씨에 대해서는 나 자신과 관련된 재미있는 에피소드가 있다. 나는 쭉 니시이케부쿠로(西池袋)의 후진노토모샤(婦人之友社) 근처에 살고 있었다. 그곳에는 미국의 유명한 건축가 라이트(Frank Lloyd Wright, 1867~1959)가 설계한 지유가쿠엔(自由學園)의 묘니치칸(明日館, 지금은 중요문화재이다)과 강당이 있었다. 나는 초등학교 시절 악동들과 함께 자주 강당 밑으로 기어들어가 놀곤 했다. 그 이야기를 하니 씨에게 했더니 하니 씨는 "거기엔 고바야시 이사무와 뎃토쇼인(鐵塔書院)을 만들었을 때 간행한 책이 있었을 텐데"라는 말을 했다.

고바야시 이사무 씨는 한때 이와나미쇼텐을 뛰쳐나가 출판사 뎃토쇼인을 만들었다. 그러나 다시 이와나미로 돌아오기로 결정했을 때 뎃토쇼인에서 출판한 책 중에서 남아 있던 책을 둘 장소가 없어졌다. 그래서 그 일부를 하니 씨가 떠맡아서 하니 씨 집안인 지유가쿠엔에 보관해두었다는 것이다. 하니 씨가 "한번 찾아볼까?"라고 해서 찾아보았더니 역시 강당 지하에서 수백 권의 책이 나왔다. "기념으로 자네한테도 주지" 하며 하니 씨가 뎃토쇼인에서 나온 책을 두세 권 주었던 일을 지금도 기억하고 있다.

특집 기획을 맡다

몇 개의 '소특집'

처음으로 '소특집' 기획을 맡게 된 것은 입사한 지 1년이 조금 지나서였다. 1년에 몇 차례 '소특집'이라는 이름으로, 하나의 주제 아래 몇 편의 논고를 모으는 기획이었다. 나는 미나미 히로시(南博) 씨를 중심으로 그 무렵 미국에서 활발하게 연구되던 행동과학에 초점을 맞춰 '행동과학의 현황'이라는 소특집(『사상』 1964년 8월호)을 편집했다. 그 내용은 다음과 같다.

- 미나미 히로시, 「행동과학과 행동학」(行動科學と行動學)
- 도미나가 겐이치(富永健一), 「행동이론과 사회과학」(行動理論と社會科學)
- 핫토리 마사오(服部政夫), 「행동과학에서의 심리학」(行動科學における心理學)
- 요시다 다미토(吉田民人), 「행동과학의 '기능' 관련 모델」(行

動科學における〈機能〉連關のモデル)
- 이누타 미쓰루(犬田充), 「미국 행동과학의 현황」(アメリカ行動科學の現況)

아울러 이 소특집을 전후로 해서 묶은 소특집을 열거하면 '자연과학과 법칙'(自然科學と法則) '법—사회통제의 기호적 기술'(法—社會統制の記號的技術) '현대의 농업구조'(現代における農業構造) '현대 관료제의 특질'(現代官僚制の諸特徵) 등이다. 이 가운데 '법—사회통제의 기호적 기술'은 가와시마 다케요시(川島武宜) 씨가 중심이 되어 사회적 통제의 기술이라는 관점에서 법을 재검토하려고 한 의욕적인 시도였다. 가와시마 씨를 중심으로 법사회학의 전문가가 연구회를 개최했고 그 성과를 모은 소특집이었다. '행동과학의 현황'의 경우도 미나미 씨를 중심으로 몇 차례 연구회가 열렸는데 나도 그 말석에 자리를 함께했다. 미나미 씨는 신입인 나에게도 의견을 말하도록 해주었다.

지금 생각하면 이런 경향은 당시까지의 마르크스주의적 방법론인 강좌파(講座派)[4]나 노농파(勞農派)[5]와 달랐고 막스 베버적 생각과

---

[4] 일본자본주의논쟁에서 노농파와 대항한 마르크스주의자 일파다. 이와나미쇼텐에서 출판된 『일본자본주의 발달사 강좌』(日本資本主義發達史講座)에 집필한 그룹이 중심이 되었기 때문에 이렇게 불렸다. 일본의 자본주의를 반봉건적 지주제라 규정하고 그 구조를 명확하게 하는 것을 중시했다. 그리고 혁명의 성격은 천황제를 타도하는 부르주아민주주의 혁명이어야 하고 그 후에 프롤레타리아 혁명이 온다는 '2단계 혁명론'을 주장했다. 이것은 코민테른의 32년 테제를 옹호한 것이기도 했다.
[5] 노농파는 전전(戰前)의 비일본공산당계 마르크스주의자 집단으로, 일본자본주의논쟁에서 강좌파와 대항한 경제학자, 무산정당에 속한 사회운동가, '문전파'(文戰派) 프롤레타리아 문학자 등으로 구성되었다. 1927년에 창간한 잡지 『노농』(勞農) 때문에 이렇

도 다른 것이었다. 이를테면 사회과학에 실증주의적 관점을 도입하는 시도였다고 할 수 있다. 좋든 나쁘든 미국의 학풍이 널리 퍼지게 되었는데, 얼마 지나지 않아 정치학이나 경제학에서도 그런 경향이 강해진 것은 잘 알려진 사실이다.

그리고 『사상』 1966년 11월호에서는 다시 소특집 '현대사회와 행동과학'을 편집했다. 철학자인 요시무라 도루(吉村融)·야마시타 마사오 씨, 심리학자인 미나미 히로시·이누타 미쓰루 씨, 그리고 국제정치학자인 무샤노코지 긴히데(武者小路公秀) 씨가 참여했다. 연표와 그 밖의 자료를 첨부해 당시로서는 꽤 도움이 되는 것이었다.

'행동과학' 특집 다음으로 맡은 소특집은 '국제정치와 국제법'이었다. 1965년 10월호였다. 다바타 시게지로(田畑茂二郞)·이시모토 야스오(石本泰雄) 씨와 의논해서 편집한 것이 아래의 내용이었다.

- 이시모토 야스오, 「국제법—그 '물신숭배'」(國際法—その〈物神崇拜〉)
- 다바타 시게지로, 「A·A신흥제국과 국제법」(A·A新興諸國と國際法)
- 마쓰이 요시로(松井芳郎), 「〈참고자료〉 천연의 부와 자원에 대한 영구적 주권」(〈參考資料〉天然の富と資源に對する永久的主權)

게 불렸다. 제2차 세계대전 후에는 일본사회당 좌파의 이론집단인 사회주의협회로 계승되어 일본사회당의 노선(일본형 사회민주주의)에 큰 영향을 미쳤다. 메이지유신은 불철저한 부르주아혁명이고 천황제는 부르주아군주제라고 했으며 혁명의 성격은 프롤레타리아혁명이어야 한다고 했다(1단계 혁명론). 그러므로 소작제의 지대문제는 경시할 수 있는 문제라고 보고 일본의 경제문제를 자본 축적이론을 중심으로 논하려고 했다.

- 다카노 유이치(高野雄一), 「국제평화기구의 과제」(國際平和機構の課題)
- 우치다 히사시(內田久司), 「사회주의세계와 국제법」(社會主義世界と國際法)

이 소특집도 그 전후의 '전쟁과 혁명' '현대사회와 농업문제' '현대의 제국주의' '아시아에서의 미국'에 비해 다소 붕 떠 있는 느낌이라는 것은 부정할 수 없었다.

그리고 당시의 『사상』으로서 이색적이었다고 생각된 소특집은 '현대사상으로서의 가톨리시즘'(1966년 7월호)이었다. 마쓰모토 마사오(松本正夫) 씨를 중심으로 곤노 구니오(今野國雄)·가도와키 가키치(門脇佳吉)·사토 도시오(佐藤敏夫)·한자와 다카마로(半澤孝麿)·오카다 준이치(岡田純一)·E. M. 보디즈 씨가 참여했다.

이분들과 만나 논의하는 과정에서 나는 가톨리시즘에 대해 많은 것을 배울 수 있었다. 특히 로마에서 귀국한 지 얼마 되지 않은 젊은 가도와키 가키치 씨에게는 철학과 사상적인 면에서만이 아니라, 예컨대 아프리카에서의 포교 실태 등 현실문제에 대해서도 많은 가르침을 받았다. 가도와키 씨에게는 그 후에도 몇 권의 단행본을 내자고 부탁했다.

이렇게 대학을 막 졸업한 신입사원에게 상당히 자유로운 편집 활동의 여지를 준 것은 지금 생각하면 흔한 일이 아니었을 것이다. 미덥지 못한 점이 많았을 텐데도 O과장이나 K선배가 너그럽게 지켜봐준 것을 생각하면 감사할 따름이다.

술자리에서 배운 것

신입사원 교육 후 O과장은 저녁이 되면 가까운 술집 '우오가메'로 데려가 술 마시는 법을 가르쳐주었다.

고급 술집에는 절대 가지 말고 반드시 자기 돈으로 마실 것!

하지만 O과장은 나를 술자리로 불렀을 때 수중에 돈이 없으면 임원실로 전화를 걸어 임원에게 "지금 돈을 빌리러 갈 테니까 돈 좀 빌려달라"고 하고는 상대의 대답도 듣지 않고 임원실로 달려간 일도 가끔 있었다.

O과장은 도쿄대학 법학부 출신으로, 가와시마 다케요시 씨 밑에서 온천권(溫泉權)에 대해 연구했다고 하는데, 전후(戰後)에 주오코론샤(中央公論社)에 들어갔고 나중에 동료 몇 명과 출판사를 만들어 한때는 큰돈을 벌었다고 한다. 주오코론샤에 있을 때 어떤 정치가를 조사하기 위해 의사 다케미 다로(武見太郎, 1904~83)[6] 씨의 진료실에 들어가 진료 기록 카드를 훔치다가 발각된 일도 있었다. 재판까지 가기 직전에 마쓰모토 시게하루(松本重治) 씨의 도움을 받았다는 이야기는 몇 번인가 들었다. 나중에 O과장은 나를 아자부(麻布)의 국제문화회관으로 데려가 당시 이사장이었던 마쓰모토 씨를 소개해주었다. 위의 이야기를 들었기 때문에 우스워 죽는 줄 알았다.

술자리에서는 술을 먹는 방법 외에 편집 방법에 대해서도 배웠다. 그것은 언뜻 거칠고 엉뚱하기 짝이 없는 것으로 보였지만 실은 주도면밀하게 계산된 것이었다. O과장은 끊임없이 국제정세에 눈을 돌

---

6) 일본의사회 회장을 거쳐 세계의사회 회장을 역임했다.

리고 새로운 논의의 계기를 제공하려고 노력했다. 저널리스트로서 마쓰모토 시게하루 씨의 후배를 자처하고 있어서 그랬는지도 모른다. 예컨대 캄보디아의 시아누크 국왕이 일본을 방문했을 때는 은밀히 회견을 하고 시아누크의 원고를 『사상』에 싣기도 했다. 언젠가 로야마 요시로(蠟山芳郎) 씨가 나에게 "O씨의 국제감각은 발군이다"라고 말해준 적도 있었다.

그런 O과장은 편집의 비법을 이질적인 것의 조합이라고 생각하는 것 같았다. 그 한 예로 나는 굉장히 무서운 일을 당했으나 한편으로는 귀중한 경험이었는데, 그 이야기를 하기로 하자.

노여움을 산 비밀녹음

내셔널리즘이 다양한 측면에서 문제시되던 1960년대 중반의 일이었다. O과장은 난바라 시게루(南原繁) 씨를 중심으로 오쓰카 히사오(大塚久雄) 씨와 후쿠다 간이치(福田歡一) 씨를 오게 해 내셔널리즘에 대한 생각을 듣고자 한다고 했다.

"자네가 세 분 선생님들께 직접 찾아가 일정을 잡아보게."

이 말을 듣고 나는 모일 날을 정했다. 모임 직전에 O과장은 "녹음기를 가지고 가서 선생님들 모르게 녹음하게!"라고 명령했다. 이 말을 듣고 나는 깜짝 놀랐다. 그러나 따를 수밖에 없어 결국 세 분 선생님들의 논의를 몰래 녹음했다. 녹음한 것을 속기자에게 받아 적게 해서 보니 과연 대단히 흥미로운 정담(鼎談)이었다. O과장은 "이제 선생님들을 찾아뵙고 사정을 설명한 다음, 잡지에 게재할 수 있도록 허락을 얻어오게!" 했다.

정말 큰일이라고 생각했지만 어쩔 수 없이 난바라, 오쓰카, 후쿠다 선생님 순으로 찾아뵈었다. "실은 몰래 녹음을 해서……"라고 쭈뼛쭈뼛 말을 꺼내자 난바라·오쓰카 이 두 대가는 히죽히죽 웃으면서 "O군이라면 할 법도 한 일이지. 할 수 없지 뭐"라는 의미의 대답을 해주셨다.

  그리고 마지막으로 도쿄대학 법학부 연구실로 후쿠다 씨를 찾아갔다. 설명을 시작하자 후쿠다 씨는 "무단으로 그런 일을 하는 건 절대 용서할 수 없어! 잡지에 게재하다니, 당치도 않은 일이야"라며 덮어놓고 화를 냈다. 그러나 화를 내는 것도 당연했다. 나는 필사적으로 용서를 빌었다. "정말 죄송합니다. 다시는 이런 일이 없도록 하겠습니다." 근 한 시간쯤 머리를 조아렸던 것 같다.

  얼마 안 있어 후쿠다 씨는 목소리를 가다듬고, "용서할 수 없는 일이긴 하지만, 이건 중요한 문제이기도 하고 또 긴급하게 생각할 필요가 있네. 내가 논의 절차를 생각해서 대강의 틀을 만들 테니까 그걸 갖고 난바라·오쓰카 선생님께 가지고 가게. 선생님들의 양해를 얻으면 일정을 잡아 셋이서 다시 논의하기로 하지"라고 말씀해주셨다. 나는 꾸중을 듣고 잔뜩 마음이 위축되어 있었는데, 이 말을 들으니 눈물이 날 만큼 고마웠다.

  다행히 난바라·오쓰카 두 선생님의 양해를 얻어 다시 세 분의 정담이 이루어졌다. 그 결과가 『사상』 1965년 1월호에 게재된 「내셔널리즘을 둘러싸고—그 문제와 현대 일본의 과제」(ナショナリズムをめぐって—その問題と現代日本の課題)였다. 그 후 후쿠다 씨는 내가 퇴사할 때까지 40년간 육친같이 친절하게 상담에 응해주셨다.

서구를 상대화하는 관점

잡지 전체에 걸쳐 어떤 테마를 추구하는 '특집' 기획에 처음으로 참여한 것은 『사상』 1965년 3월호의 「유럽의 역사의식」(ヨーロッパの歷史意識) 때였다. 이 무렵은 패전 후 서구 일변도의 사고에서 탈각하여 서구를 상대화하는 시점이 필요하다고 느끼기 시작하던 때였다. 그러한 경향에 길을 터준 사람이 이즈카 고지 씨였을 것이다. 『일본의 정신적 풍토』(日本の精神的風土, 岩波新書, 1952)나 『동양사와 서양사 사이』(東洋史と西洋史のあいだ, 岩波書店, 1963) 등의 저작으로 알려진 이즈카 씨는 이 특집에서도 「유럽 대 비유럽」(ヨーロッパ・對・非ヨーロッパ)이라는 연재 1회분을 써주었다.

이즈카 씨에게 상담을 하면서 만든 특집에는 이즈카 씨 외에 이키마쓰 게이조(生松敬三)・마스다 시로(增田四郎)・무라세 오키오(村瀨興雄)・히라이 도시히코(平井俊彦)・기타니 쓰토무(木谷勤)・마에카와 교이치(前川恭一)・가와노 겐지(河野健二)・마쓰이 도루(松井透)・무타이 리사쿠(務台理作)・야마모토 신(山本新)・니시무라 데이지(西村貞二)・우에야마 슌페이(上山春平)・다마이 시게루(玉井茂)・요코타치 히로시(橫田地弘)・다누마 하지메(田沼肇) 씨가 참여했다. 권두 논문을 쓴 이키마쓰 씨는 유럽사상사와 와쓰지 데쓰로 등 일본의 사상을 연구하는 분이었다. 마스다 시로 씨 등 대가들에 비하면 신진이라고 해도 좋았지만 이즈카 씨의 천거로 등장한 것이다. 이키마쓰 씨와는 나중에 기다 겐(木田元) 씨와 함께 자주 술을 마시러 다녔는데, 그 이야기는 따로 쓸 기회가 있을 것이다.

이 특집 기획을 통해 이즈카 씨에게는 나중에 개화하게 되는 브로델(Fernand Braudel, 1902~85)을 비롯한 아날학파의 선구인 비달 드 라 블라슈(Paul Vidal de la Blache, 1845~1918) 등 프랑스의 인문지리학자들에 대해 알게 되었다. 혼고 기쿠사카에 있는 댁으로 찾아가 재치 있는 이야기를 듣는 일은 무척 즐거웠다.

이즈카 씨는 당시 나는 새도 떨어뜨린다는 기세의 오쓰카 히사오 씨(두 사람은 인척관계였다)의 학풍에 대해서도 친밀감을 담은 본질적인 비판을 했다. 한마디로 말하면 오쓰카 씨가 서구로만 눈을 돌려 이상화하고 있다는 것이었다. 언젠가 "오쓰카 히사오 군한테는 두 손 두 발 다 들었어. 패전 직후 주둔군 병사가 도둑질을 했다는 신문기사가 실렸을 때 그 사람은 '그건 흑인이 했음에 틀림없어' 하더라니까. 어이가 없어서 말이 안 나오더군." 이런 에피소드도 들려주었다.

이즈카 씨는 이렇게 오쓰카 씨에 대한 날카로운 비판을 쏟아내는 한편 우수한 젊은 연구자를 키워내는 데 힘썼다. 앞의 이키마쓰 씨도 그렇지만 문화인류학의 신진 연구자인 가와다 준조(川田順造) 씨도 그중 한 사람이었다. 가와다 씨의 경우, 이즈카 씨와 마찬가지로 프랑스계 사회과학계에서 성장했다는 배경도 있었을 것이다. 남아메리카나 아프가니스탄의 농촌 조사로 알려진 오노 모리오(大野盛雄) 씨도 이즈카 씨가 소개해준 한 사람이었다. 이즈카 씨는 나를 무척 귀여워해주었으므로 그가 돌아가셨을 때는 몹시 허전했다.

야마구치 마사오의 등장

1966년 3월호에 「문화비교의 시점」(文化比較の視點)이라는 소특

집을 꾸몄다. 이즈미 세이이치(泉靖一)·이마니시 긴지(今西錦司), 이 두 대가에게 각각 '문명의 기원' '문화와 진화'라는 거대한 테마를 부탁했고, 그 외에 세 명의 신진연구자 이키마쓰 게이조·야마구치 마사오·다나카 야스마사(田中靖政)에게도 글을 청탁했다. 이키마쓰 씨에게는 「비교문화론의 문제―와쓰지의 풍토론에 대한 평가를 중심으로」(比較文化論の問題―和辻風土論を中心に)를, 다나카 야스마사 씨에게는 「행동과학적 교차문화 연구」(行動科學的交差文化研究)라는 글을 청탁했으며, 야마구치 씨에게는 「문화 속의 '지식인'상―인류학적 고찰」(文化の中の'知識人'像―人類學的考察)을 청탁했다.

그 무렵 야마구치 씨는 당시 내가 졸업한 대학에서 조교를 하다가 도쿄외국어대학의 강사로 간 지 얼마 되지 않은 상태였다. 나는 대학을 다닐 때부터 야마구치 씨와 친했다. 뒤르켕을 읽는 독서회의 튜터를 하기도 했고, 때로는 다른 학생과 함께 대학에서 비교적 가까운 야마구치 씨의 집에 초대를 받아 식사 대접을 받기도 했다. 그중에는 내가 다닌 대학만이 아니라 다른 대학에서 온 사람도 있었다. 예컨대 앞에서 쓴 소특집 「법―사회통제의 기호적 기술」에 등장한 가와시마 다케요시 문하의 대학원생으로 나중에 도쿄대학 법학부 교수가 된 로쿠모토 가헤이(六本佳平) 씨도 있었다.

언젠가 당시로서는 눈알이 튀어나올 정도로 비싼 조니워커 블랙라벨 한 병을 네다섯 명의 학생들이 눈 깜짝할 사이에 다 마셔버린 적이 있었다. 지금 생각하면 월급도 쥐꼬리만 했을 당시의 야마구치 씨에게는 참 못된 짓을 했다 싶지만, 그때는 그런 일을 당연하게 여겼다.

나는 야마구치 씨에게 그 시대의 교과서에는 절대 나오지 않는 이야기, 예컨대 엘리어트의 『황무지』와 문화인류학의 관계라든가 하는 이야기를 듣고 경탄을 금치 못했다. 야마구치 씨는 사회학 조교를 하고 있었는데, 그 박식함에는 늘 압도당했다. 그리고 학문이란 참 재미있는 것이구나 하는 생각을 하기도 했다. 학술적 색채가 강한 출판사에 취직한 것도 야마구치 씨의 영향이 컸던 것 같다. 개인적으로 야마구치 씨한테서 받은 가르침은 말로 다할 수 없을 정도로 많았지만, 당시 그가 거의 무명에 가까웠다는 것에 위화감을 느낀 적은 한 번도 없었다.

『사상』 편집에 종사하게 되어 알게 된 연구자들의 작업과 비교했을 때 아직도 야마구치 씨가 학계의 전면에 등장하지 않는 것은 이상하다는 생각이 들었다. 그러나 일본사(日本史)에서 문화인류학으로 옮긴 야마구치 씨의 경력 탓인지 대가의 추천도 생각할 수 없었다. 그런 까닭에 『사상』 편집부원이 된 지 3년쯤 되어 대충 자기 앞가림을 하게 되자 비로소 야마구치 씨를 등장하게 할 수 있었다.

「문화 속의 '지식인'상—인류학적 고찰」은 나중에 꽃피는 야마구치 씨의 '트릭스터(trickster)론'의 핵심이 형성된 최초의 글일 것이다. 이 논문 하나만으로 그 의미를 간파한 사람이 하야시 다쓰오 씨였다. 나는 구노 오사무 씨나 당시 이와나미쇼텐의 프랑스어 사전의 고문이었던 고노 요이치(河野與一) 씨에게 하야시 씨를 소개받았다. 전전에 『사상』 편집에 종사했던 하야시 씨는 이 잡지에 애착을 가지고 여러 모로 충고를 해주었다. 고바야시 이사무 씨를 비롯해 이와나미쇼텐 내에서는 어쩐지 하야시 씨를 무척 어려워해서 그가 회사에 오면 항상 신입인 나를 불렀다.

야마구치 씨의 논문이 게재되고 나서 좀 지난 어느 날, 하야시 씨가 나에게 말했다. 자세한 것은 뒤에서 말하게 되겠지만, 하야시 씨는 "내가 본 바로 그는 반세기에 한 명 나올까 말까 한 천재야"라는 것이었다. 그 후 야마구치 씨의 활약은 말할 필요도 없을 것이다. 야마구치 씨는 6개월 후인 1966년 10월에도 『사상』에 「인류학적 인식의 전제―전후 일본 인류학의 사상 상황」(人類學的認識の諸前提―戰後日本人類學の思想狀況)이라는 글을 실었다.

어느 날의 다케다 다이준과 마루야마 마사오

편집자로서 수업시대였던 『사상』 시절에 대해서는 생각나는 에피소드가 참 많다. 그러나 지금 생각하면 내가 미숙했던 탓에 절반밖에 이해할 수 없는 일도 많았던 것 같다.

좀 창피한 일이긴 하지만 말하기로 한다. 언젠가 이와나미쇼텐에서 다케다 다이준과 마루야마 마사오 씨, 그리고 요시노 겐자부로(吉野源三郞) 씨(당시 이와나미쇼텐 편집담당 임원)가 참석한 비공식적인 모임이 열렸다. 『사상』 편집부의 K선배와 나도 참석했다. 모임의 테마가 무엇이었는지는 잊어버렸지만 모임이 시작되고 한 시간쯤 지났을 때 다케다 다이준 씨가 갑자기 일어나 분연히 방에서 나가버렸다. 화장실이라도 갔나 했더니 끝내 돌아오지 않았다. 요시노 씨는 무척 당황했다.

희미한 기억을 더듬어 그때의 상황을 생각해보면 이런 일이 아니었나 싶다. 아마 '60년 안보'[7)]에 대한 평가를 둘러싸고 이런저런 말이 오갔던 것 같은데, 마루야마 씨는 여느 때처럼 정세를 명쾌하게 분석하고 거기에서 행동의 지침이라고 할 만한 것들을 끄집어냈다. 그에 비해 다케다 씨는 입 안으로 어물어물 중얼거리고 있었는데, "난 마루야마 씨의 명쾌한 분석을 따라갈 수가 없소"라는 뜻의 반론을 펼친 것 같다.

다시 말해 다케다 씨가 하고 싶은 말은, 자기 자신을 생각해봐도 마루야마 씨처럼 명쾌하게 정리하는 것 자체에 위화감을 느낀다는 의미였던 것 같다. 인간이라는 존재에 대해 그렇게 딱 잘라 말할 수 있는 게 아니라고 생각한 것인지도 모른다. 당시 자주 사용되었던 비유로 말하자면, 근대주의자의 명석한 분석에 대해 '서민' 측에서 나온 반론이었다고 말할 수 있을는지.

어쨌든 뚜렷하게 기억하고 있는 것은 마루야마 씨의 훌륭한 분석과 다케다 씨의 낙담한 표정뿐이다.

신참 편집부원이 학자와 작가, 그것도 두 대가의 논의에서 미묘한 주름까지 이해할 수 없는 것은 당연한 일이라고 하더라도, 이래서야 자신이 너무 부끄럽다는 생각이 든다. 게다가 극언하자면 40년 가까이 반추해왔기 때문에 두 대가의 존재에 대한 믿음이 중첩되어 지금 내 머릿속에 위와 같은 내용의 에피소드로 남아 있는지도 모른다. 참으로 한심하고 유감스러운 이야기지만 어쩔 수가 없다.

---

7) 1959년에서 1960년에 걸쳐 일본에서 전개된 미일안전보장조약에 반대하는 노동자·학생·시민이 참가한 일본 역사상 최대 규모의 반전·평화 운동을 말한다. 특히 1960년 5, 6월은 연일 국회를 향해 수만 명이 데모 행진을 벌였고 청원자도 1,000만 명에 달했다. 하지만 결국 조약은 개정되어 신조약은 비준을 거쳐 발효되었다. 1970년에도 조약의 연장을 둘러싸고 반대운동이 일어났다.

다음에는 『사상』에 글을 썼으며 그 후 40년 가까이 다양한 형태로 관계를 지속하게 된 분들의 이름만 적어두기로 한다(경칭 생략).

가와이 히데카즈(河合秀和)·시노다 고이치로(篠田浩一郎)·이타가키 유조(板垣雄三)·우치다 요시아키(內田芳明)·사와다 노부시게(澤田允茂)·미야타 미쓰오(宮田光雄)·시오바라 쓰토무(鹽原勉)·다니우치 유즈루(溪內謙)·이치카와 히로시(市川浩)·마쓰이 도루(松井透)·교고쿠 준이치(京極純一)·시미즈 이쿠타로(淸水幾太郞)·이이다 모모(いいだもも)·야스기 류이치(八杉龍一)·아베 긴야(阿部謹也)·가토 히데토시(加藤秀俊)·스미야 미키오(隅谷三喜男)·사쿠타 게이이치(作田啓一)·이에나가 사부로(家永三郞)·도쿠나가 마코토(德永恂)·사이토 마코토(齋藤眞)·오구라 요시히코(小倉芳彦)·미즈타 히로시(水田洋)·나가시마 노부히로(長島信弘)·히로마쓰 와타루(廣松渉)·고무로 나오키(小室直樹)·미야자키 요시카즈(宮崎義一)·니시카와 마사오(西川正雄)·이토 슌타로(伊東俊太郞)·스기하라 시로(杉原四郞)·우에야마 슌페이·가토 슈이치(加藤周一)·후루타 히카루(古田光)·나카무라 히데키치(中村秀吉)·와다 하루키(和田春樹)·히시야마 이즈미(菱山泉)·가와조에 노보루(川添登)·야마즈미 마사미(山住正己)·다나카 가쓰히코(田中克彦)·이토 미쓰하루(伊東光晴)·초 유키오(長幸男)·니시 준조(西順藏)·다케다 기요코(武田淸子)·마쓰오 다카요시(松尾尊兌)·우메모토 가쓰미(梅本克己)·하타노 간지(波多野完治)·마스다 요시오(增田義郞)·다케우치 미노루(竹內實)·호소야 사다오(細谷貞雄)·가토 히사타케(加藤尚武)·야마

모토 신(山本信)·하나자키 고헤이(花崎皋平)·이치쿠라 히로스케(市倉宏祐)

또한 루카치(György Lukács, 1885~1971)에게 집필을 의뢰하는 편지를 보냈는데, 짧긴 했으나 승낙한다는 서명이 들어 있는 답장을 받았다. 루카치의 논고「중소논쟁에 대하여—이론적·철학적 메모」(이키마쓰 게이조 외 옮김)는『사상』1965년 1월호에 실렸다.

2. 철학자들

"계몽과 도발의 정신이 편집자에게 필수적이라는 것을
　　　몸소 가르쳐준 하야시 다쓰오 씨가 나에게 절대 허락하지 않는 일이 있었다.
　　그것은 뭔가 한 분야의 전문가가 되는 일이었다. 한편으로는 편집자로서
　　　　인류의 유산을 전체적으로 받아들이면서 다른 한편으로는 끊임없이
아마추어로서 경쾌한 발놀림을 유지하고 싶어 하는 것,
　　　　　　　　그것이 하야시 다쓰오 씨의 생활방식이었다."
…………………………………………

'강좌・철학'의 편집

뭔가 부족하다

1967년 잡지과에서 단행본 편집부로 이동했다. 두세 개 단행본 일을 하면서 '강좌・철학'을 준비하라는 지시였다. 이와나미쇼텐의 '강좌・철학'은 역사가 길다. 니시다 기타로(西田幾多郎)가 편집한 '강좌・철학'은 1931년에 출발하여 1933년 전체 80권으로 완결되었다. 전후 처음으로 이번에 새로운 '강좌・철학'을 만들려는 시도였다. F과장 아래 『사상』의 선배였던 K씨와 얼마 뒤에 가담한 1년 후배 N씨 그리고 나, 이렇게 세 사람이 편집부원이 되었다.

'강좌・철학'으로 이동한 시점에 강좌의 기획은 거의 완성되어 있었다. 전체 19권 구성이었는데 다음과 같았다.

1. 『철학의 과제』(哲學の課題): 무타이 리사쿠・고자이 요시시게(古在由重) 엮음
2. 『현대철학』(現代の哲學): 고자이 요시시게・마시타 신이치

철학자들 43

(眞下信一) 엮음

3. 『인간철학』(人間の哲學): 무타이 리사쿠・우메모토 가쓰미 엮음

4. 『역사철학』(歷史の哲學): 하야시 다쓰오・구노 오사무 엮음

5. 『사회철학』(社會の哲學): 히다카 로쿠로・시로쓰카 노보루 엮음

6. 『자연철학』(自然の哲學): 사카타 쇼이치(坂田昌一)・곤도 요이치(近藤洋逸) 엮음

7. 『철학의 개념과 방법』(哲學の概念と方法): 이데 다카시(出隆)・아와타 겐조(栗田賢三) 엮음

8. 『존재와 지식』(存在と知識): 가쓰라 주이치(桂壽一)・이와사키 다케오(岩崎武雄) 엮음

9. 『가치』(價値): 아와타 겐조・우에야마 슌페이 엮음

10. 『논리』(論理): 사와다 노부시게・이치이 사부로(市井三郎)・오모리 쇼조(大森莊藏) 엮음

11. 『과학의 방법』(科學の方法): 나카무라 히데키치・후루타 히카루 엮음

12. 『문화』(文化): 쓰루미 슌스케(鶴見俊輔)・이키마쓰 게이조 엮음

13. 『예술』(藝術): 구와바라 다케오・가토 슈이치 엮음

14. 『종교와 도덕』(宗敎と道德): 다키자와 가쓰미(瀧澤克己)・오구라 유키요시(小倉志祥) 엮음

15. 『철학의 역사 I』(哲學の歷史 I): 핫토리 에이지로(服部英次郎)・후지사와 노리오 엮음

16. 『철학의 역사 II』(哲學の歷史 II): 노다 마타오(野田又夫)・야마자키 마사카즈(山崎正一) 엮음

17. 『일본의 철학』(日本の哲學): 후루타 히카루·이키마쓰 게이조 엮음

아카데미즘·마르크스주의·분석철학, 그리고 약간의 실존주의 등의 학파가 병존하는 형태로 입안된 이 기획은 『과학의 방법』(제11권) 『문화』(제12권) 『일본의 철학』(제17권) 세 권을 빼면 정통적인 것이라고 할 수 있다.

우선 전체 회의에 참가하여 논의를 듣는 데서 시작했다. 선생님들의 논의 내용은 모두 지당한 것들뿐이었는데, 처음부터 왠지 뭔가 빠진 듯한 느낌이었다. 회의가 거듭될수록 그 결락에 대한 의식이 조금씩 분명한 윤곽을 드러내기 시작했다. 그것은 당시 구조주의의 전개 등을 통해 느껴지기 시작한 언어에 대한 시점이 거의 빠져 있는 데서 온 느낌이었다. 즉 당시로서는 어떤 의미에서 가장 현대적이고 수확이 많을 것 같은 테마인 '언어'가 구성에서 빠져 있다는 생각이 들었던 것이다.

나는 원래부터 신참 편집자라는 자리를 벗어나지 못했고 1년 이상 계속해온 이 기획회의에는 바로 최근에야 참가하게 되었을 뿐이었다. 그러나 40년 만에 간행하는 이 강좌는 조금이라도 이상에 가까운 것이었으면 하는 것이 내 바람이었다. 그래서 먼저 F과장의 양해를 얻은 다음, 이 문제에 관심을 갖고 있는 듯한 구노 오사무 씨에게 의견을 구했다. 구노 씨는 "그러고보니 정말 그렇구먼. 언어에 대한 책을 넣는 방향으로 검토해보겠네"라고 대답했다. 이어서 사와다 노부시게 씨에게 여쭈어보았더니, 반드시 넣어야 한다는 적극적인 답을 얻을 수 있었다.

『언어』

신참 편집자, 게다가 철학에는 문외한인 사람의 의견이 이렇게 간단히 통과될 것이라고는 꿈에도 생각지 못했기 때문에 무척 놀랐다. 편집위원 전체회의에서 내가 새롭게 '언어'에 관한 책을 새로 집어넣는 것이 어떻겠느냐고 제안하고 구노 씨와 사와다 씨가 거들어준 결과, 거의 완성되어 있던 기획은 다시 『언어』 한 권을 더하는 것으로 결정되었다. 그리고 핫토리 시로(服部四郎)·사와다 노부시게·다지마 사다오(田島節夫) 씨가 편집위원이 되었다. 급하게 입안된 내용은 다음과 같았다.

    I. 언어와 철학—역사적 시야에서……야마모토 이치로(山元一郎)
    II. 현대의 언어이론과 철학……다지마 사다오
    III. 사고와 언어……오이데 아키라(大出晃)
    IV. 언어·표현·사상—'제도'로서의 언어와 '말하는 주체' 사이에서……나카무라 유지로
    V. 예술과 언어……이치카와 히로시
    VI. 인식 이론과 언어—마르크스적 견지에서……히라바야시 야스유키(平林康靖)
    VII. 통사론(syntax)의 논리……후지무라 오사무(藤村靖)
    VIII. 의미……핫토리 시로
    IX. 언어와 사회……스즈키 다카오(鈴木孝夫)
    X. 언어와 문화……가와모토 시게오(川本茂雄)

이 강좌는 전체적으로 많이 읽혔다. 현재의 출판 상황에서는 상상도 할 수 없는 부수, 즉 각 권이 평균 수만 부가 나갔던 것이다. 정확히 기억하고 있는 것은 첫 번째 책이 간행되었을 때 선배 K씨와 내기를 한 일이다. 첫날 주문부수가 3만 5,000부를 넘을지 어떨지, 점심 사기 내기였다. 나는 넘는다는 쪽에 걸었고 이겼다. 아마 돈가스를 얻어먹었을 것이다.

그런데 급히 편집되어 1968년 10월에 간행된 『언어』는 전체 18권 중에서 가장 많은 부수가 나갔다. 그거야 어쨌든, 이 책에 글을 썼던 핫토리 시로·가와모토 시게오·스즈키 다카오 씨와는 그 후에도 오랫동안 깊은 관계를 맺게 된다.

파격적인 성공과 그 그림자

이 강좌가 많이 읽힌 이유로는 전후 처음으로 시도된 본격적이고 체계적인 기획이었다는 점을 들 수 있다. 그러나 좀 더 현실적인 이유는 당시가 고도경제성장기가 최고조에 달하려는 시기였다는 점일 것이다. 일본인이 아무리 향학열에 불타고 있었다고 해도 각 권 400페이지 전후로 열여덟 권이나 되는 책, 그것도 결코 쉽지 않은 강좌를 수만 명의 사람들이 구입한다는 것은 보통이라면 생각할 수 없는 일이기 때문이다.

이상하다고 해도 과언이 아닌 이러한 분위기는 우리의 편집 활동과도 무관하지 않았다. 집필을 의뢰할 때는 각 권의 저자들 전원을 모이게 하여 편집위원이 내용을 설명하고 그 후에 편집부에서 원고 매수나 원고마감 일정을 설명하면서 "잘 부탁드립니다"라고 의뢰하는 것이 보통이었다. 그리고 그 모임은 대개 고급 일식집이나 레스토랑에서 이루어졌다. 가장 바쁠 때는 모임이 낮과 밤으로 두 번, 긴자의 같은 음식점에서 열린 적도 있었다. 어떤 선배한테 일류 저자에게는 일류 요리를 낸다는 말을 들은 적이 있다. 일본요리의 경우에는 머리와 꼬리가 통째로 달린 도미가 나오는 경우도 있었다. 나는 아직 신입이었으므로 원래 그런 것인가 하고 생각했을 뿐이다.

그 무렵 신흥 S출판사가 활약하기 시작했다. S사는 현상학이나 문예이론에 관한 연구회를 개최하고 수많은 열성적인 연구자를 모았다. 나는 앞에서 말한 야마구치 씨를 따라 그런 모임에도 몇 번 참석했다. 그리고 어느 해 송년회에도 참가할 기회가 있었다. 요쓰야(四谷)의 요리여관이 모임 장소였다. 송년회였기 때문에 각자 앞에 있는 조그만 상에는 머리와 꼬리가 통째로 달려 있는 전갱이 소금구이가 놓여 있었다. 송년회라고 해도 거기에서는 여느 때처럼 활발한 논의가 이루어졌다는 것을 기억하고 있다.

연초에 첫 단행본 편집회의가 열렸다. 기획에 대한 제안은 활발하지 않았고 논의는 지지부진했다. 신입인 나는 그만 화가 나서 S사의 예를 들어 세상에는 일류 식당이 아니라도 심도 깊은 논의를 하는 곳도 있다고 이야기했다. 회의가 끝나고 나서 어떤 선배한테 호되게 야단을 맞았다.

"아무것도 모르는 주제에 그런 건방진 말을 하다니!"

그러나 나는 도저히 납득할 수가 없었다.

마르크스주의 철학자들의 개성

고자이 요시시게 씨는 마시타 신이치 씨와 나란히 마르크스주의 철학의 대가였다. 그는 '강좌·철학' 제1권 『철학의 과제』에 「시련을 맞은 철학」(試鍊にたつ哲學), 제18권 『일본의 철학』에 「자연관과 객관적 정신」(自然觀と客觀的精神)이라는 논고를 실었다. 그런데 고자이 씨는 글을 늦게 쓰는 것으로 유명했다. 실제로 마감 날짜가 다 되었는데도 원고를 한 장도 쓰지 않은 상태였다. 결국 최후의 수단으로 구술필기를 부탁하고 선배 K씨와 내가 일주일에 몇 번씩 교대로 고자이 씨 자택으로 찾아가 그가 신음하면서 짜내는 말을 받아 적는 일을 계속했다.

역시 마르크스주의자인 만큼 고자이 씨는 세상의 모든 사정에 대해 살피기를 게을리 하지 않았다. 동시에 그는 보기 드문 스포츠 애호가였다. 1968년 가을에는 멕시코 올림픽이 열렸다. 텔레비전 중계가 시작될 시간이 되면 고자이 씨는 안절부절못하며 두리번거리기 시작하는데 도저히 구술할 계제가 아니었다. 초심자인 나는 그의 철학적 사색은 언제 이루어질까 하는 의문을 품었지만 고자이 씨는 그 나름대로 유물론자로서의 확고한 신념이 있어서 언제나 최종적으로는 자신이 사색한 결과를 담은 논고를 완성시켰다. 나는 그것이 신기하기만 했다.

한편 마시타 신이치 씨는 언뜻 굉장히 유복한 학자로 보였고 마르크스주의 같은 것과는 무관한 듯한 인상을 주는 인물이었다. 그는 나고야에 살고 있었는데 회의를 위해 상경했고, 회의가 끝난 뒤 술이 한 잔 들어가면 나에게 "구노를 부르게!" 하는 것이 상례였다. 철학

자로서만이 아니라 '베트남에 평화를! 시민연합'(ベトナムに平和を! 市民連合) 등 사회활동에도 분주한 구노 오사무 씨가 늘 집에 있는 것은 아니었지만, 몇 번에 한 번쯤은 마시타 씨의 요청에 응해 샤쿠지이에서 도심까지 일부러 나오곤 했다. 그러나 구노 씨는 술을 즐기는 일이 거의 없었다. 그러니까 뭔가 특별한 관계가 있었을 것이다. 두 사람은 일찍이 교토대학 시절의 선후배 관계였던 것 같은데, 그 대단하던 구노 씨도 마시타 씨에게만은 웬일인지 큰소리를 치지 못하는 것 같아서 무척 재미있었다. 그것은 1930년대의 폐색된 일본의 사상 상황 속에서 거의 유일하게 자유롭고 활발한 장을 만들어낸 『세계문화』 그룹 내에서의 사건과 관계된 것이었는지도 모른다.

술을 마실 때 마시타 씨의 말은 마르크스주의와는 관계없는, 마치 주군이 높은 자리에서 속세의 일을 평하는 것처럼 들렸다. 그런 언동은 고자이 씨의 경우도 마찬가지였는데, 역시 물리치기 힘든 매력을 지니고 있었다.

나는 나중에 신서(新書)[8] 편집부로 옮기고 나서 마시타 씨에게 『사상의 현대적 조건―철학자의 체험과 반성』(思想の現代的條件―哲學者の體驗と條件, 1972)이라는 이와나미신서를 완성하게 했는

---

8) 이와나미쇼텐이 창간한 신서. 고전을 중심으로 한 이와나미문고(岩波文庫)에 대해 일반 계몽서를 염가로 제공하는 것을 목적으로 창간했다. '신서'라고 불리는 출판 형태의 효시다. 창간 작업은 당시의 편집부 요시노 겐자부로가 담당했으며 영국의 페이퍼백인 '펭귄북스'를 참고로 판형을 정했다. 창간 당초의 표지를 모두 빨간색(赤版)으로 한 것은 창립자 이와나미 시게오의 지시에 따른 것이었다. 이 적판은 전쟁에 의해 일시 중단을 거쳐 101권이 간행되었다. 1949년 출판 권수가 100권을 넘어섬을 계기로 표지를 푸른색(青版)으로 변경했고, 청판 간행이 1,000권을 넘어선 1977년 이와나미쇼텐 창립 40주년을 맞아 표지가 노란색(黃版)으로 변경되었다. 총 간행 권수가 1,500권에 이른 1988년부터 신적판(新赤版)이 나오기 시작했다.

데, 추상적인 이론보다는 몸에서 스며나오는 듯한 그의 사상은 마르크스주의자로서의 충실함을 감지하게 해주는 것이었다.

그리고 또 한 사람은 우메모토 가쓰미 씨다. 그에게는 『인간철학』에 「인간론의 계보와 오늘날의 문제상황」(人間論の系譜と今日の問題狀況)과 「주체성의 문제」(主體性の問題), 그리고 『일본의 철학』에 「형이상학에 대한 비판과 인식론」(形而上學の批判と認識論)을 써달라고 했다. 나는 대학 졸업논문으로 마르크스의 소외론과 사회과학의 관계를 중심으로 정리해본 일도 있어서 우메모토 씨의 주체성론에는 깊은 관심을 가지고 있었다. 그리고 그에게는 『사상』 편집부에 있던 무렵부터 여러 모로 가르침을 받은 일이 많았다. 나중에 이와나미신서 『유물사관과 현대(제2판)』(唯物史觀と現代[第二版])를 편집했을 때도 미토에 있는 댁까지 몇 번이나 찾아가곤 했다.

우메모토 씨는 1974년에 돌아가셨다. 당시 우메모토 씨의 추도문집용으로 저간의 사정을 기록한 원고가 남아 있으므로 그것을 옮겨놓는다(사정이 있어서 추도문집에는 이 원고를 제출하지 않았다).

유작이 된 『유물사관과 현대(제2판)』는 유물사관은 붕괴했는가, 마르크스의 예측은 빗나갔는가 하는 물음으로 시작한다. 제1판(1967)은 니체의 예언, 니힐리즘의 도래에서 시작했다.

제1판을 간행했을 당시, 나는 '강좌·철학' 일로 선생을 찾아갔다. 우연히 이야기가 니체의 매력으로 흐른 적이 있었다.

"지금 수준에서 보면 오역도 많이 있을 게야. 그래도 니체의 매력을 가장 잘 전해주는 건 역시 이쿠타 초코(生田長江, 1882~1936)의 번역이지. 초코가 번역한 니체전집은 꽤 열심히 읽었어."

그러고는 가볍게 자리에서 일어나 책을 가지러 가셨다. "제2차 세계대전이 한창일 때 히틀러 유겐트가 와서는 후지산 기슭에서 시위를 했지. 금발을 휘날리며 행진을 했는데 다부진 체격이 형용할 수 없을 만큼 아름다웠지."

이런 말도 했다.

작년 말, 아직 새집으로 이사하기 전에 댁으로 찾아갔을 때 선생의 졸업논문이 신란(親鸞, 1173~1263)[9)]에 대한 것이었다는 이야기를 들었다. 선생은 현관까지 마중을 나온 뒤 거의 5분 정도는 숨이 가쁜 듯 끊었다 이었다 하며 가까스로 말씀하셨다.

"난 술을 마실 수 없지만 자네는 많이 마시게."

이렇게 권하며 나에게 브랜디를 따라주셨고, 와쓰지 데쓰로 씨가 그 졸업논문을 잡지 『사상』에 싣지 않겠느냐며 권했다는 흥미로운 사실도 이야기해주셨다.

사람을 끌어당기는 그 문체의 비밀은 어쩌면 선생이 신란이나 니체에 심취한 것과 무관하지 않은 듯했다. 이런 선생의 일면에 겹쳐 떠오르는 것은 선생이 늘 즐겁게 술을 따라주시던 모습이다. 1966년 『사상』에서 우노 고조(宇野弘藏, 1897~1977) 선생과 대담을 하셨을 때, 선생은 오아라이의 여관까지 차로 와주셨다. 「사회과학과 변증법」이라는 테마의 대담은 아주 박력이 있었다. 대담이 끝난 후의 잡담도 상당히 즐거웠다. 대담을 하실 때와는 아주

---

9) 일본 가마쿠라(鎌倉)시대의 불교 승려로 악인정기설(惡人正機說)을 주장하며 새로이 정토진종(淨土眞宗)을 열었다. 평소 아미타불의 눈에는 모든 인간이 근본적으로 평등하고, 다른 사람을 돕는 것이 곧 자신을 돕는 것이라는 불교식 자유를 가르쳤으며, 한곳에 머무르지 않고 자유의 마음을 갖고 사는 것을 '여여(如如)한 본성'이라며 강조했다.

딴판으로 느긋한 분위기에서 선생은 몇 잔이나 비우셨다.

돌아가신 날 오후 유해 옆에서 나는 택지 조성을 하면서 얼마 남지 않게 된 잡목림을 창밖으로 내다보았다. 이 보잘것없는 잡목림을 선생은 각별히 사랑하셨다. 창 옆에는 특별히 만들어진 책장이 있다. 이중으로 책을 꽂을 수 있도록 특별히 고안한 것이었는데, 뒤쪽 절반은 10센티미터 정도 높게 했다. 그렇게 하면 안쪽의 책 제목이 적어도 반쯤은 보이게 된다. 선생은 이렇게 말씀하셨다.

"새집은 호화저택이 아니야."

『유물사관과 현대(제2판)』에서는 스탈린주의에 대한 비판이 거의 모습을 감추었고 중국혁명에 대한 평가가 크게 부각되었다. 이런 부분은 그 외에도 있었다. 제2판에서는 적어도 제1판의 3분의 1을 전면적으로 개정했으므로. 개정된 부분 중에서 내가 가장 감명을 받은 것은 다음과 같은 부분이다.

"(자본주의사회에서는) 개인의 재능이 뛰어나서 실현되었다고는 해도 실현된 재능이 꼭 특권을 가지고 말하는 것은 무슨 까닭일까? 특권은 타자를 지배한다."(103쪽)

햇빛이 잘 비치는 방 창밖으로 잡목림을 바라보면서 새롭게 사고를 전개하시려고 아담한 새집으로 이사하시는 것을 그렇게 기대하셨던 우메모토 선생의 말이다.

후지사와 노리오와의 술잔치

후지사와 노리오 씨는 「철학의 철학성」(哲學の哲學性, 제1권 『철학의 과제』에 수록)「철학의 형성과 확립」(哲學の形成と確立, 제16권 『철학의 역사 I』에 수록)을 집필했다. 모두 철학의 방식 자체를 묻는 역작이다.

후지사와 씨는 나가노현 후지미에 별장을 갖고 있었다. 국철(國鐵) 역에서 버스로 한 시간쯤 가면 종점이 나오는데 거기서 도보로 30분쯤 올라간 야트막한 언덕 중턱에 지어진 아담한 집 주변에는 큰 원추리 등의 꽃들이 만발했다. 군데군데 몇 개의 별장이 흩어져 있었는데 모두 교토대학 관계자의 별장이라고 했다. 긴 여름방학 동안 혼자 그곳에 틀어박혀 오로지 일만 하는 것이 그의 습관이었다. 그런 습관은 말년까지 계속되었는데, 후지사와 씨는 그것을 더없는 낙으로 여기고 있었다.

강좌가 시작된 다음해(1968년) 여름, 나는 원고를 독촉하기 위해 그의 별장으로 찾아갔다. 사실 후지사와 씨로부터 "독촉을 겸해서 한번 놀러오게" 하는 권유를 받았던 것이다. 버스 종점까지 마중을 나온 그는 한 곳밖에 없는 가게에서 식사 재료를 구입하고, 그것을 가지고 집으로 향했다. 먼저 별장 뒤쪽으로 안내를 했는데, 그곳에 파놓은 조그만 연못을 들여다보라고 했다. 연못 안에는 아름다운 산천어 몇 마리가 헤엄치고 있었다.

"근처 사람들이 잡아주었다네. 오늘밤에 대접하지."

그러나 유감스럽게도 산천어를 얻어먹을 수는 없었다. 몇 시간 후에 연못으로 가보았더니 한 마리도 남아 있지 않았다. 족제비나 너구리가 자주 나타난다는 이야기였다. 산천어는 없었지만 나는 후지사와 씨가 정성껏 준비한 요리로 맛있게 술을 마셨다. 밤하늘 가득 별 천지였다. 자연 속에서 지치지 않고 홀로 그리스 철인들과 대화하는 후지사와 씨에게 깊은 경의를 느낀 일은 지금도 잊히지 않는다.

그 다음해에도 나는 후지미를 찾았다. 이번에는 원고 집필에 고투하고 있는 그를 격려하려고 후지미의 고급식당으로 모셨다. 둘이서 술을 마시기 시작한 지 얼마 되지 않아 벌써 빈 술병이 열 병 넘게 놓여 있었다. 우리가 마신 방은 2층이었으므로 종업원이 요리와 술병을 쟁반에 담아 날라왔다. 마침 종업원이 계단 중간쯤 올라왔을 때 후지사와 씨는 무슨 생각을 했는지 갑자기 일어나더니 삼고(三高)[10] 기숙사 노래를 부르기 시작했다. 그 목소리가 너무 커서 종업원은 말 그대로 놀라자빠졌는데, 계단 중간에서 밑으로 굴러 떨어졌던 것이다. 둘이서 일으켜 세우려고 내려간 일을 지금도 기억하고 있다.

술병 수는 더 늘어 마지막에는 서른 병 가까이 되었을 것이다. 그날 후지사와 씨는 혼자 별장으로 돌아갔다. 산길을 큰소리로 노래 부르며 돌아갔다고, 나중에 교토대학의 어느 교수가 『교토신문』에 그 일에 관한 글을 실었다. 나는 밤 열차를 타고 도쿄로 돌아왔는데 다음날은 숙취로 일어날 수가 없었다.

그날 이후로 30년이 넘게 후지사와 씨와는 꽤 자주 술을 마셨다. 교토에서 마시는 일이 많았다. 말년에는 후지사와 부인이 자리를 같이하는 경우도 있었다. 왜 그렇게 술을 자주 마셨던 것일까? 그것은 그의 생활 패턴과도 관계가 있었다. 후지사와 씨는 아침 일찍 일어나 먼저 몇 킬로미터쯤 조깅을 한다. 스테이크로 아침식사를 하고 그 후에 일을 시작한다. 강의가 있을 때는 대학으로 간다. 밤에는 집에서 저녁 반주를 하고 식사 후에는 일찍 잠자리에 든다. 이런 식기

---

10) 구제 제3고등학교로, 현재의 교토대학 전신이다.

어서 그래도 밤 시간을 함께하는 것이 가능했던 것이다.

하지만 술만 먹은 것은 아니었다. 후지사와 씨에게는 그 후 '신이와나미강좌·철학'이나 '강좌·전환기의 인간'의 편집위원을 부탁했다. 물론 『이데아와 세계―철학의 기본문제』(イデアと世界―哲學の基本問題) 등의 단행본·신서·문고 일도 부탁했다. 그 주요 작업은 『후지사와 노리오 저작집』(藤澤令夫著作集, 전7권, 2000~2001)에 수록되어 있다.

마지막으로 내가 마음속으로 경탄한 에피소드를 소개하고 이 장을 마치고자 한다. 그것은 후지사와 씨의 정년퇴임 기념강연에 관한 것이다. 그의 정년퇴임 기념강연은 완만한 경사의 계단식 강의실에서 열렸다. 수많은 철학자나 다른 분야의 학자들도 자리하고 있었는데, 고령의 주가쿠 분쇼(壽岳文章) 씨가 휠체어를 타고 맨 앞자리에 앉아 있는 모습은 인상적이었다.

후지사와 씨는 제논의 유명한 '토끼와 거북이 패러독스' 등의 이야기를 통해 그리스 철학의 여러 문제들을 이야기했다. 놀라웠던 것은 그 각각의 이야기가 모두 그가 지금까지 써온 저작이나 논문에 의해 마치 장대한 패치워크(patchwork)같이 짜였다는 것이다. 예컨대 『서양고전학 연구』(西洋古典學硏究)에 게재된 소크라테스 이전 철학자의 어떤 단편에 대한 굉장히 학술적인 연구가 훌륭하게 그 패치워크의 일부를 이루고 있다는 것을 알았을 때, 나는 학자의 일생이란 이런 것이구나 하고 새삼 경탄을 금할 수 없었다. 그러한 강연에 자리할 수 있었다는 것은 더없는 행운이었다.

편집 스승과의 만남

"너희는 원고를 받을 수 없어!"

하야시 다쓰오 씨는 제4권 『역사철학』에 「정신사—하나의 방법서설」(精神史——一つの方法序說)을 실었다. 강좌 내용의 선전용 팸플릿이 완성되자 나는 F과장·K선배와 함께 임원실로 가져갔다. 그것을 본 고바야시 이사무 씨(당시 이와나미쇼텐 회장)는 이런 말을 했다.

"여기에 하야시 다쓰오라고 되어 있는데 자네들은 절대 하야시 씨의 원고를 받을 수 없을 거네. 만약 받아오면 내가 머리를 빡빡 밀지."

고바야시 이사무 씨의 말에도 일리는 있었다. 왜냐하면 하야시 씨는 10년 이상 전혀 원고를 쓰지 않았기 때문이다.

이 저명한 논고 내용에 대해 언급할 필요는 없을 것이다. 다만 이 「정신사—하나의 방법서설」이 발표되었을 때 지식인들 사이에 "하야시 다쓰오는 건재하다"라는 찬탄 섞인 논평이 흘러나온 것은 적어

둘 필요가 있다. 그리고 다소라도 하야시 씨를 알고 있는 사람으로부터 "정말 그 사람이 쓴 거야?"라는 질문을 받은 일도 한두 번이 아니었다. 그중에서도 친한 어느 학자는 "어떻게 해서 하야시 씨한테 원고를 쓰게 한 거야?"라고 노골적으로 물어오기도 했다.

그러나 나는 담당 편집자로서 특별한 일은 아무것도 하지 않았다. 오직 그의 이야기를 들어주는 역할에 충실했고 그가 집필을 위해 필요로 하는 책(대부분이 서양책)을 가능한 한 빨리 입수하려고 애썼을 뿐이다. 나중에 '정신사'를 핵심으로 하는 단행본으로 묶기로 했을 무렵 하야시 씨가 보내온 편지가 있는데 그 일부를 옮겨보기로 한다.

저번에는 가장 중요한 일을 잊어버렸습니다.
일에 의무감을 부여해주기 위해, 즉 자승자박이 되도록 별지에 적은 책을 주문해주시면 대단히 고맙겠습니다. 빨간색으로 동그라미를 친 것은 비행기 편으로 주문했으면 하는 책입니다. 비용은 책이 완성되면 인세에서 제하는 것으로 해주십시오.

오랜 시간이 걸렸지만 드디어 「정신사―하나의 방법서설」 원고를 받으러 갈 때가 찾아왔다. 구게누마에 있는 댁에서 서재로 안내한 부인은 차를 내왔고, 하야시 씨가 아직 나타나지 않은 동안 나에게 이런 말을 했다.

"남편이 원고를 당신한테 완전히 넘기기 전에는 절대 원고를 봐선 안 됩니다."

나에게 원고를 건네면서 하야시 씨는 부인의 얼굴을 보고 이런 이야기를 했다.

"고바야시 이사무 군에게 원고를 건넸을 때의 일을 기억하고 있소? 그 사람은 몇 번이나 독촉하러 와서 한 장, 두 장씩 가지고 갔지. 마지막 날에는 한밤중까지 기다렸지만 원고가 완성되지 않았잖아. 동틀녘에 간신히 완성하고는 창문을 열었더니 부스럭부스럭 뜰의 낙엽을 헤치면서 고바야시 군이 나타났지. 간밤에 전차가 끊어져서 뜰의 낙엽을 뒤집어쓰고 잤다고 했지 아마."

고바야시 씨가 "너희 같은 풋내기들은 하야시 씨의 원고를 받을 수 없어"라고 호언장담했던 이유를 알 것 같았다. 그러나 고바야시 이사무 씨는 머리를 빡빡 밀겠다는 약속을 지키지 않았다.

하야시 다쓰오의 성과 속

나는 '강좌·철학'의 편집 작업을 통해 많은 것들을 배웠는데, 그중에서도 편집의 스승이라고 할 만한 하야시 다쓰오 씨를 만난 것은 정말 운 좋은 일이었다. 조금 길어지겠지만 그 후의 에피소드를 포함해 발표된 지 10년도 더 지난 글을 그대로 옮겨놓기로 한다(구노 오사무 엮음, 『회상 하야시 다쓰오』回想の林達夫, 日本エディタースクール出版部, 1992).

편집장으로서의 하야시 다쓰오

들어가며

하야시 다쓰오라는 큰 인물을 한 측면에서 조명한다면 어떤 상을 그릴 수 있을까? 30년 가까이 되는 나의 편집자 생활 중에서 가장 초창기에 만나 그 후 끊임없이 나 자신을 계발할 수 있도록 은혜를 베풀어준 사람, '편집자로서의 하야시 다쓰오'라는 주어진 테마에서 그를 생각하는 것은 당연한 의무일 것이다.

학술 출판을 중심으로 하는 출판사에 재직하고 있는 나는 뛰어난 학자·연구자와 접할 기회가 참 많다. 그러나 하야시 다쓰오 씨는 학자도 아니고 연구자도 아니다. 사상가라고 하면 좋을지도 모르지만, 한 가지 모양새로 가두는 건 좋지 않다. 그렇다면 '모럴리스트'라고 해두자. 이것이 딱 맞을 것이다. 그리고 본론과 관련해서 말하자면 '모럴리스트로서의 편집자'가 될 것이다. 20년이 넘는 경험에서 나는 하야시 다쓰오 씨를 일단 그렇게 규정하고 이야기를 해나가기로 한다.

1. 편집자의 자격이란

이와나미신서의 편집회의가 한창인 1972년 초여름이었다. 매주 수요일 오전에 열리는 회의에서 당시 신참 신서 편집부원으로서 전화 당번이나 하고 있던 나는 전화벨 소리에 아무 생각 없이 수화기를 집어 들었다. 그 순간 귓가에 대폭발이 일어났다.

"미켈란젤로는 인류가 낳은 다섯 명의 천재에 들어가는 인물이야. 그런데 마키아벨리에 비해 못해 보인다니, 그 무슨 소리야? 이런 기본적인 사실을 보지 못하고 어떻게 자네가 제대로 된 편집자라고 할 수 있어? 내 말에 불만이라도 있으면 어디 한번 말해봐!"

격렬한 어조의 꾸중이 30분 동안 계속되었다. 나는 "네"라든가 "예예"라고 대답하는 게 고작이었다. 회의를 계속하고 있던 편집부원들도 점차 수상한 분위기를 감지하기 시작했다.

"대체 무슨 일이야?"

"하야시 선생님께 호되게 꾸중을 들었습니다."

그 이상의 설명은 할 수 없었다.

문제의 책은 일찍이 교토대학 문학부 교수였으며 이미 돌아가신 시미즈 준이치(淸水純一) 씨가 브루노(Giordano Bruno, 1548~1600)의 생애와 사상을 간략하게 소개한 『르네상스의 위대함과 퇴폐―브루노의 생애와 사상』(ルネサンスの偉大と頹廢―ブルノの生涯と思想)이라는 제목의 신서였다. 몇 년 전에 브루노에 대한 대작을 낸 시미즈 씨는 신서라는 작은 책에 훌륭한 내용을 담아냈다. 명저라고 해도 좋은 책이었다. 르네상스에 대해 대단한 애정을 기울이고 있는 하야시 다쓰오 씨에게 당연히 그 신서를 보내드렸다.

"브루노에 대한 시미즈 군의 분석은 훌륭해. 그러나 제1장의 이 말이 전체를 망쳐버렸어. 그것을 알아채지 못한 건 편집자인 자네 책임이야."

30분에 걸친 질타의 요점은 이것에 대해서였다. 아니, 편집자는 인류 가운데 천재가 몇 명 있고, 어떤 천재가 몇 번째인가를 알고 있어야 한다? '이건 좀 이상하다. 그런 건 본질적인 게 아니잖아' 라는 것이 처음에 느낀 솔직한 심정이었다.

그러나 며칠간 계속해서 생각하는 중에 어쩌면 편집자란 끊임없이 그렇게 커다란 기준으로 사물을 판단해야 하는 것인지도 모른다는 생각이 들었다. 미켈란젤로가 인류가 낳은 다섯 명의 천재 가운데 들어가는지 안 들어가는지가 문제가 아니라 수백 년 전에 살았던 인간에 대해서도 어떤 판단의 기준이 필요한 것이다. 하야시 씨는 그런 말을 하고 싶었던 것임이 분명하다. 그러나 전화기 앞에서 이상할 정도로 격앙되었던 그 모습의 의미를 알게 되기까지는 거의 20년의 세월이 필요했다.

편집자의 일은 새로운 사고방법을 산출하는 것이다. 어떤 의미에서 그러기 위해서는 인류가 지금까지 축적해온 것의 총체를 알아야 한다. 그렇지 않으면 무엇이 진짜 새로운 것인지 판단할 수 없다. 엄청난 얘기다. 그 후 20년 동안 내 나름대로 노력해왔다고 생각하지만, 도저히 그런 당치않은 목표에 도달할 방도는 없다. 그러나 마음속으로는 편집자에게 부과된 일의 막중함을 항상 곱씹고 있다.

생각해보면 하야시 다쓰오 씨는 자신이 아끼는 사람에게는 그 상대가 학자라면 학자식으로, 편집자라면 편집자식으로 다양한 방식으로 계몽하고 도발하려고 했다. 내 경우 그렇게 계몽과 도발을 받은 적이 너무 많아서 일일이 셀 수가 없는 지경이다(당시에는 그것을 성가시게 느낀 적도 여러 번 있었다. 그러나 지금은 정말 고마운 일이라고 생각하고 있다). 헤이본샤(平凡社)의 하야시 다쓰오 씨 방으로 찾아가면 보통 "자네는 코와레(Alexandre Koyré, 1892~1964. 지금은 '코이레'라는 표기로 통일되어 있다)의 최근 책을 읽어봤나?" "숄렘(Gershom Scholem)이 유대 신비주의 역사에 대해 쓴 책을 알고 있나?" 하는 식으로, 매번 손가락으로 꼽을 수조차 없는 수의 책이 화제가 되었다. 그것도 대부분 외국에서 최근에 간행된 책이었다. 나에게는 영어나 프랑스어 책에 대해서만 물었지만, 독일어를 잘하는 친한 편집자의 이야기를 들으니 그에게는 반드시 독일어 신간이 화제가 되었다고 한다.

그 계몽과 도발활동 중에서 가장 두드러진 것 하나만 소개하기로 하자. 어느 날 우리 회사의 접수부에 느닷없이 하야시 다쓰오 씨가 나타났다.

"재미있는 책을 중복 주문했으니 자네한테 한 권 주지."

얀 코트(Jan Kott, 1914~)의 신간 『The Eating of the God』이었다. 폴란드 출신의 연극평론가의 솜씨로 쓴 그리스 비극론이었다(당시 얀 코트의 이전 저서 『셰익스피어는 우리의 동시대인』 *Szkice o Szekspirze*은 우리의 공유재산 가운데 하나였다).

'하야시 다쓰오 씨가 일부러 우리 회사까지 가져다준 책이다. 다음에 만날 때까지 한번 훑어보고 한두 가지 감상을 말하지 않으면 안 될 것이다.' 그 결과 나는 진분쇼인(人文書院)에서 나온 『그리스 비극 전집』(ギリシャ悲劇全集)을 사서 영어사전을 옆에 놓고 공부하지 않을 수 없는 처지에 빠졌다(그 후의 경험으로 보면 책을 가지고 와서 으른 것은 하야시 다쓰오의 책략 가운데 하나였다). 그러나 그 덕분에 그리스 비극의 대표작은 대충 훑어볼 수 있었다.

이 계몽과 도발의 정신, 적어도 도발의 정신만은 편집자에게 필수적이라는 것을 몸소 가르쳐준 하야시 다쓰오 씨가 나에게 절대 허락하지 않는 일이 있었다. 그것은 뭔가 한 분야의 전문가가 되는 일이었다. 가령 하야시 씨에게 르네상스 연구에서 연구자의 업적을 넘어서는 업적이 있다고 해도 그가 르네상스 연구에 그치는 일은 없었을 것이다. 하야시 다쓰오 씨는 입버릇처럼 "난 항상 아마추어로 있고 싶네"라는 말을 했다. 한편으로는 편집자로서 인류의 유산을 전체적으로 받아들이면서 다른 한편으로는 끊임없이 아마추어로서 경쾌한 발놀림을 유지하고 싶어 하는 것, 그것이 하야시 다쓰오 씨의 생활방식이었다.

  2. 속(俗)의 측면

  당연한 말이지만 편집자의 일은 그 시대의 현실 안에서만 할 수 있다. 현실 안에 푹 잠기면서, 또한(가령 그것이 가능한 일이라면) 인류의 유산 전체에 비추어보고 사물을 판단해야 한다. 예컨대 아카데미즘의 현실은 순수한 학문 연구라는 아름다운 동기만으로 유지되지 않는다는 것이 명백하다. 가끔 명예욕이나 학벌의 굴레에 사로잡히는 일도 있을 것이다. 그러한 아카데미즘의 현실을 자세히 알고 그 폐쇄성을 직시한 상태에서 새로운 감수성과 사상을 체현한 사람이 나타났을 때는 명함이나 계열에 사로잡히지 않고 정당한 평가를 내린다, 이것이 편집자로서 하야시 다쓰오 씨가 보여준 훌륭한 자세였다. 무엇보다도 이 점에서 나는 하야시 다쓰오 씨를 스승으로 모시고 있다.

  1966년 『사상』의 신출내기 편집부원이었던 나는 야마구치 마사오 씨에게 「문화 속의 '지식인'상」이라는 논고를 받았다. 당시까지만 해도 거의 무명이었던 야마구치 씨의 지식인론은 나중에 꽃피게 될 '어릿광대론'(道化論)의 기초를 이루는 것이었다. 하야시 다쓰오 씨는 『사상』 권말 가까이에 실린 야마구치 씨의 논고에 주목하고, 무슨 일인가로 구게누마에 있는 댁으로 찾아간 나에게 이렇게 말했다.

  "야마구치 군은 어떤 사람인가? 아아, 자네가 잘 아는 사람이었구먼. 이런 사람은 소중히 해야 하네. 내가 본 바로는 반세기에 한 사람 나올까말까 한 천재니까 말이야."

그 후 야마구치 씨의 활약은 마치 하야시 다쓰오 씨의 예언을 실증하는 것 같았다.

마찬가지로 하야시 다쓰오 씨는 여러 분야에서 유력한 신인을 발굴하고, 관련 저널리즘에 등장시키는 것을 좋아했다. 예컨대 10년쯤 전 내가 고령의 하타노 간지 씨를 만났을 때, 그는 자신이 젊은 시절 수사론(修辭論)으로 처음 『사상』에 등장할 수 있었던 것은 하야시 다쓰오의 추천 덕분이었다고 말해주었다. 비교적 최근의 예로는 작가 쇼지 가오루(庄司薫, 1937~) 씨나 평론가 다카하시 히데오(高橋英夫) 씨를 들 수 있다.

한편 헤이본샤 백과사전의 책임자로서 학계, 주로 도쿄와 교토 사이를 조정하느라 고생한 하야시 다쓰오 씨는 아카데미즘이나 인간관계에서 일어나는 다툼에 지치면 하코네의 산들을 돌아다니며 마음을 진정시켰다고 한다. 그러나 내게는 그런 이야기를 거의 하지 않았다.

하야시 씨가 거의 입에 올리지 않았던 일 중에 그의 애증 문제가 있다. 예컨대 미키 기요시(三木清, 1897~1945)·와쓰지 데쓰로와의 문제다. 특히 하야시 씨는 미키 기요시의 사상에 대해 격렬하게 비판적인 생각을 가지고 있었다. 그의 말꼬리에서 추측해보면 아마 미키 기요시의 구상력의 논리 같은 것이 자신의 생각과 굉장히 가깝지만 미묘한 지점에서 달랐기 때문일 것이다.

와쓰지 데쓰로에 대해서는 그가 기존의 사상사나 철학의 틀을 넘어서 모험으로 향한 점을 높이 평가하고 있었다. 언젠가 하야시 씨는 당시 한창 날리던 고명한 철학자에 대해 "○○군은 철학자로서는 새로운 테마에 착착 도전해나가는 모습이 훌륭해. 와쓰지가 살아 있었다면 아마 그와 마찬가지의 일을 했겠지. 다만 좀 더 준비를 철저히 한 다음에 말일세" 하고 말했다. 그러나 와쓰지 데쓰로의 풍토론(風土論)에 대해서는 비달 드 라 블라슈(Vidal de la Blache)나 그 후의 전개인 아날학파의 연구 등에 비춰보아 비판적이었다.

어쨌든 미키 기요시·와쓰지 데쓰로에 대한 하야시 씨의 애정은 무척 깊은 것이었다. 그런 까닭에 오히려 두 사람에 대한 비판에도 참으로 엄격했다(내게는 거의 아무 말도 하지 않았지만 하야시 다쓰오 씨에게 아마 결정적이었던 것은 여성에 대한 애증 문제였을 것이다. 그러나 그것은 이 글의 테마와는 무관하고 확실한 자료도 없으므로 생략할 수밖에 없다).

그런데 하야시 다쓰오 씨의 댄디즘은 잘 알려져 있다. 그 지적 댄디즘은 편집자로서 하야시 다쓰오 씨의 기본을 형성하는 것이었고, 국가주의적 풍조가 강해지고 있을 때 서구적 댄디스트로 행동하는 것 자체는 분명히 저항의 한 형태였을 것이다. 트위드(tweed) 상의에 비단스카프를 목에 두른 모습은 하야시 다쓰오 씨 말년의 정신적 활달함과 겹친다. 좀 더 말년에 병상에 있었을 때도 하야시 다쓰오 씨는 그 댄디즘을 잃지 않았다. 야마구치 마사오 씨나 나카무라 유지로 씨 등 친한 사람들이 두세 번 병문안을 가고 싶다고 해서 하야시 다쓰오 씨에게 몇 번인가 그런 뜻을 전했지만 그는 한번도 응한 적이 없었다. "그들과 만나려면 두세 달 공부하지 않으면 안 되니까 말이야"라는 것이 병문안을 거절할 때마다 하는 말이었다.

3. 성(聖)에 대한 동경

구게누마에 있는 하야시 씨의 집은 근사하다. 회반죽을 바른 벽에 들보가 드러나 있는 영국 민가풍의 건물인데, 하야시 씨 자신이 설계하고 세부 인테리어까지 신경을 썼다고 한다. 예컨대 문의 손잡이는 여기저기 찾아다닌 끝에 아사쿠사의 철물점에 만들어달라고 주문했다는 이야기를 들은 적이 있다(그리고 그 말에 이어 짐멜에 대한 논의를 전개하는 것이 자못 하야시풍의 대화였다). 그리고 뜰이 아름답다. 어디에서도 일본식 정원 같은 양식을 느낄 수 없는, 자유롭게 만들어진 뜰이었다. 그 뜰에는 외국산의 진기한 것들도 많이 있다고 했다. 하야시 다쓰오 씨를 경애하는 학자나 연구자들은 자기가 유학하는 곳에서 큰 원예점의 카탈로그나 식물원의 안내서를 보내주었다.

이 아름다운 집에 초대를 받아 제일 먼저 보게 되는 것은 책장의 측면이나 벽난로 위, 그리고 책상 위에 놓여 있는 몇 개의 소박한 마리아상의 복제화다. 나의 빈약한 르네상스 회화에 대한 지식으로는 도저히 명확히 식별할 수는 없지만, 적어도 지오토(Giotto di Bondone, 1267~1337)의 것이나 시에나파(Siena school)의 작품으로 보이는 것이 있었다. 평소 하야시 다쓰오 씨가 열변을 토하는 주제는 다 빈치나 라파엘로 등의 거장과 그들의 공방 모습이었다. 대부분이 찬란한 전성기의 인간중심주의적 르네상스에 대해서였다. 결코 초기의 소박한 그리스도교 신앙이 엿보이는 작품에 대해서는 아니었던 것이다.

그러나 하야시 다쓰오 씨가 사랑한 문학작품 가운데 하나가 아나톨 프랑스(Anatole France, 1844~1924)의 「성모의 곡예사」였다는 것을 안다면 그가 인간의 가장 소박하고 순수한 형태의 신앙에 대해 마음을 썼다는 것을 알 수 있을 것이다. 사실 거의 동년배인 종교인류학자 후루노 기요토(古野清人, 1899~1979) 씨와는 무척 친한 사이였고, 두 분의 대화를 통해 하야시 다쓰오 씨가 종교에 대해 매우 깊은 관심과 지식을 가지고 있다는 것을 짐작해볼 수 있었다. 그리고 철학자 마쓰모토 마사오 씨의 작업에 관한 이야기로부터 하야시 씨가 신토마스주의(Neo-Thomism)[11]의 동향이나 소비에트의 종교 사정에 끊임없이 주목하고 있다는 것도 짐작할 수 있었다. 『공산주의적 인간』(共産主義的人間, 月曜書房, 1951)의 저자인 하야시 다쓰오 씨에게는 종교에 대한 이 정도의 지적 배경이 있었던 것이다.

이러한 하야시 씨의 특성은 문화인류학이나 민속음악(folklore)에 대한 치열한 관심에서도 잘 드러나보였다. 즉 인간의 시원적인 모습은 어떤 것이었을까? 그것에 비추어 인류의 문화란 어떤 것이었을까? 그리고 현대의 문화나 정치 상황조차도 바로 거기에서 판단해나가자는 자세였던 것이다. 요컨대 인류사에서의 위치 부여나 말 그대로 글로벌한 시점을 교차시킨 지점에서 성립하는 것이 하야시 다쓰오 씨의 관점이었다. 물론 거기에는 미치지 못하지만 편집자인 내가 하야시 다쓰오를 스승으로 모시는 최대 이유가 여기에 있다.

이 글 첫머리에 쓴 '모럴리스트로서의 편집자'라는 의미는 이런 것이다. 이때 모럴리스트란 통상적인 의미의 윤리와는 거의 무관

---

11) 스콜라철학과 스콜라신학을 부흥시키기 위하여 가톨릭계에서 일어난 철학운동.

하다. 굳이 말하자면 인간의 본래적 모습에 대한 탐구자, 거기에서 나오는 인간에 대한 관찰자라고 해야 하지 않을까 싶다.

맺으며

나는 후지사와에서 열린 하야시 다쓰오 씨의 고별식에 참석하지 않았다. 전날의 경야(經夜)에는 참석했지만 지인들과 말하는 것을 일부러 피하여 총총히 식장을 떠났다. 명백한 이유가 있는 것은 아니었다. 그것이 하야시 다쓰오 씨의 방식인 것 같아서였다.

개성이 두드러진 사람들

교토 저자들의 스케일

 강좌의 편집 작업을 할 때는 실로 많은 철학자들과 알게 되었다. 유독 독특한 활약을 한 사람들은 뭐니뭐니 해도 교토에서 활동하는 학자들이었다. 우에야마 슌페이·우메하라 다케시(梅原猛)·하시모토 미네오(橋本峰雄)·야마시타 마사오 씨 등이 그들이다. 이 철학자들의 공통점은 모두 교토대학 출신이지만 교토대학 아카데미즘과는 선을 긋고 대담하게 독자적인 사색을 전개하려고 한 점이었다.

 우에야마·우메하라·하시모토 씨 등은 일본이라는 사상의 토양에서 철학의 존재방식을 모색하고 있었다. 그리고 우메하라 씨는 본래적인 의미에서 실존철학적 분위기를 농후하게 띠고 있었다. '강좌·철학' 제12권인 『문화』에 「문화 속의 생과 사—문화 교류와 철학」(文化の中の生と死—文化の交流と哲學)을 집필한 그가 학회에서 고명한 니체 연구자에게 "니체의 한 마디 한 구절을 연구한다고 해봤자 그것은 니체적이 아니다"라고 따지고 든 일은 유명한 일화다.

우메하라 씨와는 자주 만났다. 그는 때로 심한 숙취 속에서 진짜인지 거짓말인지 알 수 없지만 "그 바 마담을 꼬드겼는데 차였어" 하며 머리를 감싸안기도 했다. 그러나 『지옥의 사상』(地獄の思想) 등 일본사상사의 미개척 분야에 과감하게 도전하는 모습은 근사했다. 강좌의 논고에서는 그 후에 이어질 다면적인 활약의 원형을 볼 수 있었다.

우메하라 씨는 평소에 늘 도쿄의 철학자 중에는 평가할 만한 사람이 두 사람밖에 없다는 말을 했다. 이키마쓰 게이조 씨와 나카무라 유지로 씨였다. 둘 다 독자적인 길을 개척하려는 사람들이었다. 나는 이 두 사람과 자주 만났기 때문에 우메하라 씨가 그들에게 보내는 메시지를 전해주곤 했다.

우에야마 씨는 '강좌·철학' 제9권 『가치』의 편집과 「가치의 체계」(價値の體系)를, 제17권 『일본의 철학』에 「사상의 일본적 특질」(思想の日本的特質)을 집필했다. 우에야마 씨와 만나는 곳은 언제나 우즈마사에 있는 그의 집이었다. 우에야마 씨도 젊었을 때는 실존적인 문제로 고민하여 선(禪)을 비롯한 여러 가지 심신 수련을 했다는 이야기를 자주 들었다. 그리고 그는 당시에 씨름하고 있던 과제에 대해 자세히 들려주었다. 그것들은 모두 좁은 의미의 철학을 넘어선, 일본이라든가 일본인의 본질에 관한 장대한 질문이었다. 그런 이야기를 듣고 나까지 흥분이 가시지 않는 심정으로 우에야마 씨 집을 나섰다. 우에야마 씨는 언제나 집 밖까지 나와서 내 모습이 보이지 않을 때까지 배웅해주곤 했다.

나중에 쓰겠지만 교토대학 인문과학연구소(京大人文科學研究所)에서, 그의 후배인 마키 야스오(牧康夫) 씨가 돌아가신 뒤 유고집이

라고 할 수 있는 『프로이트의 방법』(フロイトの方法, 岩波新書)을 편집했을 때 보여준 우에야마 씨의 성의와 진력을 잊을 수가 없다. 30년이나 나중의 일이지만 그가 총 10권인 그의 저작집을 보내주었을 때 일찍이 그가 했던 이야기 하나하나가 대부분 책이 되어 실현된 것을 확인하고 정말 대단한 일이라고 감탄했다.

한편 하시모토 씨는 구로타니에 있는 유명한 절의 주지이기도 했다. 『일본의 철학』에 실은 「형이상학을 지탱하는 원리」(形而上學を支える原理)라는 제목의 논고에서는 미야케 세쓰레이(三宅雪嶺, 1860~1945)나 니시다 기타로·다나베 하지메(田邊元, 1885~1962) 등과 함께 기요자와 만시(淸澤滿之, 1863~1903)에 대해 썼다. 기요자와 씨가 한 것처럼 하시모토 씨도 서양철학과 일본의 사상을 합체시키려고 했다. 온후한 성품으로 모든 사람들에게 사랑을 받았지만 그의 각오를 간파한 사람은 그리 많지 않았던 것 같다. 요절한 그의 장례식장에서 밤샘을 할 때 구로타니의 검은 나무들 속에서 어쩔 수 없는 상실감에 사로잡힌 것은 나만이 아니었으리라.

야마시타 씨는 '강좌·철학' 제9권 『가치』에 「가치연구의 역사」(價値研究の歷史)를 실었다. 그는 위의 세 학자와 달리 논리에 대한 독자적인 이론을 모색하고 있는 것처럼 보였다. 그러나 교토대학의 정통적인 아카데미즘에 포함되지 않은 점에서는 세 학자와 같았다. 비교적 가쓰라리큐(桂離宮)와 가까운 그의 집으로 찾아가 종래의 서양철학사와는 조금 다른 이야기를 듣는 것은 나의 은밀한 즐거움이었다. 야마시타 씨는 나중에 『논리학사』(論理學史, 岩波全書, 1983) 『논리적으로 사고하는 것』(論理的に考えること, 岩波ジュニア新書, 1985)을 집필하게 된다.

도호쿠 세력의 활약

여기서 화제를 바꿔 센다이의 철학자들에 대해 이야기하려고 한다.『사상』편집부 시절, 센다이의 젊은 준재들인 현상학의 닛타 요시히코(新田義弘)·다키우라 시즈오(瀧浦精雄)·기다 겐 등의 스승에 해당하는 미야케 고이치(三宅剛一, 1895~1982) 씨로부터 원고를 받은 적이 있다. 가쿠슈인(學習院) 근처에 있는 그의 숙소를 방문했는데 조용하게 말씀하시는 모습이 인상적이었다. 나중에 기다 씨로부터 들은 일면과는 상당히 달랐던 것 같다.

고노 요이치 씨와는 늘 이와나미쇼텐에서 만났다. 고노 씨는 다방면에 걸쳐 직간접적인 제자들이 있어서 흥미로웠다. 라이프니츠에 대한 연구로 알려진 이시구로 히데(石黑ひで) 씨도 그중의 한 사람이었다.

아오야마에 있는 오카모토 다로(岡本太郞, 1911~96) 씨의 이웃인 이시구로 히데 씨의 집을 방문한 것은 강좌의 월보에 실을 원고를 청탁하기 위해서였다. 미니스커트 차림으로 눈을 획획 돌리는 그녀의 화제는 영국의 철학계에서부터 사회과학 방면, 그리고 연극 이야기까지 이어졌다. 예컨대 사회인류학자 어니스트 겔너(Ernest Gellner)의 성품이라든가 해럴드 핀터(Harold Pinter)의 최신작에 대해서 등등. 그때는 이런 철학자가 있는가 하고 무척 당황했다.

나중에 이시구로 씨가 편집한 영문 철학 시리즈 중에서 찰스 테일러(Charles Taylor)의『헤겔과 근대사회』(*Hegel and modern society*, ヘーゲルと近代社會)를 센다이의 와타나베 요시오(渡邊義雄) 씨에게 번역을 부탁하여 단행본으로 출판하는 등 그녀와는 오랫동안

관계가 지속되었다. 비교적 최근의 일로는 미국의 양심적인 편집자 앙드레 쉬프랭(André Schiffrin)의 환영회에서 만났다. 이시구로 씨가 쉬프랭 부부의 친구라는 이야기를 듣고 그 넓은 교우관계에 새삼 놀란 적이 있다.

나중에 '신이와나미강좌·철학'을 편집할 때는 앞의 다키우라 씨와 기다 씨가 편집위원으로 참가하는 등 이와타 야스오(岩田靖夫) 씨를 비롯한 도호쿠 세력의 활약이 눈에 띄었다. 그러나 나의 개인적인 교제 측면에서는 누가 뭐래도 기다 겐과 다키우라 시즈오 씨를 들 수 있다. 이 두 분에게는 단행본이나 신서를 몇 권 내자고 부탁하기도 했다.

나중에 이야기하게 되겠지만, 센다이를 방문하여 다키우라 씨와 한 잔 할 때면 그는 꼭 "기다 군은 어떻게 지내고 있을까?" 하며 술집에서 도쿄로 전화를 걸고는 했다. 반대로 도쿄에서 기다 씨·이키마쓰 씨와 술을 마실 때면 기다 씨는 자주 "다키우라 씨는 지금 이런 일을 하고 있어"라는 이야기를 하곤 했다. 여기서는 거리를 뛰어넘은 두 사람의 우정을 부러워했다는 사실만 적어둔다.

나이지리아에서 온 원고

다음으로는 철학자는 아니지만 '강좌·철학' 제12권 『문화』에 글을 써달라고 부탁했던 야마구치 마사오 씨에 대해 이야기하고자 한다.

야마구치 씨는 「아프리카의 지적 가능성」(アフリカの知的可能性)이라는 제목의 글을 실었다. 당시 나이지리아에서 현지조사를 하고 있던 그로부터는 자주 편지가 왔다. 강좌 원고의 집필을 의뢰했을

때 그는 그다지 쓰고 싶어 하지 않았다. 1967년 3월에 보낸 어떤 편지에서 그는 다음과 같이 썼다.

> 오쓰카 군도 알다시피 저는 인색하고 타산적인 '강좌'라는 출판 형식을 그다지 좋아하지 않습니다. 여기에 올라와 있는 목록을 보면 "The Cult of Fame in Journalism in Japan"이라는 말이 떠오르고 뭔가 창조적인 게 느껴지지 않습니다(오쓰카 군의 노력에도 불구하고).
> (중략)
> 저는 만약을 위한 핀치히터 정도로 생각해주세요. 30매 정도라면 내고 안 내고와는 상관없이 노트에 적어두는 일 정도는 할 수 있습니다.

그러나 7월에 보낸 어떤 편지에서는 이렇게 쓰기에 이른다.

> 더워졌습니다.
> 솔직히 말해서 최근 2개월 동안 '오쓰카 철학 강좌' 원고를 어떻게 쓸까 늘 생각하고 있었습니다. 조사하는 짬에도, 밤 오두막 안에서 술을 마시면서도, 녹음기에 녹음해둔 악곡에 귀를 기울일 때도, 차로 돌아다닐 때도. 다시 말해 지금까지와는 전혀 다른 조건에서 써야 한다는 말입니다. 저처럼 책에 파묻힌 채 콧노래를 부르며 글을 쓰는 사람에게 이것은 상당히 힘든 일입니다.

그리고 9월에 보낸 편지에서는 이렇게 썼다.

원고가 완성되어 동봉합니다. 매수가 초과되었습니다. 아프리카의 넓이를 생각하여 너그럽게 봐주시기 바랍니다. 이래봬도 집어든 카드의 3분의 1 정도밖에는 쓰지 않았습니다. 억제하지 않고 썼다면 최소한 400매는 되었겠지요.

번번이 보내주신 편지에서 '철학사의 고쳐쓰기' '정말 근본적인' 등 온당치 못한 격려라고 생각되는 말을 접하면서 그만 의욕이 넘친 경향도 있습니다. 무슨 의미라도 있는 척하는 데다 비위에 거슬리고 현학적이기까지 하다는 사람들의 반감은 각오하고 있습니다.

여기에 쓰인 관점은 야마구치 씨가 귀국한 후 쓴 『미개와 문명』(未開と文明, '現代人の思想' 15, 平凡社, 1969)의 해설 「잃어버린 세계의 복권」(失われた世界の復權)에서 더욱 깊게 전개된다. 보내온 원고는 출납부같이 빨간 선이 그어진 종이 앞뒤에 조그만 글씨로 빽빽이 적혀 있었다. 그러나 의뢰한 매수를 훨씬 초과했기 때문에 야마구치 씨의 양해를 얻어 내가 직접 줄였다. 그리고 제12권 『문화』의 편집자인 쓰루미 슌스케 씨와 이키마쓰 게이조 씨에게 내용을 보고하면서 획기적인 논고라고 생각되니 문화의 개별적 고찰의 맨 앞쪽에 놓자고 하여 동의를 얻어냈다.

어느 날 야마구치 씨가 "굉장한 게이샤(藝者)가 있소"라며 아오키 다모쓰(靑木保) 씨의 편지를 보여주었다. 당시에 아오키 씨는 아직 도쿄대학 대학원 학생이었다. 조치대학(上智大學) 독문과를 졸업하고 대학원에서 문화인류학을 공부하고 있던 아오키 씨는 어떤 의미에서 야마구치 씨와 비슷한 길을 걸어왔다고 할 수 있다. 그리고 야마구치 씨와 마찬가지로 실로 폭넓은 지식의 소유자이기도 했다.

아마 『사상』 편집부에 있던 무렵의 일일 것이다. 오차노미즈(御茶の水)의 조그마한 튀김가게 2층에서 이이다 모모 씨에게 야마구치 씨를 소개한 적이 있었다. 그때 아오키 씨도 따라와 있었다. 아오키 씨와는 당시 인도네시아 자바에서의 현지조사에 기초하여 활발하게 책을 내던 C. 기어츠(Clifford Geertz, 1926~2006)에 관한 이야기를 나눈 일을 기억하고 있다.

'강좌·철학'에 대해 말하자면, 나는 아오키 씨에게 월보에 실을 원고를 의뢰했다. 1971년의 일이다. 그는 「미개사회와 근대의 초극」(未開社會と近代の超克)이라는 제목으로 멜라네시아의 카고 컬트(Cargo-cult)[12]에 대해 써주었다. 지금 생각하면 이 짧은 논고에는 나중에 아오키 씨의 활약을 예상하게 하는 요소가 꽤 숨어 있었다. 아오키 씨와는 지금까지도 오랜 교제를 계속하고 있다.

사상적 전개의 핵심으로서

마지막으로 나카무라 유지로 씨와 이치카와 히로시 씨에 대해 쓰려고 한다.

나카무라 씨는 『인간철학』에 「구조주의와 인간의 문제」(構造主義と人間の問題)를, 『언어』에 「언어·표현·사상—제도로서의 언어와 '말하는 주체' 사이에서」(言葉·表現·思想—制度としての言語と

---

[12] 멜라네시아의 넓은 지역에 걸쳐 19세기 후반부터 최근까지 보인 종교운동인데, 신이나 조상들이 백인들의 문명제품을 보내주어 자신들을 행복하게 해줄 것이라고 기대한다.

'語る主體'との間で)를 썼다. 『사상』에 「『사상』의 사상사」의 연재를 한 적도 있어서 그와는 자주 만났다. 그리고 강좌에 쓴 두 편의 논고는 그의 이후 사상적 전개의 핵심이 된 것 같았다. 그 후 나카무라 씨와는 오랫동안 교류하는 사이가 되었는데, 후지사와 노리오 씨의 경우와 마찬가지로 그의 저작집(I기 · II기)도 간행하게 된다. 앞으로 몇 번이고 언급할 기회가 있을 것이므로 여기서는 이것만 적기로 한다.

이치카와 히로시 씨에 대해서는 그가 이미 저세상 사람이 되었으므로 조금 자세히 말하기로 하자. 이치카와 씨와 처음 만난 것은 니시오기구보에 있는 찻집 '고케시야'에서였다. 아마 1964년의 일일 것이다. 당시 그는 아직 도쿄대학 대학원에 적을 두고 있었다고 생각하는데, 교토대학을 졸업한 후 잠깐 신문사에 근무했기 때문에 나이는 좀 위였던 것 같다. 그 무렵부터 그는 인간의 행동과 세계에 대해, 철학뿐만 아니라 생물학이나 동물행동학 등을 원용하면서 면밀한 고증에 힘쓰던 독특한 존재였다.

사실 그 당시에 나는 그의 사고를 충분히 이해할 수 있는 기초 지식이 없었다. 굉장히 흥미롭다고는 생각했지만 그 의미를 충분히 파악할 수 없었던 것이다. 나중에 메를로퐁티(Maurice Merleau-Ponty, 1906~61)나 윅스퀼(Jakob von Uexküll, 1864~1944) 등의 글을 읽고 비로소 그 진정한 의미를 알았을 만큼 당시의 나는 변변치 못했다.

이치카와 씨는 『사상』 1965년 2월호에 「인간의 행동과 세계」(人間の行動と世界)라는 논고를 실었다. 나중에 이치카와 씨의 활약, 그 중에서도 특히 신체론에서 전개한 획기적인 사상을 그 시점의 나는 아직 예견하지 못하고 있었다.

처음으로 『사상』에 그의 논고가 게재되었던 직후 그의 부친인 이치카와 하쿠겐(『사상』에 자주 글을 실었다. 선(禪)과 실존주의, 불교 신자의 전쟁책임론 등 독특한 논고가 많았다)으로부터 오차노미즈에 있는 프랑스 레스토랑에 초대를 받았다. 이치카와 하쿠겐 씨는 이치카와 히로시 씨의 논고가 『사상』에 실린 것을 무척 기뻐했으며, 나이로 보면 아들뻘인 나에게 앞으로도 잘 부탁드린다고 머리를 숙였다. 그로부터 한참이 지나 이치카와 하쿠겐 씨의 장례식 때 그 생각이 나서 감개무량했다.

이치카와 히로시 씨는 강좌의 『인간철학』에 「정신으로서의 신체와 신체로서의 정신」(精神としての身體と身體としての精神)을, 『언어』에 「예술과 언어」(藝術と言語)를 실었다. 두 편의 글 모두 나중에 이치카와 히로시 철학의 핵심이 되는 신체론과 예술론에 관한 논고였다. 이후 그와는 오랫동안 관계를 지속했다.

'신이와나미강좌·철학'에 이치카와 씨의 마지막 글이라고 생각되는 논문 「단장·신체에 의한 세계 형성」(斷章·身體による世界形成, 제1권에 수록)을 실을 때, 유족의 요청으로 그를 대신해 교정을 봤던 일을 잊을 수가 없다. 그 논문도 신체론을 전개한 것이었는데, 이치카와 히로시 씨의 작업이 얼마나 큰일이었는지를 절실히 느끼게 하는 글이었다.

마지막으로 이치카와 씨와 이야기를 나눈 것은 센다가야에 있는 국립 노가쿠도(能樂堂)에서 노(能)를 보고 돌아오는 길에 역까지 함께 걸었을 때였다. 그는 아주 천천히 걸을 수밖에 없었다. 불과 15분 동안 이런저런 이야기를 나누었던 일을 지금도 기억하고 있다. 나는 소부센(總武線) 홈에서 그가 전철을 타고 떠나는 것을 배웅했다.

3. 신서 편집과 프랑크푸르트국제도서전

"아라이 마코토 씨는 신서 『태아의 환경으로서의 모체』에서 생명의 탄생이라는 사실에 대한 외경심으로 가득 찬 찬탄의 글을 써주었다.
세상사람들 사이에서는 무명이나 다름없는 아라이 마코토 씨의
이 신서는 젊은 여성을 중심으로 아주 오랫동안, 많은 사람들에게 읽혔다.
나는 이 책에서 계몽서로서 신서가 가져야 할 이상적인 모습을 보았다."
……………………………………………

청판의 시대

처음으로 맡은 명저

'강좌·철학'은 『역사철학』(제4권)의 간행으로 완결했다. 1969년의 일이다. 완결과 동시에 나는 이와나미신서 편집부로 이동했다.

신서에는 1978년까지 있었으므로 수많은 신서를 직접 손댔는데, 청판(靑版)과 황판(黃版)을 아울러 약 60권이었다. 신서는 분량이 적은 만큼, 그리고 일반 독자를 대상으로 한 계몽서인 만큼 저자에게 이런저런 요구를 하게 된다. 당연히 출판사와 저자 사이의 의견 교환이 많아지고, 따라서 저자와의 관계는 깊어질 수밖에 없다. 다음에는 특별히 인상에 남아 있는 예를 적고자 한다.

처음으로 담당하게 된 신서는 I. 도이처(Issac Deutscher, 1907~67)의 『비유대적 유대인』(*The non-Jewish Jew*, 非ユダヤ的ユダヤ人, 鈴木一郎譯, 1970)이었다. 유대인 문제에는 이전부터 관심을 가지고 있었으므로 이 책 같은 명저를 담당하게 된 것은 행운이었다. 나중에 '현대선서'(現代選書)로 A. 케이진(Alfred Kazin, 1915~98)

의 『뉴욕의 유대인들』(*New York Jew*, ニューヨークのユダヤ人), A. 슐만(Abraham Shulman)의 『인류학자와 소녀』(*Anthropologist and the Girl*, 人類學者と少女), R. 베르코비치(Reuben Bercovitch)의 『산토끼』(*Hasen*, 野うさぎ) 등을 냈는데, 유대인과 홀로코스트 문제는 언어에 대한 관심과 나란히 편집자로서 나의 주요 관심사 가운데 하나였다.

내가 맡은 두 번째 책은 오다기리 히데오(小田切秀雄)의 『후타바테이 시메이―일본근대문학의 성립』(二葉亭四迷―日本近代文學の成立, 1970)이었다. 당시 『사상』의 경우와 마찬가지로 신서 편집부에서는 신참 편집자에게 거의 아무것도 가르쳐주지 않았으므로 어깨 너머로 익혀서 직접 자신의 기획을 만들어낼 수밖에 없었다. 따라서 앞의 두 책은 선배가 만든 기획을 맡은 것이고, 내가 책임지고 기획을 하기까지는 대략 1년이라는 시간이 필요했다.

그 사이에 나는 열심히 중판(重版) 작업을 하고 있었다. 저자에게 통지하고 오식을 정정하는 등 해야 할 일은 의외로 많았다. 당시는 지금처럼 책의 수명이 짧지 않아서 누군가는 매월 수십 권의 중판작업을 해야 했던 것이다. 신서 편집부원이라면 누구나 한 번은 경험해야 하는 통과의례 같은 것이었다.

처음으로 맡게 된 기획

내가 처음으로 실현시킨 기획은 기다 겐의 『현상학』(現象學, 1970)이다. 당시 철학계에서는 현상학에 대한 관심이 고양되고 있었지만 편집회의에서 그것을 제안했을 때는 그게 뭔지 아는 사람이 거의 없는 상황이었다. 게다가 당시 기다 겐 씨는 이미 『현대의 철학—인간 존재에 대한 탐구』(現代の哲學—人間存在の探究, 日本放送出版協會, 1969)라는 명저를 낸 상태였지만 일반 사람들에게는 아직 알려지지 않은 무명의 신진 철학자였다. 다행히 회의에 출석한 회사의 편집 고문격인 아와타 겐조(栗田賢三) 씨가 이 시점에서 현상학에 대한 계몽서를 출판하는 의미를 적극적으로 지지해주었으므로 기획은 통과되었다. 아와타 씨 자신은 고자이 요시시게·요시노 겐자부로 씨의 친구이기도 하고 마르크스주의 철학자로 알려져 있었는데, 새로운 경향에 대해 유연한 자세로 대응해준 것을 나는 고맙게 생각한다.

이 신서 기획이 통과된 것에 대해 기다 겐 씨 자신이 글을 썼으므로(『사루토비 사스케에서 하이데거로』猿飛佐助からハイデガーへ, 岩波新書, 2003) 그의 허락을 얻어 인용하기로 한다. 비로소 제대로 된 편집자가 되기 시작한 모습이 저자의 붓 하나로 마치 베테랑 편집자인 양 둔갑하는 한 예이기도 하다.

다음이 1970년 이와나미신서로 낸 『현상학』이다. 이 책에 대해서는 생각나는 게 참 많다. 바로 최근까지 이와나미쇼텐의 사장이었던 오쓰카 노부카즈 씨가 아직 30대 초반이었을 때, 그와는 셋이서 자주 술을 마셨다. 1969년 가을 무렵 '현상학'으로 신서를 한번 써보지 않겠느냐는 이야기가 나왔다. 그 무렵 이와나미신서라면 대단한 명성을 떨치고 있는 대가들이나 낼 수 있다고 생각했기 때문에 농담하지 말라며 피해버렸다. 언젠가는 한번 내가 연구하고 있는 현상학을 신서에 맞게 쉽게 써보고 싶은 마음은 있었지만, 그때는 쓸 수 있다는 자신감이 없었다. 이제 막 마흔을 넘긴 때였다.

그러나 이야기를 이끌어가는 오쓰카 씨의 방법이 좋았다. 오쓰카 씨는 내게 만약 쓴다면 구성은 어떻게 될지를 물었다. 만약이라고 해서 목차 같은 것을 써본 것이 이듬해 1월이었을 것이다. 다시 한 달 정도 지나서 전체 500매를 각 장에 어떻게 배분할지를 써보라고 했다. 이 또한 만약의 이야기라서 적당히 써보았다.

3월쯤 되어 오쓰카 씨는 시험 삼아 서론만이라도 써보면 어떻겠느냐고 했다. 시험 삼아 써보는 것이라고 해서 써보았다. 처음에는 멋진 첫머리를 생각해냈지만 너무 승낙을 노리는 것으로 보여 그렇게 쓰는 것을 그만두고, 촌스럽고 진지한 서두로 써보았다. 그런데 오쓰카 씨의 표정은 그다지 신통치 않은 듯했다. 그럼 알겠다고 말하고 처음에 생각한 첫머리로 다시 써보았다. 그랬더니 오쓰카 씨는 "이거예요, 이거" 하며 기뻐해주었다. 그 첫머리로 「서론」을 써낸 것이 4월 말. 다시 한 달 정도 걸려서 제1장을 썼다.

그 다음부터가 대단했다. 나는 4월부터 학생부 위원이 되었고, 원래라면 책 같은 것을 쓸 수 있는 상황이 아니었다. 그 해는 대학 투쟁이 한창이었고, 5월 말부터 전공투와의 관계가 결렬되어 대학은 바리게이트로 봉쇄되어 수업도 할 수 없었을 뿐더러 학생부를 통한 학생 측과의 교섭도 없었다. 연일 교수회의는 열렸지만 학생위원은 나가지 않아도 되었다. 그래서 6월 내내 집에 있었다.

게다가 오쓰카 씨가 매일 원고를 받으러 왔다. 아직 게이요(京葉)고속도로도 생기지 않을 무렵 그는 토요일도 일요일도 없이 매일 자동차로 후나바시 외곽에 있는 우리 집에 와서 열 매라도 완성된 분량을 가져갔다. 하루도 빠지지 않았다.

7월에 들어서고 얼마 안 있어 학생부의 주재로 희망하는 학생만을 고모로 근처의 대학 산장으로 데리고 가 5일 정도 세미나를 열었다. 여기에는 꼭 가야만 했다. 그런데 그날이 하필 원고마감일이었다. 출발하기 전날 밤을 새면서 마지막 장을 뺀 원고를 다 쓰고 아침 여덟 시경의 기차를 타기 전에 우에노(上野)역 홈에서 오쓰카 씨에게 넘기기로 했다.

곧 발차할 시간에 승차 홈으로 가니 벌써 출발을 알리는 벨이 울리고 있었다. 오쓰카 씨의 모습이 저편에 보였지만 원고를 전할 여유가 없었다. 나는 오쓰카 씨가 나를 알아본 것을 확인하고 원고가 든 봉투를 땅바닥에 놓은 뒤 가까운 승강구 발판으로 뛰어올랐다. 문이 닫히고 움직이기 시작한 기차 안에서 오쓰카 씨가 달려와 봉투를 집어 드는 것을 본 다음 내 자리를 찾아 앉자마자 그대로 곯아떨어졌다. 산장에 도착하고 나서도 밥도 먹지 않고 다음 날 아침까지 계속 잤으므로 동료들은 어이가 없다는 표정이었다.

세미나를 끝내고 돌아오자 벌써 교정쇄가 나와 있었다. 마지막 장을 쓰고 교정쇄도 상당히 손을 봤다. 9월에는 벌써 책으로 나왔다. 정말 누군가 떠밀어 쓰게 했다는 느낌이었다.

그러나 이런 식이 아니었다면 도저히 쓸 수 없었을 것이다. 다행히 평판도 좋아 증쇄를 계속했으며 최근에 33쇄가 나왔다. 현상학이 이렇게 알기 쉬울 리가 없다는 묘한 비판은 있었지만, 일반 독자를 대상으로 한 신서이기 때문에 어려우면 의미가 없다. 철학애호가들 사이에는 철학은 어려운 것, 어렵지 않으면 안 된다는 묘한 믿음이 있는 것 같다.

그 후 기다 씨는 몇 권의 책을 더 썼는데 『하이데거』(ハイデガー, 20세기 사상가문고, 1983. 지금은 이와나미현대문고)나 『우연성과 운명』(偶然性と運命, 岩波新書, 2001) 『하이데거 '존재와 시간'의 구축』(ハイデガー '存在と時間'の構築, 岩波現代文庫, 2000)은 특히 잊을 수가 없다.

기다 씨의 성품이 워낙 온화하기도 해서 우리는 이키마쓰 게이조 씨와 함께 도쿄 거리 여기저기를 돌아다니며 자주 술을 마셨다. 때에 따라 마루야마 게이자부로(丸山圭三郞) 씨나 사이토 닌즈이(齋藤忍隨, 1917~86) 씨, 또는 오노 지로(小野二郞) 씨 등도 가세했다. 철학자들의 술자리란 이런 것이구나 하며 즐거운 시간을 보냈다. 그러므로 나중에 이키마쓰 게이조 씨가 돌아가셨을 때는 아사쿠사의 절에서 장례식을 도맡아 치르고 있던 기다·마루야마 씨의 얼굴을 보자마자 눈물이 쏟아지더니 멈추지 않았다. 전철 안에서도 계속 울었고, 집에 돌아와서도 한동안 집안사람에게 얼굴을 보여줄 수 없었다.

내가 기획한 두 번째 책은 가니 히로아키(可兒弘明, 1936~) 씨의 『홍콩의 수상거주민─중국사회사의 단면』(香港の水上居民─中國社會史の斷面, 1970)이었다. 가니 씨는 나중에 단행본 『근대 중국의 쿨리와 '저화'』(近代中國の苦力と'猪花', 1979) 『싱가포르 해협 도시의 풍경』(シンガポール海峽都市の風景, 1985)을 냈다. 그는 '단민'(蛋民)[13]이나 걸핏하면 차별의 대상이 되어온 '저화'(猪花)[14]라는 존

---

13) 중국 남부의 수상생활인.
14) 근대 중국의 여성 성 노예.

재를 조명하여 독특한 관점으로 중국사회사를 그려냈다.

중진의 의외로운 추천

1971년 야마구치 마사오 씨의 『아프리카의 신화적 세계』(アフリカの神話的世界)를 내게 되었다. 기획을 통과시키는 것은 이만저만 어려운 일이 아니었다. 왜냐하면 그는 당시 하야시 다쓰오 씨 같은 안목을 갖춘 사람은커녕 일반적으로 거의 무명에 가까운 문화인류학자였기 때문이다.

그러나 야마구치 씨의 실력은 학계 중진인 이즈미 세이이치 씨가 인정하는 바였다. 그것을 알게 된 것은 무슨 일로 도쿄대학의 이즈미 씨 연구실로 찾아가 젊은 연구자에 대한 이야기를 하던 중 갑자기 그가 "야마구치 군은 할 수 있소, 좀 유별나긴 하지만"이라고 말했을 때였다. 야마구치 씨는 학계의 대선배들을 '자유노무자의 취업 알선업자' 등이라고 표현해 일부에서 빈축을 사고 있었기 때문에 이즈미 씨의 발언에 깜짝 놀랐던 것인데, 그가 보인 공정한 태도에는 감탄하지 않을 수 없었다.

이즈미 씨 덕분에 그럭저럭 기획은 통과되었다. 이즈미 씨의 평가를 편집회의 때 소개한 것과 기획이 통과되었다는 소식을 써서 이즈미 씨에게 편지로 알렸더니 1971년 5월 20일자로 다음과 같은 답장이 왔다.

　소식 전해주어 고마웠습니다.
　야마구치 군의 『아프리카의 신화적 세계』가 신서로 간행되게 된 것을 무척 기쁘게 생각합니다. 뛰어난 사람이니 부디 벗으로서 잘 이끌어주시길 바랍니다. 저도 멀리서 그의 역작이 완성되기를 빌겠습니다.

『아프리카의 신화적 세계』의 내용에 대해서는 수많은 평론이 나왔다. 여기서 새삼 복습할 필요는 없겠지만, 이 책으로 신화적 사고의 중요성과 그 매력이 단숨에 일본의 지적 세계에 퍼진 것만 확인해두고자 한다. 예컨대 1971년 야마구치 씨의 신서가 간행된 후 임상심리학자인 가와이 하야오 씨에게 그를 소개할 기회가 있었다. 그때 가와이 씨는 야마구치 씨가 그린 신화적 세계가 인간의 무의식 세계와 얼마나 유사한 것인가에 대해 트릭스터(trickster)의 역할 등 구체적인 몇 가지 예를 들면서 이야기를 나누었다. 초면인 두 사람이 마치 십년지기나 된 것처럼 의기투합하여 의견을 나누던 모습은 지금도 눈에 선하다.

하야시 다쓰오 씨의 말마따나 야마구치 씨는 천재적 인물이어서 사고가 척척 전개되어나갔다. 글이 그 사고의 속도를 따라가지 못했다. 따라서 그가 쓴 글은 세부의 논리가 맞는지 그렇지 않은지와 무관하게 비상했다. 그러나 책으로 출간할 때는 당연히 세부의 보충과 확인을 해야 했다.

바로 그 무렵 야마구치 씨는 처음으로 프랑스 대학의 초청을 받아 강의 준비에 여념이 없었다. 『아프리카의 신화적 세계』의 첫 교정쇄는 그럭저럭 야마구치 씨가 직접 보았지만, 재교를 볼 여유도 없이 파리로 떠나버렸다. 결국 재교는 나에게 맡겨졌고, 나는 그 일을 하느라 무척 고생했다. 그러나 이 책은 야마구치 씨의 원점을 보여주는 것으로 지금까지도 수많은 독자들에게 환영받고 있다.

이즈음 문화방송의 프로듀서인 Y씨라는 아주 재미있는 사람이 있었다. Y씨는 슬슬 두각을 나타내는 야마구치 씨를 주목하여 그를 중심으로 문화에 대한 연구회를 조직하고 싶어 했다. 연구회라고 해도 매달 한 번씩 문화방송의 한 방에 모여 점심을 먹으면서 멤버가 교대로 화제를 제공하고 그것에 대한 의견을 나누는 모임일 뿐이었다. 멤버는 야마구치 씨 외에 다키 고지(多木浩二) 씨, 주오코론샤(中央公論社)의 하나와 요시히코(塙嘉彦) 씨, 그리고 나였다. 이 모임은 1년 이상 계속되었던 것으로 기억한다. 나중에 나는 몇 개의 모임을 만들고 참가도 하게 되는데, 이 모임이 첫 모임이었던 것이다.

그 무렵 나는 한창 우에다 세이야(上田誠也) 씨에게 『새로운 지구관』(新しい地球觀)이라는 신서를 집필하도록 하고 있었다. 그래서 그에게 판구조론(plate tectonics)이 성립되는 데 커다란 시사점을 던져준 베게너(Alfred Lothar Wegener, 1880~1930)의 대륙이동설을 소개하면서 학문의 변혁은 생각지도 못한 곳에서 비롯되는 게 아니냐는 이야기를 하기도 했다. 그것은 당시 야마구치 씨가 출현함으로써, 예컨대 강좌파라든지 노농파라든지 하는 전후 마르크스주의의 굴레를 푸는 계기가 생긴 상황을 암시하고 싶어서이기도 했다.

이데올로기의 무시무시함

이제 『새로운 지구관』에 대해 쓰기로 하자. 우에다 세이야 씨의 기획 자체는 신서 편집회의에 출석했던 자연과학 편집부의 M씨가 제안한 것이었다. 나는 이 신서를 담당하게 되어 처음으로 지구물리학이나 지진학의 세계를 들여다보게 되었다. 그리고 판구조론이라는 새로운 이론 구축에 불철주야 애쓰고 있는 우에다 씨를 만나 융성기에 있는 과학의 열기와 재미를 체험할 수 있었다. 무엇보다도 놀란 것은 미국과 소련이 한창 냉전 중일 때 우에다 씨가 미소 양방의 군함에 '편승하여' 연구를 계속했다는 이야기를 들었을 때였다. 그것은 미국과 소련이 전 세계에 설치한 핵실험 탐지망이 지진 관측을 위해서도 이용될 수 있고, 그것이 새로운 판구조론의 기초도 구축하게 되기 때문이었다.

나중에 이지리 쇼지(井尻正二, 1913~)·미나토 마사오(秦正雄, 1915~84), 이 두 분이 쓴 『지구의 역사(제2판)』(地球の歷史[第二版], 1974)의 편집을 담당하게 되었다. 이것은 종래의 정통적인 지구 생성 이야기인데, 지질학 연구나 발굴로 그 연구를 진척시키고 있었다. 이지리 씨의 나우만코끼리(Naumann's elephant)[15] 발굴은 잘 알려져 있다. 또한 두 분은 지학단체연구회(地學團體硏究會)와 관계가 깊기도 해서 과학계에도 마르크스주의의 영향이 미치고 있는 듯했다. 특히 판구조론에 대한 이쪽의 비판은 격렬하기 짝이 없었다.

이지리 씨도 미나토 씨도 매력적인 사람으로, 특히 미나토 씨는 홋카이도(北海道)에서 상경할 때마다 나를 술자리로 불러냈고 나는 그에게서 이런저런 이야기를 들었다. 마르크스주의자인 그의 화제는 주로 보수당의 친한 국회의원에 대한 이야기이거나 재계의

---

15) 신생기 제4기에 번성했던 코끼리의 일종으로 몸체가 작고 앞니가 위로 휘어져 있는 것이 특징이다. 빙하시대에 중국에서 일본에 걸쳐 온대지방에 서식했고 일본 각지에서 화석이 발견되었다. 어깨 높이가 3미터, 앞니 길이는 약 2미터다.

뒷이야기 또는 아이누[16)]에 대한 이야기였다. 그러나 일단 '지구' 이야기가 나오면, 당시에 차츰 형태를 잡아가던 판구조론에 대해 부르주아 이론이라거나 사이비 과학이라는 비판이 튀어나오는 형편이었다. 나는 우연히 편집자로서 상대적인 두 가지 이론을 접하게 되었는데, 이데올로기가 가진 무시무시함은 정말 절실한 것이었다. 그렇다고 해도 이지리 씨와 미나토 씨는 숙달된 문장가이고 『지구의 역사』가 나름대로 매력적인 계몽서라는 것은 틀림없는 사실이다.

우에다 씨와는 그의 인품이 지닌 매력도 있어서 지금까지도 가족이나 그의 친구인 작곡가 마미야 미치오(間宮芳生, 1929~) 씨 등을 포함하여 계속 교제해오고 있다. 우에다 씨는 지금 전자기적 수법에 의한 지진 예측 이론에 몰두하고 있고 그 지적 활력의 왕성함에는 감복할 따름이다(『지진은 예측할 수 있다』地震豫知はできる, 岩波科學ライブラリー, 2001).

시민자치사상

다음으로 마쓰시타 게이이치 씨의 『도시정책을 생각한다』(都市政策を考える, 1971)에 대해 말하고자 한다. 제1부의 첫머리에 쓴 것처럼 내가 『사상』 편집부원이 되어 가장 먼저 만나고 싶던 사람이 마쓰시타 씨였다. 그는 1959년 이와나미쇼텐에서 『시민정치이론의 형성』(市民政治理論の形成)이라는 학술서를 낸 사람이다.

---

16) 홋카이도의 원주민.

그러나 내가 강하게 끌린 것은 『현대정치의 조건』(現代政治の條件, 中央公論社, 1959)과 『현대 일본의 정치적 구성』(現代日本の政治的構成, 東京大學出版會, 1962)이었다. 당시에는 일본사회의 변모와 관련하여 대중사회론 논쟁이 한창이었다. 공산당계의 논객과 격렬하게 논쟁하던 마쓰시타 씨의 이론은 현재화(顯在化)하고 있던 일본의 도시화와 대중사회 상황을 훌륭하게 포착하고 있는 것으로 보였다.

그러나 사회주의와 자본주의가 체제의 차이를 뛰어넘어 둘 다 공업화와 대중사회화되고 있다는 인식은 그렇게 간단히 일반화할 수 있는 것이 아니었다. 마르크스주의적 사고의 굴레는 아직도 강력했다. 마쓰시타 씨는 그런 지적 풍토 속에서 말 그대로 고군분투하며 자신의 이론을 가다듬어 완성하고 있었다. 그것은 『전후 민주주의의 전망』(戰後民主主義の展望, 日本評論社, 1965) 『현대정치학』(現代政治學, 東京大學出版會, 1968)을 거쳐 『시빌미니멈(civil minimum)[17]의 사상』(シビル・ミニマムの思想, 東京大學出版會, 1971)에 이르는 도정이었다. 그리고 거기에서 얻은 이론을 구체화하고 실천하고자 한 시도가 『도시정책을 생각한다』였다.

마쓰시타 씨의 이론은 아주 예리한 것이었는데, 그것을 완성한 것은 사회현상에 대한 철저한 파악과 분석이었다고 생각한다. 나는 여러 차례 그를 호세이(法政)대학으로 찾아갔지만 연구실에서 만난 기억은 전혀 없다. 늘 교직원 대합실이었는데, 그는 그곳에서 각종 신

---

17) 근대적 도시가 시민 생활을 일정한 수준으로 유지하기 위해 당연히 갖추어야 할 최저 기준.

문을 꼼꼼하게 읽느라 여념이 없었다. 그러나 밤이 되면 자주 신주쿠나 요쓰야의 술집에서 같이 술잔을 기울였다. 또 그의 고향에서 바다참게를 보내올 때면 자택에서 그가 직접 게를 먹기 좋게 발라주어 맛있게 먹었던 일을 잊을 수가 없다.

마쓰시타 씨의 사고는 도시화의 물결이 전국을 뒤덮고 지방자치제의 중요성이 인식되기 시작하면서 차츰 받아들여지기 시작했다. '시빌미니멈'이라는 말은 유행어처럼 사용되었다. 지금 그의 이론은 지방자치체의 직원들 사이에서 상식으로 정착되어 있는 것 같다.

마쓰시타 씨의 글은 딱딱해서 결코 읽기 쉽다고는 말할 수 없다. 그러나 일단 그의 사고를 이해한다면 그 저작이 무척 알기 쉽고 논리정연하게 쓰여 있다는 것을 알 수 있다. 그것을 보여주는 한 가지 에피소드를 소개하기로 하자.

『도시정책을 생각한다』에 이어서 마쓰시타 씨는 1975년 신서로 『시민자치의 헌법이론』을 출간했다. 헌법을 시민의 것으로 만들기 위해 철저하게 시민의 입장에서 구축할 것을 목표로 한 이론의 제시였다. 따라서 종래의 국가를 주체로 하는 위로부터의 이론에는 실로 엄중한 비판을 전개했다. 고명한 헌법학자도, 양심적이라고 생각되어 온 연구자의 이론도 시민자치라는 관점에서 보면 불충분한 점이 많다는 것을 마쓰시타 씨는 철저하게 추궁했다.

그런데 이 신서의 교정을 담당한 사람은 회사 내에서도 여성해방운동의 훌륭한 논객인 S씨였다. 마쓰시타 씨는 교정쇄를 빨갛게 하는 것으로 출판계에서는 악명이 높은 사람이었는데 이 신서도 예외는 아니었다. 초교·재교와 새빨갛게 교정 표시가 된 교정쇄를 처음에는 화를 내며 작업하던 S씨가 교열을 마쳤을 때는 "이 신서는 정말 내용이 훌륭해요" 하고 나에게 말했다. 무척 기뻤다.

 마쓰시타 씨는 훨씬 나중에 다시 신서를 집필했다. 1996년에 낸 『일본의 자치・분권』(日本の自治・分權)이다. 그 「후기」에 그는 다음과 같이 적었다.

 이 책은 이와나미신서의 『도시정책을 생각하다』(1971) 『시민자치의 헌법이론』(1975)에 이은 삼부작이다. 첫 번째는 '정책'을 중심으로 도시형 사회로의 이행을 배경으로 한 발상・이론의 전형(轉形)을 제안했고, 두 번째는 '제도'를 들어 메이지 이래 전후까지 이어지는 헌법학・행정법학의 패러다임 전환에 대해 썼으며, 이번에는 1960년대 이후의 자치개혁을 집약하면서 자치체의 문제 상황을 다시 정리했다. 국가 관념의 종언에 수반되는 자치체・국가・국가기구로 정부가 삼분된 것이 그 기조가 되었다. 이런 의미에서 이 세 권의 책은 국가・계급・농촌의 시대에서 시민・자치・도시의 시대로, 내 나름대로 걸어온 길이라고 봐준다면 다행이겠다.

 이 세 권의 책 모두 이와나미쇼텐의 오쓰카 노부카즈 씨가 담당해주었다. 오쓰카 씨를 처음 만난 것은 1966년 그가 『사상』의 젊은 편집부원이었을 때로 그 해 6월호에 「시민적 인간형」(市民的人間型)에 대해 기고했을 때다. 1960년대는 커다란 전환기였는데, 사회과학의 이론 대립과 당파 논쟁이 몹시 심한 시대였다. 편집하는 데 무척 고생했을 것이라고 생각한다. 이번 기회에 새삼 고맙다는 말을 전한다.

위의 글에서 마쓰시타 씨는 나와 처음으로 만난 것을 1966년이라고 썼는데, 이것은 그의 착각이다. 학교를 막 졸업한 청년과 점심을 같이 먹은 정도를 잊어버리는 것은 당연하지만 말이다. 그 말에 이어지는 문장에 나는 감동했다.

그리고 마쓰시타 씨는 『일본의 자치·분권』에 이어 『정치·행정의 사고방법』(政治·行政の考え方, 1998)과 『자치체는 변할까』(自治體は變わるか, 1999)를 신서로 냈는데, 이와나미신서의 「후기」마지막에 "이 책도 오쓰카 노부카즈 씨의 신세를 졌다. 지금 돌아보면 '국가·통치·계급'에서 '시민·자치·도시'로라는 1960년대부터 시작된 이론축의 전환을 처음으로 이해해준 편집자가 오쓰카 씨였다"라는 부분에서도 마찬가지의 감정을 느꼈다. 아울러 30년 가까운 세월이 흘렀음을 통감하지 않을 수 없다.

『북미체험 재고』 『현대영화예술』 등

1971년에는 위에 쓴 두 권의 책 외에도 훌륭한 저자와 만날 수 있었다. 『현대 가톨리시즘의 사상』(現代カトリシズムの思想)의 이나가키 료스케(稻垣良典) 씨, 『북미체험 재고』(北米體驗再考)의 쓰루미 슌스케 씨, 『아프가니스탄의 농촌으로부터—비교문화의 관점과 방법』(アフガニスタンの農村から—比較文化の視點と方法)의 오노 모리오 씨, 『현대영화예술』(現代映畵藝術)의 이와사키 아키라(岩崎昶, 1903~81) 씨, 『태초에 이미지가 있었다—원시미술의 여러 모습』(はじめにイメージありき—元始美術の諸相)의 기무라 시게노부(木村重信) 씨, 그리고 『콤플렉스』의 가와이 하야오 씨가 그들이다. 마지막

의 가와이 씨에 대해서는 따로 항목을 만들어 이야기하고자 한다.

『사상』 편집부에 있을 때 기획한 '현대사상으로서의 가톨리시즘'의 연장선상에서 이나가키 료스케 씨에게 부탁한 것이 『현대 가톨리시즘의 사상』이었다. 나는 프로테스탄트 계열 학교에서 교육을 받아 왔지만 대학에 다닐 무렵부터는 테야르 드 샤르댕(Pierre Teilhard de Chardin, 1881~1955)이나 가브리엘 마르셀(Gabriel Marcel, 1889~1973) 등을 통해 가톨리시즘에 흥미를 느꼈다. 나중에 현대선서로 이반 일리치(Ivan Illich, 1926~2002)를 비롯한 가톨릭계 저자의 책을 몇 권 냈다.

나는 당시 쓰루미 슌스케 씨에 대해 이상하게 느낀 적이 있다. 그가 이와나미쇼텐에서 단 한 권의 단독 저서도 내지 않았기 때문이다. 구노 오사무 씨와 같이 쓴 『근대 일본의 사상—그 다섯 가지 소용돌이』(近代日本の思想—その五つの渦, 1956)라는 책은 있었다. 그러나 그것뿐이었다. '강좌·철학'의 편집위원을 부탁했기 때문에 이미 아는 사이이긴 했으나 다시 신서 일로 의뢰를 하게 되자 무슨 테마가 좋을지 무척 고민했다. 그래서 쓰루미 씨를 만나 "미국에서의 체험에 대해 정리해주실 수는 없겠습니까?" 하고 그다지 특이할 것도 없는 의뢰를 했다.

그런데 『북미체험 재고』로 완성된 신서는 정말 훌륭한 철학적 저작이었다. 철학과는 전혀 관계가 없는 소재를 다루면서도 사색의 근저와 관련된 체험의 핵심을 서술한 이 책은 철학적이라고밖에 말할 수 없을 것 같았다. 나중에 그는 단행본 『전시기 일본의 정신사— 1931~45년』(戰時期日本の精神史——九三一~一九四五年, 1982)과 『전후 일본의 대중문화사—1945~80년』(戰後日本の大衆文化史—

一九四五~一九八○年, 1984)을 비롯하여 많은 책을 내게 된다.

이즈카 고지 씨로부터 오노 모리오 씨를 소개받았다는 이야기는 앞에서 썼다. 오노 씨는 실로 독특한 연구자였는데, 그는 이미 브라질 등에서 현지조사를 하면서 그 방법을 자기 힘으로 만들어내고 있었다. 그 방법이란 사물이든 인간이든 관찰 대상에 밀착하여 철저하게 개개의 특징을 밝히는 것이었다. 오노 씨는 안이한 추상화와 이론화를 싫어했던 것이다. 그러므로 『아프가니스탄의 농촌으로부터』를 쓰기 위해 무척 오랜 시간을 현지조사에 쏟아 부었다.

오노 씨는 마을사람 하나하나에 대해 철저하게 조사하고 그 보고서를 나에게 편지로 보내왔다. 빽빽이 적어넣은 편지 다발은 만약 책으로 묶는다면 좋이 두세 권의 대저가 될 만한 분량이었다. 사진도 수없이 찍었다. 오노 씨의 일을 생각하면 그 조사 자체가 그의 삶이었다고 생각하지 않을 수 없다.

신서가 완성될 즈음에는 카불 주변의 농민 한 사람 한 사람이 마치 예전부터 알고 지내던 사람처럼 생각되었던 기억이 있다. 그런 만큼 나중에 전화(戰火)를 당한 카불에 대한 보도를 볼 때마다 남의 일 같지 않게 마음이 아팠다.

『현대영화예술』을 쓴 이와사키 아키라 씨는 젊은 사람이 아니었다. 그러나 그의 교양은 폭넓고 영화비평도 실로 확고한 기반을 가지고 있는 듯했다. 최신 영화라고 해도 고다르(Jean-Luc Godard, 1930~)·베르만(Ingmar Bergman, 1918~2007)·펠리니(Federico Fellini, 1920~93) 등이었는데 그들에 대해서도 적확한 평가를 들려주었다. 무엇보다도 젊은 감수성은 그의 나이를 잊게 만들어서 나는 그 책의 편집작업을 무척 즐겁게 할 수 있었다.

그리고 이와사키 씨는 나중에 신서로 『루터와 독일 정신사―그 야누스적 얼굴을 둘러싸고』(ルターとドイツ精神史―そのヤーヌスの顔をめぐって, 1977)를 내게 되는 기쿠모리 히데오(菊盛英夫) 씨를 소개해주었다. 구제고등학교 이래 두 사람은 친한 친구였다. 기쿠모리 씨는 대학이 하치오지(八王子)로 이전할 때 사임하고 그 이후에는 자유로운 연구생활을 했다. 독문학자인데도 부인과 함께 파리에 살면서 프랑스에서 독일을 바라보며 파리 생활을 즐기고 있었다. 몇 번인가 에펠탑 근처의 아파트로 기쿠모리 부부를 찾아가 한밤중까지 파리의 거리를 돌아다니며 먹고 마시던 일은 잊히지 않는다. 기쿠모리 씨는 후일 『유명하지 않은 파리―역사의 무대를 걷다』(知られざるパリ―歴史の舞臺を歩く, 1985)라는 지적인 파리 안내서를 단행본으로 냈다.

기무라 시게노부 씨는 『태초에 이미지가 있었다―원시미술의 여러 모습』을 썼는데, '강좌·철학'의 『예술』에 글을 썼던 것이 계기였다. 당시에는 레비스트로스 등의 구조주의가 유행하고 있기도 해서 원시미술에 대해 무척 관심이 높았다. 그러나 그것을 전문으로 하는 연구자는 기무라 시게노부 씨 외에 거의 없는 형편이었다.

기무라 씨는 원시미술의 의미를 한마디로 표현하는 책 제목을 생각해주었다. 나중에 그는 현대미술을 평할 때도 그것과 대비하여 예술의 본질과 관련된 통찰을 보여주었다. 오사카 센리에 있는 댁으로 찾아가 이런저런 이야기를 듣는 것은 즐거운 일이었다. 그 후에도 지금까지 가끔 만나 여러 가지 것들을 배우고 있다.

융 사상을 보급하다

가와이 하야오 씨와의 교제는 지금까지 실로 오랫동안 지속되고 있다. 그 처음은 『콤플렉스』를 낼 때였다. 가와이 씨가 스위스에서 귀국하여 1967년에 낸 책이 『융 심리학 입문』(ユング心理學入門, 培風館)이었다. 그 책을 읽고 융에 관심을 갖게 된 나는 가와이 씨에게 편지를 보냈다.

당시 프로이트는 나름대로 알려져 있었지만 융은 거의 알려져 있지 않았다. 『융 심리학 입문』을 읽었더니 융이 대단히 중요한 사상가로 보였다. 동시에 신비주의나 연금술과도 깊이 관련된 좀 위험한 인물로 생각되기도 했다. 그래서 가와이 씨를 만나 의논했는데, 처음에는 일본의 지적 풍토 안에서 융 사상의 핵심을 펼치고 정착시키기 위해 융이 사용한 심리학 용어인 '콤플렉스'를 중심으로 소개하기로 했다. 콤플렉스라는 말은 다소 잘못된 용법까지 포함하여 아주 일반적으로 통용되고 있다고 생각했기 때문이다.

가와이 씨 필생의 작업이라고 할 만한 책 『신화와 일본인의 마음』(神話と日本人の心, 岩波書店, 2003)의 「후기」에 저간의 사정이 다소 재미있게 언급되어 있기 때문에 그의 허락을 얻어 여기에 소개하기로 한다.

오쓰카 노부카즈 씨와는 1971년 『콤플렉스』(岩波新書)를 낼 때 이래 편집자로서 실로 오랫동안 교제해오고 있다. 신서를 출판하는 일로 오쓰카 씨를 처음으로 만났을 때의 일은 지금도 뚜렷하게 기억하고 있다. "한번 뵙고 싶다"라고 해 무슨 일인가 했더니 "이와나미신서를 써주었으면 좋겠다"라고 해서 나는 깜짝 놀랐다. 당시까지만 해도 그런 일은 전혀 생각해보지 않았기 때문이다. 『콤플렉스』에서 나는 스티븐슨의 『지킬 박사와 하이드 씨』를 언급하며 이 책은 발행과 함께 큰 인기를 얻어 "6개월에 6만 부나 팔렸다"라고 썼는데, 그것을 읽고 오쓰카 씨가 "이 책도 6만 부 정도는 팔릴 겁니다"라고 해서 무척 놀랐다(사실 그 말 그대로 되었다).

가와이 씨는 그 후 단행본으로 『옛날이야기와 일본인의 마음』(昔話と日本人の心, 1982) 『종교와 과학의 접점』(宗敎と科學の接點, 1991) 등 굉장히 많은 책을 냈다. 그 책들은 다른 많은 저작과 함께 『가와이 하야오 저작집』(河合隼雄著作集) 전14권, 『가와이 하야오 저작집』 제II기 전11권으로 묶였다.

신서로는 2001년에 간행된 『미래에 대한 기억―자전의 시도』 상·하(未來への記憶―自傳の試み 上·下)가 있다. 내가 청자가 되어 가와이 씨의 이야기를 듣고 이와나미쇼텐의 홍보잡지 『도서』에 연재(1998. 7~2000. 11)했는데, 이 책은 그것을 정리한 것이다. 이번에도 역시 『미래에 대한 기억』의 「후기」에서 가와이 씨 자신에게 이 책이 어떻게 만들어지게 되었는지를 직접 듣기로 한다.

흔히 추억담에 얼이 빠지게 되면 끝장이라는 말을 하기 때문에 이 나이에 '자전' 같은 것을 쓰는 것은 생각도 하지 못했다.
그러나 편집자로서 오랫동안 교제해온 오쓰카 노부카즈 씨로부터 '미래에 대한 기억'이라는 멋진 제목을 받고 감쪽같이 꼬임에 넘어가 이 책을 내게 되었다.

하여튼 오쓰카 씨가 청자라서 흥에 겨워 술술 이야기를 풀어놓을 수 있었다. 이야기를 시작하자 신기하게도 잠자고 있던 기억이 잇따라 깨어났는데, 역시 '청자'의 힘이라는 걸 느꼈다. 이야기를 하면서 그 내용이 꽤 미래로 연결되어간다고 느끼고 '미래에 대한 기억'이라는 것이 정말 좋은 제목이라는 생각도 했다. (중략)

아무런 준비도 하지 않고 오쓰카 씨가 이끄는 대로 이야기를 했으므로 형편에 맞지 않은 이야기를 숨겨둔 것은 그렇다고 해도, 중요한 일인데도 빠진 것이 있는 등 상당히 자의적인 것은 어쩔 수 없다. 그 점에서 보면 '자전'이라고 하기 어려운 점이 있지만 독자에게는 오히려 더 낫지 않았나 싶다. 어쨌든 나는 늘 객관보다는 주관 쪽에 거는 사람이라서 그것이 반영되었다고도 할 수 있다.

아마 가와이 씨가 국제일본문화연구센터의 소장직을 퇴임하는 파티 때의 일이라고 기억한다. 교토대학 총장인 나가오 마코토(長尾眞) 씨가 인사말로 이 신서에 대해 "무척 재미있는 책이었다. 아무쪼록 그 다음을 꼭 읽고 싶다"라는 취지의 발언을 했다. 나가오 씨는 내가 무척 존경하는 학자 가운데 한 사람이므로 매우 기뻐했던 것을 잊지 않고 있다.

'도시회'

『콤플렉스』를 간행하고 한참 있다가 도쿄에서 '도시회'(都市會)라는 일종의 연구 모임이 만들어졌다. 나카무라 유지로·야마구치 마사오·다키 고지·마에다 아이·이치카와 히로시 씨 등이 멤버였

고, 나는 사무국 역할을 하기로 하고 참가했다. 거기에 가와이 씨가 가담하게 되었는데, 이번에도 그 자신의 말(『심층의식으로의 길』深層意識への道, 岩波書店, 2004)을 인용해 그 경위를 밝히고자 한다.

    철학자나 문화인류학자가 '도시회'에 모여 무슨 일을 했는가 하면 이렇습니다. 시가(市街)라는 것은 역시 이미지입니다. 시가의 성립 과정이라든가 중심이 있는 곳이 있는가 하면 없는 곳도 있습니다. 길이 잘 연결되지 않는 곳도 있습니다. 그런 도시 형태의 양상과 인간 마음의 양상이라든가 인간의 사고방식이나 느끼는 방식, 그런 것이 어딘가에서 연결되는 곳이 있다는 새로운 사고입니다.
    그런 생각으로 앞서 말한 사람들이 '도시회'라는 모임을 만들어 공부하고 있다는 이야기를 오쓰카 씨한테서 듣고 나도 꼭 끼워달라고 부탁했습니다. 그랬더니 들어오겠습니까, 라고 해서 한 달에 한 번 정도였나, 모여서 순서대로 이야기를 하고 그것에 대해 토론했습니다. 이것이 내가 생각하고 연구해온 심리학과 굉장히 잘 맞았습니다. 간단히 말하자면 모든 것이 이미지라는 것으로 결말이 났습니다.
    도시도 단지 무엇을 타고 어디로 가는 것이 아니라 도시의 이미지라는 것이 있습니다. 그것과 여러 가지로 연결됩니다. 예컨대 나카무라 유지로 씨는 『마녀 랑다고』(魔女ランダ考, 岩波書店, 2001)라는 책을 썼는데, 발리섬에 가면 그곳 축제에 마녀가 나옵니다. 그런 축제라든가 집을 짓는 방법이라든가 어떤 방향이라든가……. 발리섬은 무척 아름답습니다만 그런 형태라는 것이 인간

의 마음 문제와 잘 연결되어 있다는 것을 나카무라 씨는 적확하게 쓰고 있습니다.

　나로서는 내가 생각하고, 임상심리학으로 해온 일과 정말 잘 연결되었습니다. 내 생각은 일반 심리학자에게는 통하지 않고 오히려 이 '도시회' 멤버들에게 통했던 것입니다.

　예컨대 야마구치 마사오 씨는 다들 알다시피 어릿광대, '트릭스터'를 굉장히 중요시했는데, 트릭스터라는 장난꾼은 이미 만들어져 있는 것을 부수고 새로운 것을 만들어냅니다. 내가 어떤 사람의 딱딱한 마음을 한 번 부수고 다시 한 번 새로운 것으로 만들어낸다든가 심리요법으로 사람의 마음이 바뀌어간다든가 하는 부분이 그런 움직임과 굉장히 비슷하구나, 이런 식으로 이 사람들이 이야기하는 것이 내가 생각하는 것과 잘 연결되더란 말입니다.

가와이 씨는 한 달에 한 번 이 모임에 참가하기 위해 도쿄로 올라왔다. 전문 분야가 다른 사람들이 열심히 이야기를 나누는 모습은 실로 유쾌한 것이었다. 이후 '도시회' 멤버들은 각자 일본의 지적 세계에서 가장 중요한 부분을 담당하게 되는데, 이 모임에서는 각자가 그때 직면하고 있는 과제와 난문에 대해 솔직하게 이야기했던 것 같다. 예컨대 가와이 씨가 카운슬링의 실제에 대해, 그것이 얼마나 에너지를 잡아먹는 일인가에 대해 말했을 때 멤버 전원이 그것을 이해하고 깊이 찬동하던 광경이 떠오른다.

따뜻한 마음과 냉철한 두뇌

미야자키 요시카즈 씨는 『과점—현대의 경제기구』(寡占—現代の 經濟機構, 1972)를 냈다. 유감스럽게도 그는 1989년에 돌아가셨다. 추도모임에서 했던 말이 그대로 『따뜻한 마음 냉철한 두뇌—미야자키 요시카즈 추상집』(溫い心冷靜な頭腦—宮崎義一追想集, 2000)에 수록되었기 때문에 그 일부를 인용한다.

여기서 저 자신과 관련된 일을 이야기하는 것을 양해해주시기 바랍니다. 저는 신참 편집부원으로서 이와나미신서의 『과점—현대의 경제기구』를 담당했습니다. 벌써 사반세기가 지난 일입니다. 유감스럽게도 저는 무엇 하나 미야자키 선생님께 도움이 되는 일을 해드리지 못했습니다. 그런데도 미야자키 선생님으로부터 실로 많은 것을 배웠습니다.

왜냐하면 당시 선생님은 무척 바쁘셨고 몸이 성치 않으셨기 때문입니다. 좀 더 솔직하게 말씀드리자면 원고의 집필이 늦어지고 진척되지 않았기 때문입니다.

그래서 저는 고호쿠구 시노하라니시초에 있는 자택으로 매일 찾아갔습니다. 선생님은 제게 몇 장의 원고를 주실 때마다 이런저런 것을 가르쳐주셨습니다.

그중에서 결코 잊을 수 없는 이야기가 있습니다. 그것은 선생님께서 해주신 다음과 같은 의미의 말이었습니다.

"마르크스는 위대한 사상가였다. 그리고 『자본론』은 참으로 훌륭한 자본주의 분석서다. 그러나 현대의 자본주의는 본질적으로 다른 양상을 띠기 시작했다. 그것은 자본주의가 국경을 넘어서기 시작했다는 의미다. 따라서 현대 자본주의에 대한 분석은 다국적기업의 실태를 밝히는 데서 시작해야 한다. 나는 현대의 『자본론』을 쓰고 싶다."

여러분도 잘 아시다시피 미야자키 선생님의 어떤 책을 펼쳐봐도 거의 대부분 다국적기업의 문제가 쓰여 있습니다. 그리고 미야자키 선생님의 그 바람은 1982년 『현대 자본주의와 다국적기업』(現代資本主義と多國籍企業)이라는 책으로 실현되었습니다.

마지막 이야기가 되겠습니다만 아까부터 선생님의 사진을 보고 문득 생각나는 게 있습니다. 그것만 말씀드리고 이야기를 마치겠습니다.

선생님께서 번역한 책 가운데 스티븐 하이머(Stephen Hymer)의 『다국적기업』(*The international operations of national firms and other essays*, 岩波書店, 1979)이라는 것이 있다고 조금 전에 말씀드렸습니다. 저자인 하이머는 젊어서 죽었습니다. 이건 지금 갑자기 생각난 것이므로 틀렸다면 이해해주시기 바랍니다. 그때 선생님은 잡지 『도서』에 하이머를 애도하는 에세이를 보내주셨습니다(1974년 4월호).

그 글에서 선생님은, 하이머는 연구자로서 정력적으로 활동하는 한편 자택에서 불우한 아이들을 위해 탁아소를 운영했는데, 그 정신적인 피로 때문에 그의 수명이 단축되었을 것이라는 말씀을 하셨습니다.

그 일을 떠올리면 늘 온화하시고 결코 미소를 잃지 않으셨던 미야자키 선생님의 인품이 그리워집니다.

『인종차별과 편견』『중세의 각인』 등

　『과점―현대의 경제기구』에 이어 1972년에는 시미즈 준이치 씨의 『르네상스의 위대함과 퇴폐―브루노의 생애와 사상』과 마시타 신이치 씨의 『사상의 현대적 조건―한 철학자의 체험과 성찰』(思想の現代的條件――哲學者の體驗と省察), 신포 미쓰루(新保滿) 씨의 『인종적 차별과 편견―이론적 고찰과 캐나다의 사례』(人種的差別と偏見―理論的考察とカナダの事例), 사이토 닌즈이 씨의 『플라톤』, J. 모랄(John B. Morrall)의 『중세의 각인―서구적 전통의 기반』(*The Medieval Imprint*, 中世の刻印―西歐的傳統の基盤, 城戶毅 譯)을 간행했다. 시미즈 준이치 씨와 마시타 신이치 씨에 대해서는 앞에서 말했기 때문에 여기서는 생략한다.

　신포 미쓰루 씨는 사회학자로 오랫동안 캐나다에서 가르쳤으며 나중에는 호주에서도 가르쳤다. 그는 캐나다에서 한 다양한 경험을 바탕으로 『인종적 차별과 편견』을 썼다. 수많은 사례가 소개되어 있는데 그 하나하나가 나 자신의 일처럼 생각되었다. 차별과 편견에서 오는 문제와 그 깊이를 밝혀주는 훌륭한 책이었다. 일반 사람들에게 무명이었던 신포 씨의 저작이었지만 이 신서는 오랫동안 수많은 독자에게 환영받았다.

　『플라톤』에 대해 쓰기 전에 『중세의 각인』에 대해 말하기로 한다. 이와나미신서에서 번역물을 간행하는 일은 그리 많지 않았다. 무엇보다도 분량의 제약이 있기 때문이다. 예컨대 영어 원서를 일본어로 번역하여 출판하면 원서의 1.5배 가까운 분량이 된다. 따라서 평균 224페이지 신서의 경우 원서는 150페이지 이내의 것이어야 한다.

더구나 신서와 같은 소형판형이 아니면 어렵다. 이러한 제약 하에서 명저를 찾아내는 일이란 결코 쉬운 일이 아니었다.

1972년 2월 P. M. 슐(Pierre-Maxime Schuhl)의 『기계와 철학』(*Machinisme et philosophie*)이라는 신서를 아와타 겐조 씨의 번역으로 냈다. 이것은 아와타 씨가 자신의 연구에 필요해서 읽은 프랑스어 책이었다. 알기 쉽고 재미있다고 해서 아와타 씨 자신이 번역해서 낸 것인데, 이렇게 딱 맞는 책은 그리 흔한 것이 아니다.

나는 편집의 기초 작업 중 하나로 최소한 한 달에 한 번씩은 진보초(神保町)의 기타자와서점(北澤書店)이나 산세이도(三省堂)에서 양서 신간을 확인했다. 아울러 도서관에서 반드시 『TLS』(*Times Literary Supplement*, 『타임스』지 문예부록)나 『뉴욕 리뷰 오브 북스』(*New York Review of Books*)를 훑어보고 있었다. 이러한 습관은 하야시 다쓰오 씨가 나에게 가르쳐준 것 중의 하나이기도 하다. 즉 자신의 일을 항상 국제적인 수준에 비추어 측정해야 한다는 것이다.

그래서 나는 이 『중세의 각인』을 영국의 저명한 페이퍼백 시리즈에서 발견했던 것이다. 『사상』에 있던 시절 무슨 일인가로 의논을 드린 적이 있던 역사가 호리고메 요조(堀米庸三) 씨에게 이 책을 훑어봐달라고 했는데, "참 좋은 책이다"라는 평가를 받았다.

1973년에는 C. 기어츠의 『두 개의 이슬람사회―모로코와 인도네시아』(*Islam Observed: Religious Development in Morocco and Indonesia*)를 하야시 다케시(林武) 씨의 번역으로, 1974년에는 L. 한케(Lewis Hanke)의 『아리스토텔레스와 미국 인디언』(*Aristotle and the American Indians*)을 사사키 아키오(佐々木昭夫) 씨의 번

역으로 간행했다.

기어츠의 책은 나중에 많이 번역되는데, 『두 개의 이슬람사회―모로코와 인도네시아』가 처음이었다. 내용적으로는 아프리카에서 인도네시아까지 시야에 넣고 이슬람사회의 확대를 논한 최초의 책이라고 해도 좋지 않을까 싶다. 1980년 무렵 기어츠 부부가 국제교류기금의 초대를 받아 일본을 방문했을 때 국제문화회관에서 개최한 환영회에서 만나 그 이야기를 했더니 무척 기뻐했다. 그리고 기어츠 씨 왈, "그 작은 책을 잘도 찾아내셨군요."

『아리스토텔레스와 미국 인디언』은 정말 재미있는 책이었다. 에스파냐가 신대륙에서 행한 만행에 대해 그것이 신의 정의에 비추어 정당한가 아닌가 하는 문제, 에스파냐의 옛 도시 바야돌리도에서의 심문, 라스카사스(Bartolomé de Las Casas)의 사업 등을 교차시키면서 검증하는 내용이었다. 이 책은 기타자와서점에서 찾아낸 것으로 기억하고 있다. 제목(アリストテレスとアメリカ・インディアン)의 길이도 상당히 화제가 되었다. 아마 이와나미쇼텐에서 낸 책 중에서 가장 긴 제목 가운데 하나일 것이다.

1975년 이후로도 번역물을 몇 권 냈는데, 그 책들에 대해서는 별도로 쓰기로 한다.

플라톤이 좀처럼 나오지 않는 『플라톤』

『플라톤』의 저자 사이토 닌즈이 씨는 무척 매력적인 사람이었다. 기다 겐 씨나 이키마쓰 게이조 씨와 술을 마시다가 "닌즈이 선생 집으로 가자"라는 이야기가 나오는 경우가 가끔 있었다. 특히 혼고에서 마실 때는 꼭 그렇게 되었다. 사이토 씨는 혼고의 아파트에 살고 있었기 때문이다. 밤중에 쳐들어가 그가 책장의 책 뒤에 소중히 보관해둔 독일산 최고급 와인을 따버렸다. 사이토 씨도 부인도 웃으며 보고 있었다. 지금 생각하면 상당히 폐가 되는 일이었음에 틀림없다.

그러나 사이토 씨도 여간한 사람이 아니었다. 『플라톤』 원고를 받으러 도쿄대학 연구실로 갔더니 "원고를 넘기기 전에 목이 마르니까 같이 좀 갑시다" 하고는 아카몬(赤門, 도쿄대학의 정문−옮긴이) 앞의 술집으로 들어갔다. "딱 맥주 한 병만 더치페이로 마십시다" 하고 자기가 마신 금액만 카운터 위에 올려놓았다. 하는 수 없이 나도 내가 마신 금액만 냈다. 그리고 "자, 건배합시다!" 하는 것이다. 문득 정신을 차리고 보니 벌써 심야가 되어 있었다. 물론 원고는 받을 수 없었다. 한 장도 쓰지 않았던 것이다.

그런 일이 거듭되면서 그럭저럭 신서가 완성되었다. 그러나 제목이 『플라톤』인데도 내용은 식인에 관한 이야기로 후반이 될 때까지 플라톤 이야기가 나오지 않았다. 그는 플라톤이 출현한 그리스의 지적 풍토를 먼저 그리고 싶었던 것이겠지만, 이것에는 나도 질리고 말았다. 이의를 제기하려고 해도 "좀 있으면 나옵니다" 하면서 전혀 상대해주지 않았다. 책이 나오고 나서 후지사와 노리오 씨에게 몹시 혼이 났다. "플라톤이 나오지 않는 『플라톤』이라는 책이 어디 있어? 그건 사기야, 사기!"

훨씬 나중에 후지사와 씨는 신서로 『플라톤의 철학』(プラトンの哲學, 1998)을 내게 되는데 제목을 『플라톤』으로 할 수 없었다. 이런 일이 있었지만 사실 사이토 씨와 후지사와 씨는 무척 친한 사이였

다. 그리고 두 사람 다 무척 학문을 사랑하고 제자를 키우는 데도 진지했다.

사이토 씨의 장례식 때 제자 중의 한 사람인 이와타 야스오 씨가 조사(弔辭)를 하는 도중에 말을 잇지 못하고 계속해서 흐느껴 울던 광경은 지금도 잊을 수 없다. 또 후지사와 씨가 돌아가셨을 때 우치야마 가쓰토시(內山勝利)·나카하타 마사시(中畑正志) 씨를 비롯한 제자들 스물몇 명이 『이리소스 강가—후지사와 노리오 선생 헌정 논문집』(イリソスのほとり—藤澤令夫先生獻呈論文集, 世界思想社, 2005)이라는 A5판 600페이지나 되는 책을 간행한 것도 매우 드문 일일 것이다. 사이토 씨는 1976년 『지자들의 언어—소크라테스 이전』(知者たちの言葉—ソクラテス以前)이라는 신서를 냈다.

『언어와 문화』와 『배교자의 계보』

스즈키 다카오 씨가 『언어와 문화』라는 신서를 낸 것은 1973년의 일이다. 그에 앞서 그가 '강좌·철학'의 『언어』에 글을 쓴 것은 앞장에서 언급한 대로다. 그때는 한 편의 논문을 쓰기 위해 그 내용에 대해 수차례에 걸쳐 몇 시간이나 이야기를 들어야 했다. 사회언어학의 새로운 식견과 스즈키 씨의 독특한 관찰에 기초한 사례 분석은 몇 시간을 들어도 재미있었다. 그는 편집자에게 이야기를 함으로써 자신의 생각을 정리하는 것 같았다.

한 편의 논고만 해도 그런 정도였으니 신서 한 권이 되면 적어도 30시간은 그의 이야기에 귀를 기울여야 했다. 그만큼의 시간을 책 내용에 대한 강의를 들은 셈이었으니 그 학문적 흥미로움은 충분히 알게 되었다. 당시 스즈키 씨의 이름은 일반적으로 거의 알려져 있지 않았지만 나는 이 책이 잘 팔릴 것이라고 확신했다. 사실 이 신서는 내가 편집한 책 중에서 가장 많은 부수가 나갔다. 누계로 100만 부 가까이 나갔을 것이다. 그리고 세상에 사회언어학의 매력을 알리게 되었다.

일찍이 돗판인쇄(凸版印刷)의 사장이자 스즈키 다카오 씨의 형인 스즈키 가즈오(鈴木和夫) 씨를 처음 만났을 때, 그가 "동생이 늘 신세를 지고 있습니다"라고 인사를 해서 나는 몹시 황송했다. 그러고 나서 상당한 시간이 지나 이와나미쇼텐에서 스즈키 다카오 씨의 저작집을 간행하게 되었는데, 그 이후 바로 최근에 스즈키 가즈오 씨를 만났을 때도 마찬가지의 인사말을 듣고 대답이 궁했다.

대학에서 내 졸업논문을 지도했던 다케다 기요코 씨는 『배교자의 계보—일본인과 그리스도교』(背教者の系譜—日本人とキリスト教)를 냈다. 무리하게 '배교자'로 간주되는 사람들을 조명함으로써 일본인과 그리스도교의 관계가 한층 더 명확해진다는 그의 생각에 기초한 기획이었다.

같은 1973년 다케다 씨의 남편인 초 유키오 씨는 『쇼와 공황—일본 파시즘 전야』(昭和恐慌—日本ファシズム前夜)를 집필했다. 학창시절부터 다케다 씨 댁을 방문할 때마다 초 씨도 같이 만났다. 나로서는 왠지 집안사람에게 일을 부탁하는 것 같은 기분도 들었지만 결과적으로는 두 권 모두 훌륭한 내용의 신서가 되었다.

철로 된 격자창 덕분

여기서 잊을 수 없는 사람은 『지식인과 정치─독일 1914~33』(知識人と政治─ドイツ・一九一四~一九三三)의 저자 와키 게이헤이(脇圭平) 씨다. 마루야마 마사오 씨 문하의 준재로 알려진 그는 교토대학 법학부에서 연구를 위해 독일로 파견되었는데, 토마스 만 연구에 빠져든 나머지 파견기간이 지나도 귀국하지 않아 교토대학의 지위를 잃어버렸다.

내가 만났을 때는 도시샤대학(同志社大學)에 적을 두고 있었는데, 그의 옹고집은 조금도 변하지 않았다. 어쨌든 막스 베버와 토마스 만을 정치사상적으로 파악하려는 그의 열의에는 정말 놀랄 수밖에 없었다. 교과서적인 베버와 토마스 만을 검토하는 것이 아니라 시대 배경과 함께 좋든 나쁘든 그 전(全) 인격을 포착하려는 와키 씨의 방법은 나에게 굉장히 대담하고 신선한 것으로 비쳤다. 그래서 나는 교토에 갈 때마다 와키 씨를 찾아가 이야기 듣는 것을 기대하고 있었다. 또 그는 이키마쓰 게이조 씨와도 친한 사이였으므로 더욱 더 친밀감을 느꼈던 것 같다.

신서 집필 의뢰를 했을 때 와키 씨는 두말없이 승낙했다. 그러나 그 뒤가 큰일이었다. 그의 두뇌 속에는 너무나 많은 지식이 저장되어 있었으므로 그것을 글로 정착시키려고 하면 칠전팔기의 고통이 따랐다. 막스 베버가 모든 의미에서 정치적으로 균형을 배려하는, 진정한 의미에서 '균형 잡힌 사상가'라는 것을 그는 나에게 실로 흥미롭게 이야기해주었다. "그 이야기를 그대로 쓰면 됩니다"라고 나는 몇 번이고 말해봤지만 와키 씨는 막상 펜을 들면 그것을 원고지에 옮겨놓을 수 없게 되어버리는 것이다.

만약 이 신서가 실현되면 틀림없이 훌륭한 내용의 획기적인 책이 될 것이라는 확신을 가지고 있던 나는 최후의 수단에 호소하기로 했다. 그것은 와키 씨를 도쿄로 데려와서 '통조림'(저자에게 호텔이나 여관에서 일정 기간 동안 집중적으로 일을 하게 한다는 의미의 출판업계 용어)을 하게 하는 것이다. 와키 씨는 승낙했고, 폭스바겐 자동차에 책을 싣고 스스로 운전하여 도메이고속도로를 타고 도쿄로 올라왔다. 그리고 오차노미즈의 야마노우에(山の上)호텔로 들어가 한 달 동안 호텔에 틀어박혀 원고를 짜냈다. 물론 나는 매일 원고를 받으러 갔다.

결국 원고가 완성되었다. 그러나 와키 씨는 너무 피곤한 나머지 휘청휘청하여 도저히 운전하여 돌아갈 상태가 아니었다. 나는 친척인 대학생을 불러서 그에게 운전을 맡겼다. 와키 씨는 호텔 2층의 한 방에 머물렀는데, 그 창에는 철로 된 격자문이 설치되어 있었다. 와키 씨는 나중에 "그 격자창이 없었다면 난 벌써 투신해버렸을 거야"라고 말했다.

다행히 그 신서는 '요시노 사쿠조상'(吉野作造賞)을 받았다. 마루야마 마사오 씨 문하의 수많은 정치학자가 모여들어 와키 씨를 축하해주었다.

와키 씨의 집은 교토의 시모가모에 있다. 길 건너에 오카다 도킨도(岡田節人) 씨의 집이 있었다. 오카다 부인은 와키 씨의 누이였다. 나중에 오카다 부부와 알게 되어 큰 신세를 졌는데, 처음으로 오카다 부인을 만났을 때 "저 별종인 와키와 잘 지내주셨습니다"라는 말을 듣고 황송해했던 일을 기억하고 있다.

아쓰미 가즈히코(渥美和彦) 씨의 『인공장기—인간과 기계의 공존』(人工臟器—人間と機械の共存, 1973)도 이야기하기로 하자. 아쓰미 씨와 그 그룹은 산양에게 인공장기를 이식하여 오랜 시간 동안 살아 있게 하는 데 성공한 참이었다. 산양과 마찬가지로 인간에게도 그렇게 할 수 있다면 인간의 수명은 더욱 늘어날 것이라는 점에서 아쓰미 씨에 대한 세상의 기대는 컸다. 그러한 기대에 부응하도록 그는 밤낮을 가리지 않고 연구에 몰두했다.

우에다 세이야 씨가 그랬던 것처럼 새로운 과학의 탄생을 담당하는 연구자에게는 보통사람들에게는 없는 열기와 박력이 있는 것 같았다. "그런 열기가 독자에게 전달되도록 신서를 써주세요"라고 의뢰했더니 아쓰미 씨는 연구하는 틈틈이 원고를 집필해주었다. 이 원고에는 의학이 새로운 한 페이지를 열어가는 모습이 멋지게 그려져 있었다. 아쓰미 씨와는 지금까지도 가끔씩 연락을 주고받고 있다.

근대경제학을 넘어선 충격

1974년에는 여기서 꼭 적고 싶은 신서 세 권을 편집했다. 우자와 히로부미(宇澤弘文, 1928~) 씨의 『자동차의 사회적 비용』(自動車の社會的費用), 아라이 사사구(荒井獻) 씨의 『예수와 그 시대』(イエスとその時代), 그리고 하시구치 도모스케(橋口倫介) 씨의 『십자군—그 비신화화』(十字軍—その非神話化)가 그것이다. 이 세 권의 책 외에 앞에서 쓴 몇 권의 책을 빼면 무라야마 모리타다(村山盛忠) 씨의 『콥트사회에서 살다』(コプト社會に暮らす), 사카모토 마사유키(酒本雅之) 씨의 『미국 르네상스의 작가들』(アメリカ・ルネッサンスの作

家たち), 스기야마 추헤이(杉山忠平) 씨의 『이성과 혁명의 시대에 살며—조셉 프리스틀리전』(理性と革命の時代に生きて—J・プリーストリ傳)이 있는데 이것에 대한 상세한 설명은 생략한다.

먼저 우자와 히로부미 씨의 『자동차의 사회적 비용』에 대해서다. 우자와 씨를 소개해준 사람은 단행본 편집부에서 경제학 텍스트를 담당하던 선배 S씨였다. "미국에서 돌아온 패기 넘치는 근대경제학자가 있는데 한번 만나보면 좋을 거야"라는 말을 듣고 우자와 씨를 만났다. 사전에 내가 조사한 바로 우자와 씨는 수학과 출신의 수리경제학자이고, 저명한 케네스 애로(Kenneth Arrow) 교수에게 발탁되어 미국에서 연구를 했으며, 시카고대학 등에서 가르치고 있는데 일본의 경제학자 중에서는 노벨경제학상을 탈 가능성이 가장 높다고 하는, 빛나는 경력의 소유자였다.

도쿄대학 경제학부 연구실에서 처음으로 만났을 때 그는 자동차의 사회적 비용을 다룬 신서를 내고 싶다고 했다. '사회적 비용'이라는 말은 들어본 적도 없었지만 설명을 듣는 중에 큰일이라고 생각했다. 왜냐하면 첫째로 우자와 씨는 자동차라는 현대문명의 상징이라고 할 만한 존재에 대해 생각도 못해본 시각에서 접근하려고 했고, 두 번째로 희미하기는 하지만 첫 번째 작업을 완수한다면 그것은 빛나는 그의 경력 자체를, 또는 극단적으로 말하면 근대경제학 자체의 유효성을 부정해버릴지도 모르는 일이라고 생각했기 때문이다.

어쨌든 기획을 결정하고 우자와 씨에게 집필을 의뢰했다. 그는 단숨에 써냈다. 쭉 마음속에 품고 있던 테마였기 때문일 것이다. 지금 '마음속에'라고 쓴 것에는 나름대로의 의미가 있다. 그것은 이 테마가 근대경제학자로서 머릿속으로 생각한 것뿐 아니라 그의 인격 자체에서 나온 것이었기 때문이다. 한마디로 말하자면 그는 환경을 오염시키고 인간의 안전을 위협하는, 배기가스를 흩뿌리면서 좁은 길을 방약무인하게 달리는 자동차의 존재를 참을 수 없었던 것이다. 1970년대 일본의 상황은 광화학 스모그의 만연으로 상징되는 것처럼 최악의 사태에 빠져 있었다고 해도 과언이 아니었다. 우자와 씨는 그런 상황에 혼자서 도전장을 냈던 것이다.

『자동차의 사회적 비용』이 세상에 준 영향은 컸다. 인간이 완전하게, 그리고 건강을 잃지 않고 걸을 수 있기 위해 자동차 한 대를 달리게 하려면 얼마만큼의 인프라가 필요할까? 우자와 씨는 당시의 상식으로는 생각할 수도 없는 거금의 '사회적 비용'이 든다는 것을 밝혔던 것이다. 편집부에는 "이 신서를 읽고 감동 받았습니다"라는 편지가 수통이나 왔다. 그중에는 "이 책을 읽고 나는 운전면허증을 찢어버렸습니다"라고 한 독자도 있었다.

한편 자동차의 제조나 판매와 관련된 조직으로부터는 음으로 양으로 우자와 씨에 대한 비판이 밀려들었다. 극단적인 괴롭힘이나 협박도 있어서 우자와 씨는 자택 전화번호를 바꾸어야 했다. 그러한 조직과 관계를 가진 연구자들은 그의 학설에 대해 맹렬한 반론을 제기했다. 그러나 지금 생각하면 우자와 씨가 제기한 과제들 대부분은, 그것이 충분한지 어떨지는 별도로 하더라도 실현되었다고 해도 좋을 것이다. 예컨대 배기가스의 규제, 차도와 인도의 분리, 육교의 건설 등등…….

이 무렵 나는 우자와 씨와 나란히 근대경제학의 희망이라고 평가되던 와타나베 쓰네히코(渡部經彦) 씨와 자주 만났다. 어느 날 내가

"드디어 우자와 선생의 『자동차의 사회적 비용』이 나옵니다"라고 말하자 와타나베 씨는 이렇게 대답했다.

"스탠퍼드에서 우자와 군과 같이 있을 때 그 사람은 일방통행로를 역주행해서 순찰차가 추적해오고 그랬어요. 그런 사람이 그런 책을 썼다니, 웃기는 이야기 아닌가요?"

이것은 우자와 씨의 인품에 대한, 친밀감을 가진 야유의 말이었다.

우자와 씨가 『자동차의 사회적 비용』을 집필하게 된 이유는 여러 가지가 있을 것이다. 물론 근저에는 그의 사회적 정의감이 있을 것이고, 그것이 그로 하여금 나중에 나리타(成田)공항 문제[18]나 지구온난화 문제에 뛰어들게 했을 것이다. 또 버나드 루도프스키(Bernard Rudofsky)의 『인간을 위한 거리』(*Streets for people: a primer for Americans*)나 제인 제이콥스(Jane Jacobs, 1916~ 2006)의 『미국 대도시의 생과 사』(*The death and life of great American cities*) 등 저작의 영향도 생각할 수 있을 것이다.

하지만 내가 아는 한 미국에 있을 때 그가 겪은 베트남 반전운동 체험이 깊이 관련된 것이 아닐까 싶다. 우자와 씨는 스탠퍼드에 있을 때 조안 바에즈(Joan Chandos Báez)의 노래를 들으러 자주 갔다는 이야기를 몇 번이나 해주었기 때문이다. 나는 아무래도 우자와 씨가 사람이 어떻게 하면 사람답게 살 수 있는지를 경제학의 문제로 생각했던 것으로 보았다.

그러므로 나는 근대경제학에 대해 아는 것이 거의 없었음에도 우

---

18) 나리타공항 건설을 둘러싸고 일어난 반대운동. 나중에 신좌익이 가담하여 커다란 사회문제가 되었다. 1978년에는 관제탑을 점거하기도 했고 그 과정에서 여섯 명이 사망했다.

자와 씨와 작업하는 것이 무척 즐거웠다. 그리고 함께 술도 많이 마셨다. 혼고에서 시작하여 신바시·신주쿠로 술을 마시며 돌아다니는 일도 가끔 있었다.

『자동차의 사회적 비용』이 간행되고 나서 어느 날 한밤중까지 술을 마시다가 전철이 끊어져버렸다. 우자와 씨는 지하철이나 국철을 이용하고 택시 타는 일은 거의 없었다. 그러나 그때는 택시로 돌아가는 수밖에 없었다. 억지로 그를 택시에 태웠는데 우자와 씨는 창문을 열고 나에게 두 손을 모으더니 "미안합니다"라고 했다. 그런 책을 쓴 사람이라 자동차 타는 것을 부끄러워 한다는 것을 알고 나는 뭐라 말할 수 없는 기분이었다.

『자동차의 사회적 비용』을 씀으로써 우자와 씨는 종래의 근대경제학에서는 충분히 파악할 수 없었던 문제와 씨름해야만 했다. 그러한 그의 모습을 보고 나는 그렇게 씨름하는 과정에 대해 써주지 않겠느냐는 의뢰를 했다. 그렇게 해서 만들어진 것이 1977년에 간행된 『근대경제학의 재검토─비판적 전망』(近代經濟學の再檢討─批判的展望)이다. 이것은 그의 학문적 기반인 근대경제학에 대한 날카로운 비판이었다. 또한 경제학자로서 그의 눈부신 경력 자체를 발밑에서부터 뒤집어버릴지도 모르는 놀랄 만한 행위였다.

나는 당시 이와나미쇼텐에서 열렸던 어느 연구회의 정경을 잊을 수가 없다. 일본사회가 안고 있는 문제를 분석하는 자리였는데, 우자와 씨가 먼저 근대경제학의 모델을 이용하여 설명했을 때의 일이다. 그 자리에 있던 경제학자나 사회학자는, 그가 칠판에 수식을 쓰고 그것에 기초하여 일본경제의 현 상황을 아주 선명하게 분석하던 모습을 보았을 것이다. 그 놀라운 분석 솜씨는 그 자리에 있던 모든 사람들에게 감명을 주었다.

그러나 다음 순간 그는 칠판의 수식에 커다란 ×표를 치며 말했다.

"이 모델로는 일본사회의 진정한 모습을 포착할 수 없습니다. 왜냐하면 환경 파괴나 공해 등 가장 중요한 요소가 이 모델에는 들어 있지 않기 때문입니다."

그리고 그는 자신이 그러한 모든 문제를 해결할 수 있는 경제학을 구축하려고 노력하고 있다고 했다. 나에게 이 말은 앞의 모델을 이용한 뛰어난 분석 이상으로 감동적으로 들렸다.

전경들에게 에워싸인 축하모임

이 감동은 10년 이상의 세월이 지나 다시 우자와 씨에게 신서를 의뢰하는 계기가 되었다. 그 사이에 나는 단행본 편집부로 옮겼고 그의 책을 몇 권인가 편집했다. 『근대경제학의 전환』(近代經濟學の轉換, 1986) 『현대 일본경제 비판』(現代日本經濟批判, 1987) 『공공경제학을 찾아서』(公共經濟學を求めて, 1987) 등이다. 그리고 1989년 신서 『경제학의 사고방식』(經濟學の考え方)을 내게 된다. 다음은 이 신서가 만들어지게 된 경위를 그 책 「후기」에서 인용하기로 한다.

> 최근 3년 동안 나는 이와나미쇼텐에서 몇 권의 책을 냈다. 그것은 내가 과거 십수 년 동안 발표해온 논문을 테마별로 정리한 것이다. 그러나 최근 이와나미쇼텐의 오쓰카 노부카즈 씨로부터 다음과 같은 비판을 들었다. 선생은 경제학에 대해 단편적으로 이런 저런 말을 하지만 자기 자신의 경제학적 사고는 대체 어떤 것일까

요? 일반사람들도 알기 쉽게 좀더 분명하게 써야 하지 않을까요? 물론 오쓰카 씨는 내내 정중한 자세로 이야기를 했지만 나는 이러한 의미로 받아들였다. 오쓰카 씨의 비판에 답한다는 의미로 쓴 것이 이 책이다.

그리고 「후기」에는 다음과 같은 문구도 들어 있었다. "경제학자가 살아 있는 그때그때의 시대적 상황을 어떻게 받아들이고, 또 경제학 이론의 형태로 승화시켜나갔는가 하는 면을 강조하고 싶었다." 마치 이 말을 실증이라도 하는 것처럼 그는 잇따라 그때그때의 문제에 대응하여 신서를 냈다. 『'나리타'란 무엇인가―전후 일본의 비극』('成田'とは何か―戰後日本の悲劇, 1992)『지구온난화를 생각한다』(地球溫暖化を考える, 1995)『일본의 교육을 생각한다』(日本の教育を考える, 1998), 이 세 권이다. 이 신서의 내용에 대해 일일이 말하는 것은 피하기로 하자. 그러나 경제학자로서 우자와 씨의 모습을 보여주는 상징적인 에피소드 하나만 말하기로 한다.

그것은 『'나리타'란 무엇인가―전후 일본의 비극』이 간행된 직후, 나리타공항 반대동맹의 농민들이 출판 축하 모임을 열어주었을 때의 일이다. 나리타공항의 활주로 끝에서 그 연장선으로 불과 수백 미터 떨어진 곳에 있는 어느 조그마한 공민관(公民館)이 모임 장소였다. 공민관 주변에는 전경들의 장갑차가 굳게 지키고 서서 공민관 부지로 들어가는 사람들을 검색하고 있었다. 머리 위로는 거의 쉴 새 없이 대형 여객기가 굉음을 내며 착륙하고 있었다. 그런 삼엄한 분위기에서 축하 모임이 열린 것이다.

농민이 한 사람씩 일어나 우자와 씨에게 감사의 마음을 전했다.

그는 겸연쩍은 얼굴로 그것에 응대했다. 탁자 위에는 농민들이 정성들여 준비한 요리와 우자와 부인이 손수 만든 요리, 그리고 전국의 지원자들이 보내온 일본 각지의 명주(銘酒)가 늘어서 있었다. 참석자들은 몇 개의 원을 만들어 잘 먹고 잘 마시고 잘 이야기했다. 우자와 씨는 그 원들을 돌며 이야기에 끼어들었다.

그런 광경을 보며 나는 마음속에서 일어나는 깊은 감동을 억누를 수 없었다. 그리고 『'나리타'란 무엇인가— 전후 일본의 비극』의 「머리말」에 있는, "이 과정을 통해 '나리타'에 대한 내 자신의 이해를 깊게 할 수 있었고 경제학을 전공하는 나의 직업적인 관점에서도 귀중한 교훈을 얻을 수 있었다. 나리타 투쟁의 궤적을 분명히 함으로써 전후 일본이 직면한 최대의 비극인 '나리타'의 본질을 확인할 수 있다고 생각한다"라는 말을 떠올렸다.

말 그대로 목숨을 걸고 '나리타'에 참여한 우자와 히로부미 씨. 신변 경호 경찰관의 차로만 이동할 수 있는 부자유한 수년간, 가끔 진보초의 골목길 안쪽에 있는 어떤 술집에서 나와 한 잔 할 때도 밖에서는 신변경호 경찰이 끊임없이 살피고 있는 상황이었다. 이런 우자와 씨의 모습을 보고 앞서 인용한 『경제학의 사고방식』의 「후기」에 있는 "경제학자가 살아 있는 그때그때의 시대적 상황을 어떻게 받아들이고, 또 경제학 이론의 형태로 승화시켜나갔는가"라는 말을 그 자신이 실증하고 있다고 나는 생각했다. 그런 의미에서 나는 진심으로 그에게 경의를 표한다.

『예수와 그 시대』와 『십자군』

다음으로 아라이 사사구 씨의 『예수와 그 시대』에 대해서다. 아라이 씨는 1971년에 『원시 그리스도교와 그노시스주의』(元始キリスト教とグノーシス主義)라는, 페이지 수가 많은 단행본을 이와나미쇼텐에서 냈다. 나는 이 단행본을 아주 흥미롭게 읽었다. 그리스도교가 어떻게 형성되었는가, 그노시스주의를 비롯하여 실로 다양한 사상이 난립하여 서로 경합을 벌이고 있던 상황을 아라이 씨는 훌륭하게 그려냈다. 그것은 1960~70년대와 격렬한 이데올로기 투쟁이 펼쳐지고 있는 현대 일본의 정황에 비교할 수 있을 것 같았다. 당연히 그리스도교 연구자들에게도 영향을 미쳤다. 그중에서도 거의 동세대의 뛰어난 연구자 세 명이 활약하고 있었다. 당시에는 한가운데에 아라이 씨가 있고 왼쪽에 다가와 겐조(田川健三) 씨, 오른쪽에 야기 세이이치(八木誠一) 씨가 있었다.

나는 그리스도교 신자는 아니지만 중학교·고등학교·대학을 그리스도교계 학교에서 교육을 받았으므로 그리스도교에는 관심을 가지고 있었다. 대학에서는 종교철학이나 신학 강의를 들었다. 하베이 콕스(Harvey Gallagher Cox) 등의 새로운 신학에 흥미를 갖기도 했다. 가톨릭 계통의 사상가에 대해서는 앞에서도 언급했고 앞으로도 언급할 생각이지만 그 외에 예컨대 요제프 피퍼(Josef Pieper) 등의 저작은 나의 애독서였다.

그래서 아라이 씨에게 '예수와 그 시대'에 대해 집필해달라고 의뢰했던 것이다. 아라이 씨는 승낙했고 금세 원고를 완성해주었다. 이 조그마한 책은 많은 사람들에게 환영을 받았고 오랫동안 읽혔다. 그의 제자를 포함하여 아라이 씨는 아주 많은 일을 해주었다. 2001년 에는 『아라이 사사구 저작집』(荒井獻著作集, 전10권·별권 1, 2002년 완결)을 간행하기도 했다.

하시구치 도모스케 씨는 『십자군─그 비신화화』를 썼다. 하시구치 씨는 열성적인 가톨릭 신자로 조치대학에 적을 두고 있었다. 서구 중심의 사관에서 십자군전쟁은 성전으로 평가되었고 일본에서도 그러한 평가에 이의를 제기하는 사람은 드물었다. 그러나 하시구치 씨는 감히 그것을 비신화화하는 작업을 수행했다. 그는 가능한 한 이슬람 측의 자료를 이용하여 십자군전쟁에 올바른 위치를 부여하려고 노력했다. 당연한 일이지만 이슬람 측에서 보면 십자군전쟁은 성전일 리 없으며 비인간적인 침략과 살육으로 이해될 수밖에 없었다. 하시구치 씨는 그 사이의 사정을 빈틈없이 그려냈다. 오리엔탈리즘 논의가 나오기 훨씬 이전, 즉 9·11테러 사건 같은 것은 꿈에도 생각하지 못했던 시대의 일이었다.

이 책을 간행한 후 우에하라 센로쿠(上原專祿) 씨가 『도서』에 긴 서평을 써서 하시구치 씨의 작업을 높이 평가했다. 하시구치 씨는 조치대학의 총장에 취임한 뒤에도 때때로 연락을 해주었고 그가 돌아가실 때까지 교제는 계속되었다. 조치대학의 채플에서 장례식을 거행할 때 그 엄숙한 미사에 참석하면서 나는 그의 일이 가진 의미를 깊이 음미했다.

르네상스에 대한 견해

1975년에는 스트레이어(Joseph Reese Strayer, 1904~87)의 『근

대국가의 기원』(On the medieval origins of the modern state, 近代國家の起源, 鷲見誠一譯), 가세 쇼이치(加瀬正一)의 『국제통화 위기』(國際通貨危機), 시모무라 도라타로(下村寅太郎)의 『르네상스적 인간상—우르비노 궁정을 둘러싸고』(ルネッサンス的人間像—ウルビーノの宮廷をめぐって), 고디머(Nadine Gordimer, 1923~)의 『현대 아프리카문학』(現代アフリカの文學, 土屋哲譯), 마쓰시타 게이이치의 『시민자치의 헌법이론』(市民自治の憲法理論), 마에다 야스지(前田泰次)의 『현대의 공예—생활과의 관련을 찾아서』(現代の工藝—生活との結びつきを求めて), 해러드(Henry Roy Forbes Harrod, 1900~78)의 『사회과학이란 무엇인가』(Sociology, Morals and Mystery, 社會科學とは何か, 清水幾太郎譯)를 냈다. 이 가운데 시모무라 도라타로·쓰치야 사토루(土屋哲)·시미즈 이쿠타로 씨에 대해서 이야기하기로 하자. 마쓰시타 씨에 대해서는 앞에서 다루었기 때문에 여기서는 생략한다.

  시모무라 도라타로 씨는 젊은 사람은 아니었다. 오히려 노년이라고 해야 할 것이다. 나는 시모무라 씨와 친한 하야시 다쓰오 씨를 통해 그가 르네상스를 연구하고 있다는 사실은 알고 있었다. 그러나 실제로 만나서 이야기를 들어보니 이 노대가가 르네상스에 몰두하는 방식이 예사롭지 않았으며 오히려 하야시 다쓰오 씨와 경합하고 있다는 느낌이었다. 그것은 하야시 씨가 이따금 보여준 시모무라 씨의 편지를 봐도 알 수 있었다. 시모무라 씨의 편지는 종종 편지지로 열 장 이상이나 되는 것도 있었다. 그것도 화제는 철학·종교·예술 등 여러 분야에 걸쳐 있었다.

  이 철학자의 해박한 지식은 유럽뿐만 아니라 일본이나 중국에까

지 걸쳐 있었으므로 그의 이야기를 듣는 것은 무척이나 즐거운 일이었다. 때로 화제는 그가 좋아하는 일본과자가 되기도 했다. 그는 세상에서 말하는 단것과 술을 다 좋아하는 사람이었는데 술도 꽤 즐기는 편이었다. 그래서 그의 제자들이 각지에서 명과를 보내주었다. 어떤 때는 교토의 과자 중에서 무엇이 가장 맛있는가 하는 이야기가 나왔는데, 그는 자기가 좋아하는 과자 이름 세 가지를 말한 적이 있다. 첫 번째는 산죠코바시 근처 가게의 '모치즈키'(望月)였고 두 번째는 고쇼 남쪽에 있는 가게의 '미소마쓰카제'(みそ松風)였다. 유감스럽게도 세 번째는 잊어버렸다. 그 이후 시모무라 씨를 방문할 때면 자주 모치즈키를 사갔다. 미소마쓰카제는 늘 오전에 다 팔려버리기 때문에 좀처럼 살 기회가 없었다.

하여튼 신서의 내용, 즉 우르비노(Urbino) 궁전에 대해 몬테펠트로(Montefeltro)의 활약 등의 설명을 들음으로써 새삼 르네상스의 풍요로움을 알 것 같았다. 그것은 공방(工房)이 갖는 의미에 초점을 맞춘 것이었는데, 르네상스의 본질을 둘러싼 하야시 씨의 논의와는 달리 오히려 르네상스의 완만하고 넓은 산기슭을 조명하는 작업이라고 할 수 있었다.

신서를 집필하고 나서 얼마 안 있어 시모무라 씨는 큰 수술을 받았다. 도라노몬(虎の門)병원으로 병문안을 갔더니 그는 침대에 앉아 담배를 피우고 있었다. 시모무라 씨는 옷 앞섶을 펼치고 수술자국을 보여주었는데 나는 깜짝 놀랐다. 수술자국은 목 아래에서 가슴을 지나 복부 아래까지 일직선으로 이어져 있었다.

그는 "브랜디가 있으니까 같이 마십시다"라며 권했지만 나는 도저히 마실 수 없었다. 시모무라 씨는 "의사는 포기해서인지 아무 말도 안 해"라는 것이었다. 그는 생사의 문제를 초월한 사람처럼 보였다. 철학을 연구하면 그렇게 되는 것일까? 그러고 보면 후지사와 노리오 씨도 그랬다. 후지사와 씨가 쓰러져 가족들이 허둥지둥할 때도 본인은 천연덕스럽게 굴었다고 한다.

현대 아프리카문학의 가능성

남아프리카 작가인 고디머의 평론 『현대 아프리카문학』은 쓰치야 사토루 씨가 번역했다. 고디머 씨는 여성이지만 그 평론은 그녀의 작품과 마찬가지로 딱딱한 것이었는데, 이 책으로 나는 아프리카문학의 재미와 가능성에 눈을 떴다.

이후 쓰치야 씨와는 오랫동안 교제를 해왔는데, 특히 잊을 수 없는 것은 나중에 이와나미현대선서에서 마지시 쿠네네(Mazisi Kunene)의 『위대한 제왕 샤카』(*Emperor Shaka the Great*, 전2권, 1979~80)를 번역한 일이다. 아프리카의 대지를 배경으로 자연과 일체화된 독자적 삶의 방식을 구가하는 아프리카 사람들, 그 무진장한 에너지를 감지케 하는 대서사시를 번역하는 것은 쉬운 일이 아니었을 것이다. 쓰치야 씨는 영문학 출신인 것 같았는데 미개척 분야인 아프리카문학 분야에서 정력적으로 활약해오고 있었다.

어느 날 쓰치야 씨가 일본을 방문한 쿠네네 씨를 데리고 출판사에 나타나 나와 셋이서 점심식사를 같이한 적이 있었다. 쿠네네 씨는 초면인데도 붙임성이 있는 사람이라서 그런지 다소 조심성 없는 태도를 보였다. 농담을 하면서 큰소리로 웃었는데, 진지하기만 한 쓰치야 씨가 망연자실해 있는 모습을 보는 것이 재미있었다. 그러나 그렇게 꾸밈없이 순수한 쿠네네 씨가 일본에 있는 내내 쓰치야 씨는 자택에 머물게 하며 편의를 봐주었다.

쓰치야 씨에게는 아프리카문학에 대해 상당히 많은 것을 배웠다. 그의 소개로 다수의 아프리카 문학작품을 출판한 하이네만출판사의 편집자를 만나러 런던으로 찾아간 적도 있었다.

번역의 본보기

해러드는 저명한 경제학자이지만 원제가 『Sociology, Morals and Mystery』인 이 책의 제목을 『사회과학이란 무엇인가』(社會科學とは何か)로 한 사람은 시미즈 이쿠타로 씨였다. 시미즈 씨는 저명한 사회학자였는데, 뛰어난 문장으로 많은 팬을 확보하고 있었다. 『유언비어』(流言蜚語) 『애국심』(愛國心) 『사회심리학』(社會心理學) 등의 단행본, 그리고 이와나미신서로 나온 『논문 쓰는 법』(論文の書き方, 1959)은 광범위한 독자에게 환영을 받았다. 그리고 그의 번역으로 같은 이와나미신서로 나온 E. H. 카의 『역사란 무엇인가』(1962)는 당시의 지식인이나 학생들에게 압도적인 영향력을 지녔다. 하야시 다쓰오 씨도 그런 시미즈 씨를 높이 평가하고 있었다.

시미즈 씨는 당시 잡지 『세계』에도 가끔 글을 쓰는, 이른바 진보적 문화인 중의 한 사람이었다. 내가 『사상』 편집부에 있던 무렵 시미즈 씨가 주선하여, 당시 우는 아이도 뚝 그친다는 전학련의 간부 열 몇 명을 모아 하룻밤 모임을 가진 적이 있었다. 그때 모인 전학련의 간부들은 그 후 다양한 길을 걷게 되는데, 시미즈 씨 자신도 훗날 생각지도 못한 길을 걷게 되었다.

그러나 어쨌든 원제가 보여주는 것처럼 습속이나 도덕, 그리고 신비(에 대한 의식) 등이 경제행동을 포함한 인간의 사회생활을 이해하는 데 필수적이라고 한 해러드의 의도를 대담하게 헤아려『사회과학이란 무엇인가』라고 지은 것은 역시 훌륭한 것이었다. 왜냐하면 시미즈 씨 자신이 사회과학의 존재 방식을 이런 방향에서 보고 있었기 때문이다. 그것은 어떤 의미에서 마르크스주의적 사회과학과의 결별을 의미하는 것이었다.

이 신서의 편집 작업을 통해 그의 번역 방법도 배울 수 있었다. 시미즈 씨는 경우에 따라서는 원문을 충실하게 번역한다기보다 그 내용을 일본어로 얼마나 적확하게 재현할까 하는 점에 노력을 기울였다. 따라서 언뜻 오역처럼 보이는 경우도 있었다. 번역을 포함하여 시미즈 씨의 글이 실로 많은 독자를 끌어당기는 데는 수사(修辭)에 대한 세심한 배려라는 비밀이 있었던 것이다.

그는 그 후에도 자주 시나노마치(信濃町)의 오키도(大木戶)에 있는 연구실(이라고 해도 사설이지만)로 나를 부르곤 했다. 대체로 점심을 같이 먹었는데 항상 돼지고기 철판구이였다. 시미즈 씨는 어떤 의미에서 하야시 다쓰오 씨와 닮았는데 때로는 새로운 학문 상황에 대해 가르쳐주기도 했다. 단행본인『윤리학 노트』(倫理學ノート)는 그러한 그의 모색의 성과라고 할 수 있을 것이다.

나중에 시미즈 씨가 이탈리아의 사상가인 잠바티스타 비코(Giambattista Vico, 1668~1744)에 관심을 가졌다는 이야기를 들었는데, 그 당시 철학자 나카무라 유지로 씨가 다른 방면에서 비코에 대해 관심을 갖기 시작한 것과 아울러 생각하며 감탄한 일을 지금도 기억하고 있다. 그때 시미즈 씨는 비코에 대한 심포지엄의 기록이 수록된 양서(洋書)를 "남아서"라며 나에게 주었다. 이러한 시미즈 씨의 태도는 말년에 이르기까지 변하지 않았으나 얼마 안 있어 맞이한 그의 생일을 축하하는 모임에서는 사람들이 군가를 불렀다. 나는 도저히 그런 것에는 따라갈 수 없었다.

『태아의 환경으로서의 모체』와 『기뵤시·샤레본의 세계』

1976년에는 히카미 히데히로(氷上英廣) 씨의 『니체의 얼굴』(ニーチェの顔), 다키우라 시즈오 씨의 『시간―그 철학적 고찰』(時間―その哲學的考察), 하마구치 노부코(浜口允子) 씨의 『베이징 산리툰 제3소학교』(北京三里屯第三小學校), 아라이 마코토(荒井良) 씨의 『태아의 환경으로서의 모체―어린 생명을 위하여』(胎兒の環境としての母體―幼い生命のために), 사이토 닌즈이 씨의 『지자들의 언어―소크라테스 이전』(知者たちの言葉―ソクラテス以前), 미즈노 미노루(水野稔) 씨의 『기뵤시[19]·샤레본[20]의 세계』(黃表紙·洒落本の世界)를 냈다. 사이토 닌즈이 씨와 다키우라 시즈오 씨에 대해서는 앞에서 다루었다. 여기서는 『태아의 환경으로서의 모체』와 『기뵤시·샤레본의 세계』에 대해 이야기하기로 한다.

아라이 마코토 씨는 연구자가 아니라 '어린이 의학협회'라는 모임에서 활동하고 있던 계몽가였다. 그는 이 신서에서 사람이 임신한다는 것은 어떤 일인가, 태아가 자라나는 환경으로서의 모체란 어떤

---

19) 유머스럽거나 에로틱한 내용들을 담은 대중 대상의 도해서(圖解書).
20) 유곽을 제재로 하여 유객과 유녀가 유흥을 즐기는 모습이나 유곽의 풍속을 묘사한 소설.

구조로 되어 있는가에 대해 자상하고 친절하게 써주었다. 최신의 학문적 견지에 기초한 설명은 생물학의 그것도 아니고 의학의 그것도 아니었지만 생명의 탄생이라는 사실에 대한 외경심으로 가득 찬 찬탄의 글이었다. 세상사람들 사이에서는 무명이나 다름없는 아라이 마코토 씨의 이 신서는 젊은 여성을 중심으로 아주 오랫동안, 많은 사람들에게 읽혔다. 나는 이 책에서 계몽서로서 신서가 가져야 할 이상적인 모습을 보았다.

한편 에도시대(江戶時代)에 대한 당시의 관심은 오늘날처럼 높지 않았다. 에도 붐이 시작되기 훨씬 전이었던 것이다. 나는 에도에 대한 현재의 관심과는 다른 각도에서 에도시대에 흥미를 품고 있었다. 그것은 에도라는 폐색된 시대에서 사람들은 어떻게 살았을까 하는 관심이었다.

'일본고전문학대계'(日本古典文學大系)의 『기뵤시・샤레본집』(黃表紙・洒落本集, 1958)을 읽고 흥미를 느낀 나는 이 대계(大系)의 교주자(校注者)인 미즈노 씨를 만나러 갔다. 무척 성실한 연구자라는 이야기를 들었으므로 과연 내 관심에 부응해줄지 걱정스러웠다. 그러나 내가 가진 문제의식을 어설프게 전하자 그는 에도의 민중은 일시적이긴 하지만 바로 그런 폐색감에서 도망치기 위해 샤레본이나 기뵤시를 읽었다는 의미의 답변을 해주었다. 그리고 신서라는 조그마한 그릇 안에 샤레본과 기뵤시의 세계를 훌륭하게 담아냈다. 그는 「후기」에서 그간의 사정을 포함하여 다음과 같이 썼다.

> 이 책에 '폐색된 시대의 문학'(閉塞の時代の文學)이라는 부제를 달고 싶다는 것이 편집부의 당초 의향이었다. 그러나 '폐색된 시

대'란 기뵤시·샤레본의 시기에 한정되는 것이 아니라 에도시대 전체라고 할 수 있고, 근대에 이 말이 사용된 것도 주지의 사실이다. 다만 그렇게 폐색된 시대의 어느 시기에 기뵤시·샤레본이 어떻게 대처했는가를 중요한 과제로 생각해야 하는 것만은 틀림없는 사실이다.

다소 겸연쩍긴 하지만 나는 이 책에서 '비상과 침잠'이라는 말을 사용했다. 닫힌 시대의 사람들이 적어도 자기를 열고 뭔가를 주장하려고 한다면 이들 유희적 문학을 통해 자신이 재치 있는 농담이나 화류계에 정통하다는 것을 외치면서 기뵤시의 헛된 허공으로 비상하는 것이고, 또 샤레본의 특수한 세계에 파고들어 오로지 깊이 침잠하는 것이었을 것이다.

당시 히라가 겐나이(平賀源內, 1728~80)에 대한 연극을 쓰고 있던 이노우에 히사시(井上ひさし) 씨가 서평을 써서 절찬해준 것은 무척이나 기쁜 일이었다. 이 신서를 편집하는 과정에서 나는 미즈노 씨로부터 무척 흥미로운 이야기를 들었다. 미즈노 씨가 학생이었던 무렵에는 기뵤시라든가 샤레본 등은 학문의 대상으로 간주되지 않았다. 그러므로 선생이 대학에서 강의할 때는 반드시 프록코트를 입고 격조 높게 하지 않을 수 없었다고 한다. 그랬던 기뵤시·샤레본이 오늘날 '일본고전문학대계'의 한 권이라는 위치를 차지하게 된 것을 생각하면 감개무량한 일이다.

에도 이야기가 나왔으므로 여기서 『사상』 편집부 시절의 일 가운데 꼭 말하고 싶은 것이 있다. 그것은 농업문제 특집을 할 때였던 것 같은데, 우메사오 다다오(梅棹忠夫) 씨에게 일본 농업의 특질에 대한 원고를 청탁했고 내가 담당자였다.

나는 교토 기타시라카와에 있는 자택에서 며칠이나 끈덕지게 달라붙었는데, 당시 우메사오 씨는 오사카만국박람회의 기획자 중 한 사람이어서 엄청나게 바쁜 상황이었다. 만국박람회 사무국 사람들이 뻔질나게 들락거렸는데 우메사오 씨는 그 와중에 짬을 내서 논고의 구상을 들려주었다. 그 내용 가운데 농업론보다 그것과 대비해서 논할 예정인 에도 사회론이 나에게는 더 재미있었다. 당시는 에도시대라고 하면 일반적으로 어두운 봉건시대라고 생각되었다. 그러나 우메사오 씨는 에도시대야말로 근대 일본을 낳은 풍요로운 시대로 파악하고 있었다. 각 번(藩)에서 산업을 장려하고 학문도 번창했다. 이러한 지방의 성숙이 있었기 때문에 메이지유신도 가능했다는 것이 우메사오 씨의 논지였다.

그 후 20년쯤 지나 그런 관점이 여기저기서 나오기 시작했고 '에도'에 대한 평가도 긍정적으로 바뀌었다. 특히 헤겔 학자로 유명한 A. 코제브(Alexandre Kojeve, 1902~68)가 에도시대의 일본을 성숙한 사회의 한 전형으로 본 것이 화제가 되었을 때는 깊은 감회에 젖을 수밖에 없었다. 우메사오 씨는 『사상』 이래 거의 30년 만에 『경영연구론』(經營研究論, 1989)이나 『정보관리론』(情報管理論, 1990)이라는 독특한 책을 냈다.

황판의 출발

1977년 4월, 이와나미신서 청판이 1,000권이 되었으므로 5월부터 새롭게 황판을 내게 되었다. 청판으로는 다음의 세 권을 냈다. 이자와 다다스(飯澤匡)의 『무기로서의 웃음』(武器としての笑い), 기쿠모리 히데오의 『루터와 독일 정신사─그 야누스적 얼굴을 둘러싸고』(ルターとドイツ精神史─そのヤーヌスの顔をめぐって), 마키 야스오의 『프로이트의 방법』(フロイトの方法).

그리고 황판으로는 나카무라 유지로의 『철학의 현재─사는 것과 생각하는 것』(哲學の現在─生きることと考えること), 우자와 히로부미의 『근대 경제학의 재검토─비판적 전망』(近代經濟學の再檢討─批判的展望), 후쿠다 간이치의 『근대 민주주의와 그 전망』(近代民主主義とその展望), 무샤노코지 긴히데의 『국제정치를 보는 눈─냉전에서 새로운 국제질서로』(國際政治を見る眼─冷戰から新しい國際秩序へ), 야마모토 미쓰오(山本光雄)의 『아리스토텔레스─자연학·정치학』(アリストテレス─自然學·政治學), 가노 지스케(鹿野治助)의 『에픽테토스─스토아철학 입문』(エピクテートス─ストア

哲學入門)을 냈다.

그리고 가을에는 단행본 편집부로 옮겼는데, 여기서는 신서 편집부의 마지막 해의 일로 신서 청판을 낸 이자와 다다스 씨와 마키 야스오 씨, 신서 황판을 낸 나카무라 유지로 씨에 대해 쓰기로 한다. 우자와 씨와 후쿠다 씨에 대해서는 앞에서 말했으므로 여기서는 생략한다.

록히드 사건을 공격하는 무기

우선 이자와 다다스 씨에 대해서다. 그가 돌아가신 지 5년째에 개최된, 극단 청년극장이 주최하는 '이자와 다다스 사후 5년 모임'의 팸플릿인 『이자와 다다스 선생님에 대한 추억』(飯澤匡先生の思い出, 1999년 8월)에 기고한 글이 있으므로 그것을 인용하기로 한다.

이자와 다다스 선생에게 『무기로서의 웃음』의 원고를 받은 것은 1976년이 저물어갈 무렵의 일이었다. 그 원고는 1977년 1월 이와나미신서의 한 권으로 간행되었다.

주지하다시피 1976년은 록히드 사건으로 일본 전체가 크게 뒤흔들린 해였다. 이 미증유의 오직(汚職) 사건에 대해 이자와 선생은 곧바로 희곡 「너무 많은 돈뭉치」(多すぎる札束)를 집필하는 것으로 응답했다. 믿기 힘든 정치 부패에 저항하는 데 선생은 철저한 웃음으로 응답했던 것이다.

당시 이와나미신서의 편집부원이었던 나는 그 5년쯤 전부터 이자와 선생에게 집필을 의뢰하고 있었다. 매월 한 번은 이치가야에 있는 자택을 방문하여 이런저런 이야기를 들을 수 있었다. 그러나 원고는 완성될 기미가 보이지 않았다.

원고는 어찌되었든 간에 이자와 선생으로부터 이러저러한 가르침을 받는 것은 무척 즐거운 경험이었다. 이자와 선생에게도 내가 스승으로 존경하는 하야시 다쓰오 씨가 선배인 것 같았다. 하야시 다쓰오 씨가 번역한 베르그송의 『웃음』(岩波文庫)이라는 책이 자주 화제에 올랐다.

어느 날 텔레비전에서 높은 평가를 받고 있던 「형사 콜롬보」 이야기가 나왔다. 이자와 선생은 매회 꼭 보았다. 무슨 일이 있을 때는 비디오로 녹화해서 나중에 보았을 정도였다. 그는 "그 프로그램은 정말 잘 만들었어"라는 말을 자주 했다. 미국 상류계급의 부패를 날카롭게 지적했다는 것이다. 그러나 갑자기 "그 프로그램에 흑인이 거의 나오지 않는다는 걸 자네는 알고 있었나?"하고 물어왔다. 그때까지 나는 그걸 전혀 깨닫지 못하고 있었다.

이자와 선생은 고대 일본인이 갖고 있던 느긋한 웃음을 복권하기 위해 평생을 싸워왔다. 거품경제로 인해 뛰어오른 계산서를 철저한 경제 침체라는 형태로 지불하고 있는 현재의 일본인을 본다면, 국기 히노마루와 국가(國歌) 기미가요의 법제화를 강행하려는 요즘 상황을 본다면 이자와 선생은 대체 어떤 웃음으로 그것을 표현할까? 무기로서의 웃음이 점점 더 필요하게 되었다는 것을 통감하는 요즘이다.

몸과 마음을 모두 걸고

 마키 야스오 씨의 프로이트 연구가 재미있다는 이야기를 들은 것은 우에야마 슌페이 씨로부터였다. 아마 '강좌·철학'에서 『가치』의 집필자를 선정하는 과정에서 들었을 것이다. 나는 마키 씨를 알고 나서 그의 프로이트 연구가 재미있는 것은, 프로이트를 문헌적으로 연구하는 것이 아니라 프로이트 이론을 자신의 생활방식과 관련시켜 추체험함으로써 그 유효성을 실증하려고 하는 점에 있을 것이라고 생각했다. 마키 씨는 자신의 생활방식을 모색하는 과정에서 다양한 심리요법이나 선(禪) 수행 등을 시도한 모양이었다.

 내가 그를 만난 무렵 마키 씨는 요가 수행을 철저하게 한 결과 요가 스승인 사호다 쓰루지(佐保田鶴治) 씨의 뛰어난 제자로 인정받기에 이르렀다. 교토에 있는 그의 자택을 방문했을 때 부인의 안내를 받아 방으로 들어가자 다다미 바닥에서 "오쓰카 씨, 안녕하세요" 하는 소리가 들려 깜짝 놀란 적이 있다. 그는 머리나 팔다리를 오므려서 50센티미터 정도의 입방체가 되어 있었던 것이다.

 마키 씨는 프로이트의 니르바나 원칙이라는 개념을 요가 수행으로 추체험하고 싶다고 말했다. 즉 그는 자신의 몸과 마음 모든 것을 걸고 프로이트의 사상과 대결하고 있었던 것이다. 그러한 박력이 이 신서를 프로이트 이론의 단순한 소개로 그치게 하지 않을 것이라는 사실은 명백했다. '안나 O.의 증례 분석' 등 프로이트 초기의 이론을 상세하게 검토함으로써 이 신서는 프로이트의 본질적인 일면을 포착하는 데 성공했다.

 그러나 그것은 나중이 되어서야 알게 된 것이고, 마키 씨 자신은 그 책의 원고를 완성하기 전에 오시마나 하치조지마로 가는 여객선에서 바다로 뛰어들어 모습을 감추어버렸다. 그 충격 속에서 남겨진 원고를 이것저것 다시 읽어가는 중에 나는 마키 씨가 나에게 보낸 편지 등을 참조하면서 그 원고를 가능한 한 그의 구상에 가까운 형태로 재구성할 수 있지 않을까 하는 생각을 했다. 그로부터 그 책의 구성이나 내용에 대해 상세하게 적은 편지를 여러 통 받았기 때문이다. 그래서 나는 우에야마 슌페이 씨에게 도움을 청했다. 그는 교토대학 인문과학연구소(人文科學硏究所)의 선배로서 마키 씨의 실력을 높이 평가했다.

마키 씨가 모습을 감추고 1년이 지난 후에 교토에서 치러진 장례식은 인상적이었다. 인문과학연구소를 대표하여 조사를 읽은 사람은 구와바라 다케오 씨였다. 그 냉정한 구와바라 씨가 조사를 하는 도중 젊고 유망한 연구자를 잃은 슬픔에 눈물을 흘릴 것이라고는 정말 꿈에도 생각하지 못했다.

이어서 친구 대표로 가와이 하야오 씨가 이야기를 했는데, 가와이 씨는 "꿈속에서 자주 마키 씨를 봤습니다. 마키 씨! 하고 부르면 언제나 웃는 얼굴로 돌아보았습니다. 그러나 이번에는 아무리 불러도 돌아보지 않았습니다"라고 말하고 거기서 목이 메여 더 이상 말을 잇지 못했다. 신서가 간행되고 나서 후지사와 노리오 씨의 부인 미호코(みほ子) 씨와 마키 씨가 친구였다는 뜻밖의 사실을 알고 놀랐다.

전환점의 저작

나카무라 유지로 씨는 『철학의 현재』(哲學の現在) 이후 『공통감각론』(共通感覺論) 『마녀 랑다고』 『니시다 기타로』(西田幾多郞)를 비롯하여 수많은 책을 냈다. 또 '총서·문화의 현재'나 '신이와나미강좌·철학'의 편집위원을 했고, 계간지 『헤르메스』(へるめす)의 편집동인이기도 했다. 그리고 마지막으로 그 많은 책이나 논고를 Ⅰ·Ⅱ기의 저작집으로 묶어 간행하기도 했다. 『사상』 시절부터 현재에 이르는 40년 동안 그에게는 정말 많은 신세를 졌다. 그러한 경위를 다시 돌아보니 감사하는 마음은 이루 다 말할 수가 없다.

후일 나카무라 씨의 필생의 사업 가운데 하나인 대작 『술어적 세계와 제도─장소의 논리 저편에』(述語的世界と制度─場所の論理の彼方へ, 1998)의 「후기」에서 그는 "이 책을 쓸 때 일일이 이름을 다 들 수 없을 정도로 많은, 일본 국내뿐만 아니라 유럽과 미국의 친구들과 지인들로부터 이만저만 은혜를 입은 게 아니었다. 그중에서도 단 한 사람만 들자면 30년이 넘도록 시종 직간접적으로 나의 저작활동을 뒷받침해준 이와나미쇼텐의 오쓰카 노부카즈 씨다. 그에게는 임원으로서가 아니라 개인으로서 고맙다는 말씀을 드린다"라고 썼다. 그때의 감격은 지금 조금도 희미해지지 않았다. 시간이 지남에 따라 그 감격의 깊이는 점점 더 깊어지는 것만 같다.

그러므로 여기서 말해둘 것이 있다. 건방진 이야기로 들릴지도 모르지만 『철학의 현재』까지 나카무라 씨가 한 작업은 모두 무척 흥미롭긴 해도 독자적인 그의 사상이 충분히 나타나지 않은 것 같았다. 신을 신은 채 계속해서 가려운 곳을 긁는 듯한 마음이었다.

『철학의 현재』는 조그마한 책이지만 나카무라 씨는 이 책을 쓰느라 꽤 고생했다. 어떤 의미에서 보면 그의 모든 철학적 사색을 여기에 다 투입했다고 해도 과언이 아니다. 따라서 언뜻 보기에 쉽게 쓰였다고 생각되는 문장도 진정으로 그 의미를 읽어내려고 하면 그리 녹록하지 않았다. 나도 교정을 위해 몇 번이고 교정쇄를 훑어보았는데 그때마다 새롭게 발견하는 것이 있어서 놀라웠다. 경제사의 대가인 오쓰카 히사오 씨가 이 신서에 대해 "정말 재미있다"라고 말해준 것은 무척이나 기쁜 일이었다.

다행히 『철학의 현재』는 많이 읽혀 베스트셀러가 되었다. 내가 아는 사람이 우연히 『철학의 현재』를 들고 읽기 시작했는데 "굉장히 어려웠다"라고 솔직하게 고백한 일이 생각난다. 이 신서 이후로 나카무라 씨의 저작은 근본적으로 변했다. 그리고 그는 독자적인 세계를 차례차례 개척해나갔다.

프랑크푸르트 커넥션

국제적 수준에 직면하다

1977년 황판 신서의 출발을 돕고 나서 가을 인사이동 때 단행본 편집부로 옮겨갔다. 다음 장부터는 거기서 한 일의 내용에 대해 자세하게 이야기할 생각인데, 그 전에 그 해 가을 처음으로 프랑크푸르트국제도서전에 참가한 일을 먼저 이야기하고자 한다. 왜냐하면 여기서 처음으로 출판의 국제적 수준에 직면하고 나 자신의 편집활동에 대해 반성했기 때문이다.

이와나미쇼텐에서는 상당히 오래 전부터 매년 프랑크푸르트국제도서전에 파견단을 보내고 있었다. 그러나 최근까지는 판권의 실질적 매매는 그렇게 많지 않았고 오히려 논공행상적인 의미가 강했던 것 같다. 예컨대 몇 년에 걸쳐 뭔가 커다란 작업을 완성한 경우라든가. 그러므로 대충 일주일 정도인 도서전 행사기간을 전후로 유럽 각지를 관광하는 식이었다. 또 당시는 외국에 나가는 것 자체가 아주 큰일이었기 때문에 출발 전에는 환송회를 열기도 했다. 내가 파견단의 일원으로 가게 된 것은 신서 출판을 시작하는 데 애를 썼다는 의미가 있었는지도 모른다.

어쨌든 임원인 단장, 섭외과의 판권담당자, 자연과학 편집부원, 미술서(특히 국제공동출판) 편집부원, 그리고 인문·사회과학을 담당하는 나, 이렇게 다섯 명의 멤버로 파견단이 편성되어 유럽으로 떠났다. 프랑크푸르트의 전시장에서는 부스를 빌려 자기 출판사의 책들을 전시한다. 처음 시작했을 때는 지금처럼 유럽·아시아·미국 등 지역별로 나뉘어 있지 않았고 참가국이 알파벳순으로 부스를 빌려 책들을 전시했다. 일본 옆에는 이스라엘의 출판사였다. 이스라엘 코너에는 자동소총의 방아쇠를 걸고 있는 병사가 항상 경비를 서고 있었다. 테러에 대비하고 있었던 것이다.

자연과학서, 그것도 수학이나 물리학 관계 도서의 판권을 문의하러 유럽과 미국, 그리고 러시아의 구매자가 전시장을 자주 찾았다. 왜냐하면 수학 같은 경우 수식이 있으면 기본적인 것을 알 수 있으므로 일본어를 자기 나라 말로 번역하는 것이 그다지 어렵지 않았기 때문이다. 그러나 인문·사회과학 계열에서는 근대경제학이 가끔 후보에 오르는 정도였고, 실제로 판권이 팔리는 일은 거의 없었다. 그러므로 나는 재미있을 것 같은 여러 외국 출판사의 부스를 보러 돌아다녔고, 마음이 가는 책에는 '옵션'이라 불리는 이른바 판권을 사기 위한 계약에 해당하는 절차를 그 출판사에 신청했다.

처음으로 간 1977년에는 압도적으로 유럽과 미국의 수준이 높아서 모두 계약하고 싶은 책뿐이라는 느낌이었다. 다음 장에서 이야기할 '현대선서'에는 이렇게 해서 판권을 구입한 책을 번역한 것이 많았다.

나에게 국제도서전의 첫 번째 체험은 매우 자극적인 것이었다. 유럽과 미국의 수많은 출판사의 편집자나 판권담당자와 서로 알게 되기도 했다. 그리고 그것 이상으로 의미가 컸던 것은 어렴풋하나마 인문·사회과학의 큰 경향을 이해할 수 있을 것 같았던 점이다. 도쿄에서 서양서점의 책장이나 외국의 서평지에서 얻는 정보 이상으로 거기에는 살아 있는 정보가 충만해 있었다. 그런 의미에서 육체적으로는 엄청나게 피곤했지만 나는 이 도서전에 참가하여 굉장히 흥분했던 일을 지금도 생생하게 기억하고 있다.

그 후 퇴직할 때까지 열 번 넘게 프랑크푸르트에 갔는데, 1980년대 중반 무렵부터 급속히 구미와 일본의 문화적 수위가 근접했다는 느낌이 들었다. 그 무렵부터 일본의 인문·사회과학계의 움직임은 유럽이나 미국의 움직임과 크게 다르지 않게 되었다. 그에 따라 언어의 장벽은 여전했지만 인문·사회과학 계열의 판권도 팔리는 쪽으로 변하고 있었다.

한 예를 들자면, 어느 날 옥스퍼드대학출판부의 편집자가 우리 부스에 나타났다. 그는 일본의 근대경제학자의 동정을 잘 알고 있었는데, 도쿄대학 경제학부의 어느 조교에 대한 정보를 요구했다. 그때 나는 **적**은 이런 데까지 조사하고 있구나 하고 경탄했던 일을 잊을 수가 없다.

"다음에는 스탠퍼드에서 만납시다"

그 사이에 유럽이나 미국 출판사의 친구들도 많이 생겼다. 그중에 여기서 꼭 이야기하고 싶은 사람이 한 사람 있다. 바로 미국 스탠퍼드대학출판부의 그랜트 반스(Grant Barnes) 씨다. 스탠퍼드대학출판부는 아시아 관계의 출판으로도 알려져 있는 질 높은 출판사다. 그렇지만 규모는 크지 않고 하버드나 시카고의 대학출판부에 비하면 약소한 편에 속하는지도 모른다. 실제로 스탠퍼드대학출판부는 부스를 설치하지 않았다. 출판회의 디렉터인 반스 씨 자신이 도서전시장을 돌아다니며 판권을 취득하고 있었다.

어느 날 저녁 회장도 슬슬 문을 닫으려는 무렵 반스 씨가 우리 부스에 나타났다. 그는 비어 있는 의자에 털썩 주저앉더니 "마실 거라도 좀 주겠소?" 하는 것이었다. 마침 하루의 일을 끝내고 한숨 놓고 있었으므로 모두들 맥주를 마시려던 참이었다. 그래서 맥주를 내놓자 그는 단숨에 들이켰다. 그리고 서서히 나를 상대로 잡담을 늘어놓기 시작했다.

반스 씨는 일본의 사정에도 밝았고, 특히 일본영화에 강한 흥미를 가지고 있는 것 같았다. 그래서 우연히 내가 알고 있던 스탠퍼드대학출판부의 최신간 일본영화론인 『Distant Observer』에 대한 이야기를 했더니 "당신이 어떻게 그걸 알고 있소?"라며 놀랐고 우리 두 사람 사이는 단숨에 가까워졌다.

헤어질 때 그는 "다음에는 스탠퍼드로 오시오. 그럼 내 비행기에 태워줄 테니"라고 말했다. 그래서 이번에는 내가 깜짝 놀랐다. 자가용 비행기를 가지고 있다는 것이다. 그 이후 그가 죽을 때까지 20년 가까이 교우가 계속되었다.

1991년 나는 미국 국무성의 초대로 미국 각지를 방문할 기회가 있었는데, 그때 각 대학의 출판부를 찾아다녔고 스탠퍼드에도 갔다. 반스 씨는 자가용 비행기에 태워주지는 않았지만 환대해주었다. 출판사 구석구석, 창고 안까지도 안내해주었다. 점심식사에 초대받았는데 그때 나온 최상의 캘리포니아 와인 맛은 각별했다.

세기가 바뀌고 조금 지난 후 프랑크푸르트에서 캘리포니아대학출판부의 댄 딕슨 씨로부터 반스 씨가 죽었다는 이야기를 들었다. 늘 쾌활하기만 하던 댄은 "반스 씨는 저의 아버지 같은 분이셨습니다. 저를 캘리포니아로 불러준 사람도 그분이었습니다"라고 몹시 쓸쓸하게 말했다. 아침부터 저녁까지 30분 간격으로 있는 약속에 쫓기고 밤에는 관계 깊은 외국 출판사와 회식을 했던, 긴장감으로 가득 찬 전시장을 생각할 때마다 반스 씨의 웃는 얼굴이 되살아났다.

두 명의 영국 역사가

처음으로 국제도서전에 참가하기로 결정되었을 때 나는 전시회가 끝나고 좀 실속 있는 '관광여행'을 하고 싶었다. 그래서 이전부터 관심을 갖고 있던 두 명의 영국 역사가를 만날 준비를 해두었다. 한 명은 젊은 날의 피터 버크(Peter Burke, 1937~) 씨고, 또 한 명은 이미 명성을 떨치고 있던 노먼 콘(Norman Rufus Colin Cohn, 1915~) 씨였다. 버크 씨의 『베니스와 암스테르담』이라는 책에 흥미를 느낀 나는 당시 서섹스(Sussex)대학에서 강의하고 있던 버크 씨에게 편지를 썼다. 그 편지에 이런 말로 시작하는 답장이 왔다.

당신한테서 편지를 받은 것은 즐겁고 놀라운 일이었습니다. 물론 저의 책이 일본어로 간행된다는 것은 대단히 기쁜 일입니다. 『베니스와 암스테르담』이라는 책에서는 두 도시를 일본의 사카이

(堺)·오사카와 비교할 생각이었습니다. 그러나 그 도시들에 대한 구미의 여러 언어로 된 문헌이 충분하지 않아서 실현하지는 못했습니다.

해수욕장으로 유명한 브라이튼(Brighton) 교외에 있는 서섹스대학의 연구실로 버크 씨를 찾아갔더니 마치 대학원생처럼 보이는 그가 있었다. 그는 당시 떠들썩했던 프랑스 사상에도 관심을 가지고 있어서 이야기는 활기를 띠었다. 영국 국내의 이야기로 접어들자 홉스봄(Eric John Ernst Hobsbawm)에 대한 이야기가 나왔는데, 버크 씨는 홉스봄을 가리켜 "훌륭한 역사가이긴 하지만 책을 너무 많이 씁니다"라고 했다. 그때는 이 청년이 나중에 영국 역사학계에서 홉스봄 같은 위치를 차지게 될 것이라고는 생각도 하지 못했다. 나중에 이와나미쇼텐에서 『이탈리아 르네상스의 문화와 사회』(イタリア・ルネサンスの文化と社會, 1992) 등 그의 책을 번역해서 내기도 했다.

노먼 콘 씨는 이미 『천년왕국의 추구─중세의 혁명적 천년왕국주의자들과 신비주의적 무정부주의자들』(*The pursuit of the millennium: revolutionary millenarians and mystical anarchists of the Middle Ages*, 千年王國の追求─中世における革命的千年王國主義者たちと神秘主義的無政府主義者たち, 1961)이나 『대량학살의 근거─유대인 세계제패 음모신화와 시온의 형제단 의정서』(*Warrant for genocide*, 大量虐殺の根據─ユダヤ人世界制覇陰謀神話, 1967) 등의 저작으로 알려진 역사가였다. 콘 씨는 런던 교외의 연립주택 같은 그의 집으로 찾아간 나를 환대해주었다. 당시 그의 관심은 나

치즘을 역사적으로 해명하는 것이었다. 이와나미쇼텐에서는 나중에 노먼 콘 씨의 『마녀사냥의 사회사—유럽 내의 악령』(*Europe's inner demons*, 1975, 魔女狩りの社會史—ヨーロッパの內なる惡靈, 山本通譯, 1983)을 간행하기도 했다.

프랑크푸르트국제도서전에서 여러 외국의 출판인들과 만날 뿐만 아니라 뛰어난 연구자를 만나 이야기를 듣는 것은 아주 좋은 공부가 되었다. 그들은 자기 저작의 판권을 팔기 위해 전시장에 와 있었다. 자신의 사상 때문에 정치적 망명을 강요받고 있는 연구자들은 불안정한 생활을 조금이라도 확실한 것으로 하기 위해 필사적으로 판권 교섭에 임하지 않으면 안 되었다. 그 한 예가 종속이론으로 알려진 안드레 군더 프랑크(Andre Gunder Frank, 1929~2005) 씨다. 그와는 여러 차례 만났다. 그의 책 『자본주의와 라틴아메리카—룸펜 부르주아와 룸펜적 발전』(*Lumpen-bourgeoisie and lumpen-development*, 世界資本主義とラテン・アメリカ—ルンペン・ブルジョーワジーとルンペン的發展)은 니시카와 준(西川潤) 씨의 번역으로 1978년에 간행되었다.

또한 압델말렉(Anouar Abdel-Malek, 1924) 씨도 있었다. 그의 저작 『민족과 혁명』(*La dialectique sociale*, 民族と革命)과 『사회의 변증법』(*La dialectique sociale*, 社會の辨證法)은 모두 구마다 도루(熊田亨) 씨의 번역으로 1977년에 간행했다. 압델말렉 씨는 최근까지 매년 크리스마스카드를 보내주었다.

영국 폴리티출판사와의 교류

그런데 이 두 가지 일을 겸한 형태로 실현된 재미있는 경우가 있어서 소개한다. 1980년대 후반의 일이라고 생각하는데, 나중에 쓰겠지만 영국의 출판계에 돌연히 나타나 왕성한 출판활동을 했던 하비스트출판사(Harvest Press)가 다시 갑자기 모습을 감추게 된다. 의욕적인 활동을 해온 출판사가 없어지는 것은 매우 유감스러운 일이다. 그러나 하비스트출판사를 대신하여 훌륭한 출판활동을 하는 신흥 출판사가 나타났다. 폴리티출판사(Polity Press)였다. 사회과학 계통의 흥미로운 책을 잇따라 냈기 때문에 그쪽 사람과 한번 꼭 만나고 싶었다. 그런데 이 출판사는 아직 프랑크푸르트에 부스를 갖지 못했다. 스탠퍼드대학출판부의 반스 씨처럼 대표자 한 사람이 전시장을 돌아다니며 눈에 띄는 책을 찾는 식이었다.

나는 어떤 에이전트의 힘을 빌려 그 출판사 사람과 만날 수 있었다. 존 톰슨이라는 젊은이로 사회학자였다. 옥스퍼드대학의 강사인가 뭐라고 했다. 그가 내게 "혹시 괜찮다면 전시회가 끝난 후에 옥스퍼드에 있는 우리 출판사를 찾아주지 않겠습니까?"라고 물었기 때문에 찾아갔다. 이런저런 이야기를 하는 중에 그 출판사의 공동경영자가 앤서니 기든스(Anthony Giddens, 1938~) 씨라는 것을 알게 되었다. 기든스는 당시까지만 해도 그다지 유명하지 않았지만 몇 년 후에는 중요한 사회학 교과서를 쓰기도 했는데, 무엇보다도 '제3의 길' 제창자로서 세계적으로 알려지게 되는 사회학자다.

그 이후 폴리티출판사와는 교류가 계속되었는데 존 톰슨 씨를 처음으로 만나고 나서 10년이 지나 도쿄에서 앤서니 기든스 씨와 만나게 되었다. 지금은 고인이 된 경제학자 모리시마 미치오(森嶋通夫) 씨가 나한테 편지를 보내, 친구인 기든스 씨가 LSE(London School of Economies)의 동료와 함께 일본에 가니까 한번 만나보면 어떻겠느냐고 말해주었기 때문이다. LSE와 관계가 깊은 역사학자 스기야마 신야(杉山伸也) 씨나 사회학자인 오사와 마사치(大澤眞幸) 씨 등과 함께였다.

2002년의 일인데 나는 기든스 씨를 점심식사에 초대했다. 그때 존 톰슨 씨 이야기를 했더니 기든스 씨는 "그 사람한테 말씀 많이 들었습니다"라고 했다. 그리고 폴리티출판사의 경영을 유지하고 있는 것은 기든스 씨의 사회학 교과서가 지금까지 수십만 부나 팔렸고, 매년 수만 부씩 더 팔리기 때문이라고 했다.

4. 지적 모험의 바다로

"나카무라 씨의 『공통감각론』은 광범위한 사람들에게 커다란 영향을 주었다. 가치관이 크게 변동하는 시대여서 새로운 '지'에 대한 욕구가 높아지고 있었던 것이다. 나카무라 씨의 '공통감각'은 그런 새로운 '지'의 전제를 이루는 것이었다. 다시 말해 새로운 지는 이성만이 아니라 이른바 오감의 작용도 포함하는 것으로 생각된 것이다."
....

'현대선서'와 '총서·문화의 현재'

단행본 편집부로

단행본 편집부로 옮기고 나서 처음으로 한 일은 관례에 따라 선배의 기획을 돕는 일이었다. 『프톨레마이오스 세계지도—대항해시대에 대한 서장』(*Clavdii Ptolemaei Cosmographia: tabvlae*, プトレマイオス世界圖—大航海時代への序章, 랠리오 파가니 해설)이라는 책의 국제공동출판이다. 서문은 이탈리아어였으므로 번역을 히토쓰바시대학의 지리학자 다케우치 게이이치(竹內啓一) 씨에게 부탁했다. 일본판 해설은 교토대학의 오다 다케오(織田武雄) 씨를 비롯해 다카하시 다다시(高橋正)·후나코시 아키오(船越昭生)·마스다 요시오 씨에게 맡겼다. 오다 씨는 지리학의 대가였는데, 언어의 사소한 부분에서 교토대학 문학부의 빛나는 전통을 체현하고 있는 분이라고 생각되었고 그 점이 흥미로웠다. 이와나미쇼텐에서는 '대항해시대총서'라는 커다란 기획을 진행하고 있었기 때문에 그 흐름 위에서 결정된 기획이었다.

이 한 권(이라고 해도 도판 위주인 큰 책이었다)을 만드는 걸 도운 뒤에는 곧바로 직접 기획을 해야 했다. 먼저 야마구치 마사오 씨의 『지의 원근법』(知の遠近法)을 1978년 4월에 간행했다. 『문화의 양의성』(文化の兩義性, 哲學叢書, 1975) 등에 의해 야마구치 씨의 개념은 널리 수용되어 있었지만 『지의 원근법』에서는 더욱 구체적으로 다양한 문화현상을 종횡무진 분석해내어 높은 평가를 받았다. 그의 활약은 논단 이외에 각종 미디어에서도 다루어져 일약 시대의 총아가 된 느낌이었다. 그 이후 야마구치 씨를 중심으로 한 지적 세계가 화려하게 전개되는데, 그것은 차츰 이야기해나가기로 한다.

또한 이 해에는 H. G. 벡(Hans Georg Beck)의 『비잔틴 세계의 사고구조—문학 창조의 근저에 있는 것』(ビザンツ世界の思考構造—文學創造の根底にあるもの, 渡辺金一編譯)을 편집했다. 번역자 와타나베 긴이치 씨는 1968년에 대저 『비잔틴 사회경제사 연구』(ビザンツ社會經濟史研究)를 낸 비잔틴학의 권위자인 만큼 비잔틴에 관한 다양한 지식을 가르쳐주었다. 예컨대 비잔틴 연구의 국제적인 거점 중의 하나가 소련이라는 것. 그것은 러시아정교와의 관련뿐만 아니라 지정학적으로 소련에서는 비잔틴 지역에 대한 관심이 높았기 때문이라는 것이었다. 벡 씨는 국제적으로 알려진 비잔틴 학자였는데, 나는 그가 일본에 왔을 때 그와 만날 기회가 있었다. 그는 "저도 옛날에 편집자를 한 적이 있습니다"라고 친근하게 말해주었다.

단행본 편집부로 옮기고 나서 곧바로 몰두한 기획은 '이와나미현대선서'라는 시리즈였다. 그것을 출발시키고 2년 후 '총서·문화의 현재'(1980~82)를, 이듬해에는 '20세기 사상가문고'라는 새로운 시리즈를, 그리고 1983년부터 '강좌·정신과학'을 간행하기 시작했다. 지금 와서 생각해보면 용케 이런 일을 계속해왔구나 싶어 놀랍기도 하지만, 그때는 나 자신도 아직 젊어 지적 호기심으로 가득 찬 시대였던 것이다. 아울러 내는 책 모두 많이 읽히고 많이 팔렸기 때문에 편집자로서는 최고의 시대가 아니었나 싶다. 앞으로 순서에 따라 적기로 한다.

비축되어 있던 기획

현대선서를 준비할 때 참고로 한 것은 1951년에 창간된 '이와나미현대총서'였다. 전후가 되자 그때까지 억압되어 있던 자유로운 학문에 대한 희구가 해방되어 사회과학을 비롯하여 질 높은 책이 요구되었다. 쾰러(Wolfgang Köhler, 1887~1967)의 『심리학에서의 역학설』(*Dynamics in psychology*, 心理學における力學說), 스위지(Paul Marlor Sweezy)의 『사회주의』(*Socialism*, 社會主義), 힉스(John Richard Hicks, 1904~89)의 『경기순환론』(*A contribution to the theory of the trade cycle*, 景氣循環論), 이렇게 세 권으로 출발한 이 총서는 1960년대 초까지 계속되어 문학작품을 포함한 수많은 명저를 세상에 내놓았다. 우리가 학생이던 시절에는 교과서와 같았던 '이와나미전서(全書)'와 함께 이 총서를 닥치는 대로 읽었다.

나는 이 총서를 참고하면서 현 시점에서 기획을 생각한다면 어떤 목록을 생각할 수 있을지, 단행본 편집부원 각자에게 리스트를 제출하도록 했다. 순식간에 수십 권의 후보도서 목록이 모였다. 불과 두세 명이기는 했으나 양식이 있는 편집부원들에게는 이러한 자리를 빌려 기획을 실현시키고 싶은 책이 많이 비축되어 있었던 것 같았다. 그 정도라면 될 것 같아 당장 시작하기로 했다. 나중에 이 선서에 대해 "기호론과 현대 사회주의론 시리즈"라는 비판이 나왔지만 시작할 때의 도서목록을 본다면 좀 더 폭넓은 분야를 시야에 넣었다는 것을 알 수 있을 것이다.

- 오에 겐자부로, 『소설의 방법』(小說の方法)
- J. 졸(James Joll), 『그람시』(*Gramsci*, グラムシ, 河合秀和譯)
- R. P. 도어(Ronald Philip Dore), 『학력사회―새로운 문명병』(*The diploma disease: education, qualification and development*, 學歷社會―新しい文明病, 松居弘道譯)
- 다니우치 유즈루(溪內謙), 『현대 사회주의에 대한 성찰』(現代社會主義の省察)
- R. 스튜어트(Roderick Stewart), 『의사 베쑨의 일생』(*Bethune*, 醫師ベチューンの一生, 阪谷芳直)
- E. 윌리엄스(Eric Eustace Williams), 『콜럼부스에서 카스트로까지 I―카리브해역사, 1492~1969』(*From Columbus to Castro: the history of the Caribbean 1492~1969*, コロンブスからカストロまで I―カリブ海域史, 一四九二~一九六九, 川北稔譯)

현대선서는 이 여섯 권의 책으로 출발했다. 1978년 5월의 일이다. 이 가운데 첫 세 권을 내가 편집했다.

획기적인 두 권의 책

이어서 그 해 안에 내가 편집한 현대선서의 도서목록은 다음과 같다.

- A. 스토(Anthony Storr), 『융』(*C. G. Jung*, ユング, 河合隼雄譯)
- 다키우라 시즈오, 『언어와 신체』(言語と身體)
- J. 컬러(Jonathan Culler), 『소쉬르』(*Saussure*, ソシュール, 川本茂雄譯)
- 다나카 가쓰히코, 『언어로 본 민족과 국가』(言語からみた民族と國家)
- V. S. 나이폴(Vidiadhar Surajprasad Naipaul), 『인도―상처 받은 문명』(*India: a wounded civilization*, インド―傷ついた文明, 工藤昭雄譯)
- K. 포퍼(Karl Raimund Popper), 『끝없는 탐구―지적 자전』(*Unended quest: an intellectual autobiography*, 果てしなき探究―知的自傳, 森博譯)
- J. A. 트레비식(James Anthony Trevithick), 『인플레이션―현대경제학에 대한 도전』(*Inflation: A guide to the crisis in economics*, インフレーション―現代經濟學への挑戰, 堀內昭義譯)
- J. 블랙킹(John Blacking), 『인간의 음악성』(*How musical is man?*, 人間の音樂性, 德丸吉彦譯)

지금 와서 보면 상당히 쟁쟁한 분들에게 집필과 번역을 부탁한 것 같은데, 이것도 사반세기 전이었으니 가능했을 것이다. 나는 이 분들로부터 굉장히 많은 것을 배웠는데, 여기서 그 이야기는 생략할 수밖에 없다. 다만 오에 겐자부로 씨와 다나카 가쓰히코 씨에 대해서는 간단히 언급하고자 한다.

오에 씨의 『소설의 방법』은 획기적인 책이었다. 그는 바흐친의 생각이나 러시아 형식주의의 방법, 그리고 최근에 눈부시게 전개되는 기호론 등의 연구 성과를 바탕으로 설득력 있는 문학이론을 제창했다. 그 중심적인 개념인 '그로테스크 리얼리즘'은 당대에 커다란 영향력을 가졌던 것 같다.

오에 씨는 이론을 제창하는 데 그치지 않고 자신의 작품으로 그것을 실증적으로 보여주었는데, 그것이 『현대전기집』(現代傳奇集, 現代選書, 1980)이라고 생각한다. 현대선서의 성공을 위해 이렇게까지 진력해준 오에 씨에게 다시 한 번 감사드린다. 그리고 '총서·문화의 현재'에서도, 잡지 『헤르메스』에서도 그의 활약은 그치지 않았다. 그 일들에 대해서는 곧 자세하게 이야기할 기회가 있을 것이다.

다나카 가쓰히코 씨에 대해서는 나중에 다시 이야기할 기회가 있겠지만, 『언어로 본 민족과 국가』는 그의 기본적인 태도를 대단히 명료하게 보여준 책이라고 생각하므로 약간 이야기하고 넘어가고자 한다. 오늘날에는 지극히 당연한 일이겠지만 민족이나 국가를 논할 때 언어가 얼마나 중요한 위치를 차지하는지, 또 언어를 통해 보면 민족이나 국가를 어떻게 이해할 수 있는지를 다나카 씨는 이 저작으로 밝혀주었다.

이 저작이 정치학자나 사회학자에게 준 영향은 상상 이상으로 컸던 듯하다. 당시는 세계 각지의 민족분쟁이나 내전이 이렇게까지 격

화되기 이전이었지만 다나카 씨의 인식에는 그런 일들이 열거되는 경우가 많았다. 이러한 견해에서 보면 저 악명 높은 스탈린도 그의 언어이론에 관한 한 평가가 약간 달라지지 않을까 한다는 다나카 씨의 의견에는 수긍하지 않을 수 없었다. 훨씬 나중에야 다나카 씨는 이와나미현대선서로 『'스탈린 언어학' 정독』('スターリン言語學'精讀, 2000)을 간행했다.

이 해에는 『알랭, 여러 예술의 체계』(Systéme des beaux-arts, アラン諸藝術の體系, 桑原武夫譯)의 신판(구판은 『알랭 예술론집』アラン藝術論集, 1941)도 냈는데, 구와바라 씨에 대해서는 너무나 많은 에피소드가 있다. 그것들은 재미있는 만큼 문제의 소지도 적지않으므로 여기서 말하는 것은 삼가려고 한다.

새로운 '지'의 전제

이듬해인 1979년 내가 편집한 현대선서는 다음과 같다.

- Yu. 로트만(Yuri M. Lotman), 『문학과 문화기호론』(文學と文化記號論, 磯谷孝編譯)
- 나카무라 유지로, 『공통감각론—지의 재편을 위해』(共通感覺論—知の組みかえのために)
- D. R. 그리핀(Donald Redfield Griffin), 『동물에게 마음이 있을까—심적 체험의 진화적 연속성』(The question of animal awareness: evolutionary continuity of mental experience, 動物に心があるか—心的體驗の進化的連續性, 桑原万

壽太郞譯)[現代選書NS版]

- J. 하버마스(Jurgen Habermas), 『만기 자본주의에서 정통화의 문제』(*Legitimationsprobleme im Spätkapitalismus*, 晚期資本主義における正統化の問題, 細谷貞雄譯)
- 마지시 쿠네네, 『위대한 제왕 샤카』 I·II(*Emperor Shaka the Great*, 偉大なる帝王シャカ I·II, 土屋哲譯)
- 후안 룰포(Juan Rulfo), 『뻬드로 빠라모』(*Pedro Páramo*, ペドロ・パラモ, 杉山晃・増田義郎譯)
- C. 블래커(Carmen Blacker), 『가래나무 활―일본에서의 샤먼적 행위』(*The catalpa bow: a study of shamanistic practices in Japan*, あずさ弓―日本におけるシャーマン的行爲, 秋山さと子譯)
- J. 패스모어(John Arthur Passmore), 『자연에 대한 인간의 책임』(*Man's responsibility for nature: ecological problems and western traditions*, 自然に對する人間の責任, 間瀨啓允譯)

여기서는 나카무라 유지로·아키야마 사토코·마세 히로마사(間瀨啓允) 씨에 대해 이야기하기로 하자.

나카무라 씨의 『공통감각론』은 철학에 관계된 사람들만이 아니라 광범위한 사람들에게 커다란 영향을 주었다. 가치관이 크게 변동하는 시대여서 새로운 '지'에 대한 욕구가 높아지고 있었던 것이다. 나카무라 씨의 '공통감각'은 그런 새로운 '지'의 전제를 이루는 것이었다. 다시 말해 새로운 지는 이성만이 아니라 이른바 오감의 작용도 포함하는 것으로 생각된 것이다. 연극을 비롯한 여러 예술에 관한 나카무라 씨의 해박한 지식이 효력을 발휘한 것이었다.

이것은 야마구치 마사오 씨에게도 해당하는 이야기다. 야마구치 씨의 기호론적 분석을 설득력 있고 매력적인 것으로 완성한 것은 역시 학문과 예술에 걸쳐 있는 폭넓은 그의 식견이었다. 마찬가지로 앞에서 말한 오에 겐자부로 씨의 『소설의 방법』도 나카무라·야마구치 씨와 근저에서 통하는 하나의 구체적인 예라고 볼 수 있을 것이다. 그리고 이러한 것들과 더불어 오에 겐자부로·나카무라 유지로·야마구치 마사오 씨를 중심으로 하는 공동작업으로 전개된 것이 '총서·문화의 현재'였다.

샤먼적 번역자

아키야마 사토코 씨가 텔레비전 방송국에서 프로듀서 같은 일을 했다는 이야기를 들은 적이 있다. 아키야마 씨는 그 후 스위스의 융 연구소에서 공부하고, 일본으로 돌아온 뒤에는 심리요법 일을 계속했다. 글을 잘 썼고 번역도 능숙한 사람이었다. 그리고 잇따라 저작을 발표했다. 그러므로 얼마 뒤에는 저절로 수많은 아키야마 씨의 팬이 생겨났다.

영국의 사회인류학자 블래커 여사의 『가래나무 활』은 명저라고 할 만한 책이었다. 그러나 샤머니즘에 대한 연구서인 이 책은 일본에서 아무나 번역할 수 있는 책이 아닌 것 같았다. 블래커 씨와 면식이 있다는 아키야마 씨에게 번역을 부탁한 것은 옳은 결정이었다. 그 자신이 도쿄의 유명한 선종(禪宗)의 절에서 태어난 아키야마 씨는 어렸을 때부터 다양한 종교 체험을 해왔다고 한다. 더불어 성인

이 되고 나서는 국내외의 종교학회 등에서 다방면에 걸친 지식을 흡수해왔기 때문에 번역을 하기에 적역이라고 할 수 있었다.

가끔 와세다(早稻田)의 와카마쓰마치에 있는 아키야마 씨 댁으로 놀러가 마르틴 부버(Martin Buber, 1878~1965)의 웃는 얼굴에 대한 이야기나 게르숌 숄렘(Gershom Scholem)의 소식 등을 들었다. 그러나 아키야마 씨 자신이 샤먼적 요소를 가지고 있는 듯해서 나는 어느 정도 이상으로 친해지는 것을 멀리했던 것 같다. 나중에 알게 된 일이지만 나의 사촌이며 시인이자 번역가인 야가와 스미코(矢川澄子, 1930~2002)가 아키야마 씨와 친한 친구였다.

마세 히로마사 씨는 윤리학 연구자였는데, 추상적인 윤리 연구만이 아니라 자연이나 환경 등 구체적인 현장에서 인간의 윤리적 존재 방식을 탐구하는 입장으로 일관하고 있었다. 『자연에 대한 인간의 책임』은 그 원리적 분석이라고 해도 좋은 책이었다. 마세 씨는 훨씬 나중에 시리즈 '현대의 종교'의 한 권으로 『에콜로지와 종교』(エコロジーと宗敎, 1996)라는 책을 냈는데, 입장이 한층 명료해지고 설득력도 풍부해져 있는 것을 알고 감탄한 적이 있다. 또한 1997년에는 존 힉(John Hick, 1922~)의 『종교가 만드는 무지개─종교 다원주의와 현대』(*The rainbow of faiths: critical dialogues on religious pluralism*, 宗敎がつくる虹─宗敎多元主義と現代)를 번역하기도 했다.

잠자는 시간이 아까워

1980년에 내가 편집한 현대선서는 다음과 같다.

- T. 이글턴(Terry Eagleton), 『문예비평과 이데올로기—마르크스주의 문학이론을 위해』(*Criticism and ideology*, 文藝批評とイデオロギ―マルクス主義文學理論のために, 高田康成譯)
- A. J. 아예르(Alfred Jules Ayer), 『러셀』(*Russell*, ラッセル, 吉田夏彦譯)
- U. 에코(Umberto Eco), 『기호론』 I · II(*A theory of semiotics*, 記號論 I · II, 池上嘉彦譯)
- 오에 겐자부로, 『현대전기집』(現代傳奇集)
- G. 슈타이너(George Steiner), 『하이데거』(*Heidegger*, ハイデガー, 生松敬三譯)
- P. 라비노(Paul Rabinow), 『이문화에 대한 이해—모로코의 필드 워크에서』(*Reflections on fieldwork in Morocco*, 異文化の理解—モロッコのフィールドワークから, 井上順孝譯)
- J. 에디(James Edie), 『언어와 의미—언어의 현상학』(*Speaking and meaning*, ことばと意味—言語の現象學, 瀧浦靜雄譯)
- M. A. 보덴(Margaret A. Boden), 『피아제』(*Piaget*, ピアジェ, 波多野完治譯)

이상 아홉 권의 현대선서를 편집했는데, 그 외에도 다음과 같은 단행본을 간행했다.

- N. S. 트루베츠코이(Nikolai Sergeevich Trubetskoi), 『음운론의 원리』(*Grundzuge der Phonologie*, 音韻論の原理, 長嶋善郎譯)

- 야마구치 마사오 편저, 『20세기의 지적 모험—야마구치 마사오 대담집』(二十世紀の知的冒險 山口昌男對談集)
- 마에다 요이치(前田陽一), 『파스칼 '팡세' 주해 제1』(パスカル 'パンセ'注解 第一)
- 후지사와 노리오, 『이데아와 세계—철학의 기본문제』(イデアと世界—哲學の基本問題)

이 가운데 트루베츠코이의 음운론은 언어학의 고전으로 알려져 있는 대작이다. 마에다 씨의 『팡세』 주해는 B5판이라는 큰 판형인데, 명실상부하게 세계에 알려진 명저다. 그리고 후지사와 씨의 『이데아와 세계』도 그의 주저 가운데 한 권이고 A5판의 400페이지에 달하는 본격적인 학술서다.

이 해에는 이것만으로 끝나지 않았다. '총서·문화의 현재'를 11월부터 간행하기 시작하여 그 해 안에 세 권을 간행했다. 이렇게 써놓고 보니, 역시 이상하다고 할 수밖에 없다. 잠잘 시간이 없었던 것이다. 그러나 괴롭다고 생각한 적은 한 번도 없었다. 오히려 무척이나 즐거워했던 것으로 기억하고 있다.

그러고보니 이 무렵 매주 토요일과 일요일은 항상 집에서 기획카드를 썼던 것 같다. 큰딸이 유치원에서 그린 '아빠' 그림은 늘 책을 읽거나 원고를 쓰는 모습이었다. 주중에는 통상의 편집 작업만으로도 벅찼으므로 기획을 위한 독서와 그 정리는 토요일이나 일요일에 할 수밖에 없었다.

이글턴・에코・슈타이너

어쨌든 이제 현대선서 가운데 몇 권에 대해 이야기하기로 하자. 우선 테리 이글턴에 대해서다. 좌파 문예비평가로 잘 알려진 이글턴의 책은 몇 권인가 번역되어 출판되었지만 『문예비평과 이데올로기』가 그 처음이었다. 『문학이란 무엇인가—현대 비평이론으로의 초대』(*Literary Theory, An Introduction*, 文學とは何か—現代批評理論, 大橋洋一譯, 1985)에 대해서는 곧 다룰 것이다. 또 잡지 『헤르메스』에 이글턴과 다카하시 야스나리(高橋康也, 1932~2002) 씨와의 대담을 실었는데, 이것도 나중에 자세히 이야기하기로 한다.

다음으로 움베르토 에코에 대해서다. 움베르토 에코는 나중에 소설 『장미의 이름』으로 일약 세계적인 명성을 떨치게 되지만 원래는 유럽 중세에 대한 연구자였다. 기호론 분야에서도 개척자적인 작업을 했으며 그 성과를 교과서식으로 정리한 것이 『기호론』이다. 따라서 단조롭고 재미는 없지만 마침 기호론 붐에 불을 붙이는 책이어서 생각보다 많이 읽혔다. 어느 현대음악 콘서트에 시인 다카하시 무쓰오(高橋睦郎) 씨가 이 책을 옆구리에 끼고 나타난 일도 있었다. 에코는 국제기호학회의 부회장으로 야마구치 마사오 씨와도 친했다.

슈타이너는 유대계 문예비평가로 이미 그의 책 몇 권이 일본어로 번역되었다. 나치의 유대인 학살에 대해 잊을 수 없는 글을 쓴 사람이기도 하다. 따라서 나치에 가담했다는 하이데거에 대해 쓴 이 조그만 책도 미묘한 뉘앙스가 풍기는 평전이었다. 이키마쓰 게이조 씨는 그 뉘앙스를 잘 살려 훌륭하게 번역해주었다. 또한 이 책을 포함하여 현대선서의 평전 대부분은 폰타나출판사(Fontana Press)의

'모던 마스터 시리즈'(Modern Master Series)에서 따온 것이다.

『피아제』도 그렇다. 이 책의 저자인 보덴은 영국의 신진 여성심리학자였다. "아주 우수한 사람이니까 금세 유명해질 것"이라고 말해 준 사람은 당시 영국 출판계에 혜성처럼 등장한 정치·경제·사회 관계의 출판사인 하비스트출판사의 존 스피어즈 씨였다.

하비스트출판사는 최근에 폴리티출판사가 그런 것처럼 문제의식을 선취한 책을 출판하고 또 날카로운 신진연구자들을 차례로 세상에 내보내고 있었다. 아울러 우노 고조 씨의 『경제원론』(經濟原論, 岩波全書, 1964)의 영역(英譯)을, 이토 마코토(伊藤誠) 씨나 세키네 도모히코(關根友彦) 씨 등의 노력으로 간행한 것도 그였다. 그래서 스피어즈 씨와는 프랑크푸르트국제도서전에서 자주 만났던 것이다. 마침 그가 일본을 찾았을 때 은밀히 털어놓기를, 보덴 여사는 바로 그의 아내라는 것이었다.

이 책의 번역은 원저자의 할아버지뻘인 하타노 간지 씨에게 부탁했다. 하타노 씨는 무척 활기차게 이런저런 이야기를 들려주었다. 하야시 다쓰오 씨와의 관계도 깊었다. 그 이야기의 일부는 앞에서 이미 말한 바 있다.

언어론에서 펼쳐지는 세계

여기서 단행본에 대해서도 이야기하기로 하자. 먼저 트루베츠코이의 『음운론의 원리』다. 번역은 나가시마 요시오 씨에게 부탁했다. 20세기 초두 러시아에서 야콥슨(Roman Jakobson, 1896~1982) 등에 의해 개척된 언어이론은 소쉬르(Ferdinand de Saussure,

1857~1913) 등의 작업과 아울러 이 세기 지적 세계의 골격을 이루었다. 구조주의·기호론·시학 등에 준 영향은 헤아릴 수 없을 것이다. 그러므로 트루베츠코이의 책도 그런 맥락 속에 위치한 출판이었다.

나중에 소쉬르나 야콥슨 등의 번역이나 연구서를 다루게 되는데, 예전 '강좌·철학'에 『언어』를 넣고 싶다고 생각한 것도, 당시에는 명확한 윤곽이 그려지지 않았다고 해도 이제 와서 생각해보면 그런 배경이 있었던 것 같다. 그리고 1970년대 후반이라고 생각되는데, 나는 그 무렵에 열린 '동유럽기호학회' 등에도 가끔 참가하여 정보를 얻기도 했다.

다음으로 야마구치 마사오 씨의 『20세기의 지적 모험―야마구치 마사오 대담집』에 대해서다. 이 책의 장정에는 에이젠슈테인(Sergei M. Eisenshtein, 1898~1948)이 멕시코에서 그린 데생을 썼다. 투우사가 소의 등에 칼을 꽂는 순간을, 하늘과 땅을 거꾸로 한 십자가 위에 그린 참으로 대담한 구도의 데생이었다. 이것은 내가 골랐는데, 아무것도 두려워하지 않는 야마구치 씨의 지적인 활약상을 표현하는 데 적합하다고 생각했던 것이다.

부제로 달린 것처럼 이 책에는 야콥슨·실버만(Bernard S. Silberman, 1930~)·레비스트로스(Claude Lévi-Strauss, 1908~91)·미셸 드 세르토(Michell de Certeau)·얀 코트(Jan Kott, 1914~)·R. 포만(Richard Foreman)·옥타비오 파스(Octavio Paz, 1914~98)·알도 치콜리니(Aldo Ciccolini, 1925~)·리처드 쉐크너(Richard Schechner, 1934~)·바르가스 요사(Mario Vargas Llosa, 1936~)·슈타이너 등과 야마구치 씨와의 대담이 수록되어 있다. 음악·연극·문학·언어학·인류학·역사학 등에 걸쳐 종횡

무진 펼쳐지는 대담은 유럽이나 미국에만 그치지 않는, 다양하게 다른 문화와의 만남을 기록한 것이기도 했다.

2년 후에 간행되는 『지의 사냥꾼―속 20세기의 지적 모험』(知の狩人―續・二十世紀の知的冒險)에 등장하는 대담 상대의 목록을 덧붙이면 야마구치 씨의 관심 영역이 확대되어가는 것을 납득할 수 있겠지만, 그것은 다음 기회로 미루기로 한다.

암의 고통을 견디며

마지막으로 『파스칼의 '팡세' 주해 제1』에 대해서다. 마에다 요이치 씨의 파스칼 연구는 세계적으로 알려져 있다. 특히 마에다 씨는 '복독법'(複讀法)이라는 텍스트 독해법으로 『팡세』에서 파스칼의 사상적 전개를 훌륭하게 포착해냈다. 이 복독법을 실제로 책에 정착시킨 것이 이 대작이다.

우선 『팡세』의 원고를 조각조각 별도로 사진으로 찍어 내건다. 다음에는 그것을 활자로 인쇄하여 그 위에 굵은 선이나 점 등의 기호를 이용하여 오리지널 원고가 어떻게 최종 원고로 전개되어나갔는가 하는 과정을 더듬어가는 것이다. 인쇄기술의 관점에서도 이 책이 지니는 의미는 무척 컸다.

마에다 씨의 집을 방문해서 보니 서재의 책상 바로 뒤가 책장이었다. 거기에 『팡세』의 주해서가 수십 권이나 늘어서 있었다. 그는 원고를 쓰면서 필요에 따라 뒤를 돌아보지도 않고 뒤쪽 책장에서 휙 책을 뽑아냈다. 그 책들은 파스칼 시대 이후 수백 년 동안 간행된 주석서였다. 당시 그는 전립선암 수술을 받았는데 그 고통을 이겨내기 위해 이 책의 교정 일에 집중했다는 이야기를 나중에서야 마에다 씨에게 직접 들었다.

책이 간행된 직후 국제문화회관 이사장이었던 마에다 씨는 이 책 출판에 관계된 사람들을 회관으로 불러 점심식사를 대접했다. 그리고 몸소 와인을 골라 따라주었다. 그 와인은 생테밀리옹이었다. 마에다 씨는 "이 상표의 상품은 원래 생테밀리옹 수도원에서 만들어진 겁니다"라고 가르쳐주었는데, 와인의 맛은 각별했다. 나중에 생테밀리옹을 입에 댈 때마다 그때의 광경이 눈앞에 떠오르곤 했다. 유감스럽게도 주해작업은 그의 생전에 완결되지 못하고 나중에 제자의 손으로 완성되었다.

'예(例)의 모임'의 멤버

1970년대 후반 잡지 『세계』에서 '예의 모임'이라 칭하는 모임이 열렸다. 작가 이노우에 히사시·오에 겐자부로·시인 오오카 마코토(大岡信)·건축가 이소자키 아라타(磯崎新)·하라 히로시(原廣司)·작곡가 이치야나기 도시(一柳慧)·다케미쓰 도루(武滿徹)·연출가 스즈키 다다시(鈴木忠志)·영화감독 요시다 요시시게(吉田喜重), 그리고 시미즈 도루(清水徹)·다카하시 야스나리·도노 요시아키(東野芳明)·나카무라 유지로·야마구치 마사오·와타나베 모리아키(渡邊守章) 등 학자들이 멤버였다. 『세계』 편집부의 야마구치 가즈노부(山口一信) 씨가 사무국 역할을 했고 『세계』에서 문화 특집을 꾸리기도 했다. 야마구치 가즈노부 씨가 죽고 나서 도중에 내가 사무국 역할을 이어받았다.

1년에 몇 번인가는 멤버 누군가가 이야기를 하거나 퍼포먼스를 했다. 그리고 모두가 그것에 대해 논의를 하는 것이 통상의 모임이었다. 예컨대 오오카 마코토 씨가 '시 안의 색채'에 대해 말하고 야마구치 마사오 씨가 '속죄양'에 대해 이야기했다. 또 스즈키 다다시 씨가 와세다 소극장의 단원을 데리고 와 '스즈키 방법'을 알렸다. 큰 소리로 엔카(演歌)를 부르면서 두 사람이 한 조로 배우의 몸 만들기와 발성훈련을 하는 박력에는 모두들 압도당했다.

　오에 겐자부로 씨가 자신의 창작과정을 보여주었을 때는 멤버들 모두가 깜짝 놀랐다. 『동시대 게임』(同時代ゲーム)이었다고 생각하는데, 그는 첫 번째 원고가 어떻게 두 번째, 세 번째 그리고 최종 원고로 변해가는지를 밝혔다. 첫 번째 원고에서는 시가 나오야(志賀直哉, 1883~1971)를 닮은 문장이었는데 두 번째, 세 번째, 최종 원고가 되어감에 따라 오에 겐자부로 특유의 문장으로 완성되어갔다. 그 과정의 역동성에는 그 대단한 멤버들도 눈이 휘둥그레지지 않을 수 없었다.

　때로는 하라 히로시 씨의 자택을 볼 기회도 있었다. 마치다의 산 위에 있는 하라 씨의 자택은 집 안에 집이 있는 듯한 흥미로운 건축이었다. 그러고보니 하라 씨의 세계 탐험여행 이야기도 재미있었다. 자신의 연구실 사람들과 함께 랜드크루저(land cruiser)로 온 세계의 '건축'을 보며 돌아다닌 하라 씨, 그 하라 씨의 '건축'론은 발군이었고 자극적이었다.

　한번은 이노우에 히사시 씨가 잘 아는 아사쿠사의 스트리퍼를 불러와 둘이서 대담을 한다고 하여 모두들 기대하고 있었다. 그러나 당일이 되어 그녀가 이런 멤버들 앞에서는 무섭다며 모습을 감추어

버려 유감스럽게도 그 대담은 실현되지 못했다.

통상은 저녁을 먹으면서 이야기를 듣고 그 후에 논의를 하는 형식이었지만 모임이 끝나도 이야기는 끝나지 않고 장소를 옮겨 술을 마시면서 심야까지 이야기를 나누는 일도 흔히 있었다. 이러한 '예의 모임'에 대해 오에 겐자부로 씨는 나에게 다음과 같은 편지를 보낸 적이 있다.

'예의 모임'은 저의, 또는 몇 사람에게는 평생의 꽃으로서 언젠가 노년이 되면 아름다운 추억으로 떠오를 것이라고 생각합니다. 그건 그렇다 치고 판타 레이!

'판타 레이'는 '만물은 유전(流轉)한다'라는 뜻으로 헤라클레이토스의 말이다.

'총서 · 문화의 현재'의 구상

그러는 사이에 이런 모임만 계속해봤자 별 소용도 없으니, 뭔가 책으로 만들어보면 어떻겠느냐는 이야기가 나왔다. 그래서 오에 겐자부로 · 나카무라 유지로 · 야마구치 마사오 씨에게 편집대표를 맡게 했고 '예의 모임' 멤버가 편집위원이 되어 '총서 · 문화의 현재'(전13권)를 간행하기로 했다. 회사 내의 편집회의에서 나는 이 총서는 일본을 대표하는 예술가와 학자의 협동작업으로서 학문과 예술의 가교가 되어 새로운 문화의 존재방식을 탐색하려는 것이라고 설명을 한 기억이 있다.

최종적으로 세 명의 편집대표가 논의하여 전체 구성을 정했다. 그러나 그것을 위해서는 시안이 필요하기 때문에 야마구치 씨 집에서 그와 내가 맥주를 마시면서 이런저런 것들을 생각해본 적도 있었다.

'문화의 현재'라는 타이틀은 나카무라 씨의 신서 『철학의 현재』에서 영향을 받았던 것 같다. 그보다는 나카무라 씨와 다른 멤버들이 동일한 분위기 안에 있었다는 편이 옳을지도 모른다. 다음은 전체 구성이다.

1. 『언어와 세계』(言葉と世界)
2. 『신체의 우주성』(身體の宇宙性)
3. 『보이는 집과 보이지 않는 집』(見える家と見えない家)
4. 『중심과 주변』(中心と周縁)
5. 『노소의 축・남녀의 축』(老若の軸・男女の軸)
6. 『생과 사의 변증법』(生と死の辨證法)
7. 『시간을 탐험한다』(時間を探險する)
8. 『교환과 매개』(交換と媒介)
9. 『미의 재정의』(美の再定義)
10. 『책―세계의 은유』(書物―世界の隱喩)
11. 『즐거운 학문』(歡ばしき學問)
12. 『장치로서의 정치』(仕掛けとしての政治)
13. 『문화의 활성화』(文化の活性化)

'총서・문화의 현재'는 1980년 11월에 출발하여 1982년 7월에 완결했다. '문화의 현재' 편집부는 후배 O군과 나 둘뿐이었다. 나는 현대선서나 단행본도 내야 했으므로 무척 바빴다. 게다가 이 총서에는 편집위원 이외에 활동 중인 예술가·창작자가 다수 등장하고 있다. 예컨대 가라 주로(唐十郎)·시무라 후쿠미(志村ふくみ)·다니카와 슌타로(谷川俊太郎)·스기우라 고헤이(杉浦康平)·베쓰야쿠 미노루(別役實)·시미즈 구니오(淸水邦夫)·후노 슈지(布野修司)·하야시 교코(林京子)·안노 미쓰마사(安野光雅)·오니시 아카히토(大西赤人)·가가 오토히코(加賀乙彦)·우사미 게이지(宇佐美圭司)·기무라 쓰네히사(木村恒久)·다카마쓰 지로(高松次郎)·미야케 잇세이(三宅一生)·쓰쓰이 야스타카(筒井康隆)·데라야마 슈지(寺山修司)·도미오카 다에코(富岡多惠子)·와타나베 다케노부(渡邊武信) 씨 등이다. 이중에는 글을 쓰는 것이 서툰 사람도 있었다. 한편 학자도 다수 등장했는데 논문을 쓰는 것과 달리 오히려 진짜 실력이 문제시되기 때문에 그렇게 간단히 쓸 수 있는 것이 아니었다. 그래서 원고를 받는 데 상당히 고생한 일도 있었다.

O군은 '지필당주인'(遲筆堂主人)을 자처하는 이노우에 히사시 씨 집에서 며칠간이나 묵었으며 나도 스기우라 고헤이 씨에게 30매 정도의 원고를 받아내기 위해 몇 번이나 그의 집을 찾아갔다. 그러나 그 덕분에 스기우라 씨와 스기우라 부인과 무척 친해졌다. 스기우라 씨와의 일 관계는 그것뿐이었지만 오늘날에 이르기까지 교류는 계속하고 있다.

패션쇼를 하는 짬짬이

앞에서 든 예술가 중에서 인상에 남은 사람은 참 많지만 여기서는

미야케 잇세이 씨만 이야기하기로 한다. 미야케 씨는 '문화의 현재' 제9권 『미의 재정의』에 「전통을 살다」(傳統を生きる)라는 에세이를 썼다. 물론 미야케 씨는 잘 나가는 패션디자이너로서 국내외에서 열리는 패션쇼를 위해 쉬지 않고 일하고 있었다. 그런 상황이어서 원고를 받는다는 것은 애당초 무리였다. 그래서 내가 질문하고 미야케 씨가 답하는 것을 받아 적은 다음, 그것을 편집하여 하나의 에세이로 만들기로 했다. 이를테면 내가 인터뷰하고 편집하는 역할을 하는 것이었으나 그 기회는 좀처럼 찾아오지 않았다.

  3, 4개월 후에 인터뷰 일정을 잡았고, 그때까지 나는 미야케 잇세이 씨의 쇼를 될수록 많이 보며 질문거리를 찾았다. 그런 이유로 나는 분수에 맞지 않게 화려한 패션쇼장을 몇 번이나 찾았지만 생각보다 위화감은 적었다. 대학생 때 아르바이트로 패션쇼에서 시중드는 역할의 남자 모델로 나간 경험이 있었기 때문인지도 몰랐다. 나의 어머니는 양재학원을 경영하는 디자이너였기 때문이다.

  그러나 무엇보다도 미야케 씨의 작품 자체는 강력하고 이른바 '유행'이라는 차원을 넘어선 것이었다. 이 인터뷰에서 나는 그것을 '연극성'이라고 표현했는데, 그런 것이 있었기 때문에 나름대로 쇼를 즐길 수 있었다. 따라서 인터뷰도 충실한 것이었다고 생각한다.

  아카사카에 있는 미야케 씨의 사무실에서 이루어진 인터뷰는 조수들이 그의 의견을 듣기 거북해해서 자주 중단되었다. 때로는 거의 한 시간이나 기다린 적도 있었다. 그때 제공된 이탈리아 와인과 치즈가 맛있었던 기억이 난다. 미야케 씨 회사의 옷감공장이 있는 이탈리아 북부 근처의 소도시산(産) 와인이라고 했다. 그의 인터뷰가 게재된 『미의 재정의』가 간행된 후에도 2년 정도 그의 쇼에 초대되어 즐겁게 구경했다.

또 한 가지 '총서·문화의 현재'와 관련된 이야기를 하고자 한다. 제10권 『책─세계의 은유』에 시미즈 도루 씨가 쓴 「책의 형이하학과 형이상학」(書物の形而下學と形而上學)에 대해서다. 이 책을 내고 나서 20년 후인 2001년 시미즈 씨는 이 글을 중심으로 마침내 대작 『책에 대하여─그 형이하학과 형이상학』(書物について─その形而下學と形而上學)을 출간했다. 20년에 걸친 열성은 이 책을 내용이 풍부하고 향기로운 작품으로 만들어냈다. '요미우리문학상'(讀賣文學賞)을 받은 것도 당연한 일이었다.

얇은 종이함에 들어간 부드러운 표지의 이 총서는 이와나미 책으로서는 색다른 장정이었고 내용과 함께 독자에게 신선한 인상을 주었던 듯하다. 생각보다 잘 읽혔고 다른 출판사의 편집자로부터도 "재미있네요"라는 말을 많이 들었다. 편집위원을 포함하여 집필자 대부분은 즐기면서 써주었던 것 같다.

'히노코' 잔치

일을 하면서 '예의 모임'을 계속함과 동시에 1980년 전후부터는 또 야마구치 마사오 씨를 중심으로 신주쿠 니시구치(西口)의 바 '히노코'(火の子)에서 사적인 모임을 열었다. 이 모임은 나중에 '다이산카이'(ダイサン會)라고 불리게 되었다. 그 유래는 세 번째(第三: 다이산) 토요일 밤에 열리기 때문이라는 설도 있었지만 오쓰카(大塚)와 미우라(三浦)의 모임(大三: 다이산)이라는 것이 더 그럴 듯했다. 다시 말해 나와 미우라 마사시(三浦雅士) 씨가 불러모아 야마구치 마

사오 씨를 중심으로 모이는 모임이라는 것이다. 한 달에 한두 번 저녁 여덟 시쯤부터 한밤중까지 오로지 술을 마시고 이야기하는 모임이었다.

상시 멤버는 여성부터 들자면 가와키타 가즈코(川喜多和子: 당시 프랑스 영화사, 고인)·구리타 레이코(栗田玲子: Galleria Grafica)·나카무라 데루코(中村輝子: 교도통신사)·요시다 사다코(吉田貞子: 잡지 『사상의 과학』)·모리 가즈(森和: 출판사 진분쇼인) 등이고, 남성들은 이노우에 겐코(井上兼行: 문화인류학)·오노 요시에(小野好惠: 출판사 세이도샤, 고인)·다노쿠라 미노루(田之倉稔: 연극평론)·후지노 구니오(藤野邦夫: 출판사 쇼각칸)·야스하라 아키라(安原顯: 출판사 주오코론샤, 고인)·미우라 마사시(출판사 세이도샤), 그리고 나였다. 나중에 사카시타 히로아키(坂下裕明: 출판사 주오코론샤)도 멤버가 되었다. 때로는 가와모토 사부로(川本三郎)·아오키 다모쓰·고마쓰 가즈히코(小松和彦)·아사다 아키라(淺田彰: 아직 대학원생이었다) 씨, 그리고 오에 겐자부로나 다케미쓰 도루 씨 등이 가담할 때도 있었다. 야마구치 씨가 인도에서 도쿄외국어대학에 초빙했던 '비만'이라는 이름의 체격이 큰 연구자가 한때 자주 얼굴을 내밀기도 했다.

'히노코'에는 실로 다양한 사람들이 모였는데, 이 '다이산카이'는 특별히 북적거렸다. 심야까지 술을 마시고 논의하며 떠들기만 하는 모임이었지만 결과적으로 귀중한 정보 교환의 장이었다. 미우라 씨는 아직 글을 쓰기 시작하기 전의 일인데 나는 열 살 아래인 그와 본격적으로 논의를 하면 질지도 모른다고 생각했다(회사 내에서 그렇게 느끼는 사람은 드물었지만). 여성들도 활발해서 남성들은 그 에너지에 압도당했다.

그런 모습을 야마구치 씨는 빙긋빙긋 웃으면서 지켜보고 있었다. 생각건대 이 모임을 가장 즐기고 있었던 것은 야마구치 씨였을 것이다. 이야기 중에는 벨에포크(Belle Epoque)라 불리는 시대가 자주 화제에 올랐는데, 지금 생각하면 이 모임 자체가 리처드 섀턱(Richard Shattuck)의 책 제목대로 '축제의 나날'이었다.

경력이 불분명한 저자도 있었다

1981, 82년은 '현대선서' '문화의 현재'를 가동하면서 단행본도 내야 하는 상황이 계속되었다. 동시에 이 2년 동안은 '20세기 사상 가문고'와 '강좌·정신과학'이라는 기획을 준비하는 기간이기도 했다. 특히 '강좌·정신과학'은 지금까지 이와나미쇼텐에서는 거의 다루지 않았던 분야인 만큼 준비하기 위해 특별한 배려가 필요했다. 이것들에 대해서는 곧 이야기하겠지만, 여기서는 우선 현대선서와 단행본에 대해 이야기하기로 한다. 1981년부터 1982년 사이에 낸 현대선서는 다음과 같다.

1981년
- A. 슐만(Abraham Shulman), 『인류학자와 소녀』(*Anthropologist and the girl*, 人類學者と少女, 村上光彦譯)
- T. A. 세보크(Thomas Albert Sebeok), 『셜록 홈즈의 기호론—퍼스와 홈즈의 비교연구』(*You know my method: a juxtaposition of Charles S. Peirce and Sherlock Holmes*, シャ

ーロク・ホームズの記號論──C・S・パースとホームズの比較研究, 富山太佳夫譯)
- I. 월러스틴(Immanuel Maurice Wallerstein), 『근대세계 시스템─농업자본주의와 '유럽 세계경제'의 성립』 I・II(*The modern world-system: capitalist agriculture and the origins of the European world-economy in the sixteenth century*, 近代世界のシステム──農業張本資本主義と「ヨーロッパ世界經濟」の成立, 川北稔譯)

1982년
- P. 딘(Phyllis Deane), 『경제사상의 발전』(*The evolution of economic ideas*, 經濟思想の發展, 奧野正寬譯)

그리고 이 기간에 간행한 단행본을 적으면 다음과 같다.

1981년
- 찰스 테일러(Charles Taylor), 『헤겔과 근대사회』(*Hegel and modern society*, ヘーゲルと近代社會, 渡邊義雄譯)
- 마루야마 게이자부로, 『소쉬르의 사상』(ソシュールの思想)
- 시노다 고이치로(篠田浩一郎), 『공간의 코스몰러지』(空間のコスモロジー)

1982년
- 가와이 하야오, 『옛날이야기와 일본인의 마음』(昔話と日本人

の心)
- 야마구치 마사오 편저, 『지의 사냥꾼—속·20세기의 지적 모험』(知の狩人 續·二十世紀の知的冒險)
- P. 리쾨르(Paul Ricœur), 『현대의 철학』 I·II(*Philosophy*, 現代の哲學 I·II, 坂本賢三·村上陽一郎·中村雄二郎·土屋惠一郎譯)
- 쓰지 사호코(辻佐保子), 『고전 세계에서 그리스도교 세계로』(古典世界からキリスト敎世界へ—舖床モザイクをめぐる試論)
- 오에 겐자부로, 『핵의 큰불과 '인간'의 목소리』(核の大火と'人間'の聲)
- W. 아렌스(W. Arens), 『식인의 신화—인류학과 카니발리즘』(人喰いの神話—人類學とカニバリズム, 折島正司譯)

먼저 현대선서 가운데 슐만의 『인류학자와 소녀』에 대해서 말하기로 하자. 프랑스어로 된 오리지널 원고를 프랑크푸르트에서 에이전트를 통해 입수했는데 무척 재미있을 것 같아서 무라카미 미쓰히코 씨에게 번역을 부탁했다. 그런데 프랑스어 텍스트는 결국 간행되지 않은 모양이었다. 책으로서는 일본어판만 존재하게 된 것이다.

이 소설은 우수한 독일 인류학자가 한 소녀의 두개골이나 그 밖의 신체를 면밀하게 측정하여 유대인인지 아닌지를 판정한다는 내용이었다. 그런데 그 과정을 극명하게 묘사함으로써 나치의 '과학적 합리성'의 무시무시함이 조금씩 몸에 스며드는 작품이었다. 작자의 경력이나 작품도 거의 알려지지 않은 상태였는데도 이 책은 많이 읽혔다.

다음으로 『셜록 홈즈의 기호론』이다. 이 책은 세보크가 당시 활발하게 열리고 있던 기호학회의 초청으로 일본을 방문했을 때 이루어진 기획이었다. 야마구치 마사오 씨가 일본 기호학회의 회장에 취임해 있었기 때문에 그의 친구인 연구자들이 세계 각지에서 이런저런 기회로 일본을 찾았다. 아마 세보크의 환영회 때 본인으로부터 이 책의 번역 허락을 받았을 것이다. 내용은 부제 그대로인데 도미야마 다카오 씨가 훌륭하게 번역해주었다.

월러스틴(Immanuel Wallerstein)의 『근대세계 시스템』(*The modern world-system: capitalist agriculture and the origins of the European world-economy in the sixteenth century*, 近代世界システム)에 대해 설명하는 것은 불필요할 것이다. 이 책을 간행한 후 일본의 서양사학계에서 근대세계 시스템에 관한 논의가 활발해졌고 지금은 하나의 정설이 되고 있는 것 같다. 번역자인 가와기타 미노루 씨는 면밀한 번역을 해주었다.

그리고 1983년에는 A5판 학술서 『공업화의 역사적 전제―제국과 젠틀맨』(工業化の歷史的前提―帝國とジェントルマン)을 냈다. 가와기타 미노루 씨에게는 그 후에도 여러 가지로 도움을 받았다. 그가 나중에 '가와기타 사학(史學)'이라고 할 만한 독자적인 학풍을 전개하게 되는 것은 주지의 사실이다.

소쉬르 사상의 큰 영향

다음으로 몇 권의 단행본에 대해 이야기하기로 한다. 먼저 마루야마 게이자부로 씨의 『소쉬르의 사상』에 대해서다. 마루야마 씨가 주오(中央)대학 문학부의 학술지에 소쉬르에 대한 읽을 만한 논문을 연재하고 있다는 정보를 알려준 사람은 기다 겐 씨와 이키마쓰 게이조 씨였다. 기다・이키마쓰 씨와 술을 마실 때 소쉬르가 화제에 올랐다. 그러자 곧바로 두 사람의 입에서 나온 사람이 마루야마 씨였다.

사실 나는 학창 시절에 마루야마 씨에게 프랑스어를 배운 적이 있어서 이미 알고 있었다. 곧장 마루야마 씨에게 연락하여 학술지에 실은 논문을 보았다. 역시 대단히 흥미롭고 풍부한 자극을 주는 논고였다. 곧 기획했고 편집 실무를 편집부의 O씨에게 부탁했다. O씨는 프랑스어를 잘하는 여성인데 마루야마 씨의 원고를 근사한 책으로 만들어주었다.

이 책의 영향은 컸다. 앞에서 쓴 것처럼 소쉬르가 20세기 사상의 연원 가운데 하나라는 사실이 인정되기 시작했기 때문이기도 할 것이다. A5판 400페이지의 비싼 학술서인데도 많이 팔렸다. 이 책을 출판함으로써 마루야마 씨의 활약이 시작되고 독자적인 그의 문화론이 전개되었다는 사실은 잘 알려져 있으므로 여기서는 생략한다.

융 연구소에 대한 은혜 갚기

다음으로 가와이 하야오 씨의 『옛날이야기와 일본인의 마음』에 대해서 말하기로 하자. 당시 가와이 씨는 이미 그림동화를 분석했으므로(昔話の深層, 福音館書店, 1977) 이번에는 일본 옛날이야기를 연구해야 한다고 생각하여 그에게 제안했더니 곧바로 동의해주었다. 그의 융 연구소 졸업논문(?)이 일본신화에 대한 분석이었으므로 조만간 신화에 본격적으로 몰두한다고 해도, 그 전단계로서 잘 알려진 옛날이야기를 대상으로 하는 것도 충분히 의미 있는 일일 것이라고 생각했던 것이다. 가와이 씨도 「후기」에서 "극히 일본적 표현이지만 이 책으로 드디어 융 연구소에 '은혜 갚기'를 할 수 있었다"라고 썼으므로 나의 생각은 그렇게 틀리지 않은 모양이었다.

이 책은 정말 잘 읽혔고, 가와이 씨의 주요 저작 가운데 한 권이기도 하기 때문에 내용에 대해 언급하는 것은 삼가기로 한다. 그러나 이 책을 간행한 후 우리에게 어린 시절부터 친숙한 갖가지 옛날이야기가 이렇게 일본인의 독특한 마음을 표현하고 있는가 하는 놀라움과 새삼 일본문화에 대한 관심을 불러일으킨 것은 기억해둘 만하다.

그리고 내가 회사를 그만둔 지난 2002년, 염원하던 『정신과 일본인의 마음』(精神と日本人の心)이 간행되었다. 그 책의 「후기」에서 가와이 씨는 앞에서 인용한 부분에 이어 "『옛날이야기와 일본인의 마음』(1982)은 오쓰카 씨의 강력한 권유와 지원으로 쓰인 것인데, 어떤 의미에서 그 속편이라고 할 수 있는 이 책을 같은 출판사에서 출판할 수 있게 된 것은 대단히 기쁜 일이다"라고 써주었다. 또 그 말에 앞서 "원래 오쓰카 사장의 임기 중인 5월에 출판할 예정이었으나 그렇게 하지 못했다. 정말 죄송하게 생각한다"라고까지 적어주었으니 편집자로서 그 이상의 행복은 없을 것이다. 이 책이 간행된 것은 7월 18일이었다.

화려한 대화

야마구치 마사오 씨의 『지의 사냥꾼―속 20세기의 지적 모험』은 다음에 적은 다채로운 사람들과 야마구치 씨의 대화를 수록한 것이다.

움베르토 에코 · 질베르투 벨로(Gilberto Velho: 브라질의 사회인류학자) · 호베르투 다 마타(Roberto da Matta: 브라질의 사회인류학자) · A. 골드(Arthur Gold: 피아니스트)와 R. 피즈델(Robert Fizdale: 피아니스트) · 곰브리치(Ernst H. J. Gombrich, 1909~2001: 영국의 미술사가) · 토마스 바이얼레(Thomas Bayrle: 독일의 화가) · 카를로스 푸엔테스(Carlos Fuentes: 멕시코의 작가) · 롤랑 토포르(Roland Topor: 폴란드 태생의 화가) · 메레디스 몽크(Meredith Monk: 미국에서 활약하는 퍼포먼스 아티스트) · 알랭 주프르와(Alain Jouffroy: 프랑스의 비평가이자 작가) · 줄리아 크리스테바(Julia Kristeva: 프랑스의 기호학자이자 정신분석학자) · 로이드(Geoffrey Ernest Richard Lloyd: 영국, 고전학)

이 가운데 한 가지 예를 들어 대담이 어떻게 이루어졌는지를 이야기하기로 한다. 저명한 미술사가 곰브리치 경(卿)은 국제교류기금의 초청으로 일본을 방문했다. 요쓰야의 후쿠다야(福田屋)에서 열린 대담에는 부인도 자리를 함께했다. 당일 이 대담을 하기로 한 것은 『사상』 편집부의 A씨였는데, 그는 나에게 "부인께는 '레이디'라고 하지 않으면 안 됩니다"라고 했다. 경(卿)이라는 상대와의 대담에는 그 대단한 야마구치 씨도 무척 긴장한 듯 대담 자체의 분위기는 그렇게 고조되지 않았다.

그러나 대담이 끝나고 식사하는 시간이 되자, **빠른 말투로 해대는** 야마구치 씨의 파격적인 영어에 도발되어서인지 곰브리치 씨의 이야기가 갑자기 활기를 띠었다. 그리고 마지막에는 경도 레이디도 없는 화려한 지적 대화가 난무했다.

몇 년 뒤 『세기말의 빈』(*Fin-de-siècle Vienna: politics and culture*)의 저자 쇼르스케(Carl E. Schorske) 씨와 만났을 때, 독일 정치사 연구자인 자신을 미술에 관심을 가지게 한 것은 친구 곰브리치 씨였다는 쇼르스케 씨의 이야기를 듣고 그의 소탈한 인품을 떠올리며 과연 곰브리치라고 생각했다.

『지의 사냥꾼』의 장정에는 브레히트에게 영향을 주었다는 칼 발렌틴(Karl Valentin)의 사진을 사용했다. 그 전에 나온 『20세기의 지적 모험』의 장정에서 느껴지는 에이젠슈테인의 야성미에 비해 좋든 싫든 세련된 인상을 주었는데, 책의 내용도 속편이 좀 더 성숙한 느낌을 주었다.

파리에서의 만남

쓰지 사호코 씨의 『고전 세계에서 그리스도교 세계로』는 명실 공히 대작이었다. A5판 600페이지, 도판이 다수 삽입된 정가 12,000엔짜리 책이었다. 그러나 그 덕분에 미술사학자의 면밀한 작업이라는 것을 체감할 수 있었다. 이런 본격적인 학술서가 상을 받는 것은 무척 드문 일이지만 그는 이 책으로 산토리학예상을 받았다.

저자 쓰지 사호코 씨는 당당한 이 학술적 저작에서 받은 인상과는 달리 대단히 매력적인 인품의 여성이었다. 남편인 쓰지 구니오(辻邦生) 씨도 마찬가지인데, 이 두 분과 이야기를 하는 것은 무척 즐거운 일이었다. 바로 그 이듬해 쓰지 구니오 씨가 '20세기 사상가문고'로 『토마스 만』(トーマス・マン)을 내기도 해서 그 무렵에는 쓰지 부부와 자주 만났다.

그러고보니 그 몇 년 후 파리의 어느 레스토랑에서 우연히 쓰지 부부와 만났는데 부부는 다음날 자택과 시내를 안내해주었다. 쓰지 부부는 파리의 번화한 데카르트가에 있는 18세기에 세워진 아파트를 갖고 있어 1년에 몇 달은 그곳에서 생활하고 있었다. 자동차도 가지고 있어서 차로 파리를 안내해주었는데, 그 차에 타는 것은 용기를 필요로 한 일이었다. 핸들을 꽉 잡은 쓰지 구니오 씨는 도쿄에 비해 더하지도 덜하지도 않게 정체된 차의 소용돌이 속으로 과감하게 뛰어들었다. 유명한 카페 돔(Dome)의 자리에 앉았을 때는 휴 하고 안심했던 일이 기억난다.

'20세기 사상가문고'와 '강좌·정신과학'

세기말을 맞아

1983년 1월, 다음 네 권의 책으로 '20세기 사상가문고'를 시작했다.

- 쓰지 구니오, 『토마스 만』(トーマス・マン)
- 다나카 가쓰히코, 『촘스키』(チョムスキ)
- 시노다 마사히로(篠田正浩), 『에이젠슈테인』(エイゼンシュテイン)
- 기다 겐, 『하이데거』(ハイデガー)

그리고 그 해 안에 다음의 일곱 권을 간행했다.

- 이이다 요시쿠니(飯田善國), 『피카소』(ピカソ)
- 다키우라 시즈오, 『비트겐슈타인』(ウィトゲンシュタイン)
- 니시베 스스무(西部邁), 『케인즈』(ケインズ)

- 나카무라 유지로,『니시다 기타로』(西田幾多郎)
- 히로마쓰 와타루(廣松涉)・미나토미치 다카시(港道隆),『메를로퐁티』(メルロ＝ポンティ)
- 야쓰카 하지메(八束はじめ),『르 코르뷔지에』(ル・コルビュジエ)
- 시즈메 야스오(鎭目恭夫),『위너』(ウィーナー)

이 시리즈를 기획한 의도는 점차 세기말 분위기가 농후해지는 가운데 20세기는 어떤 시대였는지를 생각해보고 싶은 데 있었다. 그래서 몸소 세기의 문제에 맞섰다고 생각되는 사상가・예술가 20여 명을 골라 그들의 삶의 방식을 추체험하고 사상의 과정을 더듬어가려고 한 것이다.

도발적인 촘스키론

집필은 가능한 한 이러한 문제의식을 날카롭게 구사할 수 있는 사람들에게 부탁했다. 마루야마 게이자부로 씨의『소쉬르의 사상』을 담당해준 O씨와 내가 이 시리즈의 편집 담당이었다. 집필자는 모두들 기꺼이 써주었는데, 그 한 예로 다나카 가쓰히코 씨의『촘스키』의「후기」를 인용하기로 한다. 길지만 당시의 분위기를 잘 전해주고 있어서다. 양해를 바란다.

　　잘 알고 있는 이와나미쇼텐의 편집자로부터 촘스키에 대해 써보지 않겠느냐는 이야기가 나온 것은 벌써 2년도 넘은 옛날의 일이다.

"내가 쓴 촘스키란 말이지? 그렇게 재미있는 책이 있으면 나도 한번 읽어보고 싶은걸."

그때 이렇게 대답했던 것 같다. 표현 자체는 좀 이상할지도 모르지만 당시의 내 마음을 잘 표현한 말이라고 지금도 생각한다.

(중략)

그런데 여기에 그런 책이 만들어졌다. '그런'이라고 해도 '내가 쓴다'라는 조건이 충족되었을 뿐이지 독자로서의 내가 기대하고 있던 조건의 절반은 빠진 채이긴 하지만.

(중략)

촘스키를 전업으로 하지 않는 나도 이 사람의 사상에 대해 단 한 가지에는 남다른 관심이 있었다. 과거 100년 정도의 언어학의 흐름 속에 촘스키를 놓으면 그의 주장은 어떤 의미를 지니는가 하는 것이다. 이러한 각도에서 촘스키를 다루는 것은 반대로 그 이전의 근대 언어학이 목표로 해온 것이 무엇이었는가를 밝히는 일이기도 하다. 내가 촘스키를 둘러싸고 간절히 알고 싶은 것은 이런 것이다. 이런 바람이 있는 이상 그것에 기초한 촘스키론은 쓸 수 있을 것이고, 꼭 써야만 한다고 생각했다.

앞에서 말한 편집자는 어느새 나에게 아직 나의 방식으로 촘스키를 논할 여지가 있다는 것, 숨기지 않고 내 생각에 따라 솔직히 쓰기만 하면 반드시 가능하다는 걸 믿게 했다. 어떤 사상가에 대해 쓰는 작업은 기계처럼 하는 것이 아니라 얼마간 자신을 쓰는 일이기도 하다고 그는 말했다. 그 말은 지나치게 양반 말씀이 아니냐고 생각한 반면에 무척 격려가 되는 점도 있어서 결국 과감히 해보기로 했다.

올 여름 나는 두 번에 걸쳐 소비에트 투르키스탄을 여행했다. 첫 번째인 6월의 여행에서 나는 부피가 크지 않은 촘스키 문헌 몇 권만 가지고 도쿄를 뒤로했고, 때로는 사마르칸트(Samarkand)의 별이 총총한 하늘 아래서, 또 어떤 때는 티엔샨(Tien Shan) 산맥 기슭에 있는 마을에서 촘스키를 읽는 신선한 체험을 했다.

(중략)

귀국하고 나서 9월로 예정된 두 번째 투르키스탄 여행까지 약 한 달 반 동안 나는 머릿속에 어렴풋이 떠올라 있던 촘스키상(像)에 나의 말로 윤곽을 그리는 데 시간을 쏟았다. 그리고 완성된 원고 뭉치를 겨우 편집자에게 넘기고 나서 이번에는 촘스키를 떼어 놓고 빈손으로 마음 편히 다시 중앙아시아로 여행을 떠났다.

한 달쯤 있다가 귀국했더니 메모나 다름없는 내 원고는 이미 활자로 조판되어 있어서 뒤로 물러설 수도 없는 상태였다. 쓸 때는 과감하게 쓴 글을 시간을 두고 머리를 식힌 다음에 다시 읽어보니 옛날에 쓴 연애편지를 다시 보게 되었을 때처럼 부끄럽기도 하고 마음에 들지 않는 부분도 무척 많았다. 그래서 나는 원고를 인쇄한 사람, 교정을 본 사람에게는 미안했지만 꽤 많은 부분을 지우고 다시 보충하여 드디어 이 책을 완성했다. 이렇게 제멋대로 지우고 보충하는 것을 허락받았다고 해도, 이미 인쇄된 원고는 신기한 권위를 가지고 나의 자유를 구속했다. 그러나 이러한 경위는 더 이상 쓸 수 없다.

왜냐하면 앞에서 말한 편집자로부터 이 후기는 원래 불필요하다는 것, 그리고 설령 꼭 쓰고 싶다고 해도 변명을 장황하게 늘어놓는 일은 허락하지 않겠다는 말을 들었기 때문이다.

『언어로 본 민족과 국가』의 저자가 보편문법의 촘스키에 대해 쓴다면 재미없을 이유가 없었다. 사실 촘스키 추종자에게는 엄청나게 도발적인 촘스키론이었다.

그런데 앞의 긴 인용을 허락해달라고 내가 보낸 편지에 대해 다나카 가쓰히코 씨는 2006년 7월 11일자로 다음과 같은 답장을 보내왔다. 이것도 그의 허락을 받아 인용한다.

전에 본 적이 있는 정겨운 필적의 편지, 잘 받아보았습니다. 『촘스키』의 「후기」는 어떻게 사용하든 상관없습니다. 그 책은 '동시대라이브러리', 그리고 '현대문고'(現代文庫)로 계속 살아남았고 그것들에는 「7년 후에」라는 새로운 후기가 붙었습니다. 『촘스키』에 대한 『아사히저널』(朝日ジャーナル)의 서평에는 "인물과 필자의 구색이 물과 기름 같은 미스캐스팅"이라는 말이 있는데 그에 대해 새로운 후기에 "이 배역을 맡긴 문고의 편집자에게는 정말 죄송한 일을 했다"라고 쓴 것을 떠올려주시면 고맙겠습니다. 어쨌든 오쓰카 씨가 그렇게 저를 부추기지 않았다면 문제의 이 책은 탄생하지 않았을 것입니다. 그리고 이 책은 단순히 촘스키의 평전이나 소개를 넘어 언어학 책으로 계속 살아남을 것이라고 생각합니다. 이것은 늙은이의 자화자찬이 아니라 학문을 하는 사람에게 필요한 '용기'의 문제입니다. 길어졌습니다. 늘 건강하시길.

에이젠슈테인·케인즈·니시다 기타로

영화감독 시노다 마사히로 씨는 열심히 공부하는 사람이었다. 영화는 물론이고 역사나 문학, 그리고 현실사회의 온갖 일에 일가견이 있다는 느낌을 주었다. 그러므로 그와 이야기를 하는 것은 즐거웠고 가끔 자극을 받기도 했다.

시노다 씨는 에이젠슈테인에 대해 하고 싶은 말이 많았을 것이다. 특히 영화의 몽타주가 문자에 의존하지 않는 언어활동이라는 것을 그는 이미 『시라이 세이이치 연구』(白井晟一硏究, 1978)에서 말했던 것이다. 그리고 에이젠슈테인과 러시아 형식주의의 관계도 밝혀놓았다. 그런 점에서도 이『에이젠슈테인』은 재미있는 책이라고 할 수 있다.

시노다 씨의 영화에서 에이젠슈테인의 직접적인 영향을 찾아보기는 어려울지도 모르지만, 그 자신이 마지막 작품이라고 말하는『스파이 조르게』(スパイ・ゾルゲ)는 역사적 사건의 해명이라는 점에서『전함 포툠킨』의 사상이 거의 그대로 계승되어 있다고 할 수 있을 것이다.

나중에 시노다 씨는 잡지『헤르메스』에 짧은 에세이를 연재했는데, 나는 그 원고를 받는다는 구실로 시부야의 어느 카페에서 그를 만나 몇 시간이나 이야기를 나눈 적이 있었다. 그 후 음악회나 파티에서 마주치면 그는 늘 웃는 얼굴로 힘차게 말을 걸어주곤 했다.

다음으로 니시베 스스무 씨의『케인즈』에 대해서도 이야기하기로 한다. 니시베 씨의 이름을 보고 "어?" 하는 사람이 있을지도 모른다. 그러나 사반세기 가까운 예전의 니시베 씨는 예리한 사회과학자였다. 고지마치에 있던『계간 현대경제』(季刊・現代經濟)의 편집실로 니시베 씨를 찾아가니 그는 오늘날 혁신파의 논객으로 생각되는 경제학자 M씨와 함께 나를 기다리고 있었다. 나의 요망을 말하고 집필을 의뢰했더니 흔쾌히 승낙해주었다. 완성된 원고의 내용은 실로 격조가 높았으며 '영국식' 차분함마저 느끼게 해주었다. 오늘날 니시베 씨의 저작과 겹쳐 보기에는 힘들지도 모르겠다.

앞에서 니시베 씨를 '예리한 사회과학자'라고 했는데, 당시 니시베 씨는 경제학은 물론이고 사회학이나 인류학·역사학 등도 사정 범위에 넣는 새로운 사회과학을 구축하려는 것 같았다. 그것은 『소시오 이코노믹스』(ソシオ・エコノミックス, 1975)나 『경제윤리학서설』(經濟倫理學序說, 1983)을 보면 분명할 것이다. 그런 의미에서 앞에서 말한 해러드와 상통하는 점이 있었다고 생각한다. 동시에 『윤리학 노트』를 쓴 사회학자 시미즈 이쿠타로와 저변에서 통하는 부분도 있었을 것이다.

그러나 현재의 니시베 씨의 언행과 내가 처음으로 그와 만났을 때 자리를 함께했던 M씨가 하는 언행의 차이를 볼 때 사람이 살아가는 방식의 신기함을 느끼지 않을 수 없다.

나카무라 유지로 씨는 이 시리즈에도 참가했다. 『니시다 기타로』가 그것이다. 교토대학을 중심으로 니시다학파가 형성되어 있고 다분히 비밀스러운 분위기를 조성하고 있다는 것은 주지의 사실이지만, 그것은 전시 하에 활동했던 학파의 주요 멤버가 펼친 '근대의 초극' 논의가 암암리에 그림자를 드리우고 있어서가 아닌가 싶다. 어쨌든 학파 밖의 사람이 니시다에 대해 쓰는 것은 용기가 필요한 일이다. 그러나 나카무라 씨는 이 저작에서 '문제다발'(問題群, Testlet)로서 니시다 철학을 파악하면서 대담하고 매섭게 따지고 들었다. 그리고 그는 '장소의 논리'를 다시 파악하는 등의 작업을 통해 니시다 기타로의 탈구축에 몰두했다.

처음 한동안 기술(記述)에 대한 쇄말적인 비판이 들려오지 않은 것은 아니었으나 얼마 안 있어 나카무라 씨의 비판적 평가에 정면으로 대응하는 움직임은 보이지 않게 되었다. 그리고 그 이후로 니시다에 대해 자유로운 입장에서 널리 논평이 이루어지게 되어 지금에 이르렀다. 그것은 예컨대 2002년에 이와나미쇼텐에서 간행하기 시작한 『신판 니시다 기타로 전집』(新版・西田幾多郎全集, 전22권)의 편집위원 면면에도 반영되어 있다. 그때의 편집위원은 다케다 아쓰시(竹田篤司)・클라우스 리젠후버(Klaus Riesenhuber, 1938~)・고사카 구니쓰구(小坂國繼)・후지타 마사카쓰(藤田正勝) 씨 등이었다.

하이젠베르크・하나다 기요테루・와쓰지 데쓰로

이 시리즈에서 가장 많이 읽힌 것은 미타 무네스케(見田宗介, 1937~)의 『미야자와 겐지―존재의 축제 속으로』(宮澤賢治―存在の祭りの中へ, 1984)였다. 1984년에는 그 밖에 우사미 게이지 씨의 『뒤샹』(デュシャン), 무라카미 요이치로(村上陽一郎, 1936~) 씨의 『하이젠베르크』(ハイゼンベルク), 오다 마코토(小田実, 1932~) 씨의 『마오쩌둥』(毛澤東)을 냈고, 1985년에는 다카하시 히데오 씨의 『하나다 기요테루』(花田淸輝)를 냈다. 그리고 1986년에는 사카베 메구미(坂部惠, 1936~) 씨의 『와쓰지 데쓰로』(和辻哲郎)를 냈다.

그 가운데 무라카미 요이치로・다카하시 히데오・사카베 메구미 씨의 책에 대해 이야기하기로 하자.

먼저 무라카미 씨의 『하이젠베르크』에 대해 말하기로 한다. 그는 이 책의 「후기」에 다음과 같이 썼다.

이와나미쇼텐의 오쓰카 노부카즈 씨가 이 일을 의뢰했을 때 나는 무척 망설였다. 하이젠베르크를 쓸 사람이라면 나 외에도 적임자가 많았기 때문이다. 하이젠베르크 개인을 그리게 된다면 개인적으로 오랫동안 교류해온 야마사키 가즈오(山崎和夫) 씨(『부분과 전체』, 그 밖에 하이젠베르크 관련 문헌을 수없이 번역했다)를 비롯하여 하이젠베르크를 스승으로 모시는 수많은 일본인 물리학자가 있을 것이고, 또 와타나베 사토시(渡邊慧) 선생처럼 드 브로이(Louis Victor de Broglie, 1892~1987)·보어(Niels Henrik David Bohr, 1885~1962)·하이젠베르크 등 관련 인물들과 중대한 시기에 직접 접촉해서 당시의 비화라고 할 만한 것들까지 잘 알고 있는 사람도 있다.

그리고 물리학적 해설을 하는 데도 나는 적임자가 아니다. 그래서 무척 망설였던 것인데 이 총서는 대상에 가장 적당하다고 생각되기보다는 약간 비껴난 저자를 선택하는 데 재미가 있다는 등 오쓰카 씨는 이 시리즈의 다른 저자에게는 적용되지 않는 교묘한 말로 나를 강력하게 끌어당겼다.

그렇다면 단지 하이젠베르크에 대해서만 쓰는 것이 아니라, 과학의 드라마로 아마 이것에 필적할 만한 것은 찾아볼 수 없을 20세기 전반의 상대론과 양자론 탄생의 과정을 내 나름대로 추적해본다는 양해 하에 그의 제안을 받아들였다. 예전에 잡지 『제3문명』(第三文明) 지상에서 그런 종류의 작업을 시작했지만 출판사 측의 사정으로 중단된 일도 있고 해서, 그때의 작업을 어느 정도 이용할 수 있는 편의도 생겼다. 따라서 이 책의 제목은 『하이젠베르크』이지만 내용은 베르너 하이젠베르크에 초점을 맞춘 평전과 상당히 다른 분위기다. 독자의 양해를 바란다.

그만큼 원래 제재가 매우 흥미롭고 일종의 지적 흥분을 유발하는 것이다. 내 솜씨로 가능할지 어떨지는 다소 염려스럽지만, 20세기 첫 사반세기를 장식하는 개괄적인 지(知)의 드라마를 일단이라도 전할 수 있다면 저자로서는 더 이상의 기쁨이 없겠다.

무라카미 씨의 말대로 이 책은 참으로 흥미로운 20세기 전반의 지의 드라마로 완성되었다. 과학사의 '성속(聖俗) 혁명'을 훌륭하게 그려낸 무라카미 씨가 아니고는 쓸 수 없는 저작이었다고 생각한다.

다음에 이야기할 『하나다 기요테루』 때와 마찬가지로 편집 실무는 N군이 담당했다. 이후 N군과는 이후 '총서·여행과 토포스의 정신사'나 '신이와나미강좌·철학'을 같이하게 되었다. 그리고 얼마 안 있어 N군은 철학이나 성서학 분야를 비롯하여 몇 개의 커다란 일을 기획하고 편집하게 된다. 그는 사카구치 후미(坂口ふみ) 씨의 대작 『'개인'의 탄생—그리스도교 교리를 만든 사람들』('個'の誕生—キリスト教教理をつくった人びと, 1996)을 편집하여 우수한 편집자에게 주는 독특한 상을 받았다.

그건 그렇다 치고 무라카미 씨는 '신이와나미강좌·철학'의 편집위원을 맡아주는 등 나는 여러 가지 면에서 그에게 신세를 진 일이 많았다. 그것은 무엇보다도 그의 따뜻한 성품, 그리고 나와 거의 같은 세대라는 점에서 오는 친근감에 의한 것이었다.

이것은 내가 멋대로 한 해석이지만 그의 저작이 일관되게 갖추고 있는 질 좋은 매력은 첼로 주자기도 한 그의 풍부한 감수성에서 온 것이다.

다음으로 다카하시 히데오 씨의 『하나다 기요테루』에 대해서 이야기하기로 하자. 제1부에서 말한 것처럼 나는 『사상』 편집부 시절부터 하나다 씨에게는 각별한 감정을 가지고 있었으므로, 다카하시 씨에게 이 책을 쓰게 한 것은 무척 기쁜 일이었다.
이번에도 이 책의 「후기」에서 인용하기로 한다.

하나다 기요테루에 대해 책을 쓰고 있다고 했더니 의외라는 반응을 보인 사람들이 많았다. 사실 나 자신에게도 의외였다. 처음에 이와나미쇼텐의 오쓰카 노부카즈 씨가 '20세기 사상가문고'라는 기획을 가지고 와서 보여주었을 때 그는 누구에 대해 써야 하는지를 좀처럼 이야기하지 않았다. 그런데 교묘한 타이밍에 '하나다 기요테루'라는 말을 꺼내서 나는 좀 어안이 벙벙했던 것으로 기억한다. 도대체 가능하기나 한 일일까? 그러나 시간을 두고 생각하는 사이에 나에게도 하나다 기요테루와 접점이 없는 것은 아니라는 생각이 들었다. 그리고 직접적인 접촉은 없었다고 해도 하나다 기요테루에 대해 고찰하는 것은 의미가 있다는 생각이 들기 시작했다.

그 결과 다카하시 씨는 이 책을 하나다 기요테루와 하야시 다쓰오의 관계 등을 포함하여 참으로 흥미롭게 써주었다. 그런 의미에서 하나다 씨도, 그리고 앞에서 이야기한 것처럼 다카하시 씨의 작업을 높이 평가한 하야시 씨도 틀림없이 기뻐해주었을 것이다. 아울러 다카하시 씨는 1998년 『나의 하야시 다쓰오』(わが林達夫)라는 책을 오자와쇼텐(小澤書店)에서 간행했다.

사카베 메구미 씨는 1983년 『'접하'는 것의 철학—인칭적 세계와 그 근저』('ふれる'ことの哲學 人稱的世界とその根底)라는 역작을 썼다. 그리고 1989년에는 『페르소나의 시학—이야기·행동·마음』(ペルソナの詩學—かたり·ふるまい·こころ)을, 그리고 1997년에는 『'행동'의 시학』('ふるまい'の詩學)을 집필했다.

이 중에서 이『와쓰지 데쓰로』만은 좀 이질적인 책이라는 느낌이 들지도 모른다. 그러나 이 책은 분명히 사카베 씨가 아니면 쓸 수 없다. 참으로 독특한 와쓰지론이었다. 그러므로 담당을 O씨에게 부탁한 것인데, 이 책이 '산토리학예상'을 수상했을 때 나는 O씨와 함께 무척 기뻐했다.

나에게 사카베 씨는 이치카와 히로시 씨와 함께 나카무라 유지로 씨에 이은 가장 유력한 철학자였다. 그런 만큼 『헤르메스』나 강좌 등을 포함하여 상당히 멋대로 부탁을 한 것으로 기억하고 있다. 가장 큰 것은 나중에 이야기하게 될 『칸트 전집』의 편집위원일 것이다. 그러나 그는 항상 웃는 얼굴로 응대해주었다. 그 일을 떠올리면 감사하는 마음뿐이다.

현 상황에서는 곤란한 기획

이 해(1983) 정월 서둘러 '20세기 사상가문고'를 발족했는데, 4월에는 나의 첫 강좌 기획인 '정신과학'(전10권·별권 1)을 실현시켰다. 대형 강좌 기획이라면 준비기간이 3년 정도는 필요하다. 그러므로 1980년대 초부터 준비해온 터였다. 이 강좌는 정신의학과 임상심리학이 과거 2세기 동안 축적해온 것을 집대성하려는 의도에서 만든 것이다.

그 무렵 경제적으로 안정되고 거품경제기를 맞이하고 있는 일본 사회에서는 '마음의 병'에 기인하는 다양한 사회현상이나 사건이 빈번하게 발생하고 있었다. 그에 따라 인간의 '마음'에 대한 통찰과 충분한 이해가 요구되었다. 그러나 정신의학도, 임상심리학도 학문으로서의 체계를 다 정비했다고는 할 수 없었다.

그래서 우선 가와이 하야오 씨에게 의논했더니, 정신의학 쪽은 학문의 체계화는 아직 충분하지 않아도 일단 100년간의 역사와 축적이 있기 때문에 강좌를 만들 수 있겠지만, 임상심리학은 이제 가까스로 자기 발로 걷기 시작한 단계이기 때문에 체계화는 어렵다는 판단이었다. 그러나 바로 그렇기 때문에 이 단계에서 강좌를 만들어 '마음'에 대한 학문의 진전에 기여해야 하지 않겠느냐는, 어떤 의미에서는 몹시 거친 나의 의견에 가와이 씨는 잠시 생각한 끝에 찬성해주었다. 이후 몇 번이나 나는 가와이 씨의 이러한 '교육적 배려'의 도움을 받았다.

얘기가 되자 나는 정신의학의 가사하라 요시미(笠原嘉) 씨를 만나보기로 했다. 정신과의는 무척 바쁘기 때문에 어느 일요일 오후 나고야에서 도쿄로 오게 해 이와나미쇼텐의 한 방에서 가와이 씨와 함께 만났다. 내가 강좌를 만들고 싶다는 설명을 시작하자 가사하라 씨는 그 자리에서 말했다. "현 상황에서는 도저히 불가능합니다. 대체로 깔끔하게 논문을 쓸 수 있는 정신과의는 네다섯 명에서 많아야 열 명 정도밖에 안 될 겁니다."

믿고 의지할 정신의학이 그렇다면 하고 순간 기가 죽었지만, 이내 마음을 추스르면서 가와이 씨에게 했던 말을 그에게도 전했다. 가와이 씨도 "그렇습니다. 여기서 열심히 한다면 정신의학도 임상심리학도 훨씬 성장할 겁니다. 편집자에게 속았다는 셈치고 한 번 해보시죠"라며 거들어주었다. 가와이 씨와 내가 계속해서 설득한 결과 가사하라 씨는 정말 괜찮을까 하는 표정이면서도 최종적으로는 찬성해주었다. 그래서 정신의학 쪽에서 가사하라 씨 외에 이이다 신(飯田眞)·나카이 히사오(中井久夫) 씨, 임상심리학에서는 가와이 씨 외에 사지 모리오(佐治守夫) 씨가 편집위원으로 참가했다.

앞으로의 10년을 예고한다

이 다섯 분의 편집위원들을 여러 차례 모이게 해서 최종적으로 만들어낸 것이 다음과 같은 구성이었다.

1. 『정신과학이란』(精神の科學とは)
2. 『퍼스널리티』(*Personality*)
3. 『정신의 위기』(精神の危機)
4. 『정신과 신체』(精神と身體)
5. 『식·성·정신』(食·性·精神)
6. 『라이프사이클』(*life cycle*)
7. 『가족』(家族)
8. 『치료와 문화』(治療と文化)
9. 『창조성』(創造性)
별권. 『여러 외국의 연구상황과 전망』(諸外國の研究狀況と展望)

도합 100명이 넘는 집필자들. 가사하라 씨의 예상을 뛰어넘는 수많은 정신과의·임상심리학자가 참가했다. 편집부는 나 그리고 T군과 U군, 이렇게 세 사람. 편집의 실무는 T군과 U군 둘에게 맡겼다. 그 두 사람은 원고를 받아내는 데 무척 고생한 것 같았는데 그런 만큼 젊은 정신과의나 임상심리학자와 친해진 결과 몇 년 후에는 이 강좌의 부산물로 '총서·정신과학'(叢書·精神の科學, 전16권, 1986년 시작)이 탄생하게 되었다. 거기에 참가한 야스나가 히로시(安永浩)·고이데 히로유키(小出浩之)·야마나카 야스히로(山中康裕)·우치누마 유키오(內沼幸雄)·나리타 요시히로(成田善弘)·가와이 이쓰오(河合逸雄)·다키카와 가즈히로(瀧川一廣)·엔도 미도리(遠藤みどり)·노가미 요시미(野上芳美)·오히라 겐(大平健)·요시마쓰 가즈야(吉松和哉)·하나무라 세이이치(花村誠一) 등은 그 후 다양한 활약을 하게 된다. 그것을 정확히 예고한 글을 나카이 히사오 씨가 총서의 선전용 팸플릿으로 보내주었으므로 인용하기로 한다.

"산을 오르는 사람은 산 전체를 가지고 돌아오지는 않는다네, 용담화 한 송이마저도"는 서양 시인의 시 한 구절인데, 정신과의의 작업 중에는 말이 되는 것은 적고, 책으로 꾸릴 수 있는 것은 더욱 적다. 이 '영역(field)의 지'가 『정신과학』으로서 인간 이해에 공헌할 수 있다는 외부의 지적은 좁은 세계에 사는 우리를 놀라게 한다. 만약 그렇다면 앞으로 10년 우리 정신의학의 대표적인 일면을 예고하는 이 총서는 우선 집어들기에 적합할 것이다.

정신과의사의 독특함

그런데 이 강좌에서 가장 어렵게 받은 원고는 편집위원인 나카이 히사오 씨의 것이었다. 그의 해박한 지식은 정신의학 이외에 다방면에 걸쳐 있었는데 그리스어 시를 번역한 일은 잘 알려져 있다. 그러나 주어진 테마가 요점을 찌르는 경우, 앞에서 '강좌·철학' 때 야마구치 마사오 씨가 그랬던 것처럼 나카이 씨도 규정된 매수로 도저히 정리하지 못했다. 그러므로 제8권 『치료와 문화』의 권두 논문 「개설―문화 정신의학과 치료문화」(概說―文化精神醫學と治療文化)는 무려 125페이지나 되어 이 책의 3분의 1을 차지했다. 그것은 나중에 '이와나미동시대라이브러리'에 『치료문화론―정신의학적 재구축 시도』(治療文化論―精神醫學的再構築の試み)로 묶이게 되는데, 좋이 책 한 권 분량이었다.

나카이 씨는 가끔 자신이 교수로 있는 고베(神戸)대학병원에 자기가 직접 진료기록카드를 작성하고 입원해버렸다. 그의 발상이 가진 재미는 발군이었다. 행동도 보통사람들과는 약간 다른 편이었다. 교토에서 강좌 편집회의를 열었을 때 그는 참석하지 않았는데, 나중에 들은 바로는 신칸센(新幹線)을 탔는데 내리지 못하고 나고야까지 가버려 시간을 놓쳤다는 것이었다. 그러나 나카이 씨 본인의 분석에 따르면 교토에는 교토대학에 있던 시절의 트라우마가 있어서 무의식중에 교토에 가는 것을 회피했다는 이야기였다. 그것에 대해 가사하라 씨도 가와이 씨도 역시 그렇군요 하며 이상하다는 표정 하나 짓지 않는 데에는 놀랄 수밖에 없었다.

그 후 가사하라 씨에게는 상당히 신세를 많이 졌다. 늘 웃는 얼굴에다 특유의 느긋한 말투로 이야기하는 그는 사람의 마음을 편안하게 하는 정신과의였다. 나중에 라캉의 『세미나』를 몇 권이나 번역하게 되는데, 난해한 라캉의 문장을 일본어로 번역할 수 있었던 것은 가사하라 씨가 주관하고 있던 라캉 연구회와 『세미나』 독서회 덕분이었다. 거기에서 우수한 정신과의가 다수 배출되었다. 여기서는 고이데 히로유키 씨와 스즈키 구니후미(鈴木國文) 씨의 이름만 적어둔다. 또 나중에 프랑스에서 막 귀국한 신구 가즈시게(新宮一成) 씨를 가사하라 씨가 "그는 『헤르메스』에 딱 맞는 인물입니다"라고 추천해준 일도 잊을 수 없다.

  T군과 U군의 노력도 있어서 강좌는 무사히 완결되었다. 일본의 '정신과학'이 정착하는 데 크게 기여했다는 평가를 받았다. 편집위원 일이 끝나고 축하하는 모임에서 가사하라 씨는 이렇게 말했다. "편집자에게 속은 셈치고 했더니 정말 훌륭한 강좌가 되었습니다. 편집자란 무서운 사람들이더군요."

『마녀 랑다고』『세기말의 빈』 등

이 해에 간행한 단행본과 현대선서에 대해서도 적어두기로 하자.

단행본
- 와타나베 모리아키·야마구치 마사오·하스미 시게히코(蓮實重彥), 『프랑스』(フランス)
- 나카무라 유지로, 『마녀 랑다고—연극적 지란 무엇인가』(魔女ランダ考—演劇的知とはなにか)
- 노먼 콘, 『마녀사냥의 사회사—유럽 안의 악령』(*Europe's inner demons*, 1975, 魔女狩りの社會史—ヨーロッパの內なる惡靈, 山本通譯, 1983)
- 칼 쇼르스케(Carl E. Schorske), 『세기말의 빈—정치와 문화』(*Fin-de-siècle Vienna: politics and culture*, 世紀末のウィーン—政治と文化, 安井琢磨譯)
- 아베 요시오(阿部善雄), 『최후의 '일본인'—아사카와 간이치의 생애』(最後の「日本人」—朝河貫一の生涯)

- 로이드존스(Hugh Lloyd-Jones), 『제우스의 정의―고대 그리스의 정신사』(*The justice of Zeus*, ゼウスの正義―古代ギリシア精神史, 眞方忠道・眞方陽子譯)
- 가와기타 미노루, 『공업화의 역사적 전제―제국과 젠틀맨』(工業化の歷史的前提―帝國とジェントルマン)
- 사카베 메구미, 『'접하'는 것의 철학―인칭적 세계와 그 근저』('ふれる'ことの哲學―人稱的世界とその根底)

현대선서
- 야마구치 마사오, 『문화의 시학』 I・II(文化の詩學)

'임상의 지' '연극적 지' '파토스의 지'

나카무라 유지로 씨의 『마녀 랑다고』는 6월 20일에 간행되었다. 7월 14일, 앞에서 말한 『니시다 기타로』(20세기 사상가문고)가 나왔다. 나카무라 씨는 『니시다 기타로』의 「후기」에 다음과 같이 썼다.

> 6월, 7월―같은 편집자(오쓰카 노부카즈 씨)에게 수고를 끼치며―잇따라 내게 된 『마녀 랑다고―연극적 지란 무엇인가』와 이 책 『니시다 기타로』의 관계에 대해 한마디 하자면, 이 두 권의 책은 제목만 보면 마치 이질적인, 전혀 관계가 없는 작업처럼 보일지도 모르겠다. 또 언뜻 '철학'에서 가장 먼 책과 가장 '철학' 책다운 것이라는 명백한 대조를 이루고 있다. 하지만 최근 내 자신이 도달한 새로운 입장―그것은 다루는 문제의 측면에 따라 다르지

만 '파토스의 지'라고도, '연극적 지'라고도, '임상의 지'라고도 부를 수 있다―에 선 조직적인 사색의 기획으로서, 이 두 저서는 말 그대로 안과 밖을 이루고 있다. 그리고 나는 이 두 권을 씀으로써 『공통감각론』에 의거한 단계에서 드디어 이륙하여 다른 단계로 이행한 것이 아닌가 싶다.

『마녀 랑다고』는 하나의 장을 뺀 다른 부분은 모두 '총서·문화의 현재'에 발표된 논고로 이루어져 있다. 나카무라 씨는 1979년 '예의 모임'의 멤버인 이노우에 히사시·오에 겐자부로·시미즈 도루·다카하시 야스나리·하라 히로시·야마구치 마사오·요시다 요시시게·와타나베 모리아키 씨 등과 함께 발리섬에 갔다. 이듬해에 그는 다시 '도시회'의 멤버인 이치카와 히로시·다키 고지·마에다 아이 씨와 발리섬을 찾았다. 그곳에서의 체험을 기초로 이 책을 썼는데, 주요 테마인 '임상의 지' '파토스의 지' '연극적 지'는 위에 열거한 사람들과 공유하는 지적 분위기에서 성숙된 철학적 개념이라고 해도 좋을 것이다.

그러므로 곧 말하게 될 야마구치 마사오 씨의 『문화의 시학』(文化の詩學)과도 저변에서 저절로 통하는 점이 있다. 그것은 야마구치 씨에게만 한정된 것이 아니라 다른 멤버의 경우에도 크든 적든 공통적인 현상일 것이다. 더욱이 앞에서 인용한 나카이 히사오 씨의 글에서도 '영역의 지'라는 말이 나오는데 아마도 우연은 아닐 것이다. 이 점에서 나는 가장 뛰어난 하나의 '시대의 정신'을 발견한다. 그리고 다소나마 거기에 참여할 수 있었던 것이 기쁘고 자랑스럽다.

빈에 매료된 경제학자

이번에는 내가 가장 애착을 느끼는 책, 쇼르스케의 『세기말의 빈―정치와 문화』에 대해 이야기하기로 하자. 번역자 야스이 다쿠마(安井琢磨) 씨는 일본에서 근대경제학의 개척자 가운데 한 사람으로 유명한데, 처음으로 그와 만나게 해준 사람은 선배 T씨였다. 신서 편집부에 있던 무렵의 일이었다.

식사를 하면서 야스이 씨와 두세 시간 이야기를 나눴는데 경제학자면서도 경제학 이야기가 거의 나오지 않는 것에 놀랐다. 무엇보다도 뚜렷하게 기억나는 것은 그가 "최근에 이와나미신서로 『현상학』이라는 책이 나왔는데 참 재미있었습니다"라고 이야기했던 일이다. T씨가 "그 신서는 오쓰카 군이 만들었습니다"라고 소개해주었으므로 잠시 현상학을 둘러싼 이야기가 이어졌다. 『세기말의 빈』과도 관계되는데 이 무렵 야스이 씨는 근대경제학의 아버지 월러스(Marie Esprit Léon Walras)를 낳은 지적 풍토를 탐구하는 데 몰두하고 있었다. 당연히 오스트리아학파(Austrian School)나 비트겐슈타인에게도 관심을 갖고 있었고 철학의 동향도 잘 파악하고 있었다. 그래서 나는 그의 이야기를 들으며 이 사람이 그 유명한 근대경제학자인가 하고 깜짝 놀랐던 것이다.

그 이후 그의 집―처음에는 나가오카텐진, 이어서 다카라즈카시의 사카세가와―으로 자주 찾아가 이런저런 것들에 대해 배웠다. 특히 야스이 씨가 열중하고 있던 빈의 화가, 구스타프 클림트(Gustav Klimt, 1862~1918)나 오스카 코코슈카(Oskar Kokoschka, 1886~1980)에 대해서였는데, 당시는 그것들을 전공하는 미술사 연구자도 거의 없었기 때문에 흥미로운 이야기를 많이 들었다. 크리스티안 M. 네베하이(Christian M. Nebehay)라는 빈의 치과의사가 클림트에 대해 자세히 조사하여 두꺼운 책을 쓰고 있어서 서로 편지를 주고받는다는 이야기도 들었다.

클림트에 대한 야스이 씨의 관심은 비트겐슈타인의 누이인 마르게리타 스톤보로 비트겐슈타인(Margaret Stonborough Wittgenstein)의 초상화를 클림트가 그렸기 때문이었다. 한편 비트겐슈타인에 대한 그의 관심은 칼 포퍼(Karl Raimund Popper, 1902~94)로도 확대되어 포퍼와 회견하기에 이르렀다. 이전에 포퍼의 전기 『끝없는 탐구―지적 자전』(1978)을 현대선서로 냈을 때 세부 사실에 대해 여러 가지를 지적하기도 했다.

야스이 씨가 문화훈장을 받았을 때 축하하러 갔더니 "지금까지 전혀 관계가 없었던 역 앞의 은행지점장이 꽃을 들고 나타나 예금을 부탁한다고 하더군요. 귀찮아 죽는 줄 알았습니다"라고 말할 뿐 훈장을 받은 이야기를 떠나 빈에 대한 이야기만 했다. 이런 상황이었기 때문에 몇 개인가 정해진 그의 경제학 관련 기획은 조금도 진전될 기미가 보이지 않았다.

이러한 야스이 씨의 관심 사항을 알고 있던 나는 『세기말의 빈』의 번역을 그에게 의뢰했다. 그 사이의 경위를 이 책 「옮긴이 후기」에 있는 그의 말로 밝히기로 하자.

나는……오스트리아학파나 비트겐슈타인을 매개로 하여 1970년대 초기 무렵부터 클림트를 실마리로 삼아 점차 빈과 빈의 문화에 열중하고 있었다. ……빈에 대한 나의 관심을 알고 있던 이와나미쇼텐의 오쓰카 노부카즈 씨는 이 책의 원본이 공간(公刊)되기 전인 1979년 가을 교정쇄를 들고 와 나에게 이 책의 번역을 종용했다. 교정쇄에는 내가 이미 읽은 네 개의 논문이 포함되어 있었으므로 나는 오쓰카 씨의 의뢰를 기꺼이 받아들였다.

그의 말대로 이 책의 원서가 간행되기 1년 전인 1979년, 앨프리드 A. 크노프(Alfred A. Knopf)사의 카탈로그에서 출판 예고를 본 나는 재빨리 편지를 써서 교정쇄를 보내달라고 부탁했다. 보내온 교정쇄를 보니 컬러 도판이 아직 삽입되지 않았지만 무척 재미있어 보였다. 그래서 번역권을 취득한 다음 야스이 씨에게 번역을 의뢰하러 간 것이었다. 그 시점에서 그가 이미 일곱 편의 논문 가운데 네 편의 논고를 읽었다고는 생각도 하지 못했다. 그 일곱 편의 논고란 다음과 같다.

   I. 정치와 프시케―슈니츨러(Arthur Schnitzler, 1862~1931)와 호프만스탈(Hugo von Hofmannsthal, 1874~1929)
   II. 링슈트라세와 그 비판자, 그리고 도시적 모더니즘의 탄생
   III. 새로운 조성의 정치―오스트리아 삼총사
   IV. 프로이트의 『꿈의 해석』에 나오는 정치와 부친살해
   V. 구스타프 클림트―회화와 자유주의적 자아의 위기
   VI. 정원의 변형
   VII. 정원에서의 폭발―코코슈카와 쇤베르크(Arnold Schoenberg, 1874~1951)

이 책은 빈의 세기말 문화에 관한 모든 것——정치·도시·건축·사상·심리·회화·문학·음악——을 이야기하고 있다. 그리고 그 상호 관계가 설명되어 있다. 미국에서는 이 책이 간행되자마자 엄청난 베스트셀러가 되었고, 출판된 이듬해에는 퓰리처상(논픽션 부문)을 받았다. 그러나 번역은 보통의 방법으로는 뜻대로 되지 않는다. 과연 야스이 씨도 고생에 고생을 거듭하여 번역에 임해주었다.

그 도중에 다음과 같은 일도 있었다.

이와나미쇼텐의 배려로 쇼르스케 교수 부부와 교토에서 대담을 할 기회가 주어졌다. 그것은 쇼르스케 교수가 국제교류기금의 초빙으로 일본에 온 1981년 4월의 일이었다. 그래서 이 책의 내용과 빈의 문화에 대해 나눈 하룻밤의 환담은 나에게 잊을 수 없는 즐거운 추억으로 남아 있다. 내 질문에 답하며 쇼르스케 교수는 자신의 연구 추이와 이 책의 성립 과정에 대해 많은 이야기를 해주었는데, 이것이 번역을 진행하는 데 커다란 심적 뒷받침이 되었다. (옮긴이 후기)

두 사람의 대화는 '나카무라'라는 옛날 교토요리 가게에서 이루어졌다. 쇼르스케 부부는 익숙하지 않은 일본식 방에서 두 발을 어떻게 해야 할지 몰라 하면서도 요리와 대화를 즐겨주었다. 부부는 상당히 즐거웠던 듯 나에게 롱아일랜드에 있는 별장에 초대하고 싶다는 말까지 했다.

쇤베르크 등 음악에 대해서는 전문가인 도쿠마루 요시히코(德丸吉彦) 씨의 도움을 받아 번역이 완성되었고, 책은 1983년 9월에 간행되었다. 그때의 정가가 6,200엔이었으니까 국판으로 500페이지 가까운 큰 책이라고 해도 결코 싸다고 할 수는 없었다. 그러나 놀랍게도 이 책은 1만 부 정도나 팔렸다. 게다가 '번역출판문화상'까지 받았다.

원서보다 정확하다

『세기말의 빈』 출판을 기념하여 1983년 11월 야스이 씨의 제자들의 모임인 '야스이 다쿠마 제미나리스텐(Seminaristen: 세미나 구성원)'이 축하연을 열어주었다. 그때 나에게도 발언할 기회가 주어졌는데, 그때의 발언 기록을 인용하고자 한다(「야스이 다쿠마 제미나리스텐 뉴스」 No. 17, 1984)

소개받은 오쓰카입니다. 우선 무엇보다도 야스이 선생님께서 아주 훌륭하게 번역해주셔서 진심으로 감사하다는 말씀을 드립니다.

오늘 이런 근사한 모임에 참가하게 된 것도 정말 고맙게 생각합니다. 거듭 말씀드리자면 오늘 출석해주신 마흔몇 분 외에 또 새로이 마흔몇 권의 매상을 올릴 수 있게 되어 저희 이와나미쇼텐으로서는 영광이며 앞으로도 잘 이끌어주시면 감사하겠습니다.

저는 이십몇 년 동안 편집 일을 해왔습니다. 편집자라는 직업은 대체로 구로고(黑子: 가부키에서 배우 뒤에서 검은 옷을 입고 시중드는 사람—옮긴이) 같은 사람이어서 이런 영광스러운 자리에 나와서는 안 된다고 생각하고 있습니다만, 저를 지명해주셨으므로 혹시 책임을 다할 수 있다면 하는 마음에, 이번 『세기말의 빈』이라는 책과 관련하여 야스이 선생님이 어떤 일을 하셨는지, 또 원저자인 쇼르스케 씨와의 관계가 어떤 것이었는지, 두세 가지 소개할까 합니다.

먼저 선생님의 일하는 방식은 조금 전에 마쓰모토 선생님께서 말씀하신 것처럼 완벽주의라고 할까요, 말 그대로 철저하셔서, 이것을 한마디로 말하자면, 이번 책은 분명히 쇼르스케 선생님의 원저 『Fin-de-siècle Vienna: Politics and Culture』보다 완벽한 책이라고 말씀드릴 수 있다는 것입니다.

왜 이런 말을 할 수 있는가 하면, 야스이 선생님은 예컨대 클림트나 링슈트라세를 만든 건축가 바그너 등에 대한 모든 문헌을 전부 섭렵하시고, 원저자인 쇼르스케 선생님이 영어로 번역한 호프만스탈의 시에 이르기까지 전부 독일어 원저를 확인하셨습니다. 그러므로 원저에 있는 여러 가지 오류, 이것은 영미계 연구자에게는 왕왕 있는 일입니다만, 비교적 거칠게 인용한 것들에 대해서도 이번 책에서는 원저 이상으로 정확하고 또 이전에 없었던 번역문까지 붙어 있습니다. 그러므로 분명 말 그대로 원저 이상으로 완벽한 책이라 말씀드릴 수 있다고 생각합니다.

그리고 아마 보셨을 줄 압니다만, 『아사히신문』의 서평 말미에 "근래 보기 드문 명역"이라고 쓰였습니다. 사실 그 서평을 쓴 분은 다네무라 스에히로(種村季弘)라는 독문학자입니다. 이 분은 독문학자이긴 합니다만 유럽문화사 전반에 정통한 사람으로, 그 자신도 여러 가지 재미있는 글을 많이 썼습니다. 책도 많이 냈는데 팬도 굉장히 많고 좀처럼 다른 사람을 칭찬하지 않는 분입니다.

그런 분이 "근래 보기 드문 명역"이라고 말했다는 것은 그 이상의 칭찬이 없다는 뜻입니다.

다음으로 원저자인 쇼르스케 선생님과의 관계를 말씀드리자면, 이것은 재작년(1981) 봄의 일이라고 기억합니다만, 교토에서 야스이 선생님과 쇼르스케 선생님 부부와 함께 하룻밤 회식을 했습니다. 그때 쇼르스케 선생님은 국제교류기금의 초빙으로 일본에 오셨습니다.

쇼르스케 선생님은 원래 정치사상가로 SPD(독일사회민주당) 연구자로서도 굉장히 유명한 분입니다. 따라서 일본에 초빙했을 때도 거의 정치학자들이 중심이었습니다. 그래서 일본에 오신 쇼르스케 선생님과 야스이 선생님이 환담을 나누셨던 것인데, 그때 정말 놀랄 만한 일이 일어났습니다.

두 분은 초면이었는데도 무려 세 시간 이상이나 무척 즐거운 대화를 나누셨습니다. 우연히 저도 그 자리에 함께 하는 영광을 누렸습니다만, 사실 저 혼자 그렇게 흥분한 것이 아니라 무엇보다 쇼르스케 선생님이 무척 기뻐하셨습니다. 그분은 일본 국제교류기금의 책임자인 하기와라 노부토시(萩原延壽) 씨에게 일본에서 가장 즐거웠던 일은 야스이 선생님과의 환담이었다고 말씀하셨다고 합니다. 하기와라 노부토시 씨는 저에게 전화까지 해서, 쇼르스케 선생님이 그런 말씀을 하셨다고 감사의 뜻을 전해왔습니다. 쇼르스케 선생님이 그 일을 일본에서 가장 즐거운 추억으로 느끼셨다는 것을 말씀드리는 것입니다.

아울러 말씀드리자면 쇼르스케 선생님은 정치사상가로서 무척 유명한 분이고 야스이 선생님은 경제학자로서 유명하십니다만,

두 분 다 직접적인 전공이 아닌 영역에서 이 정도의 일을 해내셨고, 게다가 여러 가지 어려운 언어적 측면을 넘어 세 시간 이상이나 정말로 마음을 터놓고 이야기를 나누셨다는 것은 훌륭한 기회였다고 생각합니다. 저는 20년간 편집자로 일하면서 이런저런 분들과 그런 자리를 같이했습니다만 정말 보기 드문 기회였습니다.

마지막으로 사적인 일을 말씀드리게 되어 송구스럽습니다만, 사실 야스이 선생님께서는 10년 전 제가 이와나미신서의 편집부에 있을 때부터 여러 가지 일로 찾아뵈었습니다. 댁으로 찾아뵐 때마다 선생님께서는 "자네, 이런 책 읽어봤나?" 하시거나 "이런 책을 알고 있는가?" 하시면서 차례로 책을 보여주셨습니다. 물론 그 대부분은 모르는 책이었습니다. 그래서 어떻게든 선생님께서 하시는 말씀을 반이라도 이해하려고 필사적으로 공부해서 지금까지 그럭저럭 파문당하지 않고 친분을 유지하고 있는 형편입니다.

여러분은 도쿄대학이나 도호쿠대학의 세미나 출신이라고 들었습니다만 저는 완전히 사적인 야스이세미나의 현역이라고 말씀드리고 싶습니다. 처음에는 이 자리에 있는 것이 너무 어울리지 않는다는 느낌을 가지고 있었습니다만, 지금 말씀드린 것이 오늘 이 모임에 참가한 구실이라도 되지 않을까 생각합니다.

오늘은 정말 대단히 감사했습니다.

이 책을 출판한 후 '빈 붐'이라고 할 만한 현상이 일어나 클림트나 코코슈카가 유행했다. 그러나 이 책만큼 빈 문화의 핵심에 다가간 책은 없는 것 같다.

편집자는 패배자인가

이제 아베 요시오 씨의 『최후의 '일본인'―아사카와 간이치의 생애』에 대해서 이야기하려고 한다. 이 책은 '강좌·정신과학'을 담당한 U군에게 편집 실무를 부탁했다. U군에 대해서는 여러 가지 추억이 있는데, 그중에서 그가 편집부로 옮겨왔을 때의 일을 말하기로 하자.

U군은 입사한 이래 쭉 영업부에 있었다. 영업부에서는 특이한 존재였는데, 시간만 나면 창고로 들어가 요즘 나온 책만이 아니라 옛날에 나온 책까지 이런저런 책을 읽고 있다는 소문이었다. 특히 고다 로한(幸田露伴, 1867~1947)의 책이 그의 애독서라는 것을 나중에 알았다.

그 U군이 편집부로 옮겨오기 직전, 당시 그가 배속하게 될 과의 책임자였던 나는 어느 날 저녁 그를 데리고 오쓰카(大塚)에 있는 술집으로 갔다. 거기서 편집부원의 기본적인 마음가짐 등을 이야기했는데, 조금 술이 들어가자 그는 다음과 같은 말을 내뱉었다.

"하지만 편집자야 뭐 결국 패배자 아닌가요? 글을 쓸 수 없는 사람이 어쩔 수 없이 하는 일이니까요."

나는 이 말을 듣고 놀랐다. 분명히 편집자였다가 소설가가 되거나 학자가 되는 예가 적지는 않았다. 그러나 나는 그가 말한 대로 생각한 적은 한번도 없었고, 편집자의 일은 작가나 연구자의 일과는 전혀 다른 것이라고 생각해왔기 때문이다. 그래서 나는 U군에게 이렇게 말했다.

"자네의 의견에 대해 지금 여기서 반론하지는 않겠네. 다만 1년간 편집 일을 한 다음에 다시 한 번 이야기하세."

U군이 아베 요시오 씨의 책을 편집하게 된 것은 편집부로 옮겨온 지 얼마 되지 않아서였다. 아베 씨가 주제로 삼은 아사카와 간이치는 전전에 미국의 예일대학에서 법제사(法制史)를 강의하던, 국제적으로 알려진 학자였다. 일본과 유럽의 봉건제에 대한 연구를 통해 역사가인 마르크 블로크(Marc Bloch)와도 친교가 있었다. 이리키문서(入來文書) 연구는 아주 유명하다. 미국과 일본 사이에 벌어지는 사태의 형세가 이상해지자 미국 땅에 있으면서 어떻게든 개전을 피해보려고 미국정부에 적극적으로 손을 썼다. 한편 일본정부에도 호소하려고 했지만 연줄이 없어서 이와나미 시게오 등을 통해 정치가나 지식인들에게 개전 반대의 뜻을 전하려고 했다.

이러한 아사카와 간이치의 모습을 저자 아베 요시오는 훌륭하게 포착해냈다. 그러나 애석하게도 아사카와를 상찬한 나머지 필요 이상의 형용사를 쓴다거나 지나치게 장식적인 문장 때문에 오히려 역효과를 내는 원고가 되고 말았다. 그래서 나는 교정쇄의 10페이지까지만 철저하게 교정하여, 가능한 한 사실을 전하는 문장으로 깔끔하게 다듬었다. 그것을 U군에게 보여주고 나머지 원고도 그런 식으로 손보도록 했다. 물론 저자의 양해를 얻어야만 했다. 그것은 예사로운 편집작업이 아니었다. U군이 필사적으로 노력한 결과, 명저라고 해도 과언이 아닌, 아사카와 간이치의 평전을 완성할 수 있었다.

이 책은 많이 팔렸다. 아사카와의 고향 후쿠시마(福島) 니혼마쓰(二本松)의 서점에서는 특별히 많이 팔린 모양이었다. 국제문화회관에서 열린 출판기념회에는 니혼마쓰 분들이 많이 참석하여 대성황을 이루었다. 이 책은 1994년에는 '동시대라이브러리'에, 2004년에는 '이와나미현대문고'에 수록되어 더 많은 독자들이 읽게 되었다.

이 책을 간행한 후 얼마 지나지 않아 U군이 나에게 "밤에 저한테 시간 좀 내주시겠습니까?" 했다. 진보초(神保町)에 있는 아키타(秋田) 요리점에서 술을 마시기 시작하자마자 U군은 이렇게 말했다.

"제가 편집부로 옮겨오기 전에 말한 것은 틀렸습니다. 편집이라는 일이 뭔지, 어렴풋이 알 것 같습니다."

오쓰카의 술집에서 그 이야기를 하고 나서 1년 이상의 시간이 지났다. '강좌·정신과학'을 담당하던 U군은 그 후 특색 있는 책을 몇 권 내고 강좌의 부산물인 총서 일도 착수했다. 그리고 몇 년 후 그의 염원이었던 『전집 구로사와 아키라』(全集黑澤明, 全六卷, 1987~88)를 내게 되었다.

이와나미쇼텐에서는 작가의 전집을 다수 간행했는데 시나리오 전집은 처음이었다. 이 전집을 기획한 데는 당초부터 여러 가지 어려움이 따랐다. 그러나 U군의 열의가 거장 구로사와 아키라를 움직였고 나아가 기획을 성립시켰다.

나는 U군을 따라 두 번 구로사와 아키라 씨를 만나러 갔다. 고텐바(御殿場)의 별장을 방문했을 때 구로사와 씨는 서고에서 러시아 아방가르드에 관한 책을 가져와 "이 붉은 장정을 쓰고 싶네"라고 했다. 전집의 장정은 그것으로 정해졌다.

전집은 대성공이었다. 그러나 U군은 그 후 큰 사고를 당해 퇴직하고 말았다.

저자의 야간 기습과 새벽의 기습

현대선서의 『문화의 시학』 I·II는 꼭 언급하고 싶다. 야마구치 마사오 씨의 저작 중에서 내가 가장 애착을 가지고 있는 책이고 그의 광대한 지(知)의 존재 방식을 가장 잘 드러내는 모범이라고 생각하기 때문이다. 이 두 권의 목차를 소개한다.

『문화의 시학』 I권
서론 치아파스 고원의 카니발―또는 축제의 변증법
제1부
  I. 옥타비오 파스와 역사의 시학
  II. 옥타비오 파스와 문화기호론
  III. 『겐지 이야기』의 문화기호론
  IV. 문화기호론 연구에서 '낯설게 하기'의 개념
  V. 문화인류학과 현상학
  VI. 정신의학과 인간과학의 대화
제2부
  VII. 취약성(vulnerability)에 대하여―잠재적 흥기로서의 '일상생활'
  VIII. 스커트 안의 우주
  IX. '예수의 방주'의 기호론―매스미디어와 관계의 구조성에 대하여
  X. 전람회 카탈로그와 사귀는 방법

『문화의 시학』 II권

제1부

 I. 정치의 상징인류학을 향하여

 II. 근원적 퍼포먼스

 III. 문화 안의 문체

 IV. 속죄양의 시학

제2부

 V. 여성의 기호론적 위상―크리스테바의 『중국여성들』을 둘러싸고

 VI. 기호로서의 나부(裸婦)―오에 겐자부로 또는 나체의 상상력

 VII. 발로 본 세계

제3부

 VIII. 교환과 매개의 자장

 IX. 책이라는 이름의 극장

이 목차를 보는 것만으로 당시의 그 열띤 상황이 눈앞에 되살아난다. 야마구치 씨는 외국에 나가 있는 경우를 빼고 매일 아침 여덟 시가 지나면 나한테 전화를 했다. 15분에서 30분 정도, 어제 무슨 일을 했는지, 오늘 무슨 일을 하려고 하는지를 이야기했다. 아내한테 자주 "마치 연인 사이 같네요"라는 핀잔까지 들었다.

나와 야마구치 씨는 재미있을 것 같은 전람회가 있으면 같이 가서 보고, 눈에 띄는 연극이나 연주회는 반드시 관람했다. 그가 주최하는 연구회에도 얼굴을 내밀지 않으면 심기가 상했다. 다른 출판사나 잡지 편집자와 만날 때도 내 시간이 괜찮으면 합류했다. 밤낮을 가

리지 않고 시간이 있으면 맥주집이나 술집에서 술을 마시고 이야기를 나누었다. 때로는 그의 집으로 가서 국내외에서 구입한 책 가운데 같은 걸 두 권 가지고 있는 것을 받아오기도 했다.

그의 외국 친구가 일본을 방문할 때도 자주 같이 어울렸다. 미국의 저명한 문화인류학자 마셜 살린스(Marshall David Sahlins, 1930~) 부부가 왔을 때는 그 부부와 저녁식사를 하는 자리에 같이 있었고 다음날에는 살린스 부인의 골동품점 탐방을 안내했다. 하긴 그런 때 야마구치 씨는 나타나지 않았다. 좀처럼 없는 일이긴 했지만 술집에서 곯아떨어진 그를 다음날 아침 데리러 가기도 했다.

이러한 생활을 하면서도 그는 용케도 이 책에 모아놓은 논고를 잇따라 집필했던 것 같다. 확실히 기호론은 무엇이든지 분석의 대상으로 삼을 수 있었다. 그러므로 그는 이 책에 있는 것처럼 닥치는 대로 베어나갔다. 워낙에 솜씨가 좋기 때문에 그 행위는 그칠 줄을 몰랐다. 이러한 상황은 『헤르메스』의 창간으로 더욱 뜨거운 양상을 드러냈다. 그것은 곧 자세하게 이야기할 기회가 있을 것이다.

여기서는 어느 날 밤 오에 겐자부로 씨와 셋이서 술을 마실 때의 한 장면을 소개하고자 한다. 오에 씨가 카운터의 꽃병에서 꽃을 뜯어 위스키에 담갔다가 그것을 술잔 깔개 뒤에 붙여 모양을 그렸다. 그것을 보고 있던 야마구치 씨는 그 위에 먼저,

하이누벨레[21]

---

21) 하이누벨레의 주검에서 감자가 생성되었다는 인도네시아 벨마레 족의 신화.

　　　　기호론과는

　　무관　　　昌

이라고 썼다. 그것을 받아 오에 씨가,

　오오게쓰

　　　　히메[22]도

　마이크로

　　　　코스모스　　健

이라고 덧붙였다. '하이누벨레'란 Y씨라는 신화학자가 그것에 대해 책을 썼기 때문에 쓴 말이다. 그리고 '오오게쓰 히메'는 그때 셋이서 그것에 대해 이야기를 하고 있었기 때문에 나온 말이다. 당시 야마구치 씨의 기호론, 그 의기양양함이 어떤 것이었는가를 상상할 수 있을 것이다.

준재들의 모임

1983년 내가 기획하고 입안하여 간행한 책은 앞에서 말한 대로다. 이 해에 '예의 모임'의 주니어판이라고 할 만한 모임을 만들었다. 처음에는 '신인회'(新人會)라고 했는데, 2, 3년 후에는 '현대문화연구회'라고 부르게 되었다. 그리고 얼마 안 있어 이름은 사라졌

---

22) 大宜都比賣. 식물을 관장하는 일본신화 속의 여신.

다. 그러나 모임은 5, 6년 가까이 계속되었던 것 같다.

당초의 멤버는 이토 도시하루(伊藤俊治: 미술평론) · 오카자와 시즈야(丘澤靜也: 독일문학) · 쓰치야 게이이치로(土屋惠一郎: 법철학) · 도미나가 시게키(富永茂樹: 프랑스사상사) · 도미야마 다카오(富山太佳夫: 영문학) · 나카자와 신이치(中澤新一: 종교학) · 노에 게이이치(野家啓一: 철학) · 하나무라 세이이치(花村誠一: 정신의학) · 마쓰오카 신페이(松岡心平: 국문학) · 야쓰카 하지메(八束はじめ: 건축) 등이었다. 그리고 나중에 오치아이 가즈야스(落合一泰: 문화인류학) · 사토 요시아키(佐藤良明: 미국문학) · 모리탄 아키오(森反章夫: 사회학) · 오쿠데 나오히토(奧出直人: 미국연구) 등이 가담했다.

당시 그들은 조교나 강사였는데 2, 3년 후에 조교수가 되는 사람도 있었다. 다들 예리한 신진 연구자였던 것이다.

우리는 매월 한 번 모임장소(이와나미쇼텐의 회의실)와 식사를 제공할 뿐이었고, 멤버들 가운데 한 사람이 보고하고 그것을 받아 모두가 논의를 했다. 전문 분야는 달라도 각각 일당백을 하는 사람들이라 논의는 뜨거웠고 무척 재미있었다. 이와나미 측은 나 외에도 T군과 신입사원 K군이 참가했다.

때로는 게스트를 초빙하는 경우도 있었다. 예컨대 연극의 기사라기 고하루(如月小春) 씨나 현대음악의 이치야나기 도시(一柳慧) 씨, 종교학의 우에시마 게이지(植島啓司) 씨나 정신의학의 신구 가즈시게(新宮一成) 씨, 또는 국문학의 다나카 유코(田中優子) 씨나 프랑스문학의 마쓰우라 히사오(松浦壽夫) 씨 등이었다. 또 야쓰카 하지메 씨의 신축 자택을 보러 간 적도 있었다. 빈 분리파의 건축을 생각나게 하는 독특한 건물이었는데, 야쓰카 씨의 훌륭한 감각이 모든 사람들의 화제가 되었다.

각각의 멤버가 그때그때 관심을 가지고 있는 테마에 대해 이야기했는데, 설사 그 테마가 충분히 구체화되지 않은 경우라도 다른 분야 사람들로부터 의견을 들음으로써 상당히 참고가 되었다며 수년 후 몇 사람이 내게 말했다. 멤버 가운데 나카자와 신이치 씨만은 좀처럼 나타나지 않았는데, 생각지도 않을 때 두세 명의 친구들을 데리고 나타나기도 했다. 도미나가 씨는 교토에서, 노에 씨는 센다이(仙臺)에서 참가했는데 5, 6년 동안 참으로 열심히 참석해주었다.

시간도 에너지도 충분

모임의 멤버들은 지금 각각의 전문 분야에서 일인자가 되어 활약하고 있다. 당시에는 대부분 시간도 에너지도 충분히 가지고 있었으므로 각 멤버들에게 많은 일을 하게 할 수 있었다. 아니, 많은 일을 강요했다고 표현하는 것이 더 정확할지도 모르겠다.

가장 좋은 예는 도미야마 다카오 씨일 것이다. 앞에서 그가 번역한 세보크의 『셜록 홈즈의 기호론―퍼스와 홈즈의 비교 연구』에 대해 썼는데, 그 후 조너선 컬러의 『탈구축』(*On deconstruction: theory and criticism after structuralism*, ディコンストラクション) Ⅰ·Ⅱ(1985, 오리시마 마사시 折島正司와 공역), 스콜즈(Robert E. Scholes, 1929~)의 『기호론의 즐거움―문학·영화·여자』(*Semiotics and interpretation*, 記號論のたのしみ―文學·映畵·女, 1985), 달시머(Katherine Dalsimer, 1944~)의 『사춘기의 소녀들―문학으로

보는 성숙과정』(*Female adolescence: psychoanalytic reflections on works of literature*, 思春期の少女たち─文學にみる成熟過程, 1989, 미요시 미유키三好みゆき와 공역), 갤럽(Jane Gallop, 1952~)의 『라캉을 읽다』(*Reading Lacan*, ラカンを讀む, 1990, 시이나 미치椎名美智・미요시 미유키와 공역), 돔호프(G. William Domhoff, 1936~)의 『꿈의 비법─세노이족의 꿈 이론과 유토피아』(*The mystique of dreams*, 夢の秘法─セノイの夢理論とユトピア, 1991, 오쿠데 나오히토와 공역)의 번역을 연거푸 부탁했다.

그 이후 지금까지 도미야마 씨는 자신의 저작을 포함하여 몇 권이나 냈는지 모르겠다. 도미야마 씨가 감당할 수 있는 범위는 굉장히 넓은 데다 무엇보다 안심하고 맡길 수 있었기 때문이다. 그러므로 편집부에서 힘에 부치는 나쁜 번역문을 받았을 때는 자주 그에게 도움을 청했다. 전문 영역에서 저명한 사람이라도 꼭 번역을 잘하거나 번역이 정확하다고 할 수 없는 법이다. 외부에 밝힐 수 없는 감춰진 일을 그에게 억지로 떠맡긴 경우가 아주 많았다.

그런데 내가 도미야마 씨에게 떠맡긴 최대의 일은 뭐니뭐니 해도 『이와나미-케임브리지 세계인명사전』(岩波=ケンブリッジ 世界人名辭典, 1997)일 것이다. 일본판 편집주간을 그에게 부탁했는데 도미야마 씨는 가네코 고지(金子雄司) 씨와 함께 정말 성가신 일을 맡아주었다. 나중에 내가 편집이사와 사전이사를 겸하게 되었을 때의 일이었다. 해박한 지식의 소유자인 도미야마 씨를 믿고 의뢰했는데 그 판단에 틀림은 없었다.

이 사전을 만들 때는 도미야마・가네코 편집주간 외에 가니 히로아키・가와이 히데가즈(河合秀和)・사토 후미타카(佐藤文隆)・사와 다카미쓰(佐和隆光)·다키 고지·도쿠마루 요시히코·나카무라 유지로·야마우치 마사유키(山內昌之) 등이 일본어판 편집위원이었다. 모두들 잘 아는 분들이었다.

야마우치 마사유키 씨는 나중에 『이와나미 이슬람 사전』(岩波イスラーム辭典, 2002)의 편집위원이 되어주었다. 이밖에도 야마우치 씨와 그의 부인에게는 참으로 많은 신세를 졌다. 그는 대작 『납득하지 않았던 남자―엔베르 파샤, 중동에서 중앙아시아로』(納得しなかった男―エンヴェル・パシャ 中東から中央アジアへ, 1999) 외에 다수의 책을 집필했는데, 나중에 당시의 정치상황이 너무나도 변변치 않아서 '긴급출판'의 형식으로 『정치가와 리더십―파퓰리즘을 넘어서』(政治家とリーダーシップ―ポピュリズムを超えて, 2001)를 집필한 일은 잊을 수 없는 추억이 되었다.

또 오카자와 시즈야 씨에게도 여러 가지 일을 부탁했다. 오카자와 시즈야 씨는 1984년 『올리브 숲에서 이야기를 나누다―판타지·문화·정치』(*Phantasie/Kultur/Politik: Protokoll eines Gesprächs*, オリーブの森で語り合う―ファンタジー・文化・政治)를 비롯하여 미하엘 엔데(Michael Ende)의 작품을 번역했다. 1985년 『거울 속의 거울―미궁』(*Der Spiegel im Spiegel: Ein Labyrinth*, 鏡のなかの鏡―迷宮), 1986년 『유산상속 게임―5막의 희비극』(*Die Spielverderber: Eine komische Tragödie in fünf Akten*, 遺産相續ゲーム―五幕の悲喜劇), 1987년 『꿈의 보로시―한밤중에 조그만 소리로 노래하다』(*Trödelmarkt der Träume*, 夢のボロ市―眞夜中に小聲でうたう), 1989년 『미하엘 엔데의 스나크[23] 사냥』(*Die Jagd nach dem Schlarg*, ミヒャエル・エンデのスナーク狩り), 1988년

엔데와 크리히바움(Jörg Krichbaum, 1945~)의 『어둠의 고고학―화가 에드가 엔데를 말한다』(*Die Archäologie der Dunkelheit: Gespräche, über Kunst und das Werk des Malers Edgar Ende*, 闇の考古學―畵家エトガ・エンデを語る), 1992년 엔데와 보이스(Joseph Beuys)의 『예술과 정치를 둘러싼 대화』(*Kunst und Politik: ein Gespräch*, 藝術と政治をめぐる對話) 등을 번역한 것이다.

또 1996년에는 엔데가 엮은 『미하엘 엔데가 읽은 책』(*Mein lesebuch*, M・エンデが讀んだ本)을 번역했다. 장자(莊子)・슈타이너・괴테・헤리겔(Eugen Herrigel)・귀스타브 르네 호케・도스토예프스키・마르케스・보르헤스 등 스물다섯 명의 사상가나 작가의 글이 수록된 흥미로운 책이었다.

오카자카 씨는 그의 저작 『몸의 지혜, 마음의 근육―헤엄치다・달리다・생각하다』(からだの知慧 こころの筋肉―泳ぐ・走る・考える, 1990)가 보여주는 것처럼 신체와 정신의 균형을 중시하는 특이한 사상의 소유자이며 독특한 말투와 함께 깊이 인상에 남아 있다. 지금도 때로는 수영이나 조깅 이야기를 보내와 자극을 주고 있다.

나카무라 유지로 씨의 제자에 해당하는 법철학 전공자 쓰치야 게이이치로 씨도 재미있는 사람이었다. 그는 폴 리쾨르의 『현대의 철학』 I(1982, 사카모토 겐조坂本賢三 등과의 공역)을 번역했고 『헤르메스』에 글을 실었으며, 나중에 수많은 책을 냈다. 초기 저작으로는

---

23) Snark. 루이스 캐럴(Lewis Carrol)의 시 「스나크 사냥」(The Hunting of the Snark, 1876)에 나오는 괴동물.

『겐로쿠 배우전』(元禄俳優伝, 1991) 『독신자의 사상사—영국을 읽는다』(獨身者の思想史—イギリスを讀む, 1993)가 있다.

쓰치야 씨는 사상사가로서 일하는 한편 특이하게 흥행사로서의 재능도 갖고 있었다. 마쓰오카 신페이 씨와 함께 '하시노카이'(橋の會)라는 노(能)의 혁신적 조직을 만들어 오랜 시간에 걸쳐 고전을 복원한 일은 잘 알려져 있다. 지금은 마쓰오카 씨 등과 함께 '노가쿠칸제자'(能樂觀世座)를 만들어 의욕적으로 노를 상연하고 있다. 나도 쓰치야·마쓰오카 두 분 덕분에 노 공연을 수없이 접할 수 있었다.

마쓰오카 신페이 씨는 중세 예능의 전문가인데, 독특한 관점으로 일본문학의 재미를 우리에게 전해주고 있다. 우리 연구회에서도 '치고'(稚兒)[24]에 대해 보고해준 적이 있다. 그의 최근 저작은 『연회의 신체—바사라에서 제아미로』(宴の身體—バサラから世阿弥へ, 1991)인데, 그 후 그의 활약은 아는 사람만 안다.

야쓰카 하지메 씨는 이미 '20세기 사상가문고'로 『르 코르뷔지에』(*Le Corbusier*, 1983)를 냈다. 그는 최근에 『사상으로서의 일본 근대건축』(思想としての日本近代建築, 2005)이라는 대작을 내기도 했다.

노에 게이이치 씨는 그 후 몇 권의 책을 냈는데, 나중에 다시 말하게 될 것이다. 그 밖의 멤버들도 이제 모두들 일가를 이루었는데, 20년 전의 젊디젊은 한 사람 한 사람의 모습이 뇌리에서 사라지지 않는다.

---

24) 사찰이나 신사의 제례 때 곱게 단장하고 참가하는 어린이.

5. 불가능에 대한 도전―『헤르메스』의 고리 I

"역사가란…… 항상 임기응변, 시대·시간을 역행하거나
수평이동을 하면서 자유자재로 이리저리 날아다니는 사람을 말한다.
　　　……만약 진부하게 '정신사'의 수호신을 찾는다면 그것은 뮤즈의
아홉 신들 중에서 클레이오도 아니고 아폴론도 아니다.
바로 비교秘敎의 원조인 오르페우스이며,
　　　　특히 명계·지상계·천상계의 사자=신인 헤르메스일 것이다."
……………………………………

문화 창조를 위한 계간지

무모한 시도

1984년에도 몇 권의 단행본과 현대선서를 냈다. 그리고 11월에는 새로운 시리즈 '여행과 토포스(topos)의 정신사'를 시작했다. 이것에 대해서는 곧 이야기할 것이다. 동시에 이 해는 이듬해인 1985년에 시작하는 '신이와나미강좌·철학' 준비를 위한 마지막 해이기도 했다. 앞에서도 말한 것처럼 대형 강좌라면 최소한 3년의 준비 기간이 필요한데, 이 강좌의 경우에는 1982년 이후, 특히 편집위원들 사이를 열심히 조정했다. 1983년부터 1984년에 걸쳐서는 기획을 최종적으로 확정하고 집필 의뢰를 해야 하는 무척 바쁜 시간이었다.

그러나 나는 이런 상황인데도 더욱 무모한 계획을 실현시키려고 했다. '총서·문화의 현재'의 연장선상에서 계간 문화잡지를 창간하려고 시도한 것이다. 1983년 가을 회사 전체의 장기 편집회의에서 승낙을 얻어내고 이듬해에는 어떻게든 시작할 예정으로 준비했다. 계간 『헤르메스』가 그것이었다.

1년에 한 번 열리는 장기 편집회의에서 나는 계간 『헤르메스』를 창간하려는 의도를 다음과 같이 설명했다. "일본을 대표하는 학자와 예술가의 협동 작업으로 풍속적인 차원까지 포함한 현대문화를 전체적으로 파악하고 21세기를 향해 새로운 지식의 방향과 진정으로 풍부한 문화 창조의 가능성을 탐색한다"라고. 그러나 말로는 쉽지만 막상 실현하기에는 쉽지 않은 과제였다.

　첫째로, 편집동인제(同人制)를 한다면 누구를 동인으로 할 것인가 하는 난제를 해결해야 했다. 학자 측은 비교적 쉽게 정할 수 있었다. 지금까지 말한 것처럼 야마구치 마사오 씨와 나카무라 유지로 씨의 활약이 압도적이었기 때문이다. 그리고 예술 측에서 오에 겐자부로 씨를 가담시키는 데도 아무런 문제가 없었다. 그러나 예술 측에서 오에 씨 외에 누구를 참가하게 하느냐가 고민이었다. '예의 모임'과 '총서·문화의 현재'라는 흐름 속에서 저절로 부상해온 사람은 다음 세 명이었다. 건축의 이소자키 아라타, 시인인 오오카 마코토, 음악의 다케미쓰 도루 씨였다.

　이들 여섯 분은 흔쾌히 편집동인이 되어주기로 했다. 그뿐 아니라 가능한 한 협력을 아끼지 않겠다는 약속까지 해주었다. 앞으로 구체적으로 이야기하겠지만, 여섯 분의 지대한 협력이 없었다면 계간 『헤르메스』는 탄생하지 못했을 것이다. 여섯 분은 제각기 국제적으로 인정받고 있어서 연달아 일이 밀려드는 상황이었다. 그런데도 그만큼의 시간과 에너지를 계간 『헤르메스』에 쏟아준 것은, 지금 생각하면 하나의 기적이라고밖에 말할 수 없다.

산토리사에 감사한다

 둘째, 잡지명을 무엇으로 할까? 여러 가지 안이 나왔다. 유력한 것은 '매개자'와 '헤르메스'였다. '매개자'는 '총서·문화의 현재'의 편집회의 때 자주 사용된 말이다. '총서·문화의 현재' 제8권은 『교환과 매개』라는 제목이었다. 이 말은 목차에는 쓰이지 않았지만, 각 권의 마지막에 그 책 전체를 조망할 때 각 논고가 가지고 있는 의미를 명확히 해주는 사람이 반드시 나타났다. 그것이 '매개자'였다. 이 역할은 중요했으므로 편집위원에게 맡겼다. '총서·문화의 현재'가 학문과 예술에 다리를 놓는 것을 의도했던 것처럼 이 잡지도 다양한 이질적인 요소 사이의 다리와 매개 역할을 꾀했던 것이다. 가로되 학문과 예술, 고급예술과 대중예술, 남성과 여성, 정신과 신체, 도시와 전통사회, 서양과 동양 등등. 따라서 '매개자'라는 이름은 버리기 힘든 것이었다.

 한편 처음부터 '헤르메스'를 추천한 사람은 야마구치 마사오 씨였다. 탈영역의 지성과 자유자재로 변환하는 행동은 야마구치 씨가 트릭스터에 부여한 특성이었는데, 그것을 체현하는 존재를 찾는다면 그리스 신화에 등장하는 헤르메스신 이외에는 없었다. 많은 논의를 거친 후에 결국 '헤르메스'로 하자는 의견으로 모아졌다.

 그러나 여기서 생각지도 못한 장애에 부딪혔다. 편집부에서 이것저것 조사해봤더니 '헤르메스'라는 말은 산토리주식회사가 상표로 등록해두고 있었다. 주류는 물론이고 잡지나 책에도 사용할 수 없다고 했다. 그렇다면 '헤르메스'를 잡지명으로 사용할 수 없었다. 모두가 곤란해 하고 있을 때 갑자기 야마구치 씨가 헤르메스적 행동으로 나왔다. 어떤 사람을 중간에 내세워 직접 산토리의 사장과 교섭하자는 안이었다. 당시 야마구치 씨는 산토리의 선전부장인 K씨와 친했기 때문에 K씨에게 부탁하여 S사장의 양해를 얻자고 말하면서 곧장 K씨에게 전화를 했다.

나중에 나와 편집동인과 친해진 K씨는 사장에게 동인들의 면면을 전하고 특별히 허락해달라고 요청했던 모양이다. 그 결과 산토리사는 정식으로 그 이름을 사용할 수 있도록 허락해주었다. "이런 예는 들어본 적도 없습니다" 하고 이와나미의 상표 관련 일을 담당하는 고문 변호사가 말한 것처럼 무척 드문 일이었다. 그래서 산토리사에 감사하면서 또 다소 삼가는 마음도 있어서 잡지명을 계간 『헤르메스』(へるめす, 가타카나 'ヘルメス'가 아니라 히라가나-옮긴이)로 하기로 결정했다.

편집동인들의 역작

그런데 잡지명은 정해졌지만 구체적으로 어떤 잡지로 만들 것인지, 편집동인도 편집부도 확실한 이미지를 그리고 있었던 것은 아니었다. 편집부원은 T군과 신입사원인 K군, 그리고 내가 편집장을 맡았다. 애초에 이와나미쇼텐에서는 컬러 도판이 들어간 잡지를 낸 경험이 거의 없었다. 내가 신입사원이었을 때 경험한 『사상』은 잡지라고 해도 그림은 없고 활자뿐이었다. 대학 학술지에 가까운 것이었다.

그래서 편집동인과 의논하여 우선 계간 『헤르메스』라는 로고를 포함하여 표지 디자인을 누구에게 의뢰할지 검토했다. 이소자키 아라타 씨의 강력한 추천도 있어서 구로다 세이타로(黑田征太郎) 씨에게 부탁하기로 했다. '잘나가는' 일러스트레이터인 구로다 씨가 맡아줄지 걱정되었지만, 만나서 의뢰하자 "이 편집동인들 면면이라면 맡지 않을 수가 없지요"라며 흔쾌히 승낙해주었다.

구로다 씨는 여러 모로 생각해보고 새(鳥) 시리즈로 표지를 만들었다. 까마귀 같은 새 표지는 창간호 이래 호평을 받아 제18호까지 이어졌다.

잡지의 얼굴인 표지가 정해졌기 때문에 다음에는 지면 구성과 레이아웃을 누구한테 부탁할지가 문제였다. 이것은 회사 내의 베테랑 제작자인 S씨와 의논해서 시가 노리코(志賀紀子) 씨의 디자인 사무소에 부탁하기로 했다. 시가 씨를 비롯하여 서너 명의 유력한 스태프가 있었기 때문이다.

지금 생각하면 편집장인 나를 비롯하여 완전한 초보들이 잡지 만드는 일, 그것도 센스가 좋아야 하는 문화잡지의 편집에 도전했으므로 무턱대고 밀어붙이는 수밖에 없었다. 표지와 지면의 레이아웃 담당자가 결정되었다고 해도 내용을 어떻게 구성해야 할지, 편집 방침을 어떻게 해야 할지는 아무것도 정해지지 않았다. 그래서 나는 생각했다. '편집동인에게 전력을 다하게 하자. 그것들을 기본 골격으로 하고 나머지 지면은 젊은 사람들의 활력 있는 기사로 메우기로 하자.' 이런 방침을 정한 나는 T군과 K군에게 "잡지 편집장은 독재자여야 하니까"라고 입다짐해두고 목차를 만들기 시작했다.

잡지의 경우, 표지 다음으로 눈에 띄는 것이 권두의 그림일 것이다. 그래서 그것을 컬러 그라비아로 하고 이소자키 씨에게 '포스트모더니즘의 풍경'이라는 연재를 맡기기로 했다. 창간호는 「쉬프레마티스트 포토그래피」라는 제목으로 '자하 하디드(Zaha Hadid, 1950~)의 건축'에 대한 것이었다. 아마 이때가 처음으로 일반 독자의 눈을 끌 기회였던 것 같은데, 자하 하디드의 드라마틱한 일러스트레이션에는 앗 하고 숨을 죽이게 하는 것이 있었다. 게다가 이소자키 씨의 도발적인 문장이 그 드라마틱한 그림을 한층 돋보이게 했다. 사실 이소자키 씨의 그런 논의는 사람들을 놀라게 할 뿐만 아니라 모더니즘의 최종 형식인 쉬프레마티슴과 러시아 형식주의의 관계를 지적하고, 그것이 형식의 자율과 자동운동의 구체적 검증이라는 사실을 밝히는 것이기도 했다.

권두 논문은 야마구치 마사오 씨의 「룰루의 신화학—땅의 정령론」(ルルの神話學—地の精靈論)이었다. 19세기 말부터 1920년에 걸쳐 연극이나 예술의 화려한 주제였던 '룰루' 신화를 분석하고 나탈리 데이비스(Natalie Zemon Davis, 1928~)가 말하는 '거꾸로 된 세계'와의 관계에서 그 본질을 밝히는 논고였는데, 야마구치 씨가 아니면 쓸 수 없는 글이었다. 그리고 쥘 셰레(Jules Chéret) 등의 삽화도 시대의 분위기를 잘 표현하고 있었다.

다음으로 오에 겐자부로 씨는 소설 「아사마 산장의 트릭스터」(淺間山莊のトリックスター)를 써주었다. 너무나도 계간 『헤르메스』에 어울리게 이 소설은 "우리나라에 드문 인문학자 H·T(하야시 다쓰오)"의 죽음에서 시작되고 있었다. 이 소설을 읽고 나는 하야시 다쓰오 씨가 건강했을 무렵 오에 씨나 야마구치·나카무라 씨와 함께 여러 차례 하야시 씨를 만나던 일을 떠올렸다. 하야시 씨의 집으로 찾아갈 때도 있었고 도심의 레스토랑에서 같이 식사를 할 때도 있었다.

어느 날 하야시 씨 집에서 돌아오는 길, 후지사와(藤澤) 역의 플랫폼에서 별안간 야마구치 씨가 "우리는 네오플라토니스트가 된 기분이야"라고 했던 일을 잊을 수가 없다. 그때는 다카하시 이와오(高橋巖) 씨도 함께였다. 그 말대로 오에 씨의 이 소설은 신플라톤주의의 분위기가 농후하다고 생각했다.

오오카 마코토 씨는 연시(聯詩) 「칠흑 같은 밤, 하늘의 청소기 다가온다」(〈組詩〉ぬばたま25)の夜, 天の掃除器せまってくる)를 발표했다. 이 연시는 무척이나 재미있었다. 오오카 씨는 나중에 긴 평론을 쓰기도 하는데, 첫 회에 이런 자극적인 작품을 실을 수 있었던 것은 행운이었다. '권3 소곡집'의 「5. 일찍이 신이라 불린 타락천사의 노래」(五 かつて神と呼ばれし墮天使の唄)를 인용한다.

성(性)의 권태라고?
우아라고?
일어나라.
난 아수라다.
땅속에 살고 하늘을 달리고 바다 속에서 잔다.
투쟁을 좋아하고 여자에게 탐닉한다.
그렇다,
모두들 최상등의
엉덩이를 흔들며 맞이했던 거다.

---

25) 범부채열매라는 뜻인데 그 열매가 검은색이어서 밤이나 어둠을 수식하는 말로 관용적으로 쓰인다(마쿠라고토바枕詞).

둔덕 가득
해님을.

그리고 마지막으로 나카무라 유지로 씨는 「장소・통저・유행―토포스론의 전개를 위하여」(場所・通底・流行―トポス論の展開のために)로 잡지 전체를 매듭지었다. 발튀스(Balthus, 1908~2001)의 작품을 분석하면서 '인생의 단계'에 대해 논하고, 구마노비구니(熊野比丘尼)의 만다라 그림을 풀이하고, 나카가미 겐지(中上健次)의 작품까지 언급하는 이 논고는 그야말로 계간 『헤르메스』에 어울리는 역작이었다. 야마구치 씨의 경우도 그랬지만 나카무라 씨도 회화・연극・문학・역사・신화 등의 영역을 자유자재로 넘나드는, 마치 헤르메스신 같은 활약상을 보여주었다.

다양한 기획

이러한 편집동인의 역작이 잡지의 성격을 명확히 했으며 이로 인해 잡지의 구조가 확고하게 자리를 잡았으므로 이제 가능한 한 다양성을 표현할 수 있도록 젊은 집필진을 등장시키려고 했다. 그것을 열거하면 다음과 같다.

- 마쓰오카 신페이, 「바사라의 시대―퍼포먼스의 고고학」(バサラの時代―パフォーマンスの考古學)
- 아카세가와 겐페이(赤瀨川原平), 「가치를 만들다」(價值をつくる)

- 우에노 치즈코(上野千鶴子), 「젠더의 문화인류학」(ジェンダーの文化人類學)
- 곤도 조(近藤讓), 「현대음악의 불가능성, 또는 가능성」(現代音樂の不可能性, または可能性)
- 이토 도시하루, 「거울 속의 아이콘—새로운 사진 표현에 대한 한 관점」(鏡のなかのイコン—新しい寫眞表現への一視點)

그리고 가와이 하야오 씨와 마에다 아이 씨의 대담 「가부키초에서 미우라 씨까지—성풍속과 현대사회」(歌舞伎町から三浦さんまで—性風俗と現代社會, Decoding Culture ①), 다카하시 야스나리 씨의 「포박 풀기 레슨—베케트와 '세계극장'」(繩脫けのレッスン—ベケットと '世界劇場')을 배치했다. 번역도 두 개, 하나는 미하엘 엔데의 『거울 속의 거울』에 수록된 「이 신사는 문자로만 이루어졌다」(この紳士は文字だけからできている) 등을 오카자와 시즈야 씨의 번역으로 실었다.

칼럼난은 세 개를 만들었다.

「표현과 미디어」	「지의 방향」
기사라기 고하루	하나무라 세이이치
세오 이쿠오(瀨尾育生)	고마쓰 가즈히코
오노 고세이(小野耕世)	다카야마 히로시(高山宏)
미나미 신보(南伸坊)	도쿠마루 요시히코
미즈키 시게루(水木しげる)	다카하시 히데오

또 하나 「언어의 퍼포먼스」에는 여덟 명에게 매회 같은 테마로 한 페이지짜리 에세이를 부탁하기로 했다. 구체적으로는 다음과 같다.

다카마쓰 지로—색
요시하라 스미레(吉原すみれ)—빛
아사미 마사쿠니(淺見眞州)—소리(音)
스즈키 시로야스(鈴木志郎康)—선
시노다 마사히로—언어
우사미 게이지—면
스기우라 고헤이—신체
마미야 미치오—목소리(聲)

창간사

이것으로 창간호의 라인업이 정해졌다. 나머지는 창간사뿐. 몇 번에 걸쳐 모임을 한 뒤 오에 겐자부로 씨가 원안을 써오기로 결정했다. 오에 씨가 써온 글은 편집동인이 공유하는 마음을 훌륭하게 표현한 것이었는데, '예의 모임' '총서·문화의 현재'와 계속해온 협동작업의 성과를 반영하는 것이었다. 그 전문을 인용한다.

계간 『헤르메스』 창간에 즈음하여
현재 지(知)의 지각변동 속에서 새로운 문화의 태동을 불러일으키 위해 우리가 계간지를 만들면서 떠올린 것은 하야시 다쓰오 씨의 말입니다.

"역사가란……항상 임기응변, 시대·시간을 역행하거나 수평이동을 하면서 자유자재로 이리저리 날아다니는 사람을 말한다. ……만약 진부하게 '정신사'의 수호신을 찾는다면 그것은 뮤즈의 아홉 신들 중에서 클레이오도 아니고 아폴론도 아니다. 바로 비교(秘敎)의 원조인 오르페우스이며, 특히 명계(冥界)·지상계·천상계의 사자(使者) = 신(神)인 헤르메스일 것이다."

우리는 이미 오랫동안 서로를 자유롭게 연결하는 담론을 쌓아왔습니다. 지의 즐거움에 활기를 얻고 개인으로서 일을 할 용기를 얻으면서. 그것은 우리들 각자에게 자신의 관심영역에 근거하면서, 또 그것을 넘어서려고 하면서 독자적인 문화이론을 만들어낼 것을 촉구하는 것이기도 했습니다. 우리는 확실히 임기응변, 시대·시간을 역행한다거나 수평이동하면서 자유자재로 날아다니는 것을 목표로 했고, 그 자세의 중요함을 의심하지 않는다는 것이 공통으로 양해한 사항이기도 했습니다.

그렇지만 각자의 자유로운 궤적이 교차하고 있어서 동시대의 오늘과 내일을 읽어내고 구상하려는 공통의 의지도 확실하게 형태를 드러내고 있습니다. 우리가 창간하는 잡지의 이름을 '헤르메스'라고 한 것에는 충분한 이유가 있습니다.

우리는 이 새로운 잡지를 통해 자신들의 영역을 넘어서서 전개하는 사자(使者) 역할을 하고자 하며 서로 떨어져 있던 사람들 사이의 매개자 역할도 하고자 합니다. 무엇보다도 다양한 사람들과의 자유로운 퍼포먼스의 장을 만들어내는 것이 우리가 희망하는 바입니다.

이미 어느 지점까지 자신의 일을 쌓아온 사람으로서 그것을 재래의 표현형태의 틀을 감히 떼어내고 근본적인 재편성을 가능하게 하는 확실한 전망으로 겹쳐놓고 싶은 바람도 있습니다. 수호신 헤르메스의 상징주의는 충분히 살려야 합니다.

이소자키 아라타　　　　다케미쓰 도루
오에 겐자부로　　　　　나카무라 유지로
오오카 마코토　　　　　야마구치 마사오

심해지는 무모함

이것으로 창간호의 전망이 보였다. 창간호의 준비를 진행하는 동안 나는 누가 뭐라고 해도 이 잡지를 성공시키고 싶었다. 첫째는 계간이므로 창간 효과를 가능한 한 크게 하여 제2호 이후까지 지속시키고 싶었다. 둘째는 창간호는 내용이 매우 충실한 만큼 독자들이 좀 더 편안한 분위기를 요구하지는 않을까, 이렇게 생각한 결과 나온 것이 창간호의 별권을 만들자는 안이었다.

출판계에서는 '창간 0호' 등으로 칭하며 사전 연습을 하는 예가 없는 것은 아니지만 전혀 손댄 적이 없는 잡지를 만드는 것만으로도 필사적인데 별권까지 동시에 간행하려는 것은 내가 생각해도 미친 짓 같았다. 그러나 시간의 기세란 무서운 것이어서 T군도 K군도 "꼭 만들어보죠"라며 찬성해주었다. 편집동인들도 회사의 간부들도 질려 하기는 했지만 반대는 하지 않았다. 그 결과 만들어진 것이 다음과 같은 내용의 창간 기념 별권이었다.

지상(誌上) 심포지엄(전후 일본문화의 신화와 탈신화 ①)
이노우에 히사시·오에 겐자부로·쓰쓰이 야스타카,「유토피아 찾기, 이야기 찾기—전후 문학을 어떻게 생각할 것인가」

지상 심포지엄(전후 일본문화의 신화와 탈신화 ②)
에자와 히로시(江澤洋)·무라카미 요이치로·요네모토 쇼헤이(米本昌平),「과학과 테크놀로지의 변모—그 인간·문화의 의미」

도시와 토포스에 대한 시점 ①
이소자키 아라타·오오카 마코토·다키 고지,「도시론의 현재」

즉 정담(鼎談) 두 개와 좌담회로 전체를 구성했다. 오에·나카무라·이소자키·오오카 씨 등 편집동인들에게는 지금 생각하면 믿을 수 없을 정도로 과한 협력을 요청한 것이었는데 다들 흔쾌히 허락해준 데다 전면적으로 지원해준 것을 정말 감사하게 생각한다.

이 별권은 계간 『헤르메스』의 정기구독자에게 무료로 증정하기로 했다. 발간 이전부터 신문사 등으로부터 많은 취재를 받았다. 또 편집동인들이 참가하여 신주쿠의 기노쿠니야서점 홀에서 개최한 창간 기념 모임에는 독자들이 회장을 가득 메워주었다. 이런 일도 있고 해서 계간 『헤르메스』는 예상 이상으로 많은 독자를 만날 수 있었다. 잡지의 경우에는 드문 일인데, 처음으로 인쇄한 부수가 다 나가 급히 증쇄를 해야 했던 일은 즐거운 추억이다.

이소자키 아라타의 '포스트모더니즘의 풍경'

제2호 이후는 창간호와 별권에 이어지는 내용으로 구성했다. 우선 권두 그림에 대해서다. 이소자키 아라타 씨의 '포스트모더니즘의 풍경'의 연재를 열거해보자(연재 횟수와 호수가 일치하는 것은 호수를 생략한다. 이하 마찬가지).

2.「베르나르 추미(Bernard Tschumi)의 폴리티―구성파의 경관(constructivist landscape)」
3.「데이비드 호크니(David Hockney)의 포토콜라주(photo-collage)―큐비스트 포토그라피」
4.「(이소자키 아라타의) 디스코테크 '팔레이디엄'―멀티미디어 퍼포밍 스페이스」
5.「안드레아 브란치(Andrea Branzi)의 디자인―인테리어 경관(landscape)」
6.「백남준의 타임콜라주―비디오 설치」(창간 1주년 기념호)
7.「프랭크 게리(Frank Owen Gehry)의 건축―말 그대로의 해체」(제6호)
8.「프란체스코 클레멘테(Francesco Clemente)의 자화상―해체한 자아의 깊은 곳에」(제7호)
9.「필립 스탁(Philippe Starck)의 가구―탈모던화」(제8호)

이 연재는 2년 동안 계속되었다. 그 사이에 '포스트모더니즘의 풍경'은 계간『헤르메스』의 편집 방침을 구체적으로 명시해주었던 것 같다. 즉 이 잡지는 포스트모더니즘이라는 시대 분위기 속에서 그것을 표현하면서 또한 넘어서기 위해 분투한 기록이었기 때문이다. 이소자키 씨 자신이 포스토모더니즘의 기수라는 말을 들었는데, 그는 이 연재가 끝난 후 새로운 권두 그림을 연재하기 시작했다. 그 테마는 '건축의 정치학'이었다. 여기에서 포스트모더니즘으로부터의 탈각이라는 새로운 방향의 모색을 보는 것은 결코 어려운 일이 아닐 것이다.

그와 관련하여 여기서 너무나도 포스트모던한 에피소드 하나를 소개하기로 한다. 제6호의 권두 그림으로 프랭크 게리의 건축을 실었는데, 같은 호에서 이소자키 씨에게 게리 씨와의 대담을 부탁했다. 대담 장소는 이소자키 씨가 만든 일본 포스트모더니즘의 대표작이라는 '쓰쿠바센터'에서 하기로 했다.

게리 부부와 이소자키 씨, 그리고 나와 K군이 자동차를 타고 쓰쿠바로 향했다. 스미다가와(隅田川)를 따라 수도(首都)고속도로 6호선을 달리고 있을 때 게리 씨는 아사쿠사의 거리를 바라보면서 "상가지역의 스카이라인은 들쭉날쭉 고르지 않아서 아름답네요"라고 말했다. 나는 깜짝 놀랐다. 거칠고 칙칙한 상가들이 줄지어 있는 풍경이 아름답다고는 생각되지 않았기 때문이다. 그러나 나중에 게리 씨가 한 보스턴의 재개발을 보고 그가 말한 의미를 이해할 수 있었다. 거기에는 아사쿠사 같은 상가지역이 갖는 친밀한 공간이 훌륭하게 재현되어 있었다.

오에 겐자부로의 『M/T』 외

다음으로 오에 겐자부로 씨의 소설을 게재된 순서에 따라 보기로 하자.

  2. 「하마의 승천」(河馬の昇天)
  3. 「4만 년 전의 접시꽃」(四万年前のタチアオイ)
  4. 「산타크루스의 '히로시마 주간'」(サンタクルスの「廣島週刊」)

그리고 제5호부터 장편소설의 연재가 시작되었다. 삽화는 쓰카사 오사무(司修) 씨가 그렸다. 쓰카사 씨에게는 이 연재를 단행본으로 만든 『M/T와 숲의 신기한 이야기』(M/Tと森のフシギの物語), 그리고 오에 씨가 나중에 『킬프의 우주』를 연재하고 『킬프 군단』이라는 제목의 단행본을 냈을 때도 삽화와 장정을 부탁했다.

  5. 「M/T · 생애 지도의 기호」—『M/T와 숲의 신기한 이야기』 서장
  6. 「'파괴자'」—『M/T와 숲의 신기한 이야기』 제1장
  7. 「오시코메, '복고운동'」—『M/T와 숲의 신기한 이야기』 제2장
  8. 「'자유시대'의 종말」—『M/T와 숲의 신기한 이야기』 제3장

오에 씨는 이 소설의 연재를 제8호에서 끝내고 3년째부터는 새로운 형태의 소설을 발표하게 된다.

오오카 마코토의 '연시'

오오카 마코토 씨의 '연시' 「칠흑 같은 밤, 하늘의 청소기 다가온다」는 다양한 실험이나 대담한 시도를 담아내면서 매호 연재되었고 제10호로 완결되었다. 마지막 작품인 「권38 사계의 노래」(卷の三八 四季のうた)를 인용한다.

1. 여름 노래

파충류야말로 강력한 생명의 형태
한순간일지라도 직선에 동조하지 않는다.

바다에서 와 땅을 봉합하고
다시 파도로 돌아가는 종족을 찬미하라.

2. 가을 노래

밤은 커다란 파란 의자다.
그 의자의 등을 따라

눈도 코도 없는 '혼돈'의 손가락이
우리를 꺾으러 찾아온다.

철벅철벅 물가의 발소리가

어제 하늘 끝에서 환하게 들려왔다.

3. 겨울 노래

달팽이는 또
알로 돌아갔다.

아직 한 번도 만난 적이 없는
봄을 키우기 위해.

4. 봄노래

또 한 장 불타의 말씀에 놀랐다.
노란 옷이
옷자락에서
대하(大河)로 변하려 하고 있다.

생명 있는 것의 죽음이
위에서 자꾸자꾸 흘러 내려와도
시간의 강은 끝의 끝까지
사람을 넘어선 말의 흐름이 되고 있다.

야마구치 마사오의 '지의 즉흥공간'

야마구치 마사오 씨의 제2호 이후의 논고를 게재된 순서로 나열하면 다음과 같다.

2. 「꿈꾸는 시간―이문화 접촉의 정신사」(夢見の時―異文化接觸の精神史)

3. 「물과 세기말의 문명」(水と世紀末の文明)

4. 「신화적 세계로서의 『허클베리 핀의 모험』」(神話的世界としての『ハックルベリー・フィンの冒險』, 제6호)

5. 「4월은 가장 무정한 달」(四月はいちばん無情な月)/지의 즉흥공간 1 (제7호)

6. 「다카라즈카를 본다―지그펠드에서 발리 섬까지」(寶塚を觀る―ジーグフェルドからバリ島まで)/지의 즉흥공간 2 (제8호)

7. 「'서툴지만 훌륭한 것'의 힘―피로스마니(Nico Pirosmani)의 축하연의 세계」('へたうま'のカ―ピロスマニの祝宴の世界)/지의 즉흥공간 3 (제9호)

8. 「소리와 새로운 도시문화」(音と新しい都市文化)/지의 즉흥공간 4 (제10호)

9. 「'웃음의 기호학' 기행」(「笑い記號學」紀行)/지의 즉흥공간 5 (제13호)

10. 「좌절의 쇼와사―에노켄에서 아마카스 마사히코까지」(挫折の昭和史―エノケンから甘粕正彦まで)/지의 즉흥공간 6 (제10호)

11. 「토지의 정령과 그 권속들―요시다 요시시게의 『폭풍의 언

덕」을 둘러싸고」(土地の精靈とその眷族たち―吉田喜重『嵐が丘』
をめぐって)/지의 즉흥공간 7 (제15호)

나카무라 유지로의 '형태의 오디세이'

끝으로 나카무라 유지로 씨의 논고는 다음과 같다.

 2.「순수 형식과 연극적 지―S. I. 비트케비치 = 20년대의 르네상스」(純粹形式と演劇的知―S. I・ヴィトキェヴィチ = 二十年代のルネサンス, 제4호)

 3.「'남쪽형' 지의 발굴―나폴리론 서설」('南型'知の掘り起こし―ナポリ論序說) (제5호)

 4.「홀로그래피와 공명」(ホログラフィと共振)/형태의 오디세이 1 (제9호)

 5.「우주를 구성하는 여섯 가지 요소 모두 울림이 있다―우주 리듬과 형태 생성」(六大にみな響あり―宇宙リズムと形態生成)/형태의 오디세이 2 (제10호)

 6.「형상의 유혹―형태학(Morphologie)과 괴물곡선」(形象の誘惑―モルフォロギアと怪物曲線)/형태의 오디세이 3 (제11호)

 7.「'형태'의 사정거리―스기우라 고헤이 씨와의 대담」('かたち'の射程―三浦康平との對談)/형태의 오디세이 4 (제12호)

 8.「색의 영역―형태의 분신」(色の領域―かたちの分身)/형태의 오디세이 5 (제13호)

 9.「미궁과 원형―소용돌이와 나선의 경이」(迷宮と原型―過卷

きと螺旋の驚異)/형태의 오디세이 6 (제14호)

　10. 「기하학과 혼돈―형상의 저편/근저에 있는 것」(幾何學と混沌―形象の彼方/根底にあろもの)/형태의 오디세이 7 (제15호)

　11. 「퍼지와 새로운 과학인식론」(ファジィと新しい科學認識論, 임시증간 별권, 1988년 7월)

나중에 간행되는 대작『형태의 오디세이―형상·노래·리듬』(かたちのオディッセイ―エイドス・モルフェー・リズム, 1991)의 원형을 여기서 볼 수 있다.

사회·풍속 읽어내기

편집동인의 활약은 위에서 본 대로지만 그 밖의 연재기사에 대해서도 들어보기로 하자. 우선 'Decoding Culture'에 대해서다.

　2. 이노우에 히사시·로저 펄버스(Roger Pulvers), 「세기말의 외국인―일본인의 이문화 이해를 둘러싸고」(世紀末のガイジン―日本人の異文化理解をめぐって)

　3. 나카무라 유지로·야가와 스미코(矢川澄子)·야마나카 야스히로(山中康裕), 「어린이들이 보이지 않는다―교육한다는 것은 어떤 것인가」(子どもたちが見えない―教育するとはどういうことか)

　4. 우자와 히로부미·C. W. 니콜(Clive Nicol), 「스포츠 전성시대―인간에게 건강이란 무엇인가」(スポーツ全盛時代―人間にとって健康とはなにか)

5. 베쓰야쿠 미노루(別役實)·미야모토 다다오(宮本忠雄), 「범죄 만화경―테러리즘의 일상화」(犯罪萬華鏡―テロリズムの日常化)

  6. 다네무라 스에히로(種村季弘)·마에다 아이, 「현대음식물고―작은 차이를 요구하는 독신자 문화」(現代食物考―小さな差異を求める獨身者文化)

  7. 안노 미쓰마사(安野光雅)·도미오카 다에코(富岡多惠子), 「'이지메'의 현상학―균질사회가 안고 있는 병리」('いじめ'の現象學―均質社會のかかえる病理)

  8. 다마무라 도요오(玉村豊男)·미야타 노보루(宮田登), 「왜 사람은 여행을 떠나는가―순례에서 온천 붐까지」(なぜ人は旅立つのか―巡禮から溫泉ブームまで)

  9. 시노다 마사히로·도코로 조지(所ジョージ), 「현대젊은이고―신인류는 머리가 피어 있다?」(現代若者考―新人類は頭が咲いている?)

  10. 요시다 루이코(吉田ルイ子)·다테마쓰 와헤이(立松和平), 「중류의식의 허실?―사진 주간지에서 스테이크하우스까지」(中流意識の虛實?―寫眞週刊誌からステーキハウスまで)

  11. 아오키 다모쓰·나카자와 신이치, 「일본인에게 오리엔탈리즘이란 무엇인가?―낭만주의에서 천황제까지」(日本人にとってオリエンタリズムとはなにか?―ロマン主義から天皇制まで)

  12. 이쿠이 에이코(生井英考)·이토 도시하루·호소카와 슈헤이(細川周平), 「1980년대의 패션을 생각한다」(80年代のファッションを考える, 제13호)

창간 의도에서도 쓴 것처럼 이 연재는 현대문화를 풍속 차원까지 포함하여 파악한다는 본지의 한 특질을 이루는 것이었다. 1984년부터 1987년까지 3년간 일본의 사회상황이 어떤 것이었는지, 이 연재로부터 어느 정도 읽어낼 수 있을 것이다.

연재의 어려움

다음으로 '도시와 토포스에 대한 관점'을 보기로 하자.

2. 가와모토 사부로, 「유토피아로서 도시의 어두운 곳―어린이의 관점에서」(ユートピアとしての都市の暗がり―子供の視覺から)
3. 이토 도시하루, 「디오라마(diorama) 도시」(ジオラマ都市)
4. 아오키 다모쓰, 「누와라 엘리야―시간에 가라앉은 아시아의 리조트지」(ヌワラ・エリヤ―時間に沈んだアジアのリゾート地)
5. 나이토 아키라(內藤昌), 「명소의 토포스―역사에서 도시의 활성」(名所のトポス―歷史における都市の活性)
6. 이케자와 나쓰키(池澤夏樹), 「아틀란티스의 터무니없는 지리―또는 도시의 조영과 생성」(アトランティスの無稽の地理―あるいは都市の造營と生成)
7. 니시 가즈오(西和夫), 「규가쿠인 행차기―풍류 세계와 그 시대」(修學院御幸記―數奇世界とその時代)
8. 스기모토 히데타로(杉本秀太郎)・하라 쇼지(原章二) 대담, 「교토의 문화는 보기 힘든가―자연・사람・언어」(京都の文化は見えにくいか―自然・人・ことば)

이 연재는 제8호로 끝났다. 늘어놓고 보니 나름대로 재미있는 구성이기는 하지만 구심적인 요소가 약간 빠진 것 같은 느낌이다. 이것은 물론 편집부 책임이다. 이 잡지와 거의 같은 시기에 출발한 시리즈 '여행과 토포스의 정신사'에 더 집중한 탓인지도 모른다. 이 시리즈에 대해서는 나중에 다시 이야기할 것이다.

이어서 '페미니즘의 지평'에 대해서다.

2. 이토 도시하루, 「여자들의 여자 찾기―사진을 찍는 20세기의 여자들」(女たちの女探し―寫眞を撮る20世紀の女たち)

3. 미야사코 치즈루(宮迫千鶴), 「도시형 사회의 페미니즘―또는 '교만한 여성주의'여 안녕」(都市型社會のフェミニズム―あるいは 'ゴーマン・リブ'よさよなら)

4. 다마노이 요시로(玉野井芳郎), 「인간에 있어서 젠더의 발견―여자, 그리고 남자의 세계」(人間におけるジェンダーの發見―女, そして男の世界)

  아다치 마리코(足立眞理子), 「자연 영유와 여성―노동과 기억과 말하는 것」(自然領有と記憶と語ろこと)

5. 도미야마 다카오, 「페미니즘에서 문학비평으로」(フェミニズムから文學批評へ)

6. 후지모토 가즈코(藤本和子), 「당신, 블루스도 그냥 노래―여자들의 말 찾기」(あんた, ブルースだってただの唄―女たちのことば探し)

7. 아나이 후미히코(阿奈井文彦), 「이계로의 회로―노구치 체조를 실마리로」(異界への回路―野口體操を手がかりに, 제8호)

이 연재는 2년을 지속하다 끝났다. 독특한 집필자를 좀처럼 발견하지 못해 유감스러웠다.

다음으로 '전후 일본문화의 신화와 탈신화'는 창간기념 특별호에 수록된 두 개 외에 다음 세 개를 게재했다.

3. 다카하시 유지(高橋悠治)·다케미쓰 도루, 「일본의 현대음악—과거·현재·미래」(日本の現代音樂—過去·現在·未來, 제2호)

4. 이소자키 아라타·미야우치 고(宮内康), 「건축과 국가」(建築と國家, 제3호)

5. 우사미 게이지·오오카 마코토·다케미쓰 도루·마쓰우라 히사오, 「전위란 무엇인가—다키구치 슈조와 전후미술」(前衛とはなにか—瀧口修造と戰後美術, 제5호)

세 권의 별권

그리고 여기서 다음 세 권의 별권에 게재한 기획을 적어두기로 한다. 우선 창간 1주년 기념 별권(1986년 1월)에는 다음 논문들이 실렸다.

- 이노우에 히사시·오에 겐자부로·쓰쓰이 야스타카, 「소설의 재미—상상력과 언어의 힘」(小說の面白さ—イマジネーションと言葉の力)
- 이토 도시하루·우에시마 게이지·가와모토 사부로·사토 요시아키·호소카와 슈헤이, 심포지엄「우주감각 안의 초월」

(宇宙感覺のなかの超越)
- 스즈키 다다시, 인터뷰 구성 「연극의 연극성이란?」(演劇の演劇性とは?)

이어서 창간 2주년 기념 별권(1987년 2월)에는 다음 글들이 실렸다.

- 이소자키 아라타·오에 겐자부로·오오카 마코토·다케미쓰 도루·나카무라 유지로·야마구치 마사오, 편집동인 심포지엄 「세계 파악의 새로운 모델을 만든다—현대 문화 창조의 조건」(世界把握の新しいモデルをつくる—現代における文化創造の條件)
- 이토 도시하루·마쓰우라 히사오, 대담 「파리에서 본 현대미술—'전위의 일본전' 등을 중심으로」(パリから見た現代美術—'前衛の日本展'などを中心に)
- 아미노 요시히코(網野善彦)·나카무라 유지로·마쓰오카 신페이·요코야마 다다시(橫山正)·오카다 고조(岡田幸三)·데시가와라 히로시(勅使河原宏), 좌담회 「중세 예능에서 보는 일본인의 마음—하나시즈메·바사라·가이쇼」(中世藝能にみる日本人の心—花鎭·婆娑羅·會所)
  - 제1부 일본 문화의 역동성을 파헤친다(아미노·나카무라·마쓰오카·요코야마)
  - 제2부 노 무대와 꽃(오카다·데시가와라·나카무라)

마지막으로 임시증간 별권(1988년 7월)에는 다음과 같은 심포지엄을 실었다.

- 이치카와 미야비(市川雅)·시라이시 가즈코(白石かずこ)·나카가미 겐지·미우라 마사시·야마구치 마사오, 심포지엄「BUTCH의 현재—침범성과 세련의 저편에」(BUTCHの現在—侵犯性と洗練の彼方へ)

외국에서 온 손님들

또한 제4호부터 'Guest From Abroad'이라는 연재를 시작했다.

1. 프레데릭 제프스키(Frederic Rzewski)·다케미쓰 도루,「현대사회에서 작곡가의 역할」(現代社會における作曲家の役割, 제4호)
2. 레이먼드 머레이 쉐이퍼(Raymond Murray Schafer)·야마구치 마사오,「음악과 땅의 정령」(音樂と土地の精靈, 제5호)
3. 모톤 펠드만(Morton Feldman)·곤도 조·다케미쓰 도루,「'닫힌' 음악, 열린 대화」('閉じた'音樂, 開かれた會話, 창간 1주년 기념 별권)
4. 루이 마랭(Louis Marin)·나카무라 유지로,「파스칼·기호학·'일본효과'」(パスカル·記號學·'日本效果', 제6호)
5. 안토니오 가데스(Antonio Gades)·야마구치 마사오,「신체의 기하학—플라멩코와 문화의 아이덴티티」(身體の幾何學—フラメンコと文化のアイデンティティ, 제7호)

6. 백남준·이소자키 아라타, 「파괴하면서 만들어낸다─비디오 시대의 예술이란?」(壞しつつ, 創り出す─ビデオ時代の藝術とは, 제8호)

7. 미하엘 엔데·이노우에 히사시, 「이야기란 무엇인가?」(物語とは何か, 제9호)

8. 존 케이지(John Cage)·야마구치 마사오, 「음악, 인생, 그리고 친구들」(音樂, 人生, そして友人たち, 창간 2주년 기념 별권)

8. 안드레아 브란치(Andrea Branzi)·이소자키 아라타, 「포스트모던 디자인에 미래는 있는가─이탈리아와 일본의 대화」(ポスト・モダンのデザインに未來はあるか─イタリアと日本の對話, 제10호)

9. 아이리스 노블(Iris Noble)·다카하시 야스나리, 「세기말의 셰익스피어」(世紀末のシェイクスピア, 제11호)

10. 실바노 부소티(Sylvano Bussotti)·야마구치 마사오, 「음악과 연극 사이에서」(音樂と演劇のはざまで, 제12호)

11. 제르마노 첼란트(Germano Celant)·이소자키 아라타, 「현대는 바로크적 시대인가?─'아르테포베라'(arte povera) 이후의 미술과 건축」(現代はバロック的時代か─'アルテ・ポーヴェラ'以後の美術と建築, 제13호)

12. 크리스티안 울프(Christian Wolff)·곤도 조, 「음악의 전위성에 대하여」(音樂における前衛性について, 창간 3주년 기념 별권)

13. 피터 아이젠만(Peter Eisenman)·이소자키 아라타, 「과격함은 중심으로부터의 거리!─건축과 현대사상」(過激さは, 中心からの距離!─建築と現代思想, 제14호)

14. 조지 러셀(George Russell)·다케미쓰 도루, 「음악을 통해 세계를 생각한다」(音樂を通して世界を考える, 제15호)

보는 바와 같이 내 실수로 제8회가 중복되었다. 당시의 어수선한 분위기를 잘 알 수 있을 것이다, 라고 하면 변명에 지나지 않겠지만.

다케미쓰 도루 씨에게서 온 편지

이 연재에는 추억이 많다. 먼저 제1회의 프레데릭 제프스키와 다케미쓰 도루 씨의 대담에 대해서 이야기하기로 하자. 당시 편집동인인 다케미쓰 도루 씨는 몹시 바빠서 종종 잡지에 나올 수 없는 것을 아쉬워했다. 그래도 제2호에서 다카하시 유지 씨와 본격적인 대담을 해준 것은 앞에서 본대로다. 그러나 다른 편집동인의 활약이 너무나도 눈부셔서 다케미쓰 도루 씨는 언제나 나에게 '미안하다'는 말만 거듭했다. 그러므로 제4호부터 'Guest From Abroad'라는 난을 만들기로 결정했을 때 가장 먼저 프레데릭 제프스키를 추천한 사람은 다케미쓰 도루 씨였다.

시부야의 어느 고급식당에서 이루어진 대담은 두 사람이 친한 사이여서 단도직입적으로 논의의 핵심으로 들어갔다. 사회비평이 강한 관점을 가진 제프스키 씨와 진지하게 이야기를 나누는 다케미쓰 도루 씨. 두 사람 모두 현대사회의 물질주의에 저항하며 정신적인 것의 중요성을 강조했다. 참으로 시원한 이 대담의 교정쇄를 다시 보내올 때 다케미쓰 도루 씨는 다음과 같은 편지를 동봉해서 보냈다.

정말 빈틈없이 잘 정리해주셔서 뭐라 감사의 말을 드려야 할지 모르겠습니다. 대단히 산뜻한 대담이 된 것 같아 무척 기쁩니다. 이것도 제프스키 씨의 명석한 사고와 오쓰카 씨의 능력 덕분이라고 생각합니다.

　　저는 지금 산에서 악전고투하고 있습니다. 시시한 오케스트라를 싫증도 내지 않고 쓰고 있습니다. 「Dream/Window」라는 곡인데 제목이 암시하는 것처럼 유행하는 말로 하면 내부(꿈)와 외부(창)의 문제입니다. 잘 써지지 않아 아주 난처해하고 있습니다. 부디 건강하기를. 이 대담, 정말 잘 되어서 기쁩니다.

　다음으로 제3회째인 모톤 펠드만·곤도 조·다케미쓰 도루의 정담에 대해서다. 1926년생인 모톤 펠드만은 얼 브라운(Earle Brown)이나 나중에 이야기할 크리스티안 울프와 함께 '케이지 그룹'의 일원이었다. 일본을 방문했을 때 그는 송아지 같은 커다란 몸집에 어울리지 않게 정말 섬세한 데다 긴 곡은 일본 청중을 놀라게 하기도 했고 즐겁게 하기도 했다. 그의 악보에는 'ppp, pppp', 즉 '가장 약하게 연주하라'라는 지시가 쓰여 있었다고 하는데, 그러한 음악이 한 시간, 어떤 경우에는 여섯 시간이나 계속되니까 아무리 음악에 관심이 깊은 청중이라고 하더라도 도중에 꾸벅꾸벅 조는 것은 어쩔 수 없는 일일 것이다. 사실 어느 콘서트에서 야마구치 마사오 씨는 기분 좋게 자기도 했다. 그러나 이 작곡가의 요설은 대단한 것으로, 이 대담에서도 혼자 떠들었다는 느낌마저 들었다.

　모톤 펠드만은 2, 3년 후에 사망했다. 어떤 음악회의 휴식시간에 로비로 나가자 다케미쓰 도루 씨가 불렀다. "모톤 펠드만이 죽었습니다. 죽기 직전에 침대에서 전화를 해서는 'Toru, I love you'라고 했어요" 하며 다케미쓰 도루 씨는 목이 메어 말을 잇지 못했다.

세상은 넓은 것 같지만 좁다

마지막으로 제12회째의 크리스티안 울프에 대해 이야기하기로 하자. 울프와의 대담도 곤도 조 씨에게 부탁했다. '음악의 전위성에 대하여'라는 제목으로 대담을 하기 위해 나는 울프 씨를 호텔로 모시러 갔다. 울프 씨는 다트머스대학에서 음악과 고전학을 가르치고 있다고 했다. 고전학 교사를 하는 것은 음악만으로는 먹고살기 힘들어서라고 했다.

그는 내가 학술적인 출판사에 근무하고 있다는 것을 알자 이런저런 것들을 물어왔다. 울프 씨가 워낙 출판계에 대해 잘 알고 있었으므로 신기해서 그 이유를 물어보았다. 그러자 그는 "아버지가 판테온출판사의 창립자 중의 한 사람이어서요"라고 대답했다. 판테온출판사는 양질의 출판으로 알려져 있는 미국 유수의 출판사다. 그래서 이번에는 내가 이런저런 질문을 했다. 울프 씨는 "판테온출판사의 창립자는 두 사람인데, 한 사람은 내 아버지 쿠르트 울프이고 또 한 사람은 자크 쉬프랭이라는 사람입니다. 프랑스에서 미국으로 망명해서 두 사람이 출판사를 만든 거지요"라고 알려주었다.

훨씬 나중에 자크 쉬프랭 씨의 아들인 앙드레 쉬프랭 씨와 만나게 되었다. 이에 대한 이야기는 앞에서 썼다. 그는 한때 판테온출판사에 있다가 한참 전에 새로운 출판사인 뉴프레스를 만들었다. 헤지펀드(Hedge Fund)의 중심인물로 알려져 있는 조지 소로스(George

Soros)의 책이나 존 다워(John W. Dower)의 『패배를 안고』(*Embracing defeat: Japan in the wake of World War II*, 三浦陽一·高杉忠明譯, 敗北を抱きしめて──第二次大戰後の日本人, 岩波書店, 2004)를 출판한 것으로 알려져 있다. 현재의 미국 출판사 중에서는 가장 양심적인 출판사라고 해도 좋을 것이다.

뉴프레스는 9·11테러가 일어나고 곧 후안 곤잘레스(Juan Gonzáles)의 『죽음의 재: 세계무역센터 붕괴가 환경에 미친 영향』(*Fallout: The Environmental Consequences of the World Trade Center Collapse*)을 출판했다. 2002년의 일이다. 나는 곧장 번역권을 취득하고 이와나미쇼텐에서 번역하여 간행했다(尾崎元譯, フォールアウト──世界貿易センタービル崩落は環境になにをもたらしたのか, 岩波書店, 2003). 담당은 S군이었다.

앙드레 쉬프랭 씨와 이야기를 하면서 크리스티안 울프 씨를 화제에 올리자 "그와는 어렸을 때부터 자주 같이 놀았습니다. 부모들이 친척 같은 사이였으니까요"라고 했다. 생각지도 못한 계기로 판테온 출판사의 창립 경위를 알게 되었고 그 자식들과도 알게 된 것이다. 앞에서 말했던 쉬프랭 씨의 지인 이시구로 히데 씨까지 같이 생각해보면 정말이지 세상은 넓은 듯하면서도 좁은 것 같다.

2002년 7월의 어느 날, 미국의 앙드레 쉬프랭 씨한테서 소포가 왔다. 그의 저작 『The Business of Books: How the International Conglomerates Took Over Publishing and Changed the Way We Read』의 일본어 번역본인 『이상 없는 출판』(理想なき出版, 柏書房, 2002, 勝貴子譯)이 들어 있었다.

목차 바로 뒤에 있는 「감사의 말」을 보고 있었더니 이 책의 프랑스어판 『편집자 없는 출판』(l'Édition sans éditeurs)을 간행한 퍼블릭사의 에릭 하잔이라는 이름이 눈에 들어왔다. 에릭 하잔(프랑스인이라서 우리는 아잔이라고 부르고 있었다) 씨는 원래 아잔사(社)라는, 미술을 중심으로 양질의 출판을 하던 프랑스의 출판사 사장이었다.

아잔사는 우리와 깊은 관계를 가지고 있어서 프랑크푸르트에 갈 때마다, 때로는 일본에서 여러 차례 같이 식사를 하기도 했다. 아잔사의 직원들과 이와나미의 직원들이 흥분하여 영어·일본어·프랑스어·이탈리아어·독일어를 뒤섞어 이야기하는 광경은 지금도 눈에 선하다.

유감스럽게도 아잔사는 쉬프랭의 원서에 달린 부제처럼 거대자본에 흡수되어버렸다. 그건 그렇다치고 쉬프랭과 아잔이라는 뛰어난 편집자·출판인과 만날 수 있었다는 것, 그리고 출판 본래의 모습에 대해 솔직한 이야기를 나눌 수 있었다는 것은 편집자로서 무척 기쁜 일이었다.

주요 논고의 집필자들

제2호 이후로는 권두 또는 권말의 주요 논고를, 편집동인 외에 다음과 같은 사람들이 써주었다.

2. 나카이 히사오, 「고베의 빛과 그림자」(神戸の光と影)
3. 마에다 아이, 「메이지 23년의 도원경―야나기다 구니오와 미야자키 고쇼시의 『귀성』」(明治二三年の桃源郷―柳田國男と宮崎湖處子の『歸省』)

4. 다키 고지, 「시선의 고고학―회화와 사진, 또는 구조에서 욕망으로」(視線の考古學―繪畵と寫眞, あるいは構造から慾望へ)

5. 가와사키 도시히코(川崎壽彦), 「만들어진 이상의 풍경―동굴·폐허·낭만주의」(つくられた理想の風景―洞窟·廢墟·ロマン主義, 제6호)

6. 아키야마 구니하루(秋山邦晴), 「오른쪽과 왼쪽으로 본 것의 (안경 없이) 사상―또는 다다 안의 사티와 브르통」(右と左に見たもの[眼鏡なしで]の思想―またはダダのなかのサティとブルトン, 제7호)

7. 사카베 메구미, 「와쓰지 데쓰로와 '수직의 역사'」(和辻哲郎と'垂直の歷史', 제7호)

8. 아카세가와 겐페이, 「탈예술의 과학―시선을 포착하는 시선」(脫藝術の科學―視線をとらえる視線, 제8호)

9. 다키 고지, 「파시즘과 예술―데 키리코를 실마리로 하여」(ファシズムと藝術―デ·キリコを手がかりにして, 제9호)

10. 다카하시 히로코(高橋裕子), 「화가와 모델―D. G. 로세티 재고」(畵家とモデル―D·G·ロセッティ再考, 제10호)

11. 가와이 하야오, 「한쪽 인간의 비극―옛날이야기에서 보는 현대인의 과제」(片側人間の悲劇―昔話にみる現代人の課題, 제11호)

12. 다키 고지, 「프랑스혁명의 시학」(フランス革命の詩學, 제12호)

13. 아카세가와 겐페이, 「예술원론」(藝術原論, 제14호)

14. 요시다 요시시게, 「바람에 나부끼는 손수건, 한 장의 브로마이드 사진―영화 에세이」(風にはためくハンカチ, 一枚のブロマイド寫眞―映畵のエセー, 제15호)

실제 작자들과의 교제

그리고 '연재'라는 이름을 붙이지는 않았지만 사실상 연재였던 것이 두 개 있다. 첫째는 화가 등 실제 작가의 '현장의 소리'라고 할 만한 에세이인데 그 작가의 작품을 일러스트로 사용했다. 창간호에서는 아카세가와 겐페이 씨의 「가치를 만들다」를 실었다. 제2호 이후를 열거하면 다음과 같다.

2. 나카니시 나쓰유키(中西夏之), 「먼 캔버스, 눈앞의 그림―작업에서 작업으로의 매듭＝순간을 위하여」(遠くの畵布, 目前の繪―作業から作業への結び目＝瞬間のために)
3. 기무라 쓰네히사, 「말하는 그림―불성실한 화가의 하루」(語る繪―不眞面目なエカキの一日)
5. 하라 히로시, 「오키나와 수리의 '마을로서의 초등학교'」(沖繩・首里の '村としての小學校')
6. 마스다 간(增田 感), 「고령수―나무와 소리의 조각 콘서트」(古靈樹―木と音の彫刻コンサート)
7. 와카바야시 이사무(若林奮), 「숲을 벗어나―소유・분위기・진동」(森のはずれで―所有・雰圍氣・振動)

그리고 제9호부터 '퍼포먼스의 현장'이라는 제목을 붙여 연재를 계속했다.

8. 구로다 세이타로, 「창세기」(創世記, 제9호)

9. 이다 쇼이치(井田照一), 「일·이·삼, 눈·달·꽃……―고미바코[26] 문화 속의 세 단어 쌍 음률」(一·二·三, 雪·月·花……―護美箱文化のなかの三累項音律, 제10호)

10. 오카자키 겐지로(岡崎乾二郎), 「네오플라토니즘 쪽으로!?」(ネオ・プラトニズムの方へ!?, 제11호)

11. 다케미쓰 도루·곤도 조, 「MUSIC TODAY 1987」(제12호)

12. 우사미 게이지, 「유출하는 인형―ghost plan의 전개」(流出する人型―ghost planの展開, 제13호)

13. 오모리 가즈키(大森一樹), 「나의 영화문법」(僕の映畵の文法, 제14호)

14. 아라카와 슈사쿠(荒川修作)·이치카와 히로시·미우라 마사시, 「미지의 통사론을 찾아서―아라카와 슈사쿠의 궤적」(未知のシンタックスを求めて―荒川修作の軌跡, 제15호)

이 연재는 한 사람 한 사람 실제 작가와의 접촉이라 긴장감이 있어서 재미있었다. 몸을 긴장시켜 작품을 만들어내는 작가와 함께 일하는 것은 편집자에게 가장 자극적인 기회였는지도 모른다. 무엇보다도 그들의 작업을 전체적으로 이해하지 않으면 안 되었기 때문이다. 그러므로 단 한 번 일을 같이한 것이 그 후 30년에 걸친 친교를 낳게 되기도 했다. 예컨대 나카니시 나쓰유키·기무라 쓰네히사·와카바야시 이사무·이다 쇼이치·오카자키 겐지로 등이 그렇다.

---

[26] 원래 '고미바코'는 'ゴミ箱'라고 쓰며 쓰레기통이라는 뜻이다. 그 고미바코의 한자를 '護美箱'라고 바꿔 쓴 것이다. "미(美)를 지키는(護) 상자(箱)"라고 한 것인데, 이는 쓰레기를 넣음으로써 주위의 아름다움을 지키는 상자라는 의미를 살려서 만든 말이다.

이렇게 해서 맺게 된 관계는 그 무엇과도 바꿀 수 없는 것이다.

젊은이들의 면면

이름 없는 또 하나의 '연재'는 건축을 둘러싸고 젊은 건축가를 등장시키려는 시도였다.

 1. 미야케 리이치(三宅理一), 「프리메이슨 재고―18세기 프랑스 건축가들의 경우」(フリーメイソン再考―十八世紀フランスの建築家たちの場合, 제2호)
 2. 스기모토 도시마사(杉本俊多), 「히틀러의 건축가―슈페어・사람과 일」(ヒトラーの建築家―シュペーア・人と仕事, 제4호)
 3. 야쓰카 하지메, 「형태의 알파벳―건축의 네오플라토니즘」(形態のアルファベット―建築におけるネオ・プラトニズム, 제6호)
 4. 고바야시 가쓰히로(小林克弘), 「아르데코의 마천루―건축과 상징주의」(アール・デコのスカイスクレーパ―建築とシンボリズム, 제8호)
 5. 가타기 아쓰시(片木篤), 「동경하는 드림하우스―교외주택의 원래 이미지를 파헤친다」(あこがれのドリームハウス―郊外住宅の原イメージをさぐる, 제11호)
 6. 가타기 아쓰시, 「동경하는 웨딩쇼―결혼의식과 공간」(あこがれのウェディング・ショウ―結婚の儀式と空間, 제15호)

이 연재도 즐거웠다. 특히 가타기 아쓰시 씨의 논고를 보고는 새롭게 눈을 뜬 것 같은 느낌이었다.

마지막으로 위에서 말한 것 외에 제2호 이후 3, 4년 동안 등장한 젊은 집필자들의 면면을 보도록 하자.

다노쿠라 미노루(田之倉稔)·후지이 사다카즈(藤井貞和)·우시지마 노부아키(牛島信明)·마쓰오카 신페이·아오노 소(靑野聰)·아라 고노미(荒こぃみ)·신구 가즈시게·오치아이 가즈야스·하라 쇼지·고마쓰 가즈히코·이마후쿠 류타(今福龍太)·가노 히로유키(狩野博幸)·쓰치야 게이이치로·오쿠데 나오히토·다카하시 다쓰시(高橋達史)·마쓰나미 가쓰후미(松浪克文)·미우라 마사시·스즈키 구니후미

또한 번역을 실은 외국 저적자의 주요 면면은 다음과 같다.

로버트 단턴(Robert Darnton, 1939~)·나딘 고디머·밀란 쿤데라(Milan Kundera, 1929~)·움베르토 에코·존 업다이크(John Hoyer Updike, 1932~)·귄터 그라스(Gunter Wilhelm Grass, 1927~)·어빙 하우(Irving Howe, 1920~)·사무엘 베케트(Samuel Barclay Beckett, 1906~89)·고든 셰퍼드(Gordon M. Shepherd, 1933~) ·리처드 리브(Richard Rive, 1930~89)·음투투첼리 마초바·도어 애쉬튼(Dore Ashton, 1928~)·발터 헬레라(Walter Höllerer, 1922~)·페터 한트케(Peter Handke, 1942~)·칼 쇼르스케·자크 데리다(Jacques Derrida, 1930~2004)·일레인 쇼월터(Elaine Showalter)

정신적 지주로서의 하야시 다쓰오

'지의 유쾌함'

 이 장을 끝내면서 제3호, 제4호에 실은 하야시 다쓰오·오에 겐자부로·야마구치 마사오의「지의 유쾌함―하야시 다쓰오 씨를 둘러싸고」(知の愉しみ―林達夫氏を囲んで)를 이야기하지 않을 수 없다.「창간사」에서도 본 것처럼 이 잡지의 정신적 지주 가운데 한 사람이 하야시 다쓰오 씨였기 때문이다. 정담의 내용에 대해서는 읽어 보는 것밖에 방법이 없지만 제3호의 정담 뒤에 붙은 오에 겐자부로·야마구치 마사오의 글을 인용하기로 하자. 거기에는 젊은 지적 영웅들에 대한 하야시 씨의 모습과 하야시 씨를 둘러싼 사람들의 분위기가 생생하게 그려져 있기 때문이다.

  하야시 다쓰오의「헤르메스론」
    오에 겐자부로

당시 30대에서 40대의 뛰어난 학자들이 하야시 다쓰오 선생을 에워싼 모임에——야마구치 마사오를 비롯하여 나중에 세계로 펼쳐나가는 지의 전선을 구축하는 사람들 대부분이 참가하고 있었다——작가로서 혼자 초청을 받은 적이 있었다. 15년 전, 아니 벌써 20년이나 거슬러 올라간 일일 것이다. 그리고 얼마 지나지 않아 본지를 함께하게 되는 오쓰카 노부카즈의 소개로 나와 야마구치 마사오 씨 둘이서 하야시 선생의 광대무변한 담론을 접할 기회는 여러 차례 이어졌다.

(중략)

하야시 선생과의 대화 속에서 매력적이지만 대수롭지 않게 찰나의 광채처럼 튀어나온 작가나 시인·사상가의 이름이 나중에 나에게 무거운 의미를 드러내는 일이 가끔 있었다. 아니, 오히려 그것이 보통이었다. 예컨대 하야시 선생이 나에게 신판 저서를 보내주었을 때, 책 안쪽 표지에 쓰여 있던 것은 토마스 만의 말이었다. 그런데 그것을 예이츠의 시 가운데 한 에피그라프(epigraph)에서 가져왔다고 선생은 그 대화에서 말했다. 그리고 몇 년이 지나고 예이츠가 나에게 중요한 시인이 되어, 전에 하야시 선생의 입에서 예이츠라는 이름이 나왔을 때, 프랜시스 예이츠(Frances Yates)이지 윌리엄 버틀러 예이츠(William Butler Yeats)가 아니지 않을까 하고 순간적으로 마음속에 일었던 생각이 얼마나 경박한 것이었나를 깨달았다.

나에게 신플라톤주의의 세계는 계속해서 블레이크를 읽고 캐슬린 레인(Kathleen Raine)의 도움을 받아 간신히 시야에 들어온, 들어가기 힘든 커다란 숲이다. 그러나 앞으로 많은 시간을 들여서라도 어떻게든 그곳으로 들어가야만 하는데, 이렇게 하야시 선생이 종종 던져준 말이 빛을 발하면서 요소요소에 박혀 표지를 이루고 있기 때문에 앞으로의 전망은 밝을 것이라 생각한다.

하야시 선생을 중심으로 하여 몇몇 장소에 만들어진 '헤르메스의 고리'는 모두가 다 같이 펼쳐보자는 고리와는 다른, 무척 폐쇄적인 긴밀함을 가진 것임에 틀림없고, 하야시 선생이 돌아가신 후에도 그 긴밀함에 의해 붕괴되지 않고 앞으로도 수많은 성과를 세상에 드러낼 것임에 틀림없다. (후략)

하야시 다쓰오와의 만남과 이별

야마구치 마사오

하야시 씨와 처음으로 만난 것은 하나와 요시히코(塙嘉彦) 씨가 아직 살아계실 때였다. 그러므로 아마 1969년 봄 무렵이 아니었나 싶다. 하야시 씨의 주치의가 주오코론샤(中央公論社)의 진료소에 근무하고 있었으므로 하야시 씨는 2주에 한 번 정도 주오코론샤에 나타났다. 아마 그때는 사옥 맨 위층 레스토랑의 일본식 방에서 만난 것 같다. 그때 마침 출판사를 찾았던 아시하라 에이료(蘆原英了)·시미즈 하야오(志水速雄) 씨도 자리를 함께해서 떠들썩한 모임이 되었다. 놀랍게도 이때 자리를 함께 한 사람들 중 4년 전에 하나와 씨, 작년에 하야시 씨, 올해 시미즈 씨가 돌아가시고 나만 남았다. 시간의 침식작용은 무시무시한 것이다.

앞서 오에 씨가 언급한, 하야시 씨의 마이니치(每日)출판문화상 수상을 '구실'로 그를 둘러싸고 만들어진 모임의 출석자는 사이고 노부쓰나(西鄕信網)·마루야 사이이치(丸谷才一)·하기와라 노부토시·시미즈 도루·유라 기미요시(由良君美)·다카하시 이와오·오에 겐자부로·다카시나 슈지(高階秀爾) 등이고, 거기에 편집자로서 오쓰카 노부카즈 씨가 참석했는데, 이들 전원이 점차 왕성하게 작업을 발표하고 있다는 것을 생각하면 우연이라고 하더라도 사람의 모임이라는 것은 신기한 운명의 실에 조종되고 있다는 생각을 금할 수 없다.

하나와 요시히코 팀은 그가 경애하는 모든 사람을 저세상으로 대동하여 가버렸고, 그가 나만은 그렇게 좋아하지 않았기 때문인지는 모르겠지만, 적어도 오쓰카 팀은 지금도 건재하다.

내가 하야시 씨의 저서를 제대로 읽은 것은 비교적 늦은 1956년 무렵이었다. 헌책방에서 구입한 전전의 『사상의 운명』(思想の運命)이 계기였는데 그만 고질이 되어 그 무렵 구할 수 있는 것이라면 뭐든지 구해서 읽었다. 이런 식으로 한 사람의 전작을 읽은 것은 그 전에 와타나베 가즈오(渡辺一夫)와 하나다 기요테루뿐이다.

(중략)

하야시 씨와 만날 때는 나와 오쓰카 씨가 함께인 경우도 있고 오에 씨, 때로는 나카무라 유지로 씨, 그 밖의 다른 분이 동석한 경우도 있었다. 물론 나카무라 씨는 하야시 씨가 오랫동안 근무했던 메이지대학의 동료였으므로 일상적으로 만났던 것 같다. 하야시 씨와 나는 나와 아사다 아키라 씨 정도로 나이 차가 나기 때문에 하야시 씨도 나를 미지의 땅(Terra Incognita)에서 포획한 진기한 동물이라고 생각했던 것 같다.

"자네는 움직임이 민첩하니까 어떤 지점에 있다 생각하고 다가

가서 보면 흙먼지만 남아 있고 자네의 모습은 벌써 보이지 않게 되는 경우가 많아."

하야시 씨는 언젠가 이런 말을 했다.

(중략)

본지에 수록한 대화는 오쓰카 씨가 보스웰(James Boswell) 같은 집념으로 뛰어다니며 기록한 테이프에서 발췌한 것으로, 최근에는 그렇게 불꽃 같은 대화를 즐길 여유가 나한테도 없어진 것을 새삼 통감하게 된다.

유감스럽게도 하야시 씨가 말년 6, 7년 동안 병상에 눕고 나서 나는 다카하시 이와오 씨나 오쓰카 씨와 함께 하야시 씨를 한번 병문안하러 간 이후 끝내 다시 뵐 수 있는 기회를 얻지 못했다. 하야시 씨는 다소 옹고집이 되어 병문안하러 간다고 해도 "야마구치 군과 만나려면 두 달 정도 준비를 해야 하니까"라며 보류하곤 했다. 지의 세계에서 하야시 씨는 결국 고담(枯淡)의 경지에는 이르지 못한 채 귀적에 오르고 말았다. 마지막까지 우리들 '젊은이들'과 만날 때 화제에 올리기 위한 서적의 산에 파묻혀 지냈다고 한다.

메이지와 쇼와의 대화

이 두 개의 정담과 하야시·야마구치 씨에 나카무라 유지로 씨가 가담한 정담 및 하야시·야마구치 씨에 후루노 기요토 씨가 가담한 정담의 기록과 아울러 1986년에는 단행본으로 야마구치 마사오가 엮은 『하야시 다쓰오 좌담집, 세계는 무대』(林達夫座談集 世界は舞

臺)가 간행되었다. 편집은 당연히 내가 맡았다. 그「편집후기」에서 야마구치 씨는 다음과 같이 썼다.

나는 하야시 다쓰오의 후계자를 자임할 의사는 추호도 없다. 하야시 다쓰오는 어디까지나 하야시 다쓰오로서 태어나 스스로 자라난 사람이라고 생각한다. 그러나 하야시 다쓰오를 키운 시대는 에노켄을 키우고, 무라야마 모도요시(村山知義, 1901~77)를 키우고, 아시하라 에이료를 키우고, 하타 도요키치(秦豊吉, 1892~1956)를 키우고, 다가와 스이호(田河水泡, 1899~1989)를 키운 시대다. 근대 일본에서 가장 흥미로운 시대가 어느 시대냐고 묻는다면 나는 주저하지 않고 쇼와 초기를 들 것이다. 일본이 지적으로 가장 열려 있던 시대를 살아간 지적인 리더십의 소유자가 전후, 그것도 1980년대까지 살아남아 후속 세대의 좌담 상대가 되어 즐겁게 대화할 기회를 끝없이 가진 것은 전대미문의 일이다.

이 좌담이 우연한 기회를 거쳐 기록되어 남은 것을 알고 나는 편집자라는 기묘한 인종의 신기한 행동방식에 감탄하며 이 책의 출판을 허락했다. 어떤 의미에서 이 책은 다이쇼(大正)를 제쳐놓고 메이지시대에 태어난 세대와 쇼와시대에 태어난 세대의 대화라고도 할 수 있다.

이 책이 간행되었을 무렵에 열린『헤르메스』편집동인 회의 때 오에 겐자부로 씨가 다음과 같은 내용을 적은 색지를 가지고 왔다.

오쓰카 노부카즈 씨께

르낭은 어딘가에서 이렇게 말했다. "독서가 도움이 되려면 뭔가의 노작(勞作)을 포함하는 하나의 수련(修練)이어야 한다." 그런 독자의 두뇌 훈련을 특별히 요구하는 것을 목표로 하는 서술 또한 하나의 계몽적 형태로서 정연하고 체계적인 수많은 서술의 한편에서 그 존재권을 주장해도 좋지 않을까?―하야시 다쓰오

오에 겐자부로

이 색지는 그 후 20년간 내 서재에 걸려 있다.

6. 지적 모험의 여행을 즐기다

"'신이와나미강좌 · 철학'에서는 종래에 자명하다고 생각되어온
　　　　　　모든 개념을 재검토했다. 현대에 어울리는 정의를 내리려
　　　　시도했다고 할 수 있다. 편집위원을 비롯한 집필자 대부분이 과학 · 기술의
　　경이적인 발전 속에서 새로운 우주론과 가치를 찾아
　　　　　　　필사의 노력을 했다고 말해도 좋을 것이다."
···

단행본과 새로운 시리즈

1984년의 단행본들

계간 『헤르메스』에 대해서는 다음 장에서 더 이야기하기로 하고 여기서는 1984년부터 4, 5년의 시기를 보려고 한다.

1984년에 내가 기획하고 편집한 단행본은 다음과 같다.

- 가자마 기요조(風間喜代三), 『인도유럽어의 친족 명칭에 대한 연구』(印歐語の親族名稱の研究)
- 미하엘 엔데 외, 『올리브 숲에서 이야기를 나누다』(オリーブの森で語りあう─ファンタジー・文化・政治, 丘澤靜也譯)
- 히로카와 요이치(廣川洋一), 『이소크라테스(Isokrates)의 수사 학교─서구적 교양의 원천』(イソクラテスの修辭學校─西歐的敎養の源泉)
- 사카자키 오쓰로(坂崎乙郎), 『에곤 실레(Egon Schiele)─이중의 자화상』(エゴン・シーレ─二重の自畫像)

- 베르나르 포티에(Bernard Pottier), 미야케 노리요시(三宅德嘉)・미나미타테 히데타카(南舘英孝) 옮김, 『일반언어학―이론과 기술』(*Linguistique générale: thvorie et description*, 一般言語學―理論と記述)
- 핫토리 시로, 『음성학』(音聲學, 카세트 테이프 별첨)
- 다케다 기요코(武田淸子) 편, 가토 슈이치・기노시타 준지(木下順二)・마루야마 마사오, 『일본문화의 숨은 형』(日本文化のかくれた形)
- 이치야나기 도시, 『소리를 듣는다―음악의 내일을 생각한다』(音を聽く―音樂の明日を考える)
- 바바라 밥콕(Barbara A. Babcock) 편, 『뒤집힌 세계―예술과 사회의 상징적 역전』(*The reversible world: symbolic inversion in art and society*, さかさまの世界―藝術と社會における象徵的逆轉, 岩崎宗治・井上兼行譯)
- 아오키 마사히코(靑木昌彦), 『현대의 기업―게임이론에서 본 법과 경제』(現代の企業―ゲームの理論からみた法と經濟)

일대의 석학과 그 밖에

가자마 기요조 씨의 『인도유럽어의 친족 명칭에 대한 연구』는 A5판 436페이지의 본격적인 학술서다. 내용에 대해서는 그리 간단히 논할 수 없지만, 지금까지 쓴 것처럼 우리의 '지적 모험'의 여행이 소쉬르나 20세기 초의 야콥슨 등에서 출발하는 부분이 크다는 것을 생각하면 이 책이 가진 의미에 대해서도 다소는 이해할 수

있을 것이다. 아울러 가자마 씨의 인간적 매력도 있고 해서 편집 일은 무척 즐거웠다. 그는 신서로 『언어학의 탄생—비교언어학소사』(言語學の誕生—比較言語學小史, 1978)라는 명저를 냈는데, 아마 그때의 담당 편집자였던 것으로 생각되는 S씨와 함께 셋이서 몇 번인가 즐거운 술자리를 가졌던 것으로 기억한다. 또 1993년에는 적판 신서로 『인도유럽어의 고향을 찾는다』(印歐語の故郷を探る)도 간행했다.

이왕 이야기가 나온 김에 핫토리 시로 씨의 『음성학』에 대해서도 이야기하기로 하자. 이 책의 텍스트 부분은 1951년에 간행된 이와나미전서(全書)의 『음성학』을 기초로 하고 있다. 핫토리 씨는 간행된 지 30년이 된 저서에 참고문헌 등을 다소 추가하기는 했지만 개정할 필요성은 전혀 인정하지 않았다. 걱정이 된 그의 후배 교수들이 모여 협의한 결과 당시에 어느 유명 대학의 언어학과 주임교수였던 U씨가 대표가 되어 최소한이라도 정정하는 것이 좋겠다고 생각되는 백몇 군데의 리스트를 들고 핫토리 씨와 면담을 하게 되었다. 담당 편집자인 나한테도 동행하자고 해서 따라 나섰다.

결론부터 말하자면 그 결과 정정한 부분은 한 군데도 없었다. 또 테이프에 녹음하는 작업 역시 용이하지 않았다. 다시 해 넣은 틀니가 불안정해서 핫토리 씨 자신이 납득할 수 있는 발음이 좀처럼 나오지 않았기 때문이었다. 그러나 어떻게든 간행은 할 수 있었다.

이 편집 작업을 통해 나는 일대 석학의 위대함과 더불어 일종의 비극성을 느끼지 않을 수 없었다. 이밖에도 그에 관한 에피소드는 무척 많다. 그러나 글로 쓰기에는 너무 장애가 많아 쓸 수가 없다. 유감스러운 일이다.

히로카와 요이치 씨는 그가 '강좌·철학'에 글을 쓴 이래 30년에 걸쳐 교제를 해왔다. 1980년대에 단행본 『플라톤의 학원 아카데미』(プラトンの學園アカデイア)를 냈고 그 속편으로 『이소크라테스의 수사학교』(イソクラテスの修辭學校)가 탄생했다. 나는 이 책의 부제인 '서구적 교양의 원천'의 연장선상에서 1990년에는 신서로 『그리스인의 교육―교양이란 무엇인가』(ギリシア人の敎育―敎養とはなにか)의 집필을 부탁했다. 단행본의 담당 편집자인 O군과 함께 쓰쿠바산(筑波山)이 보이는 집으로 찾아간 일은 잊을 수가 없다. 또 2000년에는 대작 『고대감정론―플라톤에서 스토아학파까지』(古代感情論―プラトンからストア派まで)를 간행했다.

  『에곤 실레』는 사카자키 오쓰로 씨가 잡지 『세계』에 연재한 것을 정리한 책이다. 앞에서 말한 『세기말의 빈』에 이어지는 시대의 특이한 화가 실레와 그의 예술에 대해 쓴 이 책은 '세기말의 빈 붐'의 한복판에서 많이 읽혔다.

  『일본문화의 숨은 형』은 국제기독교대학 아시아문화연구소가 주최한 강연회 「일본문화의 원형을 생각한다」(日本文化のアーキタイプスを考える)에 기초한 것이다. 편집은 그 대학 출신인 T군이 맡았다.

  현대음악의 재미

  이치야나기 도시의 『소리를 듣는다』에는 특히 추억이 많다. 「후기」에서 이치야나기 씨는 나에 대해 "그는 나의 본업인 음악을 우선으로 존중하여(나는 이 수년 동안 작곡·연주·기획활동을 많이 했으므로) 그동안 참을성 있게 기다려주면서 대부분의 음악회들에 빠지지 않고 들으러 오고, 내가 쓴 것과 음악의 관계를 스스로 납득할 수 있도록 하면서 작업을 계속했다"라고 써주었다. 또 이치야나기 씨는 거의 같은 내용의 글을 『아사히신문』 석간 칼럼에 「편집자」라는 제목으로 발표했다.

나에게 이것은 대단한 영광이면서도 겸연쩍은 일이었다. 그런데 사실 나는 그의 음악이 무척이나 재미있었다. 그러므로 시간이 허락하는 한 거의 모든 그의 콘서트에 참석했던 것이다. 현대음악의 경우, 같은 곡이 반복적으로 연주되는 일은 그리 흔하지 않다. 그러나 이치야나기 씨의 「파가니니 퍼스널」(パガニーニ・パーソナル) 같은 곡은 대체 몇 번이나 들었는지 모를 정도다. 또 요즘에 많이 작곡된 생황·피리·고토(琴) 등 일본(이라기보다 동양) 악기를 사용한 작품이나 「오겐라쿠」(往還樂) 「에넨라쿠」(廻然樂) 등 아악작품에 얼마나 흥분했던지. 덕분에 생황 주자인 미야타 마유미(宮田まゆみ) 씨 등과도 친해질 수 있었다. 나중에 미야타 씨는 이치카와 히로시 씨의 고별식에서 생황을 연주해주었다.

이 책의 편집작업은 재미있었지만 고생이 없었던 것은 아니었다. 이치야나기 씨가 몹시 바빴기 때문에 거의 원고를 쓸 시간을 낼 수 없었다. 그래서 그가 이미 발표한 글을 모았지만 그래도 부족했다. 어쩔 수 없이 내가 청자가 되어 그와 인터뷰를 해서 그 내용을 글로 만들었다.

이러한 모든 경위를 안 상태에서 서평으로 이 책의 의미를 대단히 높게 평가해준 사람이 작곡가 마미야 미치오 씨였다. 이 일을 계기로 마미야 씨와도 친해졌는데, 그는 나중에 신서 『현대음악의 모험』(現代音樂の冒險, 1990)을 내기도 했다. 또 이치야나기 부인과도 친

해졌다. 그러나 부인이 젊어서 돌아가신 것은 참으로 유감스러운 일이었다.

바바라 밥콕이 엮은 『뒤집힌 세계』는 D. 컹즐(David Kunzle)·B. A. 밥콕(Barbara A. Babcock)·N. Z. 데이비스(Natalie Z. Davis)·J. L. 피콕(James L. Peacock)·B. G. 마이어호프(Barbara G. Myerhoff)·B. 잭슨(Bruce Jackson)·V. W. 터너(Victor W. Turner)의 논문으로 구성되었다. 원서에는 더 많은 논고가 실렸는데 일본 독자를 위해 편집자의 양해를 얻어 다시 편집했다. 다양한 상징적 역전의 사례를 분석한 무척이나 흥미로운 책인데, '이미지의 역전'과 '행위의 역전'으로 나눠 각각 문화사가나 역사가, 그리고 문화인류학자가 논하고 있다. 도판도 가능한 한 많이 실었다. 해설은 이 책에 등장하는 집필자들과도 친교가 있는 야마구치 마사오 씨가 써주었다.

아오키 마사히코의 『현대의 기업』은 다음에 이야기할 아오키 다모쓰 씨의 『의례의 상징성』과 함께 이 해의 '산토리학예상'을 받았다.

통절한 후기

다음으로 이 해에 간행한 현대선서에 대해 이야기하기로 하자. 다음 다섯 권이다.

- 마거릿 미드(Margaret Mead), 『필드에서 온 편지』(*Letters from the field, 1925~75*, フィールドからの手紙, 畑中幸子 譯)
- 페르난드 펠만(Ferdinand Fellmann), 『현상학과 표현주의』

(*Phänomenologie und Expressionismus*, 現象學と表現主義, 木田元譯)
- 류벤 베르코비치(Reuben Bercovitch), 『산토끼』(*Hasen*, 野うさぎ, 邦高忠二譯)
- 아오키 다모쓰, 『의례의 상징성』(儀禮の象徵性)
- 다키 고지, 『'사물'의 시학 ─ 루이 14세에서 히틀러까지』('もの'の詩學 ─ ルイ14世からヒトラーまで)
- 루이스 프리에토(Luis Jorge Prieto), 『실천의 기호학』(*Pertinence et pratique: essai de sémiologie*, 實踐の記號學, 丸山圭三郎・加賀野井秀一譯)

우선 페르난드 펠만의 『현상학과 표현주의』에 대해서다. 이것은 호프만스탈이나 로베르트 무질(Robert Musil, 1880~1942) 등과 후설의 관계를 그린 아주 흥미로운 책이다. 세기말에서 20세기 초에 걸친 독일 정신사이기도 한 이 책은 『세기말의 빈』의 보론이라고도 할 수 있다. 조금 길지만 「옮긴이 후기」에서 인용하기로 한다. 기다겐 씨의 통절한 생각은 나 역시 공유하는 것이기 때문이다.

송구스럽지만 마지막으로 다소 사적인 감상을 적고자 한다. 바로 얼마 전인 올 5월 24일 가장 친한 친구 이키마쓰 게이조가 먼저 세상을 떠났다. 그가 동서에 걸친 당대 최고의 사상가였다는 것은 말할 것도 없지만, 원래 역사에 문외한이었던 나에게 사상사적인 사고를 가르쳐준 사람도 그였다. 같은 대학에 근무하며 항상 어울리는 친한 사이였고, 같은 철학을 전공했지만 이키마쓰는 사상사, 나는 현상학으로 당초에는 상당히 다른 입장에서 다른 사고를 했다.

그러나 사반세기 넘게 가까이 지내면서 이야기를 나누다보면 관심도 점차 같아지는 모양인 듯하다. 최근에는 이키마쓰가 예전에는 까닭 없이 싫어했던 하이데거에 흥미를 갖기 시작하여 슈타이너의 『하이데거』(岩波現代選書)를 번역했고, 나도 현상학을 사상사적인 시각에서 재검토하게 되었다. 특히 이키마쓰는 마지막 시기, 세기말에서 1920~30년대에 관심을 두었는데, 그것은 마침 내가 연구하는 현상학이 전개되는 시기이기도 했기 때문에 이야기를 나누다보면 흥미가 겹치는 일이 적지않았다.

내가 이 책을 읽고 제일 먼저 이야기한 사람도 이키마쓰였다. 작년 이른 봄 어딘가로 여행을 가는 차 안이었을 것이다. 이 책을 언급하며 "깜짝 놀랄 만한 얘기가 연달아 나오는데 정말 재미있더군" 하고 호프만스탈이나 무질과 후설의 교류에 대한 이야기를 하자 "충분히 있을 법한 이야기인데" 하며 이키마쓰도 무척 흥미를 나타내고는 문학상의 표현주의에 대해 이것저것 가르쳐주었다. 세기말에서 20세기 초에 걸친 예술만이 아니라 철학사상의 전개도 '인상주의에서 표현주의로'라는 도식으로 생각해볼 수도 있겠다고 이야기한 것도 그때의 일이었다.

이키마쓰는 이 번역이 완성되는 것을 기대하고 있었는데 끝내 결과물을 보지 못하고 가고 말았다. 교정쇄를 다시 읽어보니 우리 두 사람의 흥미가 겹치는 주제라서 이것을 화제로 삼아 이키마쓰와 이야기를 나누었다면 정말 이야기가 그칠 줄을 몰랐을 것이고 내용에 대해서도 좀 더 깊이 생각해나갈 수 있었을 것이라고 생각하니 아쉽기 그지없다. 이 졸역을 친구 이키마쓰 게이조의 영전에 바친다.

팔리고 팔리지 않고의 차이는 어디에

다음으로는 베르코비치의 『산토끼』에 대해서다. 이 책은 뉴욕 태생의 무명 시나리오 작가가 쓴 소설이다. 나치의 강제수용소와 인접한 숲속에서 두 소년이 본 것은 무엇이었을까? 아름다운 자연과 인간의 만행을 소년들의 성장과 함께 대비적으로 그려낸 아름다운 작품이었다. 제목에 끌려서인지 이 책은 많이 읽혔다. 『주간 플레이보이』의 서평에서 절찬된 것이 기억에 새롭다.

『의례의 상징성』은 해박한 지식과 날카로운 분석력을 가진 아오키 씨가 아니고는 쓸 수 없는 역작이었다. 20여 년 전 '강좌·철학'의 월보에 '카고 컬트'에 대해 쓴 이래 그의 사상은 더욱 다듬어졌고 통찰력도 깊어졌다. 그러나 유감스럽게도 산토리상을 수상한 것 이외에는 서평 등을 통해 정당한 평가를 받은 것 같지는 않았다.

이러한 사정은 다키 고지 씨의 『'사물'의 시학』의 경우도 마찬가지였다. 내 생각에 이 책은 사상가로서 다키 고지 씨의 가장 뛰어난 측면을 드러낸 저작인데, 볼 만한 서평 하나 나오지 않았다. 그의 수많은 저작 가운데서도 이와나미신서인 『천황의 초상』(天皇の肖像, 1988)과 비견할 만한 명저라고 생각하는 만큼 독자의 반응이 신통치 않은 것을 납득할 수 없었다. 그간의 경험으로 보면 아오키 씨와 다키 씨의 책은 틀림없이 수많은 독자로부터 환영받아야 하는데 하고 상당히 괴로워했던 일을 기억하고 있다. 어쩌면 현대선서라는 틀

자체가 힘을 잃어가고 있었기 때문은 아닐까 하는 생각도 들었다.

그러나 앞에서도 이야기한 것처럼 완전히 무명작가인 베르코비치의 『산토끼』는 잘 팔렸다. 이런 차이가 어디에서 연유하는지, 지금도 납득할 만한 답을 찾지 못했다. 하긴 출판의 재미는 이런 데 있을지도 모른다. 다행히 현재는 『의례의 상징성』 『'사물'의 시학』 모두 이와나미현대선서 문고로 나와 있다.

'총서・여행과 토포스의 정신사'

1984년 11월에는 새로운 시리즈 '총서・여행과 토포스의 정신사'를 발족했다. 첫 회는 다음 세 권을 동시에 간행하는 것으로 시작했다.

- 야마구치 마사오, 『축제도시 ─ 상징인류학적 접근』(祝祭都市 ─ 象徴人類學的アプローチ)
- 요시다 요시시게, 『메히코, 즐거운 은유』(メヒコ 歓ばしき隠喩)
- 다무라 아키라(田村明), 『도시의 개성이란 무엇인가 ─ 도시미와 도시디자인』(都市とはなにか ─ 都市美とアーバンデザイン)

이듬해인 1985년에는 다음의 책을 냈다.

- 미야타 노보루, 『요괴의 민속학 ─ 일본의 보이지 않는 공간』(妖怪の民俗學 ─ 日本の見えない空間)
- 가니 히로아키, 『싱가포르, 해협도시의 풍경』(シンガポール

海峽都市の風景)
- 와타나베 모리아키, 『파리 감각―도시를 읽는다』(パリ感覺―都市を讀む)
- 오무로 미키오(大室幹雄), 『시호 안내―중국 정원론 서설』(西湖案內―中國庭園論序說)

그리고 1986년에는 다음과 같은 책을 냈다.

- 도히 요시오(土肥美夫), 『타우트(Bruno Taut) 예술의 여행―알프스 건축으로의 길』(タウト藝術の旅―アルプス建築への道)

이 시리즈는 『축제도시―상징인류학적 접근』의 부제가 보여주듯이 상징인류학적 또는 기호론적 연구가 기본이었다. 그러나 다무라 아키라 · 가니 히로아키 · 도히 요시오 등은 독자적인 방법론으로 썼다.

그러고보니 이 무렵 도쿄외국어대학에서 야마구치 씨의 공동 연구는 '상징과 세계관'이라는 제목으로 이루어지고 있었는데 여기에는 미야타 노보루 · 오무로 미키오 · 아오키 다모쓰 씨 등도 참가하고 있었다. 바로 최근(2006년 4월) '동아시아출판인회의'가 중국 항저우(杭州) 시호 호반의 호텔에서 개최되었을 때 한국의 대표적 출판인인 한길사의 김언호 씨로부터 "예전에 『시호 안내』를 읽은 적이 있습니다"라는 말을 듣고 무척 기뻤다.

또 아주 최근(2006년 5월)에 와타나베 모리아키 씨의 『파리 감각』이 이와나미현대문고로 나왔다. 와타나베 씨는 「이와나미현대문고판 후기」를 다음과 같이 썼다.

"'여행과 토포스의 정신사'라는 시리즈 중에서 한 권 써주실 수 있겠습니까?"

"어떤 도시를 쓰죠?"

"예를 들면 암스테르담이라든가……."

"예전에 프란스 할스(Frans Hals, 1581?~1666)에 대해 쓴 적이 있고, 17세기 네덜란드 회화에도 관심이 많지만 정작 암스테르담이라는 도시에 대해 다시 쓸 만큼의 경험도 없고 식견도 없습니다. 파리 같은 데는 누가 쓰죠?"

"아, 그게 아직 정해지지 않아서요."

"그럼 제가 파리를 쓰면 안 될까요?"

운운.

당시 이와나미쇼텐에 '문화의 현재' 공부 모임이 있었는데 그것을 맡고 있던, 나중에 사장이 된 오쓰카 노부카즈 씨와 이런 대화를 나눈 것은 아마 1982년의 일이었을 것이다. 그에 앞서 그 무렵 다카다 히로시(高田宏) 씨가 편집장이었던 이색적인 홍보잡지 『에너지 대화』의 최종호에 '프랑스'를 테마로 하여 전반에는 야마구치 마사오 씨, 후반에는 하스미 시게히코 씨와의 대담을 실은 적이 있는데, 그것을 기획한 사람도 오쓰카 씨였다. 그 대담은 1983년 이와나미에서 단행본 『프랑스』로 나왔다.

와타나베 씨의 폴 클로델(Paul Claudel, 1868~1955) 연구는 유명한데, 결국 그는 『공단신발』(*Le soulier de satin, ou, Le pire n'est pas toujours sûr, action espagnole en quatre journées*, 繻子の靴)을 번역하여 이와나미문고(각 500페이지를 넘는 상·하권)로 간행했다. 2005년의 일이다. 상세한 역주를 붙인 이 문고판의 간행은 말 그대로 '쾌거'였다.

『벨에포크』 『일본인의 질병관』 등

1985년 5월에는 '신이와나미강좌·철학'을 발족했다. 그것에 대해 말하기 전에 이 해에 간행한 단행본과 현대선서에 대해 보기로 하자. 우선 단행본부터.

- 에드먼드 로널드 리치(Edmund Ronald Leach), 『사회인류학 안내』(*Social anthropology*, 社會人類學案內, 長島信弘譯)
- 오에 겐자부로, 『삶의 방식에 대한 정의, 다시 상황으로』(生き方の定義 再び狀況へ)
- 마에다 요이치, 『파스칼의 '팡세' 주해 제2』(パスカル'パンセ'注解 第二)
- 윌리 하스(Willy Haas), 『벨에포크』(ベル・エポック, 菊盛英夫譯)
- 오누키 에미코(大貫惠美子), 『일본인의 질병관―상징인류학적 고찰』(日本人の病氣觀―象徵人類學的考察)
- 루이 옐름슬레브(Louis Hjelmslev), 『언어이론의 확립을 둘러싸고』(*Omkring Sprogteoriens Grundlœggelse*, 言語理論の確立をめぐって, 竹內孝次譯)
- 미하엘 엔데, 『거울 속의 거울―미궁』(*Der Spiegel im Spiegel:*

ein Labyrinth, 鏡のなかの鏡―迷宮, 丘澤靜也譯)
- 제프리 바라클러프(Geoffrey Barraclough), 『역사학의 현재』(*Main trends in history*, 歷史學の現在, 松村赳・金七紀男譯)
- 마틴 와이츠만(Martin L. Weitzman), 『셰어 이코노미―스태그플레이션을 극복한다』(*The share economy: conquering stagflation*, シェア・エコノミ―スタグフレーションを克服する, 林敏彥譯)
- 테리 이글턴(Terry Eagleton), 『문학이란 무엇인가―현대비평이론에의 초대』(*Literary theory: an introduction*, 文學とは何にか―現代批評理論への招待, 大橋洋一譯)
- 헨리 마로(Henri Irénée Marrou), 『고대 교육문화사』(*Histoire de l'éducation dans l'antiquité*, 古代敎育文化史, 橫尾壯英外・飯尾都人・岩村淸太譯)
- 데이비드 플래스(David W. Plath), 『일본인의 생활방식―현대의 성숙 드라마』(*Long engagements: maturity in modern Japan*, 日本人の生き方―現代における成熟のドラマ, 井上俊・杉野目康子譯)
- 기쿠모리 히데오(菊盛英夫), 『알려지지 않은 파리―역사의 뒤안길을 걷는다』(知られざるパリ―歷史の舞台裏を歩く)
- 시오카와 데쓰야, 『파스칼―기적과 표징』(パスカル―奇蹟と表徵)
- 로버트 스콜즈(Robert E. Scholes), 『기호론의 즐거움―문학・영화・여자』(*Semiotics and interpretation*, 記號論富のたのしみ―文學・映畵・女, 山太佳夫譯)

다음은 현대선서다.

- 조너선 컬러, 『탈구축』(On deconstruction: theory and criticism after structuralism, ディコンストラクション, 富山太佳夫·折島正司譯)
- 구스타포 구티에레스(Gustavo Gutiérrez), 『해방의 신학』(Teología de la liberación, 解放の神學, 關望·山田經三譯)

윌리 하스의 『벨에포크』는 『세기말의 빈』과 같은 판형으로 사진·도판을 많이 실었다. 이와 같은 의도로 간행된 책으로는 루시스미스(Edward Lucie-Smith)의 『1930년대의 미술―불안의 시대』(Art of the 1930s: the age of anxiety, 1930年代の美術―不安の時代, 多木浩二·持田孝未子譯, 1987)가 있다. 모두 시대와 문화의 관련양상을 극명하게 그린 명저였지만 『세기말의 빈』의 성공에는 미치지 못했다. 이 책에 이어서 간행된 『알려지지 않은 파리』는 S씨가 담당했다.

오누키 에미코 씨에 대해 이야기해준 사람은 야마구치 마사오 씨였다. "미국에서 훌륭한 연구를 하고 있는 사람이 있다"는 정보를 얻고 나는 마침 귀국해 있는 오누키 씨를, 고베의 한큐(阪急) 전차 연선의 고지대에 있는 고급주택지로 찾아갔다.

오누키 씨는 미국 대학에서 독학으로 문화인류학을 공부했다고 했는데, 에스키모에 대한 현지조사 등을 거쳐 지금은 상징인류학에 흥미를 가지고 있다는 것이었다. 당면한 관심은 일본의 의료제도와 일본인의 질병관에 있다는 이야기를 듣고 그것을 한 권의 책으로 써보는 것이 어떻겠느냐고 제안했다. 완성된 『일본인의 질병관』은 상징인류학의 모범이라고 해도 좋을 정도로 흥미로운 것이어서 원고를 읽는 도중에 몇 번이고 눈이 번쩍 뜨이는 느낌을 받았다.

그 후 오누키 씨는 『쌀의 인류학―일본인의 자기 인식』(コメの人類學―日本人の自己認識, 1995)을 집필했고 2003년 내가 퇴직하기 직전에 대작 『비틀리고 구부러진 벚꽃―미의식과 군국주의』(ねじ曲げられた櫻―美意識と軍國主義)의 부산물이라 해야 할 『학도병의 정신지―'주어진 죽음'과 '삶'에 대한 탐구』(學徒兵の精神誌―'與えられた死'と'生'の探究, 2006)를 냈다. 그 책의 앞부분에 있는 「감사의 말」을 오누키 씨는 이렇게 시작하고 있다.

이 책은 2003년에 이와나미쇼텐에서 출판한 『비틀리고 구부러진 벚꽃―미의식과 군국주의』에 대한 독자의 반응·서평 등에서 학도병의 일기에 대한 반향이 굉장히 컸기 때문에 일기를 중심으로 좀 더 세밀하게 다루고자 쓴 책이다. 어렸을 때부터 "나라를 위해 목숨을 바치자"라는 말을 듣고 자란, 즉 "죽음이 주어진" 소년·청년 시절을 보내고 20대 초에 질 것이 뻔한 전쟁에서 '죽임을 당한' 학도병들의 고뇌와 갈등을 다시 한 번 소개하고자 쓴 것이다.

일기를 소개하는 일은 예상했던 시간보다 훨씬 많이 걸렸다. 왜냐하면 이 책에서 이야기한 학도병의 지적 수준이 높아서, 이번에도 이전의 책 이상으로 그들의 사고를 이해하려고 안간힘을 썼기 때문이다.

그리고 이 책의 안표지에는 다음과 같은 제사(題詞)가 실렸다.

이 책 속 청년들의 이루지 못한 꿈, 그들의 갈등, 절규를 읽음으로써 이러한 젊은이들을 죽인 전쟁의 무시무시함과 무의미함을 독자에게 전하여 반전과 세계평화에 조금이라도 공헌할 수 있기를 바라며.

엔데의 옛날 저택을 찾아서

미하엘 엔데의 『거울 속의 거울』은 그 일부를 계간 『헤르메스』에도 실었다. 이 책으로 인해 아동서 작가라고 생각되었던 엔데 씨에 대한 평가는 확 바뀌었다. 악마적인 측면을 가진 작가, 현대문명에 대한 철저한 비평안을 가진 사상가로 보이게 된 것이다. 동시에 엔데 씨가 쓴 어린이용 책의 의미도 훨씬 다원적인 요소로 이루어진 것으로 재인식되기 시작했다.

2000년의 일이라고 생각되는데, 나는 엔데 부인이나 엔데 씨와 친했던 친구 두 사람과 함께 로마 근교의 젠차노(Genzano)에 있는 엔데 씨의 옛집을 방문한 적이 있다. 고지대에 있는 저택 자체가 로마시대, 나아가 그 이전 시대의 유적 위에 세워져 있었다. 아득히 멀리 바다 쪽을 바라보면 거기에는 태고 이래의 역사가 중층적으로 축적된 풍경이 가로놓여 있었다. 카발라(Kabbalah)[27] 등 비교(秘敎, esoteric)적인 사상에도 깊은 관심을 갖고 있는 엔데 씨의 사상이 역사적으로도 사상적으로도 실로 깊이 있는 것이라는 것을 나는 그때 실감했다. 엔데 씨의 옛집 옆에는 마니에리스모(Manierismo) 연구

---

[27] 중세 유대교의 신비주의.

로 유명한 귀스타브 르네 호케(Gustav René Hocke, 1908~85)가 살고 있었다. 현재는 편집자인 아들 호케 씨가 뒤를 잇고 있는데, 엔데 씨와 호케 씨가 친한 사이였다는 것은 엔데 씨의 작품을 아는 데 중요한 시사점을 주지 않을까 싶다.

『문학이란 무엇인가』의 놀랄 만한 산물

테리 이글턴의 『문학이란 무엇인가』의 원제는 『Literary Theory: An Introduction』인데 1983년에 간행되었다. 이 책에는 당시의 대표적인 비평이론이 소개되어 있다. 이른바 영문학 비평의 탄생・현상학・해석학・수용이론・구조주의와 기호학・탈구조주의・정신분석 비평・정치적 비평 등. 이글턴의 『문예비평과 이데올로기』 이후 이 책, 그리고 『클라리사의 능욕―에크리튀르・섹슈얼리티・계급투쟁』(*The rape of Clarissa*, クラリッサの凌辱―エクリチュール, セクシュアリティー, 階級鬪爭, 大橋洋一譯, 1987)을 간행하고 1997년에는 『문학이란 무엇인가』의 신판도 간행했다. 모두 베테랑 편집자인 H씨의 손으로 이루어졌다.

이 책이 간행된 직후 도쿄에서 쓰쓰이 야스타카 씨와 만날 기회가 있었다. 나는 그에게 계간 『헤르메스』에 소설을 연재해주면 좋겠다고 부탁했다. 헤어질 때 나는 쓰쓰이 씨에게 "신칸센 안에서 읽으세요"라며 이글턴의 이 책을 건넸다. 며칠 후 쓰쓰이 씨한테서 전화가 왔다.

"이글턴의 책, 신고베에 도착할 때까지 거의 다 읽어버렸습니다. 이 책을 소재로 해서 『헤르메스』에 연재할 소설을 써보지요."

그렇게 해서 탄생한 것이 『문학부 다다노 교수』(文學部唯野敎授)

다. 테리 이글턴의, 절대 쉽다고는 할 수 없는 비평이론서에서 그렇게도 재미있는 『문학부 다다노 교수』를 창작해낸 것을 보고 작가의 상상력이란 얼마나 대단한 것인가 하고 감탄한 일을 또렷이 기억하고 있다.

쉽게 통과되지 않는 기획

헨리 마로의 『고대 교육문화사』는 『Histoire de l'Education dans l'Antiquité』(1948)를 완역한 것이다. 예거(Werner Jaeger, 1888~1961)의 『파이데이아』(*Paideia: the ideals of Greek culture*, パイデイア)에 견줄 수 있는 이 책의 번역은 히로시마대학의 연구자 그룹에서 맡아주었다. 그 연구회에서 번역 원고 검토회가 자주 열렸는데, 에타지마(江田島)에서 열린 모임에 그곳에서 묵으면서 참가한 일은 잊을 수가 없다. 그리스·로마, 그리고 중세 초기에 이르기까지 서구문화의 근원인 휴머니즘에 기초하여 교육의 역사를 더듬어 간 이 책은 앞에서 이야기한 히로카와 요이치 씨의 저작과 마찬가지로 내가 가장 소중히 여기는 저작 가운데 하나다.

사실 A5판 500페이지가 넘는 이 책의 기획을 통과시키는 일은 쉽지 않았다. 슬슬 거품경제가 붕괴되려는 예감이 번지기 시작하던 무렵이었기 때문이다. 여러 차례 편집회의에서 보류 결정을 받았다. 그래서 나는 작전을 짜서, 책 자체에 대한 평가는 문제가 아니었으므로 저자의 정열에 강조점을 둠으로써 기획을 성립시키고자 했다. 즉 이 책의 서문에 있는 "나의 이 책은 제2차 세계대전의 어두운 날들, 젊은이들의 마음에 자유의 불꽃을 되살려 전체주의적 만행의 거짓 위신(威信)에 감연히 대처하도록 할 필요가 있었을 때 쓰인 것이다"라는 문장을 강조하고, 독일을 상대로 한 레지스탕스 투사이기도 했던 마로의 심정을 부각시켜 나치즘에 대한 서구적 휴머니즘을 선양하는 책으로 각인시켰던 것이다. 신기하게도 이런 관점에서 이 책의 내용을 다시 읽었더니 목차가 더욱 생생하게 살아났다. 다시 자신감을 가지고 기획서를 올렸고 기획은 통과되었다.

시오카와 데쓰야의 『파스칼―기적과 표징』은 소르본대학에 제출한 그의 박사학위 청구논문인데, A. G. 니제출판사에서 출판된 『Pascal et les miracles』(1978)의 일본어판이다. 마에다 요이치 씨한테서 이 프랑스어 논문 이야기를 듣고 처음으로 시오카와 씨를 만난 것은 어디였을까? 파리였던 것 같기도 하고 도쿄의 어느 찻집이었던 것 같기도 하다. 하지만 무슨 이야기를 했는지는 똑똑히 기억난다. 루이 마랭(Louis Marin, 1931~92)이나 기호학과 관련된 책 이야기를 했었는데, 시오카와 씨는 최근의 동향에 대해 무척 친절하게 이야기해주었다.

『파스칼―기적과 표징』은 기적의 문제를 중심으로 한 본격적인 파스칼 연구서다. 마루야마 게이자부로의 『소쉬르의 사상』(ソシュールの思想)을 담당했던 O씨가 맡아주었다. 또 루이 옐름슬레브의 『언어이론의 확립을 둘러싸고』와 데이비드 플래스의 『일본인의 생활방식』도 O씨가 편집했다.

마지막으로 현대선서에 대해서다. 조너선 컬러의 『탈구축』은 다들 '탈구축'을 이야기하는 풍조 속에서 나온 탈구축에 대한 훌륭한 소개서이자 해설서다. 그리고 구스타포 구티에레스의 『해방의 신학』에 대해서는 앞에서 이야기했으므로 여기서는 생략한다.

'신이와나미강좌·철학'과 단행본

학파를 넘어선 토의를

'신이와나미강좌·철학'의 편집에는 충분한 시간을 들였다. 1967년부터 간행하기 시작한 '강좌·철학'으로부터 18년 만에 다시 간행하는 철학 강좌이기 때문이었다. 지난 번의 강좌 편집에는 도중에 가담하기도 했지만, 아카데미즘·마르크스주의·분석철학 등의 학파가 병존하고 있을 뿐, 철학의 본래적인 영위여야 할 학파를 넘어선 철저한 논의가 결여되어 있는 게 아닐까 하는 생각이 들었다. 그러한 반성 위에서 이번에는 기획 단계부터 철저하게 논의해야 할 것 같았다. 다행히 편집위원이 되어달라고 부탁했던 사람들과는 친한 사이였다. 다들 이와나미에서 몇 권의 책을 낸 사람들이었다. 편집위원의 면면을 열거하면 다음과 같다. 위의 네 명은 아래에 있는 사람보다 한 세대까지는 아니지만 연령이 좀 더 앞선 사람들이다.

오모리 쇼조·다키우라 시즈오·나카무라 유지로·후지사와

노리오

　이치카와 히로시·가토 히사타케·기다 겐·사카베 메구미·사카모토 겐조·다케이치 아키히로(竹市明弘)·무라카미 요이치로

　이 열한 명의 편집위원에게 햇수로 3년 동안 도합 서른 번에 걸친 편집회의를 부탁했다. 전원이 교직에 있어서 일정 잡기가 어려워 편집회의는 필연적으로 일요일이 되는 경우가 많았다. 그래도 논의는 철저하게 진행되었기 때문에 한번의 회의가 장장 예닐곱 시간이나 이어지는 일도 드물지 않았다. 그러므로 후배 N군과 함께 이 3년 동안은 주말도 거의 쉬지 않고 일했던 것 같다. 나중에 S양도 가담하여 편집부는 세 명으로 구성되었다.

　지금 철학이란

우선 전체 16권의 구성을 보기로 하자.

　1.『지금 철학이란』(いま哲學とは)
　2.『경험·언어·인식』(經驗·言語·認識)
　3.『기호·논리·은유』(記號·論理·メタファー)
　4.『세계와 의미』(世界と意味)
　5.『자연과 우주』(自然と宇宙)
　6.『물질·생명·인간』(物質·生命·人間)
　7.『토포스·공간·시간』(トポス·空間·時間)
　8.『기술·마술·과학』(技術·魔術·科學)

9. 『신체・감각・정신』(身體・感覺・精神)

10. 『행위・타아・자유』(行爲・他我・自由)

11. 『사회와 역사』(社會と歷史)

12. 『문화의 역동성』(文化の逆動性)

13. 『초월과 창조』(超越と創造)

14. 『철학의 원형과 발전—철학의 역사 1』(哲學の原型と發展—哲學の歷史 1)

15. 『철학의 전개—철학의 역사 2』(哲學の展開—哲學の歷史 2)

16. 『철학적 제문제의 현재—철학의 역사 3』(哲學的諸問題の現在—哲學の歷史 3)

언뜻 보기만 해도 종래의 철학 강좌와는 다르다는 것을 알 수 있을 것이다. 제1권은 보통 '철학이란 무엇인가', 또는 '철학의 의의'라는 제목이다. 그런데 이 강좌에서는 '지금 철학이란'이라고 했다. 이것은 21세기를 눈앞에 두고 철학에 주어진 과제는 무엇인가, 지금 철학으로 할 수 있는 것은 무엇인가라는 물음에 진지하게 답하려는 편집위원들의 자세를 명확히 표현하고 있다. 사실 제1권에서는 편집위원 모두가 전력을 다해 자신에게 부과된 과제에 응했다. 다음은 제1권의 목차다.

I. 지의 통저(通底)와 활성화—철학의 새로운 지평에서……나카무라 유지로

II. 철학의 기본 과제와 현실적 과제……후지사와 노리오

III. 철학의 주장……다케이치 아키히로

Ⅳ. 과거의 제작……오모리 쇼조
  Ⅴ. 철학과 언어……다키우라 시즈오
  Ⅵ. 철학의 언어와 자기 관계성……가토 히사타케
  Ⅶ. 철학과 반철학……기다 겐
  Ⅷ. 이야기와 침묵―포이에시스론에 대한 한 시각……사카베 메구미
  Ⅸ. 단장(斷章)・신체에 의한 세계 형성……이치카와 히로시
  Ⅹ. 죽음을 둘러싼 제2의 단장……무라카미 요이치로
  Ⅺ. 현대 일본에서 철학을 한다는 것의 의미……사카모토 겐조

각 편집위원의 의욕이 잘 전해질 것이다. 서른몇 번에 걸친 편집회의를 통해 편집위원들은 자연스럽게 문제를 공유하게 되었고, 동시에 그 철학적 과제에 한 사람 한 사람이 독자적인 방법으로 답을 낼 수 있게 했다.

기호와 논리의 확산

다음으로 몇몇 특색 있는 권을 들어보기로 한다. 먼저 제3권 『기호・논리・은유』의 목차를 보기로 하자.

  Ⅰ. 기호・논리・은유―종・횡단적 고찰의 시도……나카무라 유지로
  Ⅱ. 기호와 의미……이토 구니타케(伊藤邦武)
  Ⅲ. 기호와 정보……쓰치야 슌(土屋俊)

Ⅳ. 수와 논리―무한의 역설 …… 사토 데쓰로(佐藤徹郎)

Ⅴ. 사실과 논리 …… 우치이 소시치(內井惣七)

Ⅵ. 일상언어의 논리 구조 …… 야기사와 다카시(八木澤敬)

Ⅶ. 은유의 구조와 논리 …… 다키우라 시즈오

Ⅷ. 허구와 진실 …… 사사키 겐이치(佐々木健一)

Ⅸ. 텍스트·문체·의미 …… 사토 노부오(佐藤信夫)

Ⅹ. 상징과 해석 …… 구메 히로시(久米博)

Ⅺ. 논증과 설득 …… 아사노 나라히데(淺野楢英)

Ⅻ. 설명·기술·이해 …… 무라카미 요이치로

가장 선두에서 활약하는 연구자들이 각각의 주제에 전력으로 몰두하는 모습을 느낄 수 있을 것이다. 기호나 논리 등의 개념이 은유나 상징의 문제까지 포함함으로써 과거와는 비교가 되지 않을 정도의 폭과 깊이를 갖기 시작했음을 알 수 있다.

새로운 우주론(Cosmology)

다음으로는 제5권 『자연과 우주』의 목차를 보기로 한다.

Ⅰ. 우주론 재흥 …… 사카모토 겐조

Ⅱ. '자연'이란 무엇인가

  1. 자연과 인위 …… 다케미야 아키라(武宮諦)

  2. 자연과 역사 …… 이소에 가게아쓰(磯江景孜)

  3. 자연과 자연을 초월한 것―내 삶의 어떤 것에 대하여……

마쓰나가 유지(松永雄二)

 III. 자연철학과 우주론의 전개

  1. 그리스의 자연철학과 우주론……구사야마 교코(種山恭子)

  2. 르네상스의 자연철학과 우주론……시미즈 준이치(淸水純一)

  3. 근세의 자연철학과 우주론……고바야시 미치오(小林道夫)

 IV. 현대의 자연철학

  1. 현대의 우주론……스기야마 세이이치로(杉山聖一郞)

  2. 자연철학의 현대적 관점……나카노 하지무(中埜肇)

 V. 비서구 세계의 자연관

  1. 자연의 위대한 사슬―오리엔트적 그노시스의 모습……이가라시 히토시(五十嵐一)

  2. 인도의 자연관……핫토리 마사아키(服部正明)

  3. 중국의 자연관……후쿠나가 미쓰지(福永光司)

  4. 일본인의 자연관……미나모토 료엔(源了圓)

이 권에서는 우주론과 관련하여 자연을 논하고 있다. 현대 우주론의 비약적인 발전 속에서 새로운 우주론이 요청되고 있다는 것을 명확하게 이해할 수 있을 것이다.

 과학과 마술

 한 권만 더 들고자 한다. 제8권 『기술·마술·과학』이다. 구성은 다음과 같다.

Ⅰ. 인간과 기술
  1. 기술의 발생과 전개⋯⋯사카모토 겐조
  2. 기술 개념의 성립⋯⋯모리 도시히로(森俊洋)
Ⅱ. 주술·마술의 전통
  1. 플라톤의 마법⋯⋯오누마 다다히로(大沼忠弘)
  2. 헤르메스 사상의 원류―『아스클레피오스』의 자연철학과 그 주변⋯⋯시바타 유(柴田有)
Ⅲ. 과학의 성립
  1. 과학과 비과학⋯⋯무라카미 요이치로
  2. 과학사의 히스토리오그라피(historiography)⋯⋯다니 다카노부(大谷隆昶)
Ⅳ. 유럽의 근대와 과학·기술
  1. 과학혁명론―17세기적 학문 이념의 형성과 수용⋯⋯사사키 지카라(佐々木力)
  2. 과학의 자립과 제도화⋯⋯요시다 다다시(吉田忠)
  3. 과학의 사회적 차원⋯⋯이토 슌타로
Ⅴ. 현대의 과학·기술
  1. 두 개의 상대성이론―20세기 과학사상의 한 국면⋯⋯다나카 유타카(田中裕)
  2. 현대 테크놀로지와 인간⋯⋯나카오카 데쓰로(中岡哲郎)
  3. 비유럽 세계와 과학·기술⋯⋯야노 미치오(矢野道雄)
Ⅵ. 생활세계와 과학⋯⋯닛타 요시히로(新田義弘)

이 권에서는 과학·기술을 논할 때 주술이나 마술의 전통도 고려

해야 한다고 말하고 있다. 또 과학과 비과학의 관계도 정면으로 묻는다. 즉 이 강좌에서는 종래에 자명하다고 생각되어온 모든 개념을 재검토하고 있는 것이다. 현대에 어울리는 정의를 내리려 시도했다고 할 수 있다. 편집위원을 비롯한 집필자 대부분이 과학·기술의 경이적인 발전 속에서 새로운 우주론과 가치를 찾아 필사의 노력을 했다고 말해도 좋을 것이다.

기획의 실마리를 잡다

나는 이 강좌의 편집을 시작함으로써 이후에 전개될 다양한 기획의 실마리를 잡았다. 강좌 기획은 '전환기의 인간'(전10권·별권, 1989~90)과 '종교와 과학'(전10권·별권, 1995~96)이었다. 또 시리즈는 이 강좌의 부산물인 '현대철학의 모험'(전15권, 1990~91)을 비롯하여 '21세기 문제다발북스'(전24권, 1995~96), '총서·현대의 종교'(전16권, 1996~98) 등이었다.

'신이와나미강좌·철학'은 1985년 5월에 시작하여 다음해 8월에 완결되었다. 부수는 18년 전 강좌의 15퍼센트 정도였는데, 그래도 평균 1만 부 정도는 나갔다. 이 무렵부터 점차 '출판 불황'이라는 말이 흘러나오기 시작했지만, 편집위원도 우리도 혼신을 다해 만들어낸 이 강좌는 역시 그 나름의 힘을 발휘할 수 있었던 것 같다.

『종교와 과학의 접점』 외

1986년에는 철학의 강좌를 계속 간행하는 것 외에 다음과 같은 단행본을 출간했다.

- 『헤르메스』 편집부 엮음, 『세기말 문화를 독해한다』(世紀末文化を讀み解く)
- 데이비드 스태너드(David Stannard), 『역사를 정신분석한다—프로이트와 심리역사학의 실패』(Shrinking history: on Freud and the failure of psychohistory, 歷史を精神分析する—フロイトと心理歷史學の失敗, 南博譯)
- 로만 야콥슨(Roman Jakobson)·린다 워(Linda Waugh), 『언어음형론』(The sound shape of language, 言語音形論, 松本克己譯)
- 우자와 히로부미, 『근대경제학의 전환』(近代經濟學の轉換)
- 이치쿠라 히로스케(市倉宏祐), 『현대 프랑스 사상을 권유한다—안티오이디푸스 저편에』(現代フランス思想への誘い—アンチ・オイディプスのかなたへ)
- 야마구치 마사오 엮음, 『하야시 다쓰오 좌담집—세계가 무대』(林達夫座談集—世界は舞臺)
- 가와이 하야오, 『종교와 과학의 접점』(宗教と科學の接點)
- 미하엘 엔데, 『유산상속 게임—5막의 희비극』(Die Spielverderber: Eine komische Tragödie in fünf Akten, 遺産相續ゲーム—五幕の悲喜劇, 丘澤靜也譯)
- 루이 마랭, 『회화의 기호학—에크리튀르, 그림』(Études sémiologiques: écriture, peinture, 繪畫の記號學—エクリチュール パンチュール, 篠田浩一郎·山崎庸一郎譯)

- P. C. 야실드(Per Christian Jersild), 『홍수가 지나간 뒤』(洪水のあと, 山下泰文譯)
- 사카모토 햐쿠다이(坂本百大), 『마음과 신체―원일원론의 구도』(心と身體―原一元論の構圖, 大岡信・大岡玲譯)
- 야마구치 마사오, 『문화인류학의 시각』(文化人類學の視角)
- 토마스 핏지몬스(Thomas Fitzsimmons), 『일본 맞거울 선물』(*Japan, personally*, 日本合わせ鏡の贈り物, 大岡信・大岡玲譯)
- 오에 겐자부로, 『M/T와 숲의 신기한 이야기』(M/Tと森のフシギな物語)
- 배리 스패냐드(Barry Spanjaard), 『지옥을 본 소년―어느 미국인의 나치 강제수용소 체험』(*Don't fence me in!: an American teenager in the holocaust*, 地獄を見た少年―あるアメリカ人のナチ強制收容所體驗, 大浦曉生・白石亞弥子譯)

이 외에 현대선서를 두 권 간행했다.

- 잭 구디(Jack Goody), 『미개와 문명』(*The domestication of the savage mind*, 未開と文明, 吉田禎吾譯)
- 사무엘 보울즈(Samuel Bowles)・허버트 긴티스(Herbert Gintis), 『미국자본주의와 학교교육―교육개혁과 경제제도의 모순 I』(*Schooling in Capitalist America: educational reform and the contradictions of economic life*, アメリカ資本主義と學校敎育―敎育改革と經濟制度の矛盾, 宇澤弘文譯)

이 무렵이 되자 편집부 부부장이라는 일도 더해졌으므로 너무 바쁜 나머지 쩔쩔매고 있었다. 그러므로 앞에서 열거한 책을 낼 때도 T군이나 O씨, 새로 가담한 S군의 도움을 많이 받았다. 그러나 내가 직접 편집한 책도 열 권이 넘었으므로 기억에 남아 있는 책에 대해서는 간단히 이야기하기로 한다.

먼저 『언어음형론』에 대해서다. 언어학에 대한 일련의 본격적인 학술서 가운데 한 권이다. 아마 야콥슨의 마지막 저작이라고 생각되는데, 야콥슨의 젊은 제자 린다 워와의 공저였다. 야콥슨의 손녀뻘이자 대단한 미인인 린다 워 씨와는 우연한 기회에 직접 만나 야콥슨에 대한 이야기를 나눴던 기억이 있다.

가와이 하야오 씨의 『종교와 과학의 접점』은 잡지 『세계』에 연재한 것을 정리한 책이다. 이 책은 종교와 과학을 딱딱하게 파악하는 것이 아니라 인간의 생활방식과 관련시켜 구체적으로 논한 것으로 굉장히 많은 독자에게 환영을 받았다. 이 책은 몇 년 후에 간행하는 '강좌·종교와 과학'의 예고편 같은 의미를 지녔다고 해도 좋을 것이다.

핏지몬스 씨는 미국 시인으로 대학교수였는데 부인과 함께 일본에 체재하고 있었다. 오오카 마코토 씨의 친구로 둘이서 연시 등을 썼다. 나는 몇 번인가 오오카 부부·핏지몬스 부부와 함께 식사를 했는데 참 즐거운 한때였다.

현대선서로 낸 사무엘 보울즈·허버트 긴티스의 『미국자본주의와 학교교육』은 흥미로운 책이었다. 기존 경제학에 만족하지 않고 독자적인 경제학을 구축하려는 보울즈와 긴티스 씨는 우자와 씨의 친한 친구이기도 했다. 미국 자본주의 발전과의 관련 속에서 교육의 본래적인 존재방식을 고찰한 이 책의 사상은 나중에 우자와 씨가 정리한

이와나미신서 『일본의 교육을 생각한다』(日本の教育を考える, 1998) 의 중요한 기둥 가운데 하나를 이루는 것이다. 사실 이 신서는 보울 즈·긴티스 씨와 친했던 이시카와 쓰네오(石川經夫, 1947~98) 씨에 게 집필을 의뢰한 것이었다. 우수한 후배 한 사람을 잃어버린 우자 와 씨는 그 결락을 메우기 위해 자신이 직접 썼던 것이다. 신서 「머리말」에서 우자와 씨는 다음과 같이 썼다.

> 이 책은 원래 이시카와 쓰네오 군이 집필할 예정이었으나 부득이한 사정으로 제가 대신 쓰게 되었습니다. 이시카와 군은 일본을 대표하는 경제학자 중의 한 사람으로, 기존의 신고전파 경제학을 넘어 사회정의·공정·평등의 관점에서 경제학의 새로운 전개를 주도해왔습니다. 이시카와 군에게 교육경제학은 이 경제학의 새로운 전개과정에서 가장 중심적인 역할을 하는 것입니다. 일찍이 이시카와 군은 하버드대학에서 케네스 애로우(Kenneth Arrow) 교수에게 사사했고 사무엘 보울즈와도 친했으며 이 책의 주된 선율을 형성하는 보울즈·긴티스의 '대응 원리'의 형성에도 중요한 공헌을 했습니다. 보울즈·긴티스의 '대응 원리'는 교육이론에 혁명적인 영향을 초래한 사고로, 21세기의 학교 교육제도의 존재 방식을 고찰할 때 중심적인 역할을 하는 것입니다.

이시카와 쓰네오 씨는 1991년에 명저 『소득과 부』(所得と富)를 발간했다. 또 이시카와 씨의 부인인 미키코(幹子) 씨는 나중에 대작 『도시와 녹지—새로운 도시환경의 창조를 향하여』(都市と綠地—新しい都市環境の創造に向けて, 2001)를 집필했다.

『오쿠무라 도규』『공간 '기능에서 양상으로'』등

1987년에 간행한 단행본은 다음과 같다.

- 곤도 게이타로(近藤啓太郎), 『오쿠무라 도규』(奧村土牛)
- 하라 히로시, 『공간 '기능에서 양상으로'』(空間 '機能から樣相へ')
- 자크 알랭 밀러(Jacques-Alain Miller) 엮음, 『정신병/자크 라캉』(*Les psychoses*, 精神病/ジャック・ラカン 上・下, 多木浩之・鈴木國文・川津芳照・笠原嘉譯)
- 움베르토 에코 외, 『카니발!』(*Carnival!*, カーニバル!, 池上嘉彦・唐須敎光譯)
- 마틴 제이(Martin Jay), 『아도르노』(*Adorno*, アドルノ, 木田元・村岡晋譯)
- 에드워드 루시스미스(Edward Lucie-Smith), 『1930년대의 미술─불안의 시대』(*Art of the 1930s: the age of anxiety*, 1930年代の美術─不安の時代, 多木浩二・持田季未子譯)
- 미하엘 엔데, 『꿈의 보로시─한밤중에 작은 소리로 노래하다』(*Trödelmarkt der Träume: Mitternachtslieder und leise Balladen*, 夢のボロ市─眞夜中に小聲でうたう, 丘澤靜也・佐藤眞理子・子安美知子譯)
- 우자와 히로부미, 『현대 일본경제 비판』(現代日本經濟批判)
- 나카무라 유지로, 『니시다 철학의 탈구축』(西田哲學の脫構築)
- 우자와 히로부미, 『공공경제학을 찾아서』(公共經濟學を求めて)

- 오오카 마코토, 『칠흑 같은 밤, 하늘의 청소기 다가온다』(ぬばたまの夜, 天の掃除器せまってくる)
- 야마구치 마사오, 『야마구치 마사오·대담집 신체의 상상력—음악·연극·판타지』(山口昌男·對談集 身體の想像力—音樂·演劇·ファンタジー)

현대선서는 다음과 같다.

- 사무엘 보울즈·허버트 긴티스, 『미국자본주의와 학교교육—교육개혁과 경제제도의 모순 II』(*Schooling in Capitalist America: educational reform and the contradictions of economic life*, アメリカ資本主義と學校敎育—敎育改革と經濟制度の矛盾, 宇澤弘文譯)
- 알프레드 케이진(Alfred Kazin), 『뉴욕의 유대인들—어느 문학에 대한 회상 1940~60』 I·II(*New York Jew*, ニューヨークのユダヤ人たち—ある文學の回想 1940~60, 大津榮一郎·筒井正明譯)
- 클리퍼드 기어츠(Clifford Geertz), 『문화의 해석학』 I·II(*The interpretation of cultures*, 文化の解釋學, 吉田禎吾·柳川啓一·中孜弘允·板橋作美譯)

곤도 게이타로 씨는 유명한 작가였다. 본인은 방탕무뢰한 생활을 하고 있다고 말했지만 실로 진지한 인품의 사람이었다. 『오쿠무라 도규』에도 그 사람의 인품이 반영되어 있으며 오쿠무라 도규의 예술이 명확하게 포착되어 있는 양질의 평전이었다. 때때로 치바(千葉)

현의 가모가와(鴨川)에서 도쿄로 올라온 그와 이야기를 나누는 일은 무척 즐거웠다. 이 책으로 나는 일본화(日本畵)를 보는 안목을 배운 것 같다. 나중에 요코야마 다이칸(橫山大觀) 등 근대 일본화의 탄생 과정을 면밀하게 그린 유고 『일본화 탄생』(日本畵誕生, 2003)을 베테랑 편집자 H씨의 손으로 간행했다.

『공간 '기능에서 양상으로'』의 저자 하라 히로시 씨의 문체는 독특했다. 하라 씨는 기존의 개념을 훨씬 넘어선 그의 독자적인 새로운 개념을 수학, 때로는 이슬람교의 용어를 사용하여 말하기 때문에 쉽게 이해할 수 있는 것은 아니었지만 읽노라면 어쩐지 이해했다는 느낌이 들었다. 그의 건축작품을 보면 그 이유를 알 수 있을지도 모른다. 즉 엉뚱하게 새로운 형태의 건축이면서도 보는 사람에게 전혀 저항감을 주지 않고 오히려 마음을 편하게 해준다. 이 책도 '기능에서 양상으로'라는 개념을 중심으로 독자적인 공간론을 전개한 것인데, 결코 쉬운 내용이라고는 말할 수 없지만 건축이라는 틀을 넘어 굉장히 많은 사람들에게 읽혔다.

난해한 라캉에 도전하다

자크 라캉의 사상은 난해한 것으로 잘 알려져 있다. 그러나 라캉의 강의록인 『세미나』는 비교적 이해하기 쉽다고들 했다. 엮은이 자크 알랭 밀러는 라캉의 사위라고 하는데, 어쩐지 난해한 분위기를 형성하여 다가가기 힘들다는 평판이었다. 일본에서 라캉에 대한 해설서는 산더미처럼 나와 있지만 라캉 자신의 저서를 번역한 신뢰할 만한 책이 거의 없는 상황이어서 나는 『세미나』의 주요 부분만이라도 번역해서 출판하고 싶었다.

『세미나』 전체는 스물몇 권이나 되는데, 그중에서 가사하라 요시미 씨나 고이데 히로유키 씨와 의논하여 라캉의 사상을 이해하는 데 가장 중요하다고 생각되는 것만 우선 몇 권 정도 번역하여 내기로 했다. 몇 권이라고 해도 원서 한 권을 일본어로 번역하면 두 권 분량이 되는 경우가 많기 때문에 열몇 권의 책을 내게 되었다. 게다가 『세미나』는 비교적 쉽다고 해도 정확하게 번역해내기 위해서는 철저한 독서회와 연구회가 필요하다. 그러므로 원서 한 권을 번역해내기 위해서는 최소한 3, 4년은 걸린다. 이러한 사정을 프랑스 쇠이유 출판사의 관계자에게 몇 년이나 걸려 꼼꼼히 설명하여 『세미나』의 거의 독점적인 판권을 얻을 수 있었다.

그 과정에서 나는 자크 알랭 밀러의 대리인이라는 사람들과 도쿄나 파리에서 몇 번 만났다. 그중의 한 사람은 피에르 스크랴빈 씨였는데 러시아 작곡가 스크랴빈(Alexander Scriabin, 1872~1915)의 조카라고 했다. 1987년 2월 도쿄에서 스크랴빈 씨와 만났을 때 그는 자크 알랭 밀러가 나에게 쓴 편지를 가지고 왔다. 거기에는 『프로이트의 기법론』 외에 『정신분석의 윤리』와 『정신분석의 네 가지 기본 개념』은 꼭 내고 싶다고 쓰여 있었다. 이 『정신병』은 세미나 번역본 중에서 맨 처음에 낸 것이다.

이후 1991년에 『프로이트의 기법론』 상·하(フロイトの技法論, 上卷: 小出浩之·小川豊昭·小川周二·笠原嘉譯, 下卷: 小出浩之·鈴木國文·小川豊昭·小川周二譯), 1998년에 『프로이트 이론과 정신분석 기법에서의 자아』 상·하(フロイト理論と精神分析技法における自我, 小出浩之·鈴木國文·小川豊昭·南淳三譯), 2000년에

『정신분석의 네 가지 기본개념』(精神分析の四基本概念, 小出浩之・新宮一成・鈴木國文・小川豊昭譯), 2002년에 『정신분석의 윤리』 상·하(精神分析の倫理, 小出浩之・鈴木國文・保科正章・菅原誠一譯), 2005년에 『무의식의 형성물』 상(佐々木孝次・原和之・德崎總一譯)을 간행했다. 하권은 2006년 3월에 간행했다.

『카니발!』에 대해서는 서평다운 서평이 거의 나오지 않았다. 그러나 아주 최근에 운노 히로시(海野弘) 씨가 『운노 히로시, 책을 여행하다』(海野弘, 本を旅する, ポプラ社, 2006)에 『카니발!』에 대해 썼기 때문에 인용하고자 한다. 카니발과 바흐친 등 현대사상의 본질을 멋지게 포착하고 있다고 생각하기 때문이다.

카니발에 대한 흥미는 러시아 기호론자인 바흐친으로부터 영향을 받았기 때문이다. 대학에 다닐 무렵 내가 러시아 아방가르드를 살펴보았을 때 바흐친의 라블레론·도스토예프스키론은 산뜻하고 분명했다. 언어에 의해, 퍼포먼스에 의해 일상이나 체제의 질서를 전도시키고 새로운 세계를 탄생시킨다는 바흐친의 생각은 나에게 코페르니쿠스적 전회였다.

내가 주제로 삼고 있는 '세기말'이라는 것도 낡은 세기를 전도시켜 새로운 세기를 만드는 카니발이 아닐까? 그러면 아르누보는 카니발의 스타일이 된다. 낡은 질서는 딱딱해지고 꽉 막히고 움직이지 않게 된다. 그 껍데기를 깨고 커다란 혼란을 흘러넘치게 하지 않으면 안 된다. 나는 자신이 하고 있는 조그만 연구가 바흐친에서 에코에 이르는 현대사상의 커다란 물결과 무관하지 않다고 생각하게 되었고, 얼마간 방향이 보인 것 같았다.

야마구치 씨의 『신체의 상상력』에 대해서는 목차를 소개하기로 한다.

    I. 음악과 토지의 정령······레이몬드 머레이 쉐이퍼
    II. 신체의 기하학—플라멩코 문화의 정체성······안토니오 가데스
    III. 연극의 시원을 향하여······피터 브룩(Peter Stephen Brook)
    IV. 팬터지와 연극적 상상력······미하엘 엔데
    V. 음악, 인생, 그리고 친구들······존 케이지
    VI. 음악과 연극 사이에서······실바노 부소티
    VII. '그라스노스티'(정보 공개) 안의 기호론—염원이 이루어진 모스크바에서의 만남······V. V. 이바노프(Vsevolod Vyacheslavovich Ivanov)

이 내용을 『20세기의 지적 모험』『지의 사냥꾼』과 아울러 볼 때 일찍이 일본인 중에 야마구치 씨 말고 그 누가 이만큼의 지적 에너지를, 게다가 다방면에 걸쳐 발휘할 수 있었을까? 나는 이 대부분의 대담에 입회했는데, 그때마다 끊임없는 정신적 앙양을 경험했다. 야마구치 씨에게는 진심으로 감사하다는 말을 전하고 싶다.

관리직에 오른 편집자

1988년에 출판한 단행본은 다음과 같다. 기획은 내가 했지만 경제관계 이외의 책을 편집할 때는 S씨나 S군의 도움을 받는 일이 많았다.

- 수잔 스트레인지(Susan Strange), 『카지노 자본주의—국제 금융공황의 정치경제학』(*Casino capitalism*, カジノ資本主義—國際金融恐慌の政治經濟學, 小林襄治譯)
- 하이맨 민스키(Hyman P. Minsky), 『케인즈 이론이란 무엇인가—시장경제의 금융적 불안정성』(*John Maynard Keynes*, ケインズ理論とは何か—市場經濟の金融的不安定性, 堀內昭義譯)
- 펄 바인더(Pearl Binder), 『드레스업·드레스다운—사람은 무엇을 위해 옷을 입는가』(*Dressing up dressing down*, ドレスアップ·ドレスダウン—人は何のために服を着るのか, 杉野目康子譯)
- 이노우에 히사시·오에 겐자부로·쓰쓰이 야스타카, 『유토피아 찾기 이야기 찾기—문학의 미래를 향하여』(ユートピア探し 物語探し—文學の未來に向けて)
- 제임스 피콕(James L. Peacock), 『인류학과 인류학자』(*The Anthropological Lens: Harsh Light, Soft Focus*, 人類學と人類學者, 今福龍太譯)
- 마빈 해리스(Marvin Harris), 『음식과 문화의 수수께끼—Good to eat의 인류학』(*Good to eat: riddles of food and culture*, 食と文化の謎—Good to eatの人類學, 板橋作美譯)
- 미하엘 엔데·크리히바움(Jörg Krichbaum), 『어둠의 고고학—화가 에드거 엔데를 이야기하다』(*Die Archäologie der Dunkelheit: Gespräche über Kunst und das Werk des Malers Edgar Ende*, 闇の考古學—畵家エトガー·エンデを

語る, 丘澤靜也譯)
- 오에 겐자부로, 『킬프 군단』(キルプの軍團)

  1년 전에 편집부장 자리에 앉았기 때문에 이 해에 편집한 책은 급격하게 변했다. 이노우에 히사시·오에 겐자부로·쓰쓰이 야쓰타카의 『유토피아 찾기 이야기 찾기』도 오에 씨의 『킬프 군단』도 『헤르메스』에 게재한 것이다. 그것들을 제외하면 다 번역물이다. 관리직에 오른 편집자의 모습이 단적으로 표현되어 있다고 생각한다. 집필자 한 사람 한 사람과 시간을 들여 논의하고 박력 있는 책을 내놓는, 그런 편집자 본래적인 일을 할 수 없게 되었다는 것은 얼마나 쓸쓸한 일이었는지.

  그러나 번역물 하나하나는 자신을 갖고 간행했다고 생각한다. 예컨대 『카지노 자본주의』로 수잔 스트레인지라는 이름은 널리 알려졌고 '카지노 자본주의'라는 말도 유행어가 되었다. 마빈 해리스의 『음식과 문화의 수수께끼』도 재미있는 책이었고 굉장히 많이 읽혔다. 또한 『인류학과 인류학자』는 내가 처녀작 『Rites of Modernization』(1968) 이래 주목해온 인류학자 피콕 씨의 흥미로운 책이다. 이 책은 나중에 제목을 『인류학이란 무엇인가』(人類學とは何か)로 바꾸어 1993년 '동시대라이브러리'의 한 권으로 간행했다. 아울러 피콕 씨는 앞에서 말한 『뒤집힌 세계』에도 기고했다. 그러나 번역물이 중심이라는 것은 편집자로서는 정말 바라지 않는 결과라고밖에 말할 수 없다.

  앞으로는 두 장에 걸쳐 『헤르메스』의 그 후에 대해서, 그리고 편집자로서의 종반 업무에 대해 이야기하려고 한다.

7. 편집장으로서의 후반전—『헤르메스』의 고리 II

"『헤르메스』의 편집동인은 외국에 있거나 하지 않는 한
　　　　　　　두 달마다 열리는 편집회의에 반드시 출석했다.
눈을 감으면 모임 장소인 장어집의 조용한 분위기와 그 안에 앉아 있는
　　　　　　　편집동인 여러분, 편집부원들의 얼굴이 떠오른다. 세상을 떠나
이미 역사적인 인물이 되어가는 분을 포함하여 편집동인이 열심히 의견을
　　　　교환하는 광경은 나에게는 그 무엇과도 바꿀 수 없는 보물이다."
···

동인들의 분발

이소자키 아라타 씨의 '건축의 정치학'

나는 『헤르메스』의 편집장을 제29호까지 계속했다. 1984년부터 1991년까지 7년간이었다. 제19호(1989년 5월)부터는 계간을 격월간으로 바꾸었다. 계간으로는 기획을 다 소화할 수 없었기 때문이다. 편집부에는 신입사원 T씨가 가담하여 총 네 명이 되었다.

여기서 잠깐 T씨에 대해서 말하고자 한다. 『헤르메스』의 출장교정은 항상 철야 작업이었는데 일을 다 마칠 때는 새벽녘이었다. 하늘이 희미하게 밝아오는 무렵 인쇄소 앞에 대기한 택시를 타고 각자 집으로 돌아가는 것이 통례였다.

아주 젊은 T씨에게 그렇게까지 하게 할 수는 없었다. 나는 T씨에게 지하철 막차가 끊어지기 전에 출장교정실에서 퇴근하도록 했다. T씨는 순순히 "그럼 먼저 실례하겠습니다" 하고 나갔다. 30분쯤 지나 그녀는 다시 돌아왔다. 그리고 "간발의 차이로 막차를 놓쳤지 뭐예요. 할 수 없이 그냥 돌아왔어요" 하며 교정작업을 계속했다. 서너

번 '차를 놓치는 일'이 반복되었고 결국 T씨는 그 이후로 아침까지 일을 했다.

앞의 제5부에서 제15호까지는 대충 이야기했기 때문에 이 장에서는 주로 제16호에서 제30호까지 정리하고자 한다.

우선 이소자키 아라타 씨가 그린 권두 그림의 연재에 대해서다. '포스트모더니즘의 풍경'은 제8호까지 계속되었다. 만 2년에 걸친 연재였다. 제9호부터 '건축의 정치학'이 시작되었다. 구체적으로 연재의 내용을 보기로 하자.

1. 피닉스 도심 계획 (제9호)
2. MOCA(로스엔젤레스 현대미술관, 창간 2주년 기념 별권)
3. 도쿄도청사 낙선안 (제10호)
4. 바르셀로나 올림픽 스포츠팔레스 (제11호)
5. 브루클린미술관 확장 계획 (제12호)
6. 남프랑스 미술관 계획 (제13호)
7. 수혼(樹魂)과 지령(地靈, 창간 3주년 기념 별권)
8. 도시재개발—파타노스터광장(Paternoster Square) 계획 (제14호)
9. 국제무대연구소・도가산보(利賀山房, 제15호)
10. 상상적 복원—카잘스홀과 도쿄 글로브자(1988년 임시증간 별권)
11. 미토(水戶)예술관 (제16호)
12. 스트라스부르 현대미술관 계획 (제17호)
13. 세 개의 캠퍼스 계획 (제18호)

1986년 12월부터 1989년 3월까지 햇수로 3년에 걸친 연재였다. 여기에 있는 것은 실현된 것, 빛을 보지 못한 것을 포함하여 모든 것이 이소자키 씨의 작품이다. 그는 포스트모더니즘의 기수로 불렸지만 앞에서도 말한 것처럼 거기에 만족하지 않고 끊임없이 새로운 방향을 모색했다. 이 연재는 그 모색의 궤적임과 동시에 이소자키 건축의 폭과 깊이를 보여주는 것이기도 하다.

전 세계를 돌아다니느라 바쁜 이소자키 씨가 한 회도 빠지지 않고 연재를 계속한 것은 왜였을까? 이런 소박한 질문에 답하기 위해서라도 구체적으로 연재의 내용을 검토해보기로 하자. 그렇다고 모든 것을 다 볼 여유는 없으므로 대표적인 예로 제3회의 '도쿄도청사 낙선안'에 대해 이야기하기로 하자.

도쿄도청사 낙선안

이것은 도쿄도(東京都) 신청사의 설계안 공모에 응모한 작품이다. 실제로는 이소자키 씨의 스승인 단게 겐조(丹下健三) 씨의 건축이 신주쿠의 하늘에 두 개의 탑으로 우뚝 솟아 있다는 것은 주지의 사실이다. 이소자키 씨의 안은 초고층이 아니라 세계 유수의 초대형 공간을 가진 건축으로 구상되었다. 이 거대한 공공 공간에서 숭고함을 느낄 수 있도록 한 안이었다. 그러나 실제로 채택된 것은 옛날 그대로의 고딕작품이었다. 건축의 역사에서 보면 앞날이 안 보여 어려울 때 항상 되돌아가는 양식이 고딕이라는 것은 잘 알려진 사실이다. 이소자키 씨는 다음과 같이 썼다.

도쿄도청사 1등 안이 고딕 디자인을 강력하게 밀고나가 세상의 칭찬을 듣고 있는 것은 지배적인 건축적 양식이 다 사라진 현 상황의 허를 찔렀기 때문이라고 볼 수도 있다. 그러나 여기서도 고딕이 단순히 초고층이라는 외견으로 눈을 현혹시키는, 빌려입은 옷 같은 것이라는 데는 변함이 없다. 이렇게 하여 도쿄도는 그 상징에 영구적으로 빌린 옷을 걸치게 되었다.

 도쿄도민인 나는 신청사가 시민들에 의해 어떤 식으로든 활용될 수 있는 거대한 공공 공간이었으면 좋겠다고 생각한다. 바로 그런 공간에서 진정한 민주주의를 상징하는 숭고함을 볼 수 있을 것이다. 권위를 상징하는 고딕양식은 아무리 생각해도 어울리지 않으며, 시대착오, 아니 실소를 금할 수 없다. 그만 이렇게 기염을 토하고 싶어진다.
   그런데 이소자키 씨의 안은 단순히 공모전에 지명되었기 때문에 응모한 안이라고 단정해버릴 수 없다. 그가 이세진구(伊勢神宮)나 가쓰라리큐(桂離宮) 등의 예를 포함하여 권력과 그 상징인 건축의 관계에 대해 얼마나 철저하게 분석했는지를 안다면 이 안이 가진 의미를 이해할 수 있을 것이다. 그러므로 이 연재에서 언급된 골프장의 클럽하우스 하나만 해도(7. 수혼과 지령) 건축의 '정치학'과 무관할 수는 없고, 하물며 올림픽 시설이나 미술관에 이르러서는 건축이 바로 정치 자체가 된다는 것을 잘 알 수 있다.
   그리고 이 '건축의 정치학'에 이어서 그 다음의 권두 그림 연재가 '중단된 유토피아'라는 것을 생각한다면, 이소자키 씨의 의도를 명확하게 알 수 있다. '유토피아'는 바로 '정치'의 궁극과 관련된 개념일 수밖에 없기 때문이다.

허구로서의 디자인

다음으로는 '중단된 유토피아' 연재를 보기로 하자.

1. I. 레오니도프(Ivan Ivanorich Leonidov)의 「태양의 도시」(제19호)
2. I. 레오니도프의 「속 태양의 도시」(제20호)
3. 르 코르뷔지에(Le Corbusier, 1887~1965)의 「문다늄」(제21호)
4. 르 코르뷔지에의 「속 문다늄」(제22호)
5. 아스플룬드(Erik Gunnar Asplund, 1885~1940)의 「스톡홀름박람회」(제23호)
6. 리차드 버크민스터 퓰러(Richard Buckminster Fuller)의 다이막시온(Dymaxion, 제24호)
7. 쥬제페 테라니(Giuseppe Terragni)의 「단테움」(Danteum, 제25호)
8. 쥬제페 테라니의 「속 단테움」(제26호)
9. 월트 디즈니(Walt Disney, 1901~66)의 「테마파크」(제27호)

이 연재의 마지막 회, 마지막 부분을 인용하기로 하자. 여기에서는 유토피아를 추구한 끝에 우리가 직면한 상황을 훌륭하게 분석하고 있다.

오늘날 계획이 현실을 기준으로 삼을 수 없게 되었고 날조된 허구를 편성해야만 작동하게 된다는 것을 실감하고 있다. 그것이 '테마파크'의 성공 요인인데, 여기서는 허구만 팔고 있다.

건축 디자인도 똑같은 사태에 직면하고 있다. 나는 이 보통의 사무실 빌딩을 설계할 때 중앙에 무의미한 원추형의 공동(空洞)을 만들었고, 그것을 정당화하기 위해 세계 최대의 해시계를 만들자고 제안하여 받아들여졌다. 추상화된 형태에 일종의 테마를 부여하게 된 것이다. 그 공동에 떨어지는 그림자는 곧 '시간'이다. 그것은 아마 '시간'이라는 주제를 가진 건물로 이해될 것이다. 작자를 넘어 허구가 자기 혼자 걷기 시작한 것이다.

이소자키 씨는 권두 그림의 연재만이 아니라 여러 가지 모습으로 등장했다. 'Guest From Abroad' 등에 관한 상세한 이야기는 나중에 하기로 하고, 여기서는 다키 고지 씨와의 연재 대담 '세기말의 사상 풍경'에 대해 이야기하기로 하자.

- 「1968년에 모든 근원이 있었다!」/세기말의 사상 풍경 1 (제20호)
- 「잔치가 끝난 후—1970년대 전반의 모색」/세기말의 사상 풍경 2 (제21호)
- 「고전주의와 포스트모더니즘—'간(間)'전에서 '쓰쿠바'로」/세기말의 사상 풍경 3 (제22호)
- 「테크놀로지와 형이상학—1980년대에 무엇이 보였는가」/세기말의 사상 풍경 4 (제23호)
- 「창조의 근원은 어디에 있는가—20세기의 종언, 21세기에

대한 전망」/세기말의 사상 풍경 5 (제24호)

이 연재는 나중에 이소자키·다키 씨의 공저 『세기말의 사상과 건축』(世紀末の思想と建築, 1991)으로 간행되었다. 이렇게 보면 이소자키 씨가 『헤르메스』에 얼마나 깊이 참여했는지를 잘 알 수 있을 것이다. 감사한 마음을 어떻게 표현하면 좋을지 모르겠다.

오에 겐자부로 씨의 소설과 대담

제9호 이후에 실린 오에 겐자부로 씨의 작품 및 평론·대담을 열거하면 다음과 같다.

- 「혁명 여성(그 하나)─극적 상상력으로 1」 (제9호)
- 「혁명 여성(그 둘)─극적 상상력으로 2」 (제10호)
- 「혁명 여성(완결)─극적 상상력으로 3」 (제11호)
- 「『명암』, 와타나베 가즈오(두 강연)」 (제12호)
- 『킬프의 우주』 제1회 (제13호)
- 『킬프의 우주』 제2회 (제14회)
- 『킬프의 우주』 제3회 (제15회)
- 『킬프의 우주』 제4회 (1988년 7월 임시증간 별권)
- 『킬프의 우주』 제5회 (제16호)
- 「오페라를 만들다 1·세계의 비전에 뿌리내리며」/다케미쓰 도루 씨와의 대담 (제17호)
- 「오페라를 만들다 2·이야기를 향하여」/다케미쓰 도루 씨와

의 대담 (제18호)
- 「오페라를 만들다 3・극적 인물상에 대하여」/다케미쓰 도루 씨와의 대담 (제19호)
- 『재회, 또는 라스트 피스』 1 (신연재 SF, 제20호)
- 『재회, 또는 파스트 피스』 2 (제21호)
- 『재회, 또는 파스트 피스』 3 (제22호)
- 『재회, 또는 파스트 피스』 4 (제23호)
- 『재회, 또는 파스트 피스』 5 (제24호)
- 「일본의 모던・일본의 소설―세 강연」 (제25호)
- 「오페라를 만들다 최종회・예술가가 미래에 남긴 것」/다케미쓰 도루 씨와의 대담 (제27호)
- 『치료탑 혹성』 (장편소설) 제1회 (제29호)

　이렇게 보면 제9호부터 제29호까지 오에 겐자부로 씨가 글을 내지 않은 것은 제26호 때 한 번뿐이다. 제28호에서는 'Dialogue Now'에서 쓰시마 유코(津島佑子) 씨와 대담했다. 『헤르메스』를 유지할 수 있었던 것은 오직 편집동인의 노력 덕분이었다는 것을 새삼 실감한다.

　오오카 마코토의 '우쓰시의 미학'

　오오카 마코토는 연시 「칠흑 같은 밤, 하늘의 청소기 다가온다」의 연재를 제10호에서 완결시켰다. 제11호부터는 새로운 연재 '우쓰시[28]의 미학'을 시작했다.

- 「왜 '우쓰시'인가?」/우쓰시의 미학 1 (제11호)
- 「수사(修辭)와 직정(直情)—스가와라 미치자네(菅原道眞)의 우쓰시는 와(和)에서 가라(漢)로」/우쓰시의 미학 2 (제12호)
- 「수사와 직정—수사의 고개에 직정이 머문다」/우쓰시의 미학 3 (제13호)
- 「수사와 직정—시인의 신화와 신화의 해체」/우쓰시의 미학 4 (제14호)
- 「고대 모더니즘의 안과 밖」/우쓰시의 미학 5 (제15호)
- 「연시대개(連詩大槪)—동기와 전개」/속 우쓰시의 미학 1 (제16호)
- 「연시대개—작품 점검 그 하나」/속 우쓰시의 미학 2 (제17호)
- 「연시대개—작품 점검 그 둘」/속 우쓰시의 미학 3 (제18호)
- 「연시대개—영어로 짓는 연시」/속 우쓰시의 미학 4 (제19호)
- 「피리(笛)와 언어와 춤을 위한 수염전설(水炎傳說)」(제20호)
- 「1900년 전야후조담(前夜後朝譚)」/신 연재 에세이 1~6 (제21~26호)
- 「일본의 시와 세계의 시(강연)— '시와 신성한 것'을 둘러싸고」(제27호)
- 「프랑크푸르트 연시(聯詩)—가브리엘레 에크하르트・울리벡커・다니카와 슌타로와」
- 「(대담) '프랑크푸르트 연시'와 그 배경—다니카와 슌타로와」(제29호)

---

28) 우쓰시(うつし)는 모사하다(寫し, 우쓰시), 투영하다(映し, 우쓰시), 옮기다(移し, 우쓰시) 등의 의미를 모두 포함하는 '우쓰시'다.

오오카 마코토 씨가 등장하지 않은 것도 제28호뿐이다. 제27호에 게재할 강연을 위해 벨기에 등을 방문하고 있었기 때문이다. '프랑크푸르트 연시'는, 매년 프랑크푸르트에서 열리는 국제도서전이 그해 일본을 주빈국으로 맞이하게 되어 특별 이벤트로 이루어진 것이다. 오오카 씨가 연재한 「1900년 전야후조담」은 제49호까지 단속적으로 계속되었고 제17회로 마감되었다. 그리고 1994년에 단행본으로 나왔다(『一九00年前夜後朝譚―近代文藝の豊かさの秘密』).

오오카 마코토 씨는 이 책의 「후기」에서 이렇게 썼다.

『헤르메스』가 제50호를 계기로 편집동인 체제를 없앴다. 이 책은 10년 동안의 『헤르메스』 동인시대의 후반기에 쓴 것으로 만약 이 잡지가 없었다면 분명히 이 책은 쓰이지 못했을 것이다. 이소자키 아라타·오에 겐자부로·다케미쓰 도루·나카무라 유지로·야마구치 마사오 등의 존재는 나에게 필요한 긴장감과 지속성의 원천이었다.
또한 제20호에 게재된 「수염전설」(Legend of the Water Flame)은 1990년 1월에 아오야마(青山) 원형극장에서 짓소지 아키오(實相社昭雄) 연출, 이시이 마키(石井眞木) 작곡, 아키오 미치코(赤尾三千子)의 피리로 이루어진 퍼포먼스를 위한 작품이다.

야마구치 마사오, 그 관심의 행방

야마구치 마사오 씨의 논고에 대해서는 앞에서 제15호까지 썼기 때문에 여기서는 제16호부터 열거한다.

- 「전쟁과 '지식인'」/좌절의 쇼와사 2 (제16호)
- 「스포츠 제국(상)—고이즈미 신조(小泉信三)와 테니스」/좌절의 쇼와사 3 (제18호)
- 「스포츠 제국(하)—오카베 헤이타(岡部平太)의 '만주'」/좌절의 쇼와사 4 (제19호)
- 「살아 있는 것들 모두 멕시코로 향하다」/지의 즉흥공간 (제21호)
- 「모더니즘과 지방 도시—홋카이도와 가나자와(金澤)」/지의 즉흥공간 (제22호)
- 「화가와 장군」/좌절의 쇼와사 5 (제24호)
- 「다다이스트 같은 장군의 초상」/좌절의 쇼와사 6 (제25호)
- 「『석양 장군』(夕陽將軍)의 그림자」/좌절의 쇼와사 7 (제26호)
- 「독서하는 군인」/좌절의 쇼와사 8 (제28호)

'좌절의 쇼와사' 연재가 시작되었는데, 야마구치 씨의 이 연재를 보고 있으면 아주 이상한 기분이 든다. 제17호에서는 'Dialogue Now'에서 H. 블라우(H·blou) 씨와, 제27호와 제29호의 'Guest From Abroad'에서 각각 보리스 에이프만(Boris Eifman)·츠베탕 토도로프 씨와 대담했다. 그러나 야마구치 씨의 관심은 분명히 변했다고 할 수 있을 것이다. 이것은 나중에 『패자의 정신사』(敗者の精神史)로 이어지게 된다.

나카무라 유지로의 고조되는 사색

나카무라 유지로 씨의 경우는 어떨까? 제16호의 'Guest From

Abroad'에서 리오타르 씨와 대담했다. 제17호의 '형태의 오디세이 8'에서는 이케다 마스오(池田滿壽夫)·쓰카사 오사무(司修) 씨와 정담을 나눴다. 그 후 그의 논고는 다음과 같다.

- 「악의 철학은 가능한가―악의 철학·서설」 (제18호)
- 「미와 힘과 숭고 사이―형식의 굴레를 풀기 위하여」/형태의 오디세이 9 (제19호)
- 「장소와 리듬 진동―공백과 충만의 역동성」/형태의 오디세이 10 (제20호)
- 「색이 있는 세계·색이 없는 세계―뇌수와 우주의 접점」/형태의 오디세이 11 (제21호)
- 「새로운 음(音) 우주의 태동」(호소카와 도시오 細川俊夫 씨와의 대담)/형태의 오디세이 12·최종회 (제22호)
- 「반향하는 토포스(상)―스트라스부르에서 도르나하로」 (제24호)
- 「진동하는 세계―반향하는 토포스(하)」 (제25호)
- 「형태 공진(共振)과 시각의 자명성」/형태의 오디세이 보충 (제26호)
- 「악의 매력과 존재의 과잉」/악의 철학노트 1 (제28호)
- 「깨끗한 것은 더럽고 더러운 것은 깨끗하다(fair is foul, and foul is fair)……―순수한 '있음'(ilya)과 불결함」/악의 철학노트 2 (제29호)

'형태의 오디세이' 연재를 끝내고 새로운 연재 '악의 철학노트'를 시작했다. 나카무라 씨의 사고의 생산성은 점점 높아진 것 같았다.

이 연재들이 『헤르메스』가 계간에서 격월간으로 바뀐 이후라는 것을 생각하면 더더욱 감탄할 뿐이다.

다케미쓰 도루의 '오페라를 만들다'

다케미쓰 도루 씨의 활약에 대해서도 이야기하지 않을 수 없다.

- 「서양음악과의 만남에 대하여— '우주적 알'(Universal Egg)을 낳기 위하여」(제16호)
- 「세계의 비전에 뿌리내리며」—오에 겐자부로 씨와의 대담/오페라를 만들다 1 (제17호)
- 「이야기를 향하여」—오에 겐자부로 씨와의 대담/오페라를 만들다 2 (제18호)
- 「극적 인물상에 대하여」—오에 겐자부로 씨와의 대담/오페라를 만들다 3 (제19호)
- 「〈인터뷰〉 투명성이 사는 장소」—청자(聽者) 다니엘 카탄(Daniel Catán, 제20호)
- 「예술가가 미래에 남기는 것」—오에 겐자부로 씨와의 대담/오페라를 만들다 최종회 (제27호)
- 『헤르메스』 편집부 엮음, 「세계를 도는 다케미쓰 도루—기념 콘서트 점묘」(제29회)

보는 바와 같이 제21호에서 제26호까지 다케미쓰 도루 씨는 등장하지 않았다. 이것은 제29호의 「세계를 도는 다케미쓰 도루」가 밝혀주듯 1990년의 후반, 다케미쓰 씨의 환갑을 기념하여 세계 각지에서 페스티발이나 기념콘서트가 열렸기 때문이다.

다케미쓰 씨와 오에 겐자부로 씨의 대담 '오페라를 만들다'의 연재는 1991년 11월에 이와나미신서 『오페라를 만들다』(オペラをつくる)로 간행되었다.

베스트셀러 작가에서 과학자까지

쓰쓰이 야스타카의 두 가지 '소조료쿠'[29]

편집동인은 아니지만 쓰쓰이 야스타카 씨에게 이노우에 히사시·오에 겐자부로 씨와의 정담을 부탁한 이야기는 앞에서 이미 했다. 그러나 쓰쓰이 씨와 『헤르메스』의 관계에서 최대의 사건은 뭐니뭐니 해도 그가 장편소설 『문학부 다다노 교수』를 연재한 일이다. 제12호에서 제18호에 이르기까지 제1강 인상비평, 제2강 신비평(뉴크리티시즘), 제3강 러시아 형식주의, 제4강 현상학, 제5강 해석학, 제6강 수용이론, 제7강 기호론으로 이어졌다. 오에 겐자부로 씨의 장편소설 『킬프의 우주』(1988년에 『킬프 군단』이라는 제목의 단행본으로 나왔다)도 제13호부터 연재되기 시작했기 때문에 한동안 두 사람의 경연 같은 형태로 화려한 지면이 펼쳐졌다.

---

[29] 상상력(想像力)과 창조력(創造力)이 모두 '소조료쿠'(ソウゾウカ)로 발음되기 때문에 '두 가지'라고 했다.

언젠가 편집동인회의에서 이소자키 아라타 씨가 말했다. "얼마 전 외국으로 가는 비행기 안에서 잠이라도 올까 싶어서 『헤르메스』를 읽기 시작했어요. 그런데 쓰쓰이 씨의 『문학부 다다노 교수』가 너무 재미있어서 흥분이 되는 바람에 잠을 잘 수가 없어야지요." 쓰쓰이 씨의 기상천외한 소설은 연재 중에도 큰 호평을 받았는데, 1990년 1월에 단행본으로 나오자 순식간에 베스트셀러가 되었다.

1997년 7월 쓰쓰이 씨의 '집필 재개와 슈발리에훈장(Chevalier dans l'Ordre National des Arts et Lettres) 수상을 축하하는 모임'이 신고베 오리엔탈호텔에서 열렸다. 그때 내가 했던 연설을 그대로 옮긴다.

이와나미쇼텐의 오쓰카입니다. 지명을 받았기 때문에 축하의 말을 하겠습니다.

오늘 축하모임의 취지는 두 가지인데, 하나는 쓰쓰이 씨가 집필을 재개했다는 사실이고 또 하나는 프랑스에서 슈발리에훈장을 받았다는 사실입니다.

제 생각에 사실 이 두 가지는 깊이 관계되어 있는 게 아닌가 싶습니다. 다시 말해 집필 재개란 미래를 향한 것이고, 훈장은 지금까지 쓰쓰이 씨의 창작활동에 대해서 준 것입니다. 한마디로 말하면 쓰쓰이 야스타카라는 작가의 과거와 미래를 아울러 축하하자는 기획인 것 같습니다. 저는 오늘의 모임이 그런 취지라고 생각하여 발기인 말석에 이름을 올렸습니다.

그런데 위대한 작가의 '소조료쿠'(ソウゾウリョク)는 참으로 놀랄 만한 것이라는 말씀을 드리면서 제 책임을 다하고자 합니다. 이

경우 '소조료쿠'란 상상력(imagination)이라는 의미와 창조력(creativity)이라는 의미까지 포함한다고 생각합니다. 물론 저는 비평가가 아니기 때문에 어려운 이야기는 할 수 없습니다. 단지 이와 관련한 에피소드를 소개할 뿐인데 여러분에게 참고가 되었으면 좋겠습니다.

먼저 '상상력'에 대해서입니다. 저희는 『헤르메스』라는 잡지에 연재했던 『문학부 다다노 교수』를 단행본으로 만들었는데, 이것이 엄청난 베스트셀러가 되었다는 것은 여러분들도 잘 아실 겁니다. 저는 당시 『헤르메스』의 편집장을 하고 있었습니다. 연재를 시작할 즈음의 어느 날 저녁 쓰쓰이 씨와 자리를 함께 한 적이 있습니다. 추운 계절이어서 복을 먹자고 해서 교토의 어느 음식점으로 갔습니다. 쓰쓰이 씨는 뒷날 어느 잡지에 발표한 일기 풍의 작품에서 그날의 일에 대해 이렇게 썼습니다.

"나는 『헤르메스』 편집장과 내 담당편집자와 함께 복요리를 먹었다. 정소(精巢)가 나왔다. 그런데 다섯 개밖에 없었다. 나와 편집장은 두 개씩 먹었다. 담당편집자는 하나만 먹었다."

여러분, 실제로 이런 일이 있었을 거라고 생각하십니까? 이름 있는 식당에서 손님 세 명한테 정소를 다섯 개 준비한다는 게 있을 수 있는 일입니까?

다음으로 '창조성'에 대해섭니다. 연재를 시작하기로 결정되었을 때 마침 저희는 영국의 급진적인 문예비평가인 테리 이글턴의 『Literary Theory』, 일본어 번역본은 『문학이란 무엇인가』라는 제목으로 나왔습니다만 원제를 직역하면 '문학이론'인데요, 그 책의 번역본을 냅니다. 현상학적 비평이라든가 해석학적 비평이라든가 하는 어려운 이야기가 잔뜩 담겨 있는 두꺼운 책입니다. 막 간행된 그 책을 조금이라도 참고가 되시라고 쓰쓰이 씨에게 건넸습니다.

그런데 쓰쓰이 씨는 고베로 돌아가는 신칸센에서 그것을 독파해버렸습니다. 그리고 이글턴의 책을 재료로 해서 『문학부 다다노 교수』를 써주었습니다. 결과는 다들 아시는 대로 걸작이었고, 게다가 난해한 문예비평 이론이 이글턴의 책보다 몇 배나 쉽게 쓰여 있었습니다.

제가 말하고자 하는 것을 한마디로 하자면, 위대한 작가의 '소조료쿠'는 정말 가공할 만하지만 참으로 훌륭하다! 이런 것입니다.

쓰쓰이 씨, 정말 축하합니다. 앞으로도 더욱 활발한 활동을 기대합니다. 그리고 책이 잘 나가지 않아 곤란해 하는 출판사가 돈을 많이 벌 수 있도록 해주시기 바랍니다.

외국에서 온 학자나 예술가

제16호 이후의 'Guest From Abroad'를 보기로 하자.

15. 리오타르 · 나카무라 유지로, 「현대철학의 증인—구조주의 시비, 메를로퐁티(Maurice Merleau-Ponty) · 하이데거 문제」(제16호)

16. 렘 쿨하스(Remment Koolhaas) · 이소자키 아라타, 「카오스에서 생기는 새로운 시스템—건축의 탈구축을 넘어」(제19호)

17. 존 애쉬베리(John Ashbery) · 오오카 마코토 · 다니카와 슌

타로, 「현대시의 풍경―미국과 일본」 (제21호)

   18. 폴 뷔삭(Paul Bouissac) · 야마구치 마사오, 「가이아의 기호론을 지향하며」 (제25호)

   19. 보리스 에이프만 · 야마구치 마사오, 「발레는 지의 형태를 전한다!―새로운 예술이 탄생할 때」 (제27호)

   20. 피터 아이젠만 · 이소자키 아라타, 「건축과 과잉―'오가닉'(organic)을 넘어」 (제28호)

   21. 토도로프 · 야마구치 마사오, 「경계의 상상력」 (제29호)

여기서 또 하나, 'Guest From Abroad'라는 이름이 붙어 있지는 않지만 실질적으로 그것에 해당하는 것은 제29호의 다음과 같은 꼭지다.

   • 이소자키 아라타 · 다케미쓰 도루 · 나카무라 유지로 · 야마구치 마사오, 「움베르토 에코를 둘러싸고―일본의 인상」

내가 편집장을 하는 동안 'Guest From Abroad'를 통해 세계적으로 활약하고 있는 예술가나 학자를 이만큼 많이 맞이한 것은 편집자로서 더없는 기쁨이었다. 이것은 오직 편집동인 여러분의 진력에 의한 것이다. 새삼 감사의 말을 전한다.

아울러 'Dialogue Now'에 대해서도 보기로 하자. 제17호에서는 다음의 대담이 실렸다.

   • H. 블라우 · 야마구치 마사오, 「캘리포니아 · 지적 르네상스의

증인」

제28호에서는 다음의 대담의 실렸다.

- 쓰시마 유코・오에 겐자부로, 「작가가 된다는 것, 계속 작가로 있다는 것」

다카하시 야스나리의 두 대화

또 제18호에서는 다카하시 야스나리 씨의 「상상력의 우주를 위하여―현대의 무녀(巫女) 캐슬린 레인과 이야기하다」를 연재했는데, 이것도 충분히 'Dialogue Now'의 하나로 넣을 만한 대담이었다. 마찬가지로 다카하시 씨는 제10호에 테리 이글턴과의 대담 「'혁명'과 유머에 대하여―문예비평의 현재」를 실었다. 이 두 대담에 대하여 2004년에 간행된 『추억은 몸에 남느니―다카하시 야스나리 추도록』(思い出は身に殘り―高橋康也追悼錄)에 실은 나의 글이 있으므로 인용하기로 한다.

테리 이글턴과 캐슬린 레인

예리한 솜씨를 자랑하는 좌파 논객으로 알려진 문예비평가 테리 이글턴, 블레이크와 예이츠 연구자이자 고명한 시인이기도 한 캐슬린 레인. 대조적이라고도 할 수 있는 이 두 사람의 이야기를 여기서 소개하는 의도는 다카하시 야스나리 선생에게 이 두 사람과의 대담을 부탁했다는 사실 때문만이 아니라, 이 이질적인 두 사람이 가진 문학적 세계의 넓이와 깊이가 곧 야스나리 선생 자신의 것이기도 하다고 생각해서다.

(중략)

1. 테리 이글턴의 경우

1986년 10월, 당시 케임브리지의 트리니티칼리지(Trinity College)에서 객원교수를 하고 있던 야스나리 선생에게 테리 이글턴과의 대담을 부탁했더니 흔쾌히 승낙해주었다. 옥스퍼드에 적을 두고 있는 이글턴을 만나러 가기 전에 트리니티칼리지에 한번 들르라는 권유를 받은 나는 프랑크푸르트국제도서전이 끝난 후 케임브리지로 향했다.

야스나리 선생은 유즈루(迪) 부인과 함께 나를 맞이했고 칼리지 주변을 안내해주었다. '뉴턴의 사과나무'나 교수 전용의 정원 등 무척 흥미로웠다. 정평이 난 것은 크리스토퍼 렌(Christopher Wren, 1632~1723)이 지은 칼리지 대형식당에서 이루어진 만찬회(High Table: 대학 식당에서 한 단 높은 교수 자리에서의 만찬-옮긴이)였다. 손님으로서 대학 학장 옆에 앉은 것까지는 좋았지만 말을 걸어오는 학장의 영어가 너무 격조가 높아서인지 도무지 알아들을 수가 없어 난처한 나머지 입을 다물고 말았다.

만찬회에 참석한 전원이 가운을 입고 있었는데 맞은편에 앉은 비교적 젊은 남성은 가운 안에 구깃구깃한 티셔츠를 입었고 청바지에 운동화를 신고 있었다. 그는 동남아시아나 중국의 해적출 관에 대한 이야기 등을 하고 있었는데, 나중에 야스나리 선생에게 들은 바로는 그 남자가 2, 3년 전에 노벨상을 받은 화학자라고 해서 다시 한 번 깜짝 놀랐다. 그날은 칼리지의 연구실에 묵었는데 부부의 배려를 절실히 느끼면서 잠자리에 들었다.

다음날 아침 다카하시 씨 집에서 아침을 먹고 버스를 타고 옥스퍼드로 갔다. 약속시간 조금 전에 이글턴의 연구실에 도착했는데, 옥스퍼드에서는 정각에서 2, 3분 늦게 연구실로 들어가는 것이 예의라고 해서 문 앞에서 잠시 기다렸다가 들어갔다.

이글턴은 책에서 받은 인상과 달리 참으로 서글서글한 사람이었고, 허물없는 태도로 맞아주었다. 그리고 야스나리 선생과의 대담 내용도 이글턴의 경력에서 시작하여 브레히트·바흐친·벤야민의 영향이나 탈구축에 대한 견해, 텍스트와 이론의 관계에 대해, 그리고 베케트의 아일랜드성과 이글턴 자신의 아일랜드적 배경, 마지막으로 '정치적인 것과 유머러스한 것'에까지 이르렀다. 야스나리 선생의 인품이 그렇게 만든 것인지, 이글턴이 그렇게 친밀하게 마음속까지 이야기해줄 거라고는 전혀 예상하지 못했다.

자세한 것은 계간 『헤르메스』 제10호(1987년 3월)에 수록된 대담 「'혁명'과 유머에 대하여—문예비평의 현재」를 봐주면 좋겠다.

2. 캐슬린 레인의 경우

그러고나서 2년 후인 1988년 10월, 잉글랜드 남부의 프리머스에서 가까운 조그만 마을 다팅턴(Dartington)에서 캐슬린 레인과 야스나리 선생의 대담이 이루어졌다.

다팅턴에는 다팅턴 홀 트러스트(Dartington Hall Trust)라는 재단이 있는데, 그 재단은 예술대학을 운영하며 예술적인 행사를 기획하고 있었다. 버트런드 러셀은 그 재단의 열성적인 지지자 중한 사람이었다고 하고, 영국의 도예가 버나드 리치(Bernard Hwell Leach)나 르 코르뷔지에 등도 관계하고 있었다.

이 재단이 1980년대 초에 예술을 둘러싼 국제적인 모임을 열고자 그 주재자로 특별히 캐슬린 레인을 뽑았다. '테메노스(Temenos) 회의'라 불리는 국제적인 이벤트의 제2회째였는데, 그녀는 일본에서 뎃센카이(銕仙會)의 간제 히데오(觀世榮夫, 1927~2007)·아사미 마사쿠니(淺見眞州) 씨 등 일류 멤버를 초청하여 노(能)를 상연할 생각이었다. 야스나리 선생이 해설을 맡아 노 공연 일행과 동행하여 바르샤바·빈을 거쳐 영국으로 돌아왔던 것이다.

대담은 노의 상연에 앞선 분주한 분위기 속에서 이루어졌다. 16세기에 건축되었다는 대저택 다팅턴 홀과 가까운 건물에 있는 캐슬린 레인의 거실에서는 전원의 가을풍경이 한눈에 내려다보였는데, 그 아름다운 한적함은 두 사람의 대담을 단숨에 세속에서 비상케 하는 것 같았다.

내용은 노에 관한 이야기에서 시작되었으나 곧 캐슬린 레인의 케임브리지 시대의 지적 분위기로 옮겨갔고, 식물학을 전공하면서 처녀시집 『돌과 꽃』(1943)을 간행한 경위, 블레이크나 예이츠를 포함한 신비주의적·신플라톤주의적 관심의 유래, 그리고 캐슬린 레인이 편집하는, 『헤르메스』와 유사한 내용의 잡지 『테메노스』 등이 차례로 화제에 올랐다.

계간 『헤르메스』 제18호에 수록된 「상상력의 우주를 위하여―현대의 무녀 캐슬린 레인을 말한다」에서는 제2차 세계대전 직전 영국의 아주 훌륭한 지적 전통을 엿볼 수 있고, 자연과학의 합리주의나 철학적 회의주의, 그리고 신플라톤주의를 비롯한 비교적

(秘敎的) 전통이 어떻게 깊이 관련되어 있는지를 간파할 수 있을 것이다.

이상의 두 가지 예는 야스나리 선생의 지적 관심의 넓이를 보여 주는 것이고, 어느 경우에도 야스나리 선생의 인품이 지닌 매력과 연극적인 관심이 대화를 더욱 충실하게 했다고 할 수 있을 것이다.

십몇 년 전부터 몰두하던 야스나리 선생의 저작 『하시가카리』 (橋がかり)[30]가 수많은 사람들의 노력으로 2003년 6월 이와나미 쇼텐에서 간행되었다. 대단히 기쁜 일이었다.

늘 미소를 잃지 않았으며 나의 무지에 대해 조금도 비난의 기색을 보이지 않고 따뜻한 감명만을 남기고 가신 다카하시 야스나리 선생께 진심으로 감사의 말씀을 올린다.

'퍼포먼스의 현장'

이번에는 『헤르메스』 제16호 이후의 '퍼포먼스의 현장'을 열거하기로 하자.

15. 다키 고지, 「폭력 또는 회화의 물질성―안셀름 키퍼(Anselm Kiefer)의 묵시록적 세계」(暴力あるいは繪畵の物質性―A・キーファーの默示錄的世界, 제16호)
16. 다키 고지, 「맨 인 더 시티스―로버트 롱고(Robert Longo)

---

30) 노에서 대기실과 무대 사이에 놓인 다리 모양의 통로.

의 안티클라이막스(anti-climax)」(メン・イン・ザ・シティーズ—ロバト・ロンゴのアンチ・クライマックス, 제17호)

17. 이토 도시하루, 「루카스 사마라스(Lucas Samaras)의 신체지」(ルカス・サマラスの身體誌, 제18호)

18. 이쿠이 에이코, 「남성 나체의 감정생활—사진·육체·모더니즘」(男性裸體の感情生活—寫眞·肉體·モダニズム, 제19호)

19. 오다케 신로(大竹伸朗), 「꿈의 침전」(夢の沈澱, 제20호)

20. 이마이 도시미쓰(今井俊滿), 「앙포르멜(Informel, 비정형) 화조풍월」(アンフォルメル花鳥風月, 제21호)

21. 이토 도요오(伊東豊雄), 「야쓰시로 시립박물관(八代市立博物館)—에페메르(ephemere)한 '건축'의 시도」(八代市立博物館—エフェルメルな〈建築〉の試み, 제22호)

22. 가와마타 다다시(川俣正), 「도시에서 생활하는 프로젝트—Roosevelt Island—시작으로서의 폐허」(都市に生活するプロジェクト—Roosevelt Island—はじまりとしての廢墟, 제23호)

23. 야쓰카 하지메, 「오사카만국박람회 13의 폴리즈(Follies)」(大阪万博13のフォリー, 제24호)

24. 요시다 요시시게, 「정념으로서의 메타 오페라—리옹의 『나비부인』」(情念としてのメタ・オペラ—リヨンにおける『蝶々夫人』, 제25호)

25. 기도 도시로(木戸敏郎), 「현대음악과 아악의 만남—국립극장의 실험적인 연출」(現代音樂と雅樂の出會い—國立劇場の實驗的な演出, 제26호)

26. 오카자키 겐지로, 「B세미나 팀 사람과의 대화—예술과 무

관심」(Bゼミ生との對話―藝術と無關心, 제27호)

27. 이다 쇼이치(井田照一), 「중력의 색채」(重力の色彩, 제28호)

28. 와카바야시 이사무, 「오랫동안 계속되는 움푹 파인 길」(長く續く凹んだ道, 제29호)

제15회에서 제18회까지는 다키 고지・이토 도시하루・이쿠이 에이코 등에 의해 비평의 입장에서 고찰이 이루어졌다. 그리고 제25회의 기도 도시로 씨의 경우는 연출가의 입장에서 한 보고였다. 또한 제24회의 요시다 요시시게 씨의 시도는 영화감독이 오페라를 연출하는 독특한 것이었다.

젊은 세대 집필자들

젊은 세대 건축가의 논고로는 다음 두 편을 실었다.

7. 가타기 아쓰시, 「파친코의 도상해석학(iconology)」(パチンコのイコノロジー, 제19호)

8. 가타기 아쓰시, 「동경(憧憬)의 일렉트로그라픽(electrographic) 건축―파친코의 도상해석학(속)」(あこがれの'電飾'建築―パチンコのイコノロジー[續], 제23호)

아울러 1988년 7월 이후 젊은 집필진을 중심으로 한 활약을 보기로 하자.

- 다쓰미 다카유키(巽孝之), 「깁슨(William Gibson)·오버드라이브(Mona Lisa Overdrive)―전뇌공간 삼부작을 읽다」(ギブスン・オーヴァードライヴ―電腦空間三部作を讀む)
- 이토 기미오(伊藤公雄), 「모든 자의 적―쿠르치오 말라파르테(Curzio Malaparte), 그의 생애」(あらゆる者の敵―クルツィオ・マラパルテ, その生涯)
- 후루하시 노부요시(古橋信孝), 「추함과 수치―개체의 영역과 시원」(醜さと恥―個體の領域と始源)
- 구로다 에쓰코(黑田悅子), 「민속문화의 표층과 심층―훌리오 카로 바로하(Julio Caro Baroja)와 스페인」(民俗文化の表層と深層―フリオ・カロ・バローハとスペイン)
- 모치다 기미코(持田季未子), 「진동하는 에크리튀르―무라카미 가가쿠」(振動するエクリチュール―村上華岳)

(이상, 1988년 7월 임시증간 별권)

- 니시가키 도루(西垣通), 「기계와의 사랑에 죽다―알랭 튀링(Alan Mathison Turing)의 에로스」(機械との戀に死す―アラン・チューリングのエロス, 제19호)
- 야마다 도요코(山田登世子), 「밝고 흥겨운 남자들을 위하여―근대 모드의 정치학」(華やぐ男たちのために―近代モードのポリティーク)
- 다카하시 마사아키(高橋昌明), 「용궁의 슈텐도지」(龍宮城の酒呑童子)

(이상, 제20호)

- 다카하시 히로코, 「모발의 굴레」(毛髮の呪縛, 제21호)

- 모치다 기미코, 「풍경 없는 시대의 풍경—토목공사(earthwork)를 생각한다」(風景なき時代の風景—アースワークを考える)
- 시미즈 사토시(清水諭), 「'고시엔'의 신화학」(「甲子園」の神話學)
- 이노우에 쇼이치(井上章一), 「미모라는 힘」(美貌という力)
- 마쓰우라 히사키(松浦壽輝), 「'에펠탑—이미지의 역설」(エッフェル塔—イメジの逆說)

(이상, 제22호)

- 다케다 마사야(武田雅哉), 「'일라 포르모사!'로의 여행—타이완인 살마나자르 '아름다운 섬 이야기'」(「イラ・フォルモサ!」への旅—臺灣人サルマナザール"美しき島の物語")
- 니시가키 도루, 「신은 계차에 깃든다—찰스 배비지의 로망」(階差に神はやどる—チャールズ・バベッジのロマン)
- 이마후쿠 류타, 「기호론의 헤르메스—할리퀸(Harlequin)—야마구치 마사오의 탈영역적 세계」(記號論のヘルメス—ハーレクィン—山口昌男の脫領域的世界)

(이상, 제23호)

- 다카하시 마사아키, 「두 개의 오에야마·세 개의 도깨비 퇴치—슈텐도지 설화와 쇼토쿠태자 신앙」(二つの大江山・三つの鬼退治—酒呑童子說話と聖德太子信仰)
- 가와시마 히데아키(河島英昭), 「『장미의 이름』의 무대를 찾아서」(「薔薇の名前」の舞臺を訪ねて)
- 신구 가즈시게, 「꿈의 '사체'에 대하여」(夢の〈死體〉について)
- 오히라 겐(大平健), 「전화와 이름과 정신과의」(電話と名前と精神科醫)

(이상, 제24호)

- 사쿠라이 데쓰오(櫻井哲夫), 「'물'의 근대―입욕문화와 미네랄워터」(〈水〉の近代―入浴文化とミネラル・ワオーター)
- 나카자와 히데오(中澤英雄), 「카프카에서의 '유대인' 문제」(カフカにおける「ユダヤ人」問題)
- 이토 기미오, 「소유 없는 사랑―체자레 파베제의 좌절」(所有なき愛―チェーザレ・パヴェーゼの挫折)

(이상, 제25호)

- 스즈키 다마미(鈴木瑞實), 「'기호―색인―징후'의 주제에 의한 변주」(「記號―索引―徵候」の主題による變奏)
- 호타테 미치히사(保立道久), 「거주신화와 '천도화'―일본 중세의 씨신제와 농사력」(巨柱神話と「天道花」―日本中世の氏神祭と農事曆)
- 니시가키 도루, 「통신로는 끊어졌다―클로드 샤논의 댄디즘」(通信路は絶たれた―クロード・シャノンのダンディズム)
- 쓰루오카 마유미(鶴岡眞弓), 「켈트 부활과 세기말―와일드 모자의 히베르노필리아」(ケルト・リヴァイヴァルと世紀末―ワイルド母子のヒベルノフィリア)
- 가와시마 히데아키(河島英昭), 「『장미의 이름』과 모로 사건[31]―정통과 이단의 싸움」(『薔薇の名前』とモーロ事件―正統と異端の爭い)

---

31) 1978년 이탈리아의 극좌 테러 조직인 붉은 여단(Red Brigades)에 의해 일어난 알도 모로(Aldo Moro) 전 총리 유괴·암살사건.

(이상, 제26호)
- 가시와기 히로시(柏木博), 「SF로서의 미국과 바우하우스 디자인」(SFとしてのアメリカとバウハウス・デザイン)
- 오치아이 가즈야스(落合一泰), 「외침과 굴뚝―기억의 에스노포에틱스(ethnopoetics)를 향하여」(叫びと煙突―記憶のエスノポエティクスにむけて)
- 니시가키 도루, 「메타 패턴을 춤추다―그레고리 베이트슨(Gregory Bateson)의 아크로바트」(メタ・パターンを舞い踊る―グレゴリー・ベイトソンのアクロバット)
- 나가미 후미오(永見文雄), 「신의 충족, 인간의 불충족―새로운 루소론의 구축을 향하여」(神の充足, 人間の非充足―あらたなルソー論の構築にむけて)
- 모치다 기미코, 「구름의 드라마―마크 로스코(Mark Rothko)」(雲のドラマ―マーク・ロスコ)

(이상, 제27호)
- 다카하시 히로코, 「물구나무선 머리―레이디 오브 샬롯(The Lady of Shallot)」(逆立つ髪―レィディ・オヴ・シャロット)
- 니시가키 도루, 「거인은 늦게 왔다―노버트 위너의 성전」(巨人は遅れてやってきた―ノーバート・ウィーナーのクルーセイド)
- 스즈키 다마미(鈴木瑞実), 「비극의 해독―자크 라캉」(悲劇の解讀―ジャック・ラカン)

(이상, 제28호)
- 모치다 기미코, 「하얀 평면―몬드리안」(白の平面―モンドリアン)
- 다쓰미 다카유키, 「버밀리언(Vermillion) 머신―제임스 그레

이엄 발라드(James Graham Ballard)의 현재」(ヴァーミリオン・マシーン―J・G・バラードの現在)
- 세리자와 다카시(芹澤高志), 「개인・행성・테크놀로지―지구시대의 라이프 디자인」(個人・惑星・テクノロジ―地球時代のライフデザイン)

(이상, 제29호)

자연과학자들

제18호부터 새로운 시도로 '과학에세이'(科學エッセイ)라는 연재를 시작했다.

- 우에다 세이야(上田誠也), 「현대 그리스신화? 잘 맞는 지진 예언 이야기」(現代のギリシャ神話?―よくあたる地震予知の話, 제18호)
- 히구치 게이지(樋口敬二), 「하늘에서 온 편지―초등학생까지 참가한 눈 연구」(天から送られた手紙―小學生まで參加した雪の研究, 제19호)
- 가와나베 히로야(川那部浩哉), 「애매함이야말로 중요―생물의 군집이란 어떤 것인가」(曖昧こそが肝心―生物の群集とはどういうものか, 제20호)
- 마쓰다 다쿠야(松田卓也), 「눈물의 하이테크 라이프」(涙のハイテク・ライフ, 제21호)
- 사토 후미타카(佐藤文隆), 「프리드만 탄생 백주년 기념 국제

회의」(フリードマンの生誕百年國際會議, 제22호)
- 야나이 게이조(矢內桂三), 「운석을 찾아 남극으로」(南極に隕石を求めて, 제23호)
- 후지오카 간타로(藤岡換太郎), 「해저의 타임터널—이즈・오가사와라의 거대 분화 흔적을 파다」(海底のタイムトンネル—伊豆・小笠原の巨大噴火跡を掘る, 제25호)
- 고고 모토히코(向後元彦), 「부엌과 망그로브[32]—미얀마의 삼림 파괴」(台所とマングローブ—ミャンマーの森林破壞, 제28호)

이 연재에 앞서 제17호에서 제23호까지 '헤르메스의 말'이란 난에 매회 자연과학자들을 등장시켰다.

- 히구치 게이지・가와이 마사오(河合雅雄)・고자이 요시히데(古在由秀)・오카다 도킨도(岡田節人)・에자와 히로시(江澤洋)・요시가와 히로유키(吉川弘之)

(이상 제17호)

- 야스기 류이치(八杉龍一)・사토 후미타카・요네자와 후미코(米澤富美子)・가미누마 쓰구치카(神沼二眞)・스게노 미치오(菅野道夫)

(이상 제18호)

- 야나기다 미쓰히로(柳田充弘)・마쓰다 다쿠야・야마구치 마사야(山口昌哉)・나가오 마코토(長尾眞)・요로 다케시(養老孟

---

32) Mangrove, 열대・아열대 지방의 습지에서 자라는 산림.

司)・다케우치 요시토(竹內敬人)

(이상 제19호)

- 이야나가 쇼키치(彌永昌吉)・니시자와 준이치(西澤潤一)・이토 마사오(伊藤正男)・이케우치 사토루(池內了)・기무라 이즈미(木村泉)・하라다 마사즈미(原田正純)

(이상 제20호)

- 사토 요시아키(佐藤良明)・핫토리 마유미(服部まゆみ)・오카자와 시즈야・다케다 하나(武田花)・이마후쿠 류타

(이상 제21호)

- 모리모토 마사키(森本雅樹)・오가와 도루(小川泰)・모리시타 이쿠코(森下郁子)・이토 요시아키(伊藤嘉昭)・호소야 하루오(細矢治夫)・이와쓰키 구니오(岩槻邦男)

(이상 제22호)

- 혼조 다스쿠(本庶佑)・노라타 다모쓰(村田全)・사카타 히데오(酒田英夫)・나미키 미키오(並木美喜雄)・야나기사와 가이치로(柳澤嘉一郎)・사이토 쓰네마사(斎藤常正)

(이상 제23호)

이것을 보고 있으면 우에다 세이야・사토 후미타카・오카다 도킨도・요시카와 히로유키・야스기 류이치・나가오 마코토・하라다 마사즈미・혼조 다스쿠 등 신세를 많이 진 분들의 얼굴이 정겹게 떠오른다. 특히 제22호에 게재한 사토 후미타카 씨의 「프리드만 탄생 백주년 기념 국제회의」에는 추억이 많다.

프리드만(Alexandr Alexandrovich Friedmann)은 1888년에 레

닌그라드에서 태어났다. 1925년 서른일곱에 요절했지만 오늘날 '우주의 빅뱅'이라는 사고에 가까운 주장을 제창했다는 수리물리학자·기상학자·우주론자다. 아인슈타인의 일반상대성이론에도 흥미를 가졌는데, 요절하지 않았다면 이 분야에서 커다란 공헌을 했을 것이다.

사토 후미타카 씨의 이와나미신서 『우주론으로의 초대―프린키피아(Principia)[33]와 빅뱅』(宇宙論への招待―プリンキピアとビッグバン)을 통해 프리드만이라는 존재를 알게 된 나는 20세기 초 러시아가 야콥슨을 낳아 이 세기 인간과학 전개의 기초를 만들었을 뿐만 아니라 자연과학에서도 독창적인 천재를 배출했다는 것에 놀랐다. 그리고 발레 뤼스(The Ballet Russes: 러시아 발레단)의 디아길레프(Sergei Pavlovich Dyagilev, 1872~1929) 같은 사람을 생각하면 세기말에서 20세기 초에 이렇게 다방면에 걸쳐 천재를 배출한 러시아(그중에서도 레닌그라드=상트페테르부르크)란 대체 어떤 문화를 가지고 있었는지, 그 비밀을 알고 싶었다.

그래서 나는 사토 씨에게 전화를 했다. "프리드만에게 흥미를 가지고 있는데, 그가 한 일에 대해 좀 써주실 수 있겠습니까?" 그러자 사토 씨는 "이거 놀랐는데요. 작년에 프리드만 탄생 백주년 기념 국제회의에 초대를 받아 레닌그라드까지 갔다왔습니다"라고 했다.

그 결과 완성된 글이 「프리드만 탄생 백주년 기념 국제회의」였다. 그는 프리드만에 대해서는 물론이고 레닌그라드의 분위기에 대해서

---

[33] 뉴턴이 만유인력을 소개한 책. 원제는 『자연철학의 수학적 원리』(*Philosophiae Naturalis Principia Mathematica*)다.

도 훌륭하게 써주었다. 아울러 그의 친구인 물리학자 A. D. 체르닌(Artur Davidovich Chernin) 씨의 「프리드만의 우주」(フリードマンの宇宙)라는 논고를 소개해주었으므로 그것도 일본어로 번역하여 실었다.

행복론을 말하는 과학자의 등장

사실 사토 후미타카 씨에게는 굉장히 놀란 적이 있다. 그것은 나중에 '21세기 문제다발북스'라는 시리즈의 한 권으로 『과학과 행복』(科學と幸福)이라는 책을 의뢰했을 때의 일이다. 가장 선두에서 활약하고 있는 과학자에게 '과학과 행복'이라는 도무지 영문을 알 수 없는 테마로 글을 써달라고 하면 거절당할 게 뻔했다. 그러나 한편으로는 과학의 경이적인 진전과 인간의 행복은 연동하는 것인가, 아니면 상반되는 것인가, 이것이 큰 문제라는 생각이 들었다. 그러므로 눈 딱 감고 사토 씨에게 이런 테마로 부딪쳐보려고 했던 것이다.

나는 일소에 부칠 것을 각오하고 사토 씨에게 의뢰를 했다. 그런데 내 이야기를 다 듣고 난 그는 선선히 "알았습니다. 써보지요" 했다. 솔직히 나는 깜짝 놀랐다. 아마 "과학의 발전과 인간의 행복은 별개입니다"라고 거절당할 테니까 그때는 테마를 좀 바꿔서 다시 접근해볼 생각을 하고 있었기 때문이다.

『과학과 행복』은 1995년에 간행되었다. 그리고 이 책의 연장선상에서, 사토 씨도 편집위원 중의 한 명이 된 '강좌·과학/기술과 인간'이 탄생하게 된다.

2001년 3월 사토 후미타카 씨의 교토대학 퇴임 기념 파티가 열렸다. 그때 사람들이 내게 말 좀 해달라고 해서 했는데, 그 연설의 마지막 부분만 인용하기로 한다.

제가 여기서 무슨 말을 하고 싶은가 하면, 사토 선생은 우리들 일반 시민에게 사제 또는 목사 같은 존재라는 겁니다. 다시 말해 우리가 짐작할 수도 없는 과학의 첨단이라는 성스러운 영역에서 크게 활약하는 한편, 극히 보통의 인간이 사는 속된 세계와의 중개 역할에 끊임없이 마음을 써주고 있는 분입니다. 이것은 파인만(Richard Phillips Feynman, 1918~88) 같은 사람을 빼면 아주 드문 일이 아닐까 싶습니다.
'과학과 인간의 행복'을 이어주는 사제인 사토 선생님께는 앞으로도 더욱 건투를 빌지 않을 수 없습니다.
사토 선생님, 아무쪼록 앞으로도 잘 부탁드립니다.

동인의 힘

제16호 이후, 권두 내지는 권말의 주요 논고를 집필한 동인 이외의 분들을 소개한다(젊은 세대 집필자에 대해서는 앞에서 썼으므로 여기서는 생략한다).

15. 도노 요시아키, 「보타락 그래픽스 서설─로빈슨 부인의 제당도보는 미완인 채」(補陀落グラフィックス序說─ロビンソン夫人の鵜唐圖譜は未完のまま, 제16호)
16. 다키 고지, 「프랑크푸르트의 부엌─20세기 이데올로기로

서의 기능주의」(フランクフルトの台所─二十世紀のイデオロギーとしての機能主義, 제19호)

17. 나카이 히사오, 「세계의 색인과 징후」(世界における索引と徵候, 제26호)

18. 다키 고지, 「타자의 초상─여행 화가들의 경험」(他者の肖像─旅行畵家たちの經驗, 제28호)

이렇게 세 명에 지나지 않는다. 다키 고지 씨는 두 번 등장했다. 왜냐하면 제16호부터 제30호에 이르기까지 편집동인이 주력하는 논고를 내내 열심히 써주었기 때문이다.

이와는 대조적으로 제19호부터 '비바 헤르메스'와 '헤르메틱 레뷰'라는 난을 만들어 젊은 세대를 다수 등장시켰다. 『헤르메스』의 기본적인 편집 방침은 편집동인의 활약을 핵심으로 하고 될수록 젊은 세대들을 많이 참가시킨다는 것이었다. 이 방침은 줄곧 관철할 수 있었다. 이 장에서 다룬 제16호부터 제29호까지 젊은 집필자의 대부분은 나 이외의 편집부원이 찾아내 의뢰한 것이다.

『헤르메스』가 계간에서 격월간으로 바뀐 제19호부터 구로다 세이타로 씨에 의한 표지 모티프가 '새'에서 '사람'으로 바뀌었다. 구로다 씨는 실질적으로 편집동인 중의 한 사람이라고 해도 좋을 정도로 열심히 참가해주었다. 깊이 감사드린다.

편집장을 교체하다

제30호부터 S군에게 편집장을 해달라고 부탁했다. S군은 다른 출판사에서도 잡지 편집장을 한 경험이 있는 베테랑인데, 그 나름의 『헤르메스』를 만들었다. 1994년 『헤르메스』는 제51호 이후 편집동인제를 폐지했다. 편집동인들 사이에서는 아쉬워하는 목소리도 있었지만 창간한 지 이미 10년이나 계속해왔으므로 물러날 때라고 판단했다. 편집동인제가 없어진 『헤르메스』의 편집장은 K군이 맡았다. 이와나미쇼텐에 신입사원으로 들어온 이래 『헤르메스』 편집부에 있던 사람이다. 표지 디자이너도 제51호부터 오다케 신로(大竹伸朗) 씨로 바뀌었다(제58호까지). 1996년 5월부터 판형을 A5판으로 바꾸고 호수를 붙이지 않기로 했다. 그리고 1997년 7월, 『헤르메스』는 종간되었다.

지금까지 여러 차례 말한 것처럼 『헤르메스』는 편집동인의 힘으로 유지되어왔다. 이소자키 아라타·오에 겐자부로·오오카 마코토·다케미쓰 도루·나카무라 유지로·야마구치 마사오 등은 정말이지 종횡무진 활약해주었다.

『헤르메스』의 편집회의는 아카사카(赤坂)에 있는 '야마노차야'(山の茶屋)라는 장어집에서 열리는 일이 많았다. 편집동인은 외국에 있거나 하지 않는 한 두 달마다 열리는 모임에 반드시 출석했다. 눈을 감으면 장어집의 조용한 분위기와 그 안에 앉아 있는 편집동인 여러분, 편집부원들의 얼굴이 떠오른다. 다케미쓰 도루 씨처럼 세상을 떠나 이미 역사적인 인물이 되어가고 있는 분을 포함하여 편집동인이 열심히 의견을 교환하는 광경은 편집자인 나에게는 그 무엇과도 바꿀 수 없는 보물이다.

8. 전환기의 기획―종반의 작업

"배금주의가 횡행하는 사회에서 수수한 인문학은
그 존속 자체가 위태로워졌다. 풍전등화처럼 보이는
아카데미즘을 지켜내기 위해 출판사가 조금이라도 공헌할 수 있는 길은
없을까, 하고 나는 생각했다. 이와나미쇼텐이 의거해야 하는 것은
진정한 아카데미즘이기 때문에 그것을 어떻게 해서든지 유지하고,
될수록 강화해나가지 않으면 안 되기 때문이다."
…………………………………………

장르를 넘어선 강좌

다가오는 출판 불황의 그림자

이 장에서는 1989년부터 2003년, 즉 편집자로서 내가 보낸 마지막 시기에 대해 이야기하려고 한다. 그 사이 1990년에 편집 담당의 임원이 되었지만 서서히 출판 불황의 그림자가 밀려드는 혹독한 시기였다. 이제까지 전혀 경험해보지 못한 사태가 연달아 터지고, 거기에 대처하기 위해 간단없이 대응책을 강구해야 했다.

편집이란 기본적으로 한 권 한 권, 저자 한 사람 한 사람과의 인간관계에 기초하는 일이다. 그러나 임원이 되고 나서는 개별적이고 구체적인 업무에서 떠날 수밖에 없었다. 그것은 편집이라는 일의 본래적인 존재방식에서 보면 실격이라 할 수 있을 것이다. 그런데도 편집 일에서 완전히 손을 뗄 수 없었던 것은 편집자로서의 천성이라고밖에 말할 수 없다.

이러한 상황에서 나는 어떤 일을 했던가. 이제 그것을 구체적으로 보기로 하자.

1989년 6월에는 '강좌·전환기의 인간'을 시작했는데, 이것에 대해 말하기 전에 이 해에 내가 편집하거나 기획에 관여한 책 제목을 열거하면 다음과 같다.

- 후지사와 노리오, 『철학의 과제』(哲學の課題)
- 가와이 하야오, 『삶과 죽음의 접점』(生と死の接點)
- 네이 마사히로(根井雅弘), 『현대 영국경제학의 군상—정통에서 이단으로』(現代イギリス經濟學の群像—正統から異端へ)
- 시노다 고이치로, 『롤랑 바르트—세계 해독』(ロラン・バルト—世界の解讀)
- 우메사오 다다오, 『연구경영론』(研究經營論)
- 이소자키 아라타, 『이소자키 아라타 대담집 건축의 정치학』(磯崎新對談集 建築の政治學)
- 조엘 도르(Joël Dor), 『라캉 독해 입문』(*Introduction à la lecture de Lacan*, ラカン讀解入門, 小出浩之譯)
- A. 니콜(Allardyce Nicoll), 『할리퀸의 세계—복권하는 코메디아 델라르테』(*The world of Harlequin: a critical study of the commedia dell'arte*, ハーレクィンの世界—復權するコンメディア・デッラルテ, 浜名惠美譯)
- 우자와 히로부미, 『'풍요로운 사회'의 빈곤』(「豊かな社會」の貧しさ)
- 야마구치 마사오, 『지의 즉흥공간—퍼포먼스로서의 문화』(知の卽興空間—パフォーマンスとしての文化)

이토 미쓰하루 씨의 소개

이렇게 써놓고 보니 후지사와·가와이·시노다·우메사오·이소자키·우자와·야마구치 등 내가 편집자로서 오랫동안 깊이 관계해온 분들의 퍼레이드처럼 보인다. 그러나 여기서는 당시 신진 경제학자였던 네이 마사히로 씨만 다루기로 한다.

『현대 영국경제학의 군상』은 J. 힉스(John Richard Hicks, 1904~89)·N. 칼도어(Nicholas Kaldor, 1908~86)·J. 로빈슨(Joan Violet Robinson, 1903~83)·L. 로빈스(Lionel Charles Robbins, 1898~1984)·M. 칼렉키(Michael Kalecki, 1899~1970)·R. F. 해러드(Henry Roy Forbes Harrod, 1900~78), 이렇게 여섯 명의 평전을 모아놓은 것이다. 이 가운데 한 사람의 생애와 이론에 대해서만 쓰려고 해도 어려울 텐데 네이 씨는 여섯 명의 경제학자에 대해 훌륭한 '지적 정신사의 드라마'(이 책 띠지에 있는 이토 미쓰하루 씨의 추천 문구)를 그리는 데 성공했다.

그리고 이 책이 나오게 된 경위에 대해 쓰려고 하면 필연적으로 이토 미쓰하루 씨를 언급하지 않을 수 없다. 1997년 10월에 열린, 이토 미쓰하루 씨의 '고희(古稀)를 축하하는 모임'에서 내가 한 연설을 인용하고자 한다.

소개받은 이와나미쇼텐의 오쓰카입니다. 먼저 이토 선생님, 정말 축하드립니다. 오늘은 출판사 사람으로서 이 기회에 세 가지만 말씀드리려고 합니다.

첫째, 속된 이야기부터 시작해서 죄송합니다만, 이토 선생님은

정말 잘 읽히는 책을 써주셨습니다. 이와나미신서의 『케인즈』(ケインズ)는 현재 57쇄, 지금까지 약 82만 부가 나갔습니다. 이토 선생님이 교토대학을 퇴임하셨을 때의 모임에서 저는 『케인즈』 간행 30주년이어서 당시의 판매부수로도 신서는 두께가 약 1센티미터니까 쌓아올리면 후지산의 두 배나 된다고 말씀드렸습니다. 현재는 그 높이가 후지산의 2.2배나 됩니다.

그리고 그때 『케인즈』는 간행된 지 30년이 되었는데 『슘페터』(シュンペーター)라는 이와나미신서는 기획을 한 지 25년이 되었지만 아직도 빛을 보지 못하고 있다고 다소 아쉬움을 표시했습니다. 그러자 이토 선생님은 네이 마사히로 선생의 도움을 받아 곧바로 『슘페터―고고한 경제학자』(シュンペーター―孤高の經濟學者, 1993)를 써주셨습니다. 이 책은 지금 10쇄이고 7만 3,000부가 나갔습니다. 둘 다 엄청난 부수로 선생님은 출판사에 큰돈을 벌게 해주셨던 것입니다.

둘째, 이번에는 좀 진지한 이야기를 하겠습니다. 이토 선생님은 경제학의 본래 모습에 대해 몸소 보여주셨습니다. 이번에 우리가 12월부터 간행하는 저작선집 『이토 미쓰하루 경제학을 묻는다』(伊東光晴經濟學を問う, 전3권)는 그 집대성이라고 해도 좋을 것입니다. 다시 말해 선생님은 경제학이 다양한 현실 문제에 어떻게 효과적으로 대처할 수 있을까, 혹은 대처해야만 하는가 하는 모범을 우리 앞에 보여주셨던 겁니다. 자칫하면 이론을 위한 이론에 그치기 쉬운 아카데미즘 안에 있으면서 이토 선생님이 걸어오신 족적에는 정말 저절로 고개가 숙여집니다.

셋째, 이토 선생님 자신은 지금 말씀드린 현실과 계속해서 격렬하게 싸워오셨습니다. 사실 경제학이라는 학문을 이렇게나 소중하게 생각하시는 분도 그리 많지 않을 것 같습니다. 실로 이른 시기에 젊고 능력 있는 연구자를 발탁하여 키워오신 점으로도 알 수 있습니다.

얼마 전까지 이토 선생님은 자주 저희 출판사에, 그리고 편집실에 직접 들르셨습니다. 그리고 이와나미의 간행물에 대해 혹독한 비판을 해주시는 한편, "○○군이라는 뛰어난 대학원생이 있는데, 이런 연구를 하고 있소" 하며 알려주시는 것이었습니다.

이제는 시효가 끝났다고 생각되는 예를 하나만 소개해드리겠습니다. 좀 전에 『슘페터』이야기에서도 나온 네이 선생에 관한 일입니다. 벌써 꽤 오래 전의 일입니다만, 어느 날 이토 선생님으로부터 "교토대학 내 연구실로 ○월 ○일 오전 열한 시 반까지 와주었으면 좋겠소" 하는 전화가 왔습니다. 정해준 시간에 찾아뵈었더니 거기에는 당시 아직 대학원생이었던 네이 선생이 있었습니다.

셋이서 교토대학 회관으로 가서 점심을 먹었습니다. 거기서 이토 선생님은 제게 네이 선생을 정식으로 소개해주셨습니다. 그리고 결코 잊을 수 없는 일입니다만, 이토 선생님은 제가 계산을 하지 못하게 했습니다. "오늘은 내가 부탁하는 자리니까" 하시며 말이지요.

이상 세 가지를 말씀드렸습니다만 이토 선생님께 진 신세는 도저히 다 말씀드릴 수가 없습니다. 다만 언제까지나 건강하게, 그리고 지금까지처럼 저희를 지도해주시기를 바랄 뿐입니다.

정말 감사합니다.

그 후 네이 씨의 활약은 다들 아는 대로다.

강좌의 진화 형태

강좌라는 출판 형태는 원래 대학생들을 위한 전문 강좌를 일반 시민 독자에게 공개한다는 의도 하에 제안된 것이었다고 한다. 그러므로 어떤 학문의 체계적인 제시가 전제되어 있다고 할 수 있다. 이와나미쇼텐이 그 선편을 쥐었던 것 같다. 니시다 기타로 씨가 편집한 '강좌·철학'이나 노로 에이타로(野呂榮太郎, 1900~34) 씨를 중심으로 한 '일본자본주의 발달사 강좌' 등이 유명하다. 내가 관계한 강좌를 말하자면 '철학' '정신과학' '신·철학' '현대사회학' '문화인류학' '심리요법' 등이다. 자연과학 분야에서는 '수학' '물리학'이 이와나미쇼텐이 자랑스럽게 생각하는 분야라고 할 수 있다.

그러나 그것들과는 별도로 어떤 특정한 문제와 관련하여 강좌를 만드는 것도 필요해졌다. 사회가 진전되고 복잡해짐에 따라 거기서 생기는 문제에 예전처럼 단일한 학문으로 대처하기 어려워졌기 때문이다. 따라서 이런 새로운 강좌에서는 서로 다른 분야의 전문가가 논의하여 전체 구성을 만들고, 동시에 다양한 분야의 연구자가 집필자로 등장하게 된다. 내가 기획하고 편집한 것을 들면 '전환기의 인간' '종교와 과학' '과학/기술과 인간' '천황과 왕권을 생각한다' 등이다.

세기말의 지침

'강좌·전환기의 인간'(전10권, 별권 1)은 1989년 6월에 시작하여 이듬해인 1990년 5월에 완결되었다. 편집위원은 우자와 히로부미·가와이 하야오·후지사와 노리오·와타나베 사토시 씨였다. 우자와·가와이·후지사와 씨에 대해서는 지금까지 자세하게 말했기 때문에 다시 설명할 필요는 없을 것이다. 그러나 물리학자 와타나베 사토시 씨에 대해서는 다소의 설명이 필요할 것 같다.

와타나베 씨는 1910년생이고 국제적으로 유명했다. 그는 전전(戰前)에 도쿄대학에서도 가르쳤는데, 독일이나 미국에서의 연구 경력이 길다. 하이젠베르크나 위너 등과 함께 연구한 것으로도 잘 알려져 있다. 그런 의미에서 그는 항상 물리학 연구의 첨단에 있었다고 해도 과언이 아닐 것이다.

세기말의 양상이 짙어지고 21세기에 인간은 어디로 향하게 될까 하는 논의가 시작된 1980년대 후반, 나는 경제학·심리학·철학·물리학의 네 대가를 모시고 다시 '인간이란 무엇인가'라는 문제에 대해 논의하는 데서 시작했다. 기본적인 생각은 철학자인 후지사와 씨가 제시해주었다고 해도 좋을 것이다.

제2부에서도 썼지만 후지사와 씨와는 자주 술을 마셨다. 20세기 말 어느 회의실에서 인간이란 무엇인가, 어디로 향하려고 하는가 하는 큰 테마에 대해 질문을 던진다고 해도 술자리에서처럼 그렇게 잘 정리되지는 않았을 것이다. 그런 의미에서 후지사와 씨와 자주 술을 마신 것은 많은 도움이 되었다.

물리학자인 와타나베 사토시 씨는 후지사와 씨보다 나이가 많았지만 그의 사상을 굉장히 높이 평가하고 있었다. 따라서 후지사와 씨가 나와 술을 마시면서 이야기할 때처럼 어깨에 힘을 빼고 현재 인간이 어떤 상황에 놓여 있는지를 말하고, 자연과학의 거장인 와타나베 씨가 그것을 보충함으로써 이 강좌의 기본 노선은 저절로 정해졌던 것 같다. 게다가 이 논의는 사회과학과 인간과학의 대가 두 사람이 자신들의 주장을 전개한다는 이상적인 형태로 진행되었다.

그러나 최종적인 안이 확정되고 강좌가 실현되기까지는 햇수로 4년이나 걸렸다. 후지사와·가와이 씨가 교토에 살고 있었으므로 편집회의를 교토에서 여는 일도 많았다. 어떤 때 와타나베 씨는 고령임에도 도메이 고속도로를 손수 운전하여 온 일도 있었다. 그리고 세 시간쯤 회의를 하고 조금 누워서 휴식을 취하고는 다시 도쿄로 운전하여 돌아갔다. 큰일을 하는 사람은 역시 정력적이군, 하고 감탄했던 일이 기억에 새롭다.

앞에서 말한 역할 분담의 내용은 이 강좌의 선전용 팸플릿에 실린 한 편집위원의 말에 잘 표현되어 있으므로 인용한다.

삶의 방식과 가치관의 지침을 제시한다
후지사와 노리오

인간은 과학기술의 힘으로 물질과 생명의 깊은 내면의 틀에서 우주공간까지를 조작과 행동의 사정거리 안으로 받아들이게 되었지만, 또 그로 인해 인간 자신과 관련된 다양한 위기와 심각한 문제에 직면하게 되었다. 20세기의 끝은 서기로 1000년을 구획한 것인데, 인간은 지금 그것과 파장을 같이할 정도의 커다란 지와 문명의 전환기에 직면한 것 같다.

이 전환기에서 잡다한 정보에 현혹되지 않고 어떻게 삶의 방식과 가치관의 지침을 찾아야 할 것인가, 각 분야 최고의 식견을 결집함으로써 그것을 생각하기 위한 확실한 기반을 제공하자는 바람으로 이 강좌를 기획하고 편집했다.

새로운 지평을 열기 위하여
우자와 히로부미

지금 우리는 하나의 커다란 전환점에 서 있다. 제2차 세계대전 후 과학기술의 비약적인 진보, 경제적 조직의 거대화와 함께 국가는 점차 그 리바이어던적 성격을 노출하고 있고, 정치적·경제적 균형을 유지하는 일은 매우 어려워지고 있다. 사회과학의 여러 분야에서 기성의 패러다임은 이미 그 유효성을 상실하여 심각한 위기를 불러일으키고 있다. 그것은 과학의 위기이자 사상의 위기, 인간의 위기이기도 하다.

이러한 세기말적 전환점의 의미를 밝히고 그 사상적 단층을 넘어 새로운 지평을 열어갈 수 있을까? 이 강좌는 우리나라에서 가장 뛰어난 지성을 결집하여 이 문제에 답하려는 것이다.

풍요로운 우주론의 창출을 향하여
가와이 하야오

현대는 물질의 풍요로움에 비해 마음의 빈곤이 문제라고 한다. 그러나 현대, 마음의 문제에 다가가려고 하면 마음과 물질이라는 단순한 이분법을 넘어서는 노력도 필요할 것이다. 인간을 아무리

해부한다고 해도 '마음'은 발견할 수 없다. 그리고 풀 한 포기 나무 한 그루, 자연 구석구석에까지 '마음'은 편재해 있다고도 생각된다. 마음에 대한 다각적인 연구에서 발상의 전환을 꾀하여 마음이라는 불가해한 존재를 조금이라도 밝히기를 바란다. 결국 그것은 '마음'이라는 관점을 통해 '세계'를 보는 것이며 새롭고 더욱 풍요로운 우주론을 만들어내는 일일 것이다.

세기말의 과학에서 무엇이 살아남을까?

와타나베 사토시

'세기말'이라는 말로 20세기 말과 19세기 말의 유사성을 지적하는 것은 어렵지 않다. '뭔가 완료되었다는 느낌'과 '데카당스'의 혼재라고 말할 수 있지 않을까 싶다. 물리학의 경우, 19세기 말 대부분의 물리학자들은 법칙은 다 발견되었고 나머지는 응용문제를 푸는 것뿐이라고 단언하기까지 했다. 그런데 20세기 물리학에서 이루어진 대혁명의 싹은 사실 19세기 말에 이미 모습을 드러냈다. 이 강좌에서는 의욕적이고 날카로운 노소의 학자들이 모두 결집하여 집필했다. 거기에는 21세기 대혁명의 싹이 숨어 있음에 틀림없다. 그것을 알아채는 것은 오직 독자의 지적 후각뿐이다.

이렇게 해서 완성된 강좌의 내용은 다음과 같다. 강좌명을 최종적으로 '전환기의 인간'이라고 한 것은 역시 후지사와 씨의 주장에 근거한 것이다.

1. 『생명이란』(生命とは)
2. 『자연이란』(自然とは)
3. 『마음이란』(心とは)
4. 『도시란』(都市とは)
5. 『국가란』(國家とは)
6. 『과학이란』(科學とは)
7. 『기술이란』(技術とは)
8. 『윤리란』(倫理とは)
9. 『종교란』(宗敎とは)
10. 『문화란』(文化とは)
별권. 『교육의 과제』(科學の課題)

'강좌 · 전환기의 인간'의 특색

다음으로 이 강좌의 특징을 잘 드러내주고 있다고 생각되는 몇 권을 예로 들어 구체적으로 보기로 하자.

먼저 제1권 『생명이란』에 대해서다.

서(序). 지금 '생명'이란······ 와타나베 사토시
I. 사람에게 생명이란
 1. 개(個)와 다양성—사람의 생명이란······ 아오키 기요시(靑木淸)
 2. 뇌의 작용—생물과 사람······ 이토 마사오
 3. 사람의 생명은 특별한가—유전자로 본 사람······ 혼조 다스쿠
II. 생명의 여러 모습

1. 생명의 기원―물질로부터의 분자 진화……마쓰다 히로쓰구(松田博嗣)

  2. 분자의 입장에서 생명을 본다―생존문제에 대한 연구……사이토 노부히코(齋藤信彦)

 III. 생물・인간・컴퓨터

  1. 인간성의 기원―영장류와 인간 사이……이타니 준이치로(伊谷純一郎)

  2. 컴퓨터로 본 생명―발생・형태 형성・지능……가미누마 쓰구치카

  3. 새로운 정보처리체계를 지향하며―바이오 컴퓨터의 필요성과 그 실현의 길……마쓰모토 겐(松本元)

  4. 기계의 말, 인간의 말……나가오 마코토(長尾眞)

 IV. 다양성과 질서……시미즈 히로시(淸水博)

 V. 과학과 종교의 생명관……야나세 무쓰오(柳瀨睦男)

자연과학의 최전선에서 뛰고 있는 분들에게 집필을 부탁했다. 혼조 다스쿠・나가오 마코토・시미즈 히로시 씨 등에게는 이 강좌 이후에도 다양한 형태로 신세를 졌다.

이어서 제7권 『기술이란』의 내용은 다음과 같다.

 서. 지금 '기술'이란……후지사와 노리오

 I. 현대 테크놀로지의 동태와 충격

  1. 핵에너지의 해방과 제어……다카기 진자부로(高木仁三郞)

  2. 생명체의 조작……오카다 도킨도

3. 정보 기계와 인간……호시노 요시로(星野芳郎)

 II. 기술의 본원을 찾는다

  1. 기술지(知)의 위상과 기술적 진보……고이케 스미오(小池澄夫)

  2. 근대 과학기술의 기원과 전개……무라카미 요이치로

  3. 기술과 기술을 넘어서는 것……다케이치 아키히로

 III. 기본적 대립 도식―분기(分岐)와 통합

  1. 노모스(nomos)의 분열―제작하는 행위로서의 기술……야마다 게이지

  2. 지식과 사회질서―프랑스혁명기 한 기술장교의 초상……도미나가 시게키

 IV. 현대 테크놀로지의 본성과 기본 성격……나카오카 데쓰로

 V. 다가올 기술문명에 대한 전략……사카모토 겐조

마지막으로 별권 『교육의 과제』의 내용은 다음과 같다.

 서. 지금 '교육'이란……가와이 하야오

 I. 교육의 목적과 이념

  1. 전환기 일본의 교육……모리시마 미치오(森嶋通夫)

  2. 『에밀』과 루소―하나의 교육・정치이성 비판……나카가와 히사야스(中川久定)

  3. 현대사회와 교육― '능력주의'의 문제성……호리오 데루히사

  4. 교육의 현 상황과 과제―임시교육심의회(臨時敎育審議+↑)를 돌아보며……이로카와 다이키치(色川大吉)

 II. 교육의 계보

1. 고대 그리스·로마의 전통—파이데이아(Paideia)의 계보……가쿠 아키토시(加來彰俊)

　2. 중국—전통적/혁명 후……다케우치 미노루

　3. 서구 근대—그것이 남긴 유산……쓰루미 슌스케

　4. 일본의 교육에 대하여……이로카와 다이키치

III. 교육의 여러 모습

　1. 개성과 능력의 육성—유소년기의 감응 교육……야마나카 야스히로

　2. 대학교육의 사명……와타나베 사토시

　3. 교육과 사회체제—듀이(John Dewey)·베블렌(Thorstein Bunde Veblen)·보울즈·긴티스……우자와 히로부미

'이와나미를 좋아하지 않는다'는 학자의 저작집

별권에서는 모리시마 미치오 씨가 등장했다. 20년쯤 전까지 모리시마 씨는 "오믈렛·교진(요미우리 자이언츠—옮긴이)·이와나미는 좋아하지 않는다"라고 자주 말했다. 그 변주로서 『아사히신문』·이와나미·엔에이치케이(NHK)는 싫다"라고 하는 말도 있었다. 다시 말해 모두 권위주의적인 냄새가 난다는 것이다.

그러나 나는 이 강좌를 시작하기 전부터 모리시마 씨를 만날 때마다 저작집을 간행했으면 좋겠다고 부탁했다. 일본어로 번역되지 않은 영어 저작이 많았기 때문이다.

모리시마 씨의 견해는 아주 독특해서 배울 점이 많았다. 그는 부인과 함께 나를 자주 식사에 초대했다. 늘 무척 즐거운 모임이었다.

그러나 저작집에 대한 이야기가 나오면 "내가 살아 있는 동안은 있는 힘을 다해 일을 할 뿐이야. 살아 있는 동안 저작집 같은 건 생각할 수도 없어"라고 거절을 계속했다.

처음으로 의뢰한 때로부터 십몇 년이 지나 드디어 승낙을 얻어냈다. 실현된 것은 2003년의 일이다. 완결된 것은 2005년이다. 이때 모리시마 씨는 이미 이 세상에 없었다.

이러한 강좌가 읽힐까, 일말의 불안이 없었다고 하면 거짓말일 것이다. 그러나 다행히 이렇게 진지한 문제의식을 담은 강좌이면서도 각 권이 평균 1만 부 정도는 나갔다. 그리고 1991년에는 일찌감치 제2차 모집을 했으므로 합계를 내면 상당히 많은 독자가 읽었을 것이다.

임원 시대의 도서목록

1990년에 내가 기획하고 편집에 관여했던 도서목록은 다음과 같다. 다만 "내가 편집했다"라고 할 수 없는 것은, 이 해에 편집담당 임원이 되어 점차 실무에 시간을 낼 수 없게 되었기 때문이다.

- 우메사오 다다오, 『정보관리론』(情報管理論)
- 쓰쓰이 야스타카, 『문학부 다다노 교수』(文學部唯野敎授)
- 이소자키 아라타, 『바르셀로나 드로잉—바르셀로나 올림픽 건축 소묘집』(バルセロナ・ドローイング—バルセロナ・オリンピック建築素描集)

- 야마다 게이지, 『밤에 우는 새―의학・주술・전설』(夜鳴く鳥―醫學・呪術・傳說)
- 수잔 로젠버그(Suzanne Rosenberg), 『소비에트 유랑―어느 지식인 여성의 회상』(*A Soviet odyssey*, ソヴィエト流浪―ある知識人女性の回想, 荒このみ譯)
- 나카무라 유지로, 『철학의 수맥』(哲學の水脈)
- 수잔 로젠버그, 『메이어홀드―숙청과 명예회복』(*Мейерхольд*, メイエルホリド―肅清と名譽回復, 佐藤恭子譯)
- 다키 고지, 『사진의 유혹』(寫眞の誘惑)
- 이반 베렌드(Iván Tibor Berend), 『유럽의 위험지역―동유럽혁명의 배경을 찾는다』(*The crisis zone of Europe*, ヨーロッパの危險地域―東歐革命の背景をさぐる, 河合秀和譯)
- 기다 겐, 『철학과 반철학』(哲學と反哲學)
- 윌리엄 비즐리(William G. Beasley), 『일본제국주의 1894~1945―거류지제도와 동아시아』(*Japanese imperialism 1894~1945*, 日本帝國主義1894~1945―居留地制度と東アジア, 杉山伸也譯)

다음해인 1991년에 출판한 것도 열거한다.

- 이소자키 아라타・다키 고지, 『세기말의 사상과 건축』(世紀末の思想と建築)
- 나카무라 유지로, 『형태의 오디세이―형상・노래・리듬』(かたちのオディッセイ―エイドス・モルフェー・リズム)

- 미야와키 아이코(宮脇愛子), 『시작도 없고 끝도 없다―어느 조각가의 궤적』(はじめもなく終りもない―ある彫刻家の軌跡)
- 우치다 요시아키, 『현대에 살고 있는 우치무라 간조』(現代に生きる內村鑑三)
- 니시가키 도루, 『디지털 나르시스―정보과학 개척자들의 욕망』(デジタル・ナルシス―情報科學パイオニアたちの慾望)
- 조너선 포리트(Jonathon Porritt) 엮음, 『지구를 구하라』(Save the Earth, 地球を救え, 芹澤高志監譯)
- 자크 알랭 밀러(Jacques-Alain Miller) 엮음, 『자크 라캉 프로이트의 기법론』(Le séminaire de Jacques Lacan, Livre 1: Les écrits techniques de Freud, ジャック・ラカン フロイトの技法論, 상: 小出浩之・小川豊明・多木浩之・笠原嘉譯, 하: 小出浩之・鈴木國文・小川豊明・小川周二譯)
- 윌리엄 돔호프(G. William Domhoff), 『꿈의 비법―세노이족의 꿈 이론과 유토피아』(The mystique of dreams, 夢の秘法―セノイの夢理論とユートピア, 奧出直人・富山太佳夫譯)

1992년에 출판한 책은 다음과 같다.

- 가와이 하야오, 『심리요법서설』(心理療法序說)
- 랜달 콜린스(Randall Collins), 『탈상식의 사회학―사회의 읽기 방식 입문』(Sociological insight―an introduction to nonobvious sociology, 脫常識の社會學―社會の讀み方入門, 井上俊・磯部卓三譯)

- 데이비드 엘리어트(David Elliott), 『혁명이란 무엇이었을까—러시아의 예술과 사회 1900~37년』(*New worlds—Russian art and society 1900~37*, 革命とは何であったか—ロシアの藝術と社會1900~37年, 海野弘譯)
- 모치다 기미코, 『회화의 사고』(繪畵の思考)
- 가와이 하야오 외, 『가와이 하야오, 그 다양한 세계—강연과 심포지엄』(河合隼雄 その多樣な世界—講演とシンポジウム)
- 우자와 히로부미 편, 『산리즈카 앤솔로지』(三里塚アンソロジー)
- 미하엘 엔데·조셉 보이스(Joseph Beuys), 『예술과 정치를 둘러싼 대화』(*Kunst und Politik: ein Gespräch*, 藝術と政治をめぐる對話, 丘澤靜也譯)
- 메이너드 솔로몬(Maynard Solomon), 『베토벤』 상 (*Beethoven*, ベートーヴェン, 德丸吉彦·勝村仁子譯)

이 외에 내셔널 지오그래픽 협회가 엮은 '지구발견북스'라는 시리즈를 발간했다.

- 『에메랄드 왕국—열대우림의 위기』(エメラルドの王國—熱帶雨林の危機, 大出健譯)
- 『바다와 육지가 만나는 곳—세계의 해안선과 자연』(海と陸が出會うところ—世界の海岸線と自然, 海保眞夫譯)
- 『대지의 선물—지구의 신비와 경이』(大地の贈りもの—地球の神秘と驚異, 松本剛史譯)
- 『야생을 살다—숨겨진 생명의 세계』(野生を生きる—秘めら

れた生命の世界, 羽田節子譯)
- 『지구를 보러 간다―대륙의 멋진 자연』(地球を見にゆく―大陸のすばらしき自然, 大出健譯)
- 『황폐해지는 지구―자연재해의 모든 것』(荒ぶる地球―自然災害のすべて, 近藤純夫譯)
- 『알려지지 않은 변경으로―세계의 자연과 사람들』(知られざる邊境へ―世界の自然と人々, 龜井よし子譯)

그리고 9월에 '강좌·종교와 과학'(전10권, 별권 2)을 시작했다. 이것에 대해서는 항목을 달리해 쓰기로 한다. 여기서는 1990~92년의 단행본에 대해 특징적인 것만 말하기로 한다.

러시아 문화의 빛과 그림자

수잔 로젠버그의 『소비에트 유랑』 『메이어홀드』, 데이빗 엘리어트의 『혁명이란 무엇이었을까』는 모두 소비에트의 탄압과 숙청 문제를 다룬 것이다. 야콥슨이나 프리드만을 낳고, 20세기 학문의 방향을 이끌어간 러시아. 그런데도 혁명 정권의 성립은 지식인이나 예술가에게 결코 장밋빛이 아니었다. 나는 무의식중에 러시아 문화가 지닌 빛과 그림자 양쪽에 깊은 관심을 두었던 것 같다.

『메이어홀드―숙청과 명예회복』은 사토 교코(佐藤恭子) 씨에게 번역을 부탁했다. 사토 교코 씨는 사토 노부오 씨의 누이였다. 나는 서양 중세의 수사학을 연구하고 있던 노부오 씨와 자주 만나서 이야기를 나누었다. 노부오 씨는 대학을 졸업하고 프랑스의 화장품회사인가 하는 데서 일본 지배인을 하다가 연구자가 되었다는 경력의 소유자였는데, 그의 수사론은 무척 재미있었다.

이 책은 모스크바에서 간행된 연극잡지 『연극생활』(演劇生活)의 1989년 5호 「메이어홀드 특집」 전체를 번역한 것이다. 나는 모스크바 근처의 벤자시에서 열린 메이어홀드 제1회 국제회의에 초대되어 출석한 사토 교코 씨에게서 이야기를 듣고 단행본으로 냈다. 메이어홀드에 대해 따로 설명할 필요는 없겠는데, 이 책에는 그가 처형되기 전후의 사정과 명예회복의 경위가 상세하게 기술되어 있다. 판결문이나 편지 등 사진도 많이 수록하고 있는 귀중한 자료다.

『메이어홀드』와 같은 대형 B5판의 『혁명이란 무엇이었을까』는 운노 히로시 씨가 번역했다. 원서는 『New worlds: Russian art and society 1900~1937』(Thames and Hudson, 1986)이다. 300장 이상의 도판을 실은 이 책은 러시아 아방가르드 전반에 걸친 중요한 자료라고 생각한다. 운노 씨의 「옮긴이 후기」에서 인용한다.

러시아 아방가르드는 20세기의 꿈이라고 할 만한 것이었는데, 나에게도 청춘의 꿈이었다. 와세다(早稻田)대학에서 러시아문학을 배우던 나는 소비에트 연구회에 들어갔다. 당시에는 마야코프스키에 대한 재평가가 시작되고 있었다. 우리는 스탈린주의 비판이라는 관점만으로는 만족할 수 없어서 아방가르드의 기원을 찾아 세기말까지 거슬러 올라가기로 했다. 무척이나 치졸하기는 했지만 회화나 건축을 포함한 러시아 아방가르드에 대한 재평가를 시작한 것은 일본에서 이 소비에트 연구 그룹이 가장 빨랐지 않았나 싶다. 나는 졸업논문으로 안드레이 벨르이(Andrei Belyi,

1880~1934)의 『페테르부르크』(Peterburg, 1916)를 골랐다.

그러나 그 후 나는 세기말에 깊이 파고 들어간 나머지 러시아 아방가르드로 돌아갈 수가 없었다. 1980년 일본에서도 세이부(西部)미술관에서 '예술과 혁명'전(展)이 열렸다. 처음에 나한테도 이야기가 들어왔지만 관점이 어긋나기도 했고 나 자신의 미숙함도 있어서 참가할 수는 없었다. 그러나 그 분함 때문에 러시아 아방가르드를 다시 한 번 제대로 살펴볼 마음이 들었고, 또 비평가로서 자립할 수 있었던 것도 이 사건 덕분이었다. 그래서 지금은 그것에 감사하고 있다.

그리고 나는 오랜만에 자신의 기원으로 돌아가 먼저 아방가르드를 전사(前史)로 하여 『페테르부르크 부상(浮上)』(新曜社)을 썼다. 바로 그 무렵 엘리어트의 책 번역 이야기가 들어왔다. 이 책의 특색은 시야가 넓다는 것이다. 개개의 연구는 진행되고 있지만 종합적으로 도면을 제시하면서 러시아 아방가르드란 무엇이고 혁명 러시아란 무엇인가를 이만큼 풍부하게 말해주는 책은 아직 없는 것 같다. 도판도 매력적이다.

일본에서는 지금까지 러시아 아방가르드에 대해 소개할 때 사회적 배경에 대한 관점을 결여하든가 피해왔기 때문에 디자인 소개에 그쳐 그다지 재미있지 않았다. 이 책은 그러한 디자인이 나오기까지의 스릴 넘치는 역사와 인간의 비극을 말해주고 있다.

이 일을 할 수 있었던 것은 이와나미쇼텐의 오쓰카 노부카즈 씨 덕분이다. 이 점에 대해 한번도 이야기를 나눈 적은 없지만 나는 그가 이 책의 번역자로 나를 선택해준 것은 '예술과 혁명'전 때 내가 느낀 분함을 기억해주었기 때문이라고 멋대로 해석하고 있다.

그 길고 깊은 우정에 뭐라 감사의 말을 해야 할지 모르겠다.

운노 씨는 "그 길고 깊은 우정에 뭐라 감사의 말을 해야 할지 모르겠다"라고 썼다. 그러나 그것은 그대로 내가 운노 씨에게 돌려주어야 할 말이다. 운노 씨가 처음으로 저작 활동을 하기 시작하던 때, 즉 그가 아직 헤이본샤(平凡社)의 편집자였던 무렵, 나는 그의 저작을 읽고 어떤 점에 흥미를 느껴 그에게 가르침을 구하러 갔다. 그때 나는 그와 나이가 같다는 것을 알고 있었다. 그 이래 약 40년 동안 나는 그의 저작을 통해, 또는 직접 이런저런 것들에 대해 일방적으로 배우기만 했다.

내가 은퇴한 뒤로 나와 운노 씨는 2, 3개월에 한 번쯤 만나 대여섯 시간 이야기를 나눈다. 그로부터는 100권 이상의 모든 저작을 받았지만 내가 받은 가르침의 크기는 100권의 저작을 훨씬 뛰어넘는다. 그것에 대해 나는 무엇 하나 돌려줄 수가 없다. 이렇게 불균형한 관계이면서도 첫 대면 때 이래 변함없는 태도로 대해준 그에게 나야말로 뭐라 감사의 말을 해야 좋을지 모르겠다.

환경문제와 '지구발견북스'

조너선 포리트가 엮은 『지구를 구하라』는 영국의 출판사 더링 킨더슬리(Dorling Kindersley)가 간행한 원본 『Save the Earth』를 바탕으로 전 세계에서 동시에 각국의 언어로 번역되어 출판되었다. 둘도 없는 지구의 아름다운 사진을 많이 게재한 대형 책이다.

이 책 표지 안쪽에는 다음과 같은 글이 쓰여 있다.

당신이 이 책을 사면 그 대금의 일부는 '지구의 벗 인터내셔널'의 제3세계와 동유럽에서의 활동을 지원하고, 지금 가장 긴급하게 필요로 하는 환경 캠페인의 기금으로 충당된다.『지구를 구하라』는 또 1992년 6월에 열리는 리우데자네이루에서 '어스 서미트 92'(Earth Summit 92. 유엔환경개발회의)에 기여하는 수단이 되기도 한다. 환경과 개발에 관한 이 유엔 회의에는 각 주요국의 수뇌부가 참가한다. 그리고 유엔환경개발회의의 성공은 지구를 구하기 위한 현실적인 행동이며, 당신이 할 수 있는 일은 백마디 말을 늘어놓는 것보다 이 책에 붙어 있는 '액션 팩'(Action Pack)을 이용해 직접 참가하는 일이다.

엮은이 조너선 포리트 씨는 스스로 세계 각지를 돌며 이 책의 판매 촉진 캠페인에 애쓰고 있었다. 일본에도 찾아와 이와나미쇼텐과 공동으로 기자회견을 열기도 했다. 불과 며칠 일본에 머물렀지만 나는 그와 함께 협찬금을 내준 시미즈(淸水)건설 본사 등을 방문했다. 일본에서는 전국의 초중학교가 구입해주었고 많은 부수가 나간 것으로 기억하고 있다.

  이 해 나는 미국에 초청받았는데 워싱턴에 있는 내셔널 지오그래픽 협회의 본부를 방문할 기회가 있었다. 협회 간부들의 이야기를 듣고 미국의 비영리민간단체(NPO, Non Profit Organization)가 지닌 힘을 생생하게 실감했다. 이 협회가 발행하는 잡지『내셔널 지오그래픽』은 오랜 역사를 갖고 있는데, 그 당시의 발행 부수는 무려 1,200만 부에 달했다. 이 잡지를 위해 50명의 사진가를 항상 세계 각지에 파견하고 있다고 했다. 그래서 표면상의 간판인 잡지의 부산물로 아름다운 사진이나 박력 있는 사진을 가득 실은 단행본이 간행되고 있었다. 그중에서 일곱 권을 골라 일본어로 번역한 것이 '지구발견북스'다.

나는 내셔널 지오그래픽 협회 외에도 야생생물보호단체 등 두세 개의 NPO를 방문했는데, 모두 경제적으로 확실한 기반을 가지고 활발하게 운동을 전개하고 있어 크게 자극을 받았다.

『꿈의 비법』『가와이 하야오, 그 다양한 세계』 등

『꿈의 비법』은 한 인류학자가 말레이시아 서쪽의 고지대에 사는 토착민들(세노이족)이 꿈을 자유자재로 통제하고 개인이나 공동체의 창조행위에 응용하고 있다고 보고한 데 대한 1960~70년대의 미국 문화의 반응을 기록한 무척 흥미로운 책이다. 결국 이 보고를 한 킬튼 스튜어트(Kilton Stewart)라는 인류학자는 사기꾼으로 판명되었지만, 이 책은 반문화(Counter Culture)의 시대에 미국인들이 꿈 이론을 매개로 현실의 다원성에 대해 쓴 스튜어트의 논문에 감쪽같이 속은 이유를 훌륭하게 해명했다.

킬튼 스튜어트의 '논문'을 처음으로 가르쳐준 사람은 영문학자인 유라 기미요시 씨였다. 스튜어트의 「Dream Theory in Malaya」가 수록된 책 『Altered States of Consciousness』(ed. by Charles Tart, John Wiley, 1969)에 대해 이야기해주었을 때의 일이다. 재주꾼인 유라 씨는 전공인 영문학 외에도 다방면에 관심을 가지고 있었다. 고마바(駒場: 도쿄대학 교양학부—옮긴이)의 연구실에서 때로는 얼토당토않은 이야기를 하기도 했다. 그러고보면 유라 씨의 남편인 유라 데쓰지(由良哲次) 씨도 카시러(Ernst Cassirer, 1874~1945)에 대해 공부한 철학자면서 말년에는 도슈사이 샤라쿠(東洲寫樂)의 우키요에 연구에 몰두한 특이한 연구자였다.

1974년 봄 잡지 『도서』(圖書)에서 유라 기미요시·가와이 하야오·야마구치 마사오 씨가 모여 인문과학의 새로운 경향에 대해 좌담을 한 적이 있었다(「인문과학의 새로운 지평」, 『도서』 제297호, 1974년 5월). 열여덟 페이지에 걸친 긴 좌담이었는데, 출판사 안은 물론이고 독자로부터의 반응도 거의 없었다. 그러나 중국문학의 대가인 요시카와 고지로(吉川幸次郎) 씨만이 "그거 참 재미있었어요. 새로운 시대가 열리고 있어요"라고 『도서』의 A편집장에게 직접 말해주었다. 나는 요시카와 씨야말로 정말 굉장한 사람이라고 새삼 감탄한 일을 기억하고 있다.

아울러 이 좌담의 소제목들을 옮겨보기로 하자. 21세기 마지막 사반세기에 인문과학이 어떤 모습인지를 훌륭하게 예견하고 있다고 생각해서다.

인문과학의 재출발/고전물리학적 사고의 끝/카나리아로서의 인간/청교도주의의 위험/꿈과의 대화/주변과 중심 모델/중개자로서의 치료자/낭만주의의 리얼리티/심층의 모델로서의 피에로/콜리지(Samuel Taylor Coleridge, 1772~1834)와 무의식/바스케토(Basketto)족의 신체언어/우연성을 읽어내는 기술/상징적 정치학

『가와이 하야오, 그 다양한 세계—강연과 심포지엄』에 대해서도

이야기하기로 하자.

이 책은 1992년 3월 6일 도쿄 고지마치(麴町)의 도조(東條)회관에서 열린 「강연과 심포지엄·가와이 하야오, 그 다양한 세계」의 기록을 기초로 한 것이다. 당일은 가와이 씨의 강연 「현대인과 마음의 문제」를 제1부로 하고, 제2부에서는 「가와이 하야오란?」이라는 주제로 심포지엄이 열렸다. 이마에 요시토모(今江祥智)·오에 겐자부로·나카무라 게이코(中村桂子)·나카무라 유지로·야나기다 구니오(柳田邦男) 등에게 패널리스트를 부탁했는데 먼저 제2부의 전반에서는 이들 다섯 명 각자에게 '가와이 하야오와 나'라는 제목으로 각각 15분씩 이야기를 하게 했다. 그에 이어 후반에서는 가와이 씨도 참가하여 논의를 전개했다. 사회는 내가 맡았다.

이 기획은 가와이 씨의 교토대학 퇴임과 이와나미신서로 출간된 두 권의 책(『심리요법서설』『어린이와 학교』)의 동시 간행을 기념하여 이루어진 것이었다. 당일에는 오후 한 시부터 일곱 시 반까지 여섯 시간에 걸친 모임이었는데 가와이 씨를 비롯한 패널리스트들의 유머 섞인 논의로 눈 깜짝할 사이에 시간이 지나가버렸다. 객석을 가득 메운 청중은 마지막까지 열심히 심포지엄에 귀를 기울였다. 나중에 이런 심포지엄으로서는 드물게 몇 명의 청중으로부터 마음을 담은 감사장을 받고 무척 기뻤다.

『심리요법서설』은 가와이 하야오 씨가 20년간 교토대학 교육학부에서 한 연구와 교육을 총정리한다는 의미로 일찍부터 준비한 것이다. 가와이 씨와는 그 2년 전부터 그가 퇴임할 때 이 책을 내자는 이야기를 해둔 상태였다. 이 책의 「후기」 마지막은 이랬다.

우리나라에서 심리요법은 이제 막 발전의 실마리를 잡은 상태라는 느낌도 든다. 앞으로 우리나라 심리요법의 발전에 이 책이 조금이라도 공헌할 수 있다면 필자의 기쁨은 더할 나위 없겠다.
1991년 말, 저자

오늘날 커다란 재해나 사고가 일어나면 반드시 심리치료사가 파견된다. 불과 15년 사이에 심리요법의 학문적인 지위가 확고하게 자리를 잡은 것 같다.

그리고 그동안 『심리요법서설』에 기초하여 가와이 하야오 씨가 단독으로 편집한 '강좌·심리요법'(전8권)을 2000년부터 2001년에 걸쳐 간행했다. 이 강좌로 심리요법의 연구자 수도 질도 도약하게 되었다고 확신한다.

여기에 이르기까지 '강좌·정신과학'을 비롯하여 이따금씩 가와이 씨로부터 들은 여러 가지 고생담을 떠올리자니 감회가 이루 말할 수 없다.

고에너지연구소장은 크리스천

'강좌·종교와 과학'(전10권, 별권 2)은 1992년 9월에 시작하여 1993년 8월에 완결했다. 편집위원은 가와이 하야오·시미즈 히로시·다니 유타카(谷泰)·나카무라 유지로 씨였고, 편집고문은 가도와키 가키치·니시카와 데쓰지(西川哲治) 씨였다.

이중 시미즈 히로시·니시카와 데쓰지 씨와는 '강좌·전환기의 인간'에 집필을 의뢰한 것을 계기로 친해졌다. 니시카와 씨는 제6권

『과학이란』에 '거대과학'(big science)에 대해 써주었다. 그 원고를 받았을 때의 기억은 지금도 뚜렷하다.

도라노몬(虎の門)의 교육회관 찻집에서 만나 그 자리에서 원고를 읽었다. 왜 그랬는지는 잘 모르겠으나 니시카와 씨의 원고를 읽고 있으니 이 물리학자는 크리스천임에 틀림없다는 생각이 들었다. 나는 다 읽고 나서 고맙다는 말을 하고, 내친김에 "엉뚱한 걸 좀 묻겠습니다만, 니시카와 선생님은 혹시 크리스천이십니까?"라고 무례한 질문을 했다. 그러자 니시카와 씨는 "그렇습니다. 그런데 잘 아셨네요" 하고 대답했다. 니시카와 씨의 이야기로는 목사 대신 설교를 할 수 있는 자격을 가지고 있다는 것이었다. 당시 그는 쓰쿠바에 있는 고(高)에너지연구소의 소장이었는데, "때때로 직원들을 모아놓고 이야기를 하면 역시 설교 투를 완전히 벗어나지 못하지요"라고 웃으며 말했다. 그 이후 그와는 매우 친해져 일 외에도 교류가 계속되었다.

고에너지연구소는 거대한 가속기 등을 사용하기 때문에 예산도 놀랄 만큼 많았다. 어느 날 국제일본문화연구센터의 소장을 하고 있던 가와이 하야오 씨가 나에게 말했다. "전국연구소장회의에서 니시카와 선생을 만났는데, 니시카와 선생에 대해서는 대우가 각별해요. 어쨌든 쓰는 돈이 문화계 쪽 연구소와는 단위가 다르니까요." 그러나 니시카와 씨는 이런 속세의 일과는 무관하여 이과계의 사정에 어두운 나를 다양한 형태로 계몽시켜주었다.

얼마 안 있어 그는 도쿄이과대(東京理科大)의 학장이 되었는데, 가끔 연락이 왔다. 나중에 오사와 주이치(大澤壽一) 씨(전 NEC 전무인 기술자)를 소개해주었고, 오사와 씨는 그의 친구이자 실리콘밸리

의 기업가이기도 한 과학자 에드워드 긴즈톤(Edward Ginzton)의 흥미로운 자서전 『우리는 전자를 가속했다』(われら電子を加速せり, 1997)를 번역해주었다. 그 책의 출판 기념이라며 오사와 씨는 긴즈톤 씨에게 받았다는 안셀 애덤스(Ansel Adams)의 유명한 사진 한 장(시에스타호)을 보내주었다. 그 이후 오사와 씨와는 일을 벗어난 교류를 계속했다. 사람과의 교제는 정말 재미있는 것이라고 생각한다.

21세기의 문제

오래된 수첩을 펼쳐보니 '종교와 과학' 강좌를 기획할 생각을 한 것은 이미 1988년이었는데, 실제로 편집위원·편집고문을 모시고 회의를 연 것은 1990년에 들어서고 나서였다. 강좌는 이미 몇 번 만들어봤기 때문에, 익숙해졌다고 하면 이상하지만 솜씨 있게 준비할 수 있었다.

기획을 만들고 나서 가장 유의한 것은 종교를 언뜻 그것과 대극에 있다고 생각되는 과학과의 관계에서 파악하는 일이었다. 이런 의미에서는 앞에서 말한 가와이 하야오 씨의 『종교와 과학의 접점』 연장선상에 있는 기획이라고 할 수 있을 것이다. 나카무라 유지로 씨가 저간의 사정을 강좌의 선전용 팸플릿에서 간단하게 정리해주었으므로 여기에 인용한다.

> 21세기가 임박한 지금 우리 인간이 직면한 것은 수백 년에 한 번이라고 말할 수 있는 현실적 및 내면적 세계의 격변이다. 그리고 그것이 가장 첨예하게 드러난 것은 과학과 종교의 경계면에서다.

지금까지 오랫동안 종교와 과학은 대립하고 서로 배제하는 것으로 간주되어왔다. 그러나 오늘날 과학의 사정 범위가 가장 크게는 우주에서 가장 작게는 양자(量子)의 세계에까지 이르게 되었고, 과학도 역시 생명과 존재의 근원이라는 두드러지게 종교적인 문제와 맞서게 되었다.

따라서 종교도 이러한 과학의 동향에서 나온 다양한 질문에 답해야만 한다. 게다가 생명과 존재의 근원을 둘러싼 이 문제는 단지 원리적인 것에 그치지 않고 곧바로 우리의 생활이나 정치·사회의 존재방식과 밀접하게 관련된다. 이번 세기와 다음 세기를 이어주는 기념비적인 강좌가 되었으면 좋겠다.

그리고 가와이 하야오 씨는 이렇게 썼다.

인간은 자신이 태어난 이 '세계'를 어떻게 이해할까 하는 과제를 안고 있다. 옛날에는 신화가 그것에 대한 해답을 주었고, 그러한 의미에서 '종교'가 인간을 지배해왔다. 근대 유럽에서 흥한 자연과학은 종교의 완전한 지배에서 인간을 해방시켰다. 그러나 과학이 종교의 위치를 거의 빼앗게 된 오늘날 인간은 과학의 지(知)가 가진 위험성과 한계를 알게 되었다.

종교와 과학은 서로 우열을 다투며 옳고 그름을 가르는 것이 아니라 서로 대립하면서도 보완적이며 참을성 있는 '대화'를 함으로써 건설적인 길을 열 것이라는 자각이 사람들 사이에 서서히 생겨나고 있다. 이 강좌는 각 영역의 선두에서 활약하는 사람들이 그러한 '대화'를 시도한 결과이기도 하다.

이러한 문제의식에서 논의한 결과 나온 것이 다음과 같은 구성이었다.

1. 『종교와 과학의 대화』(宗教と科學の對話)
2. 『역사 속의 종교와 과학』(歷史のなかの宗教と科學)
3. 『과학시대의 신들』(科學時代の神々)
4. 『종교와 자연과학』(宗教と自然科學)
5. 『종교와 사회과학』(宗教と社會科學)
6. 『생명과 과학』(生命と科學)
7. 『죽음의 과학과 종교』(死の科學と宗教)
8. 『신체・종교・성』(身體・宗教・性)
9. 『새로운 우주론』(新しいコスモロジー)
10. 『인간의 생활방식』(人間の生き方)
별권 1. 『'종교와 과학' 기초문헌―일본편』(「宗教と科學」基礎文獻―日本篇)
별권 2. 『'종교와 과학' 기초문헌―외국편』(「宗教と科學」基礎文獻―外國篇)

'강좌・종교와 과학'의 내용

그러면 구체적으로 이중에서 몇 권의 내용을 보기로 하자. 먼저 제1권인 『종교와 과학의 대화』(宗教と科學の對話)다.

서론. 대화의 조건……가와이 하야오

1. 논점으로서의 '생명'……시미즈 히로시
2. 종교와 과학—분기의 계면(界面)을 찾는다……다니 유타카
3. 과학의 언어·종교의 언어……무라카미 요이치로
4. 종교인에서 과학자로—위기의식의 각성을 호소한다……가도와키 가키치
5. 과학의 반성과 종교에 대한 기대……가키하나 히데타케(垣花秀武)
6. 가톨릭의 경우……야나세 무쓰오(柳瀨睦男)
7. 프로테스탄트의 경우……구라마쓰 이사오(倉松功)
8. 불교도의 경우……무토 기이치(武藤義一)
9. 일본인의 경우……야마오리 데쓰오(山折哲雄)

이어서 제6권인 『생명과 과학』(生命と科學)은 이렇다.

서론. 생명과학에서 본 생명……시미즈 히로시
1. 생명적 다양성—관계의 총체론에서 본 생물군집과 그 진화……가와나베 히로야(川那部浩哉)
2. 우로보로스(Uroboros)—생명의 임계 논리……군지 페기오 유키오(郡司ペギオ=幸夫)
3. 대담 '발생에서 본 생명'……시오카와 고이치로(鹽川光一郎)·야노 마사후미(矢野雅文)
4. 세포생물학의 최전선……와다 히로시(和田博)
5. 생명과 리듬……야마구치 요코(山口陽子)
6. 생물적 자율성……스즈키 료지(鈴木良次)

7. 이야기로서의 생명······나카무라 게이코(中村桂子)

8. 생물의 정보와 의미―'자연이라는 책'은 해독할 수 있을까 ······다카하시 요시토(高橋義人)

9. 기(氣)의 과학······유아사 야스오(湯淺泰雄)

마지막으로 제9권 『새로운 우주론』(新しいコスモロジー)을 보기로 하자.

서론. 현대문명과 성스러운 것······다니 유타카

1. 묵시문학적 종말론의 가능성······곤도 가쓰히코(近藤勝彦)
2. 현대물리학의 우주관······사토 가쓰히코(佐藤勝彦)
3. 소립자와 우주······사토 후미타카
4. 프랙탈(fractal)과 카오스······야마구치 마사야
5. 페가소스에게 올라탄 원숭이―'마음의 자리'를 찾아서······마쓰시타 마사아키(松下正明)
6. 생태학과 새로운 지구관······후루야 게이이치(古谷圭一)
7. 도시화와 종교―종교사회학·신학·도시기호론······다카야나기 슌이치(高柳俊一)
8. 유토피아의 미래······스게노 다테키(菅野盾樹)
9. 밀교의 우주와 상징······마쓰나가 유케이(松長有慶)

보는 바대로 이 책만 해도 상당히 많은 자연과학 연구자들이 등장했다.

'강좌·전환기의 인간'에서도 자연과학자에게 써달라고 했지만

그렇게 많지는 않았다. 그리고 어지간한 대가가 아닌 한 이런 강좌에 글을 써달라고 부탁하는 것은 어려운 일이었다. 즉 실증적인 연구를 가장 중요시하는 자연과학에서는 '생명이란'이라든가 '과학이란' 등의 큰 주제로 논문을 쓸 기회가 그렇게 많지 않았음에 틀림없다. 그러나 이 10년 동안 사태는 점점 변해간 것 같다.

나중에 말할 '강좌·과학/기술과 인간'의 경우를 보면 이러한 주제에 대한 자연과학자·공학자들의 망설임이 줄어든 것 같았다. 이 정도로 과학이나 기술이 진전해가자 사회나 인간, 또는 가치나 윤리와의 관계를 무시할 수 없게 되었던 것이다. 이 '강좌·종교와 과학'도 영업적으로는 나름대로 성공을 거두었다.

『나카무라 유지로 저작집』에서 『편하게 죽고 싶다』까지

테마별 강좌처럼

1993년 1월 『나카무라 유지로 저작집』(전10권)이 간행되기 시작했다. 이 저작집은 나카무라 씨가 직접 선택하여 30년간의 철학적 사색의 궤적을 다음과 같이 정리했다.

1. 『정념론』(情念論)
2. 『제도론』(制度論)
3. 『언어론』(言語論)
4. 『방법서설』(方法序說)
5. 『공통감각』(共通感覺)
6. 『파토스론』(パトス論)
7. 『니시다 철학』(西田哲學)
8. 『드라마투르기』(ドラマトゥルギー)
9. 『술어집·문제다발』(術語集·問題群)

10. 『토포스론』(トポス論)

　이렇게 정리한 나카무라 씨는 저작집 선전용 팸플릿의 「저자의 말」에서 다음과 같이 썼다.

　　넓은 의미의 '철학'이라는 영역에서 오랫동안 일을 해오며 무엇보다 기쁘게 생각한 것은 나의 저작이 광범위한 독자의 지지를 얻어왔다는 것이다. 그리고 이러저러한 전문 분야의 현장에 있는 분들이 내가 보낸 메시지를 민감하게 받아들여준 점이다.
　　"인간과 관계된 것 중에 철학과 무관한 것은 하나도 없다"라고 생각하는 한편, "자신이 책임질 수 없는 것은 쓸 수 없다"라고 결심하고 이른바 자연스럽게 해왔지만 그것이 과연 잘되었는지는 모르겠다. '나'라는 통합에 의해 변전하는 시대 속에서 문제의 확대를 이론적으로 조직화할 수 있었던 것 같다.
　　이 저작집이 주제별로 구성된 것도 그것과 무관하지 않다. 현실과 나의 관련에 따라 각 시기에 각각의 주제를 부각시켰다. 사고를 진행해가는 과정이 그대로 주제별로 전개된 것이다.
　　체제는 한 사람의 손으로 만들어진 강좌 같은 것이 되었는데, 그 결과 나의 의도가 정리되어 독자 한 사람 한 사람의 마음에 좀 더 잘 전해지기를 바랄 뿐이다.

그리고 나는 선전용 팸플릿의 「간행의 말」에서 다음과 같이 썼다.

　　나카무라 유지로 선생은 고도경제성장기 이후의 격동하는 우리

나라 사상계에서 가장 세밀하게, 그리고 풍부하고 착실하게 사색을 전개해온 철학자다. 명석한 지성과 풍부한 감성이 서로 어울려 항상 시대의 문제를 선취하고 철학의 전통 안에 위치시키는 그의 왕성한 저작활동은 철학뿐만 아니라 심리학이나 정신의학·생명과학에서 의학의 현장, 그리고 연극을 비롯한 여러 예술 분야에 이르기까지 넓고 풍부한 사상적 영향을 미치고 있다. 그리고 '공통감각' '토포스' '임상의 지' 등 그의 사상을 체현하는 핵심어는 불확실성의 시대 속에서 새롭고 풍부한 세계 인식의 가능성을 제시하고, 그것이 몇 권의 베스트셀러를 포함한 그의 저작을 독자에게 강하게 어필하는 요인이 되었다.

우리 출판사는 니시다 기타로·와쓰지 데쓰로·구키 슈조(九鬼周造)·미키 기요시 등 일본의 대표적 철학자의 전집을 간행해왔는데 이번에 그에 이어 나카무라 유지로 선생의 30여 년에 걸친 업적을 새로운 형식으로 집성하여 간행할 수 있게 된 것을 무척 기쁘게 생각한다. 한 사람이라도 많은 독자가 그의 사상의 수맥에서 각자 나름으로 사색의 양식을 얻을 수 있기 바란다.

나는 40년간 출판 일에 종사해오면서 그동안 나카무라 유지로·우자와 히로부미·가와이 하야오·오모리 쇼조·우에다 시즈테루(上田閑照)·아라이 사사구(荒井獻)·후지사와 노리오·모리시마 미치오 씨 등의 저작집 출판에 관계했다. 그리고 그것을 큰 자랑으로 생각하고 있다. 왜냐하면 출판 일이란 뛰어난 인간의 지식과 지혜의 창출에 가담하고 아울러 그것들을 유지하여 다음 세대로 계승하는 데 있다고 생각하기 때문이다.

조그만 돌부처가 있는 뜰

여기서 저작집 간행과 관련하여 앞에 열거한 분들 중에서 우에다 시즈테루 씨에 대해 이야기하려고 한다. 지금까지 언급할 기회가 없었기 때문이다.

우에다 씨는 『나란 무엇인가』(私とは何か, 岩波新書, 2000)의 「후기」를 다음과 같이 시작했다. 이 신서는 신서 편집부의 Y씨가 담당했다.

> 이미 몇 년이 지난 일인데, 당시 편집부장이었던 오쓰카 노부카즈(지금의 사장) 씨와 이야기를 나누다가 '나란 무엇인가'라는 문제가 주제로 나왔다. 그 이후 오쓰카 씨와 이야기할 기회가 있을 때마다 이 문제에 대해 마음에 걸리는 것이나 생각하고 싶은 이런저런 것들을 이야기하고 듣곤 했는데, 그러던 중에 '신서'로 정리해보면 어떨까 하는 권유가 있었다. 나도 꼭 그렇게 해보고 싶다고 생각은 했지만 공연히 시간만 보내고 있었다. 아울러 오쓰카 씨는 30년 전 나에게 처음으로 말을 걸어준 이와나미쇼텐의 편집자다. 이번에 이 원고를 쓰면서 새삼 그 인연을 생각했다.

여기서 인용한 글에 쓰여 있는 것처럼 나는 30년도 더 된 옛날 우에다 씨를 만나러 간 적이 있다. 나는 1976년 지쿠마쇼보에서 간행된 '강좌·선(禪)' 제1권에 수록된 우에다 씨의 논고 「선과 신비주의」(禪と神秘主義)를 읽고 눈이 번쩍 뜨이는 것 같았다. 그것은 독일의 신비주의자 마이스터 에크하르트(Meister Eckhart, 1260?~

1327)와 선을 비교함으로써 선의 세계의 윤곽을 그린 논고였다.

그 이래 우에다 씨에게 글을 부탁하려고 계속 생각해왔지만 실제로 일을 부탁할 수 있었던 것은 비교적 최근의 일이다. 1990년대에 들어 우에다 씨에게는 잇따라 일을 부탁하게 되었다. 우에다 씨는 강좌의 '종교와 과학' '일본문학과 불교' '현대사회학'에도 글을 써주었고, 『선불교─근원적 인간』(禪佛敎─根源的人間, 同時代ライブラリー, 1995) 등의 저작을 내기도 했다.

아울러 우에다 씨의 부인 마니코(眞而子) 씨에게는 아동서 번역으로 이전부터 많은 신세를 지고 있었다. 그녀에게 번역을 부탁한 것만 해도 한스 피터 리히터(Hans Peter Richter, 1925~93)의 『그 무렵에는 프리드리히가 있었다』(あのころはフリードリヒがいた, 1977)나 미하엘 엔데의 『끝없는 이야기』(はてしない物語, 1982, 공역), 혹은 『짐 크노프와 기관사 루카스』(1986) 『짐 크노프와 13인의 해적』(1986) 등 열 권도 넘을 것이다.

나는 몇 번이고 이 부부를 히에이다이라(比叡平)에 있는 댁으로 찾아갔다. 갖가지 들꽃이 피어 있는 뜰에는 작고 소박한 돌부처가 있었는데, 부부의 따스한 분위기를 표현하고 있는 것처럼 보였다. 우에다 씨의 저작집은 예의 베테랑 편집장인 N군이 맡아주었다.

『더블린의 네 사람』 등

1993년에 내가 기획하고 편집한 단행본에는 앞에서 말한 메이너드 솔로몬의 『베토벤』(하) 외에 다음과 같은 네 권이 있다.

- 후지사와 노리오, 『세계관과 철학의 기본문제』(世界觀と哲學の基本問題)
- 리처드 엘만(Richard Ellmann), 『더블린의 네 사람—와일드·예이츠·조이스 그리고 베케트』(*Four Dubliners: Oscar Wilde, William Butler Yeats, James Joyce, Samuel Beckett*, ダブリンの4人—ワイルド, イェイツ, ジョイス, そしてベケット, 大澤正佳譯)
- 가와이 하야오, 『강연집 이야기와 인간의 과학』(講演集 物語と人間の科學)
- 우자와 히로부미, 『20세기를 넘어서』(二十世紀を超えて)

리처드 엘만의 『더블린의 네 사람』 1부는 『헤르메스』에도 몇 번으로 나누어 연재했다. 엘만은 미국의 문학연구자인데, 만만찮은 와일드·예이츠·조이스·베케트를 논하면서 이렇게 재미있고 흥분하며 읽게 하는 비평가가 있을까? 나는 엘만의 『예이츠—사람과 가면』(イェイツ—人と假面, 1948)과 『제임스 조이스』(1959, 개정판 1982), 그리고 엘만이 죽은 해에 간행된 『오스카 와일드』(1987)라는 세 권의 대작으로 예이츠·조이스와 와일드의 세계에 빠져들고 말았다.

『더블린의 네 사람』도 『오스카 와일드』가 간행된 해에 출판되었다. 오사와 마사요시 씨는 엘만이 그린 더블린의 네 사람의 특이한 세계를 멋진 일본어로 번역해주었다. 나는 문학을 좋아하는 독자에게는 반드시 이 책을 권해준다.

도시론의 가능성

1994년에는 나카무라 유지로 씨의 『악의 철학노트』(惡の哲學ノート)나 오오카 마코토 씨의 『1900년 전야후조담―근대문예의 풍부한 비밀』(1900年前夜後朝譚―近代文藝の豊かさの秘密), 아키 모토오(安藝基雄) 씨의 『한 임상의로 살며―현대 일본의 의료를 묻는다』(一臨床醫として生きて―現代日本の醫療を問う) 간행에 관여했지만 단행본으로는 그 밖에 볼 만한 것이 없다.

1995년에는 다음과 같은 단행본 출판에 관여했지만 내가 직접 편집한 것은 후지사와 노리오 씨의 책뿐이었다. 다른 책은 모두 베테랑 편집부원인 T씨·S씨·K씨·S군이 실무를 담당해주었다.

- 로버트 바이센베르거(Robert Waissenberger) 엮음, 『빈 1890~1920―예술과 사회』(*Wien 1890~1920*, ウィーン 1890~1920―藝術と社會, 池内紀·岡本和子譯)
- 야마다 게이지·사카가미 다카시(阪上孝) 엮음, 『인문학의 아나토미―현대 일본에서 학문의 가능성』(人文學のアナトミ―現代日本における學問の可能性)
- 후지사와 노리오, 『'잘사는 것'의 철학』(「よく生きること」の哲學)
- 에베르하르트 로터스(Eberhard Roters) 엮음, 『베를린 1910~33―예술과 사회』(*Berlin 1910~1933*, ベルリン 1910~33―藝術と社會, 多木浩二·持田季未子·梅本洋一譯)
- 야마구치 마사오, 『'좌절'의 쇼와사』(「挫折」の昭和史)
- 야마구치 마사오, 『'패자'의 정신사』(「敗者」の精神史)

- 이노우에 유이치(井上有一), 『도쿄대공습』(東京大空襲)
- 에드워드 루시스미스, 『20세기 미술가 열전』(*Lives of the great twentieth century artists*, 20世紀美術家列傳, 篠原資明・南雄介・上田高弘譯)

『빈 1890~1920』과 『베를린 1910~33』에 대해서 약간 설명을 덧붙이기로 한다. 이 책들은 스위스의 출판사 오피스 뒤 리브르(Office du Livre)가 기획하여 간행한 '도시 시리즈'에서 골라 번역한 것이다. 그 외에 『뉴욕 1940~65』라든가 『모스크바 1900~30』 등도 있어서 번역하여 간행하고 싶었으나 번역권을 얻을 수 없었다. '총서・여행과 토포스의 정신사'의 연장선상에서 이런 본격적인 도시론을 낼 수 있으면 좋겠다고 생각했는데 유감스러웠다.

이 시리즈의 번역권을 얻으려고 애쓰던 중에 나는 본격적인 도쿄론을 꼭 간행하고 싶어졌다. 다키 고지 씨나 운노 히로시 씨 등에게 의논한 일을 기억하고 있다. 매력적인 외국 도시론 못지않게 도판이나 자료를 가득 실은 도쿄(에도)・오사카・교토 등의 도시론이 마땅히 있어야 한다고 지금도 생각하고 있다.

『20세기 미술가 열전』의 저자 에드워드 루시스미스는 『1930년대의 미술』의 저자이기도 하다는 것은 앞에서도 말했다.

활판 최후의 작업

1996년에는 상당히 오랜 시간을 들여 드디어 핫토리 시로 씨가 엮은 『로만 야콥슨―구조적 음운론』(ローマン・ヤコブソン―構造

的音韻論, 矢野通生·米重文樹·長嶋善郎·伊豆敦子譯)을 간행할 수 있었다. 이 책은 A5판의 학술서인데 여러 가지 의미에서 추억이 많다.

첫째로, 엮은이인 핫토리 씨는 전해인 1995년에 세상을 떠났지만 이 책의 긴 「후기」는 일찌감치 1987년 10월에 탈고했던 것이다. 거기서 핫토리 씨는 드물게도 사적인 감정을 섞어 1951년 이래 야콥슨과의 교류에 대해 이야기하고 있다. 야콥슨은 1982년 7월 87세를 일기로 세상을 떠났다.

둘째로, 이 책에는 40편이나 되는 야콥슨의 논문을 번역하여 실었는데, 대부분 1929년부터 1959년에 이르는 기간에 발표된, 말 그대로 주요 논문이었다. 예컨대 「러시아어의 음운 진화에 대한 고찰」 「표준 슬로바키아어 음소론 메모」 「음소의 구조에 대하여」 「슬라브어 비교음운론」 「유라시아어 연합의 특징에 부쳐」 등이다. 게다가 이 논고들은 프랑스어·영어·독일어·러시아어 등 각국어로 집필된 것들이다.

그리고 셋째로, 이 책이 활판인쇄의 마지막 책(세이코샤의 경우)이 되었다는 것이다. 그 정겨운, 활자가 떠오르는 듯한 인상을 주는 인쇄는 그 이후 볼 수 없게 되고 말았다. 참으로 안타까운 일이다. 그러나 편집자로서 활판인쇄의 마지막 자리에 입회할 수 있었던 것은 영광이었다.

엮은이인 핫토리 씨의 죽음을 계기로 번역자들은 필사의 노력을 다해 드디어 출판할 수 있게 되었다. 나 자신도 이 책이 간행되었을 때 어깨에 진 짐을 내려놓는 듯한 심정이었다. 여러 가지 어려운 문제가 있었지만 로만 야콥슨과 핫토리 시로라는 언어학의 대가와 관계하며 일할 수 있었던 것은 편집자로서 행복한 일이었다.

동시에 삼십몇 년 전 신참 편집자였던 내가 자신의 감으로 거의 완성되어 있던 '강좌·철학'의 계획안에 『언어』를 집어넣은 '쾌거', 그리고 그 '꺼림칙함'을 무마하기라도 하듯이 그 후 30년간 소쉬르·야콥슨·트루베츠코이·옐름슬레브·촘스키 등 언어학 관계의 책을 냈고, 그 전개로서 기호론에 관한 책을 수없이 편집한 일 등을 생각하면 절로 미소가 떠오른다.

소아과의사의 안락사론

1997년과 1998년에는 마쓰다 미치오(松田道雄) 씨의 저작 『편하게 죽고 싶다』(安樂に死にたい)와 『행운의 의사』(幸運な醫者)를 냈다. 내가 처음으로 마쓰다 씨를 만난 것은 그렇게 오래된 일이 아니라 10년쯤 전의 일이다. 추석인사를 하러 가는 이와나미 유지로 씨(당시 회장)를 모시고 마쓰다 씨 및 나라모토 다쓰야(奈良本辰也, 1913~2001) 씨와 저녁식사를 할 기회가 있었다. 마쓰다·나라모토 씨는 고령인데도 잘 드셨고 많이 마셨다. 만취하여 몸을 가눌 수 없게 된 마쓰다 씨를 세찬 비를 뚫고 에비스도리(夷川通り) 오가와히가시하이루(小川東入ル)에 있는 댁까지 모시고 간 일을 바로 어제 일처럼 뚜렷하게 기억하고 있다.

그 이래 마쓰다 씨를 자주 방문하게 되었다. 마쓰다 씨의 사고에 강하게 끌렸기 때문이다. 그때까지 마쓰다 씨의 담당은 『육아백과』(育兒の百科)인가 하는 신서의 편집자였다. 당연한 일이지만 그런 편집자들은 육아라든가 소아의료에 관한 이야기만 주로 했다. 신서인 『나는 아기』(私は赤ちゃん) 『나는 두 살』(私は二歳) 등은 지금까지 엄청나게 많이 팔렸다.

그러나 말년의 마쓰다 씨는 인간이 살다 죽는다는 것에 대해 독자적인 철학을 쌓아왔다. 주로 철학이나 사상분야를 담당해온 나는 그 독자적인 철학에 깊은 관심을 가졌다. 마쓰다 씨도 그의 이야기에 흥미를 표시하는 나에게 자신이 생각해온 것들을 하나하나 자세히 들려주었다.

예컨대 자연법에 대한 그의 관심과 연구의 축적은 놀랄 만한 것이었다. 생각건대 그의 사상의 근간은 니힐리즘이었다. 스스로 믿고 있던 사회주의의 붕괴를 계기로 그 니힐리즘은 더욱 깊어졌다. 그러나 세상일은 모두 헛되고, 모두 사라진다는 그의 니힐리즘이 도달한 것은 자기 자신만을 믿는다는 자기 존엄의 사고였다.

그리고 고령에 이른 마쓰다 씨에게 최대의 문제는, 인간은 어떻게 하면 존엄한 최후를 맞이할 수 있을까 하는 것이었다. 거기에서 '안락사'에 대한 관심까지는 불과 한 발자국에 지나지 않는다. 고령자 의료에서 연명지상주의를 비판하고 생사의 선택은 누가 해야 할 것인가를 물은 것이 『편하게 죽고 싶다』였다.

『행운의 의사』는 마쓰다 씨가 죽고 나서 그가 『도서』나 '강좌·현대사회학' 등에 발표한 글을 모아 내가 편집했다. 이 책은 「행운의 의사」「늙음의 사상」「늙는다는 것의 즐거움」「늙음의 주변」으로 구성되었다. 그리고 마지막으로 주요 신문에 게재된 글, 거기에 더해 아사카와 가즈테루(早川一光)·오히나타 마사미(大日向雅美)·이누마 지로(飯沼二郎)·다다 미치타로(多田道太郎)·쓰루미 슌스케·마쓰오 다카요시 등의 추도문을 붙였다. 「늙음의 사상」 중 '나의 니힐리즘'에서 그 일부를 인용한다.

    87세가 되어 나의 니힐리즘은 점점 더 절실한 것이 되었다.
    (중략)
    '나의 니힐리즘'에서 절실해진 것은 모든 것은 헛되고, 인간의 목숨은 덧없는 것이라는 사실이다.
    친구들 태반이 죽었다. 어제도 한 명 죽었다. 언제 내 순서가 된다 한들 이상할 게 없다.
    (중략)
    할 수 있는 만큼의 일은 했으니까 객관적으로는 언제 죽어도 세계의 수많은 사람들과는 관계없다고 할 수 있지만, 나이를 먹을수록 객관적이 될 수가 없다. 활자를 읽을 수 있을 때까지, 테이프를 들을 수 있을 때까지, 비디오를 볼 수 있을 때까지만 살아 있고 싶다.
    모든 것이 허무한 만큼 인간이 창조한 것으로 메워가고 싶다. 그것을 가능하게 하는 자신의 목숨, 그것은 나만의 것이다. 그것을 다른 사람이 조작하게 하고 싶지는 않다.
    병이 들어도 입원하여 젊은 의사에게 지시받고 싶지 않다. 대뇌피질의 기능이 정지되는 것을 죽음이라고 생각하는 나와 모든 뇌의 기능이 정지되는 것을 죽음으로 보고 뇌간(腦幹, brain stem)이 살아 있는 한 치료를 그치지 않는 그들과는 견해가 다르니 문제가 없을 수 없다.

사후에 도착한 편지

1998년 5월 31일, 마쓰다 미치오 씨가 돌아가셨다. 그 소식이 나에게 도착한 것은 6월 3일 이른 아침이었다. 그날 중일문화교류협회 방중단(訪中團)의 일원으로 중국을 향하던 나는 나리타공항에서 장문의 조전(弔電) 원고를 써서 비서실을 통해 보냈다. 그날 오후 베이징 귀빈루반점(貴賓樓飯店)의 방에서, 쭉 늘어선 아름다운 고궁의 지붕을 바라보며 마쓰다 씨 댁에서 나누던 이런저런 이야기들을 떠올렸다.

6월 20일 밤, 나리타로 돌아온 나는 비서실로부터 전화 연락을 받았다. "마쓰다 선생님으로부터 오쓰카 씨에게 보내는 편지가 와 있습니다. 지금 뜯어서 읽어볼까요?" 나는 "그거 속달인가요, 보통인가요? 속달이 아니면 열어볼 필요는 없습니다"라고 했다. 왜냐하면 마쓰다 씨가 나에게 보낸 편지는 항상 속달이었기 때문이다. 엽서 한 장에 쓸 수 있는 간단한 용건이라도 늘 속달이었다. 그러므로 보통우편이라면 깊은 의미가 담겨 있을 거라고 판단했던 것이다.

다음날 아침 출근한 나는 마쓰다 씨의 편지를 열어보았다. 거기에는 내가 예상한 대로 다음과 같이 쓰여 있었다.

　　오쓰카 노부카즈 씨에게
　　여러 가지로 참 신세 많았습니다.
　　정말 고마웠습니다.
　　1998년 5월 31일
　　마쓰다 미치오

마지막으로 『행운의 의사』에서 아사카와 가즈테루 씨의 추도문 일부를 인용한다.

    이 사람이 5월 31일 심야, 갑자기 심근경색 발작으로 의식을 잃어, 가족이 지켜보는 가운데 죽었다. 나도 주치의로서 가만히 그 모습을 지켜보았다.
    나는 선생이 그렇게 죽어가는 모습에서 가부키 『간진초』(勸進帳)의 한 막이 끝나는 장면을 보았다.
    마쓰다 선생은, 미나모토 요시쓰네(源義經)가 관문을 통과할 때, 그 사람이 요시쓰네라는 걸 확실히 알면서도 자신의 죽음을 각오하고 모든 것을 눈감아준 도가시(富樫)의 배웅을 받으며, 가볍게 고개를 숙이고는 홀로 유난한 제스처로 활개를 치면서 하나미치(花道)를 걸어 사라지는 그 모습처럼 가셨다.

언제쯤부터였는지 마쓰다 씨는 나를 만날 때마다 꼭 "아버님은 건강하신가?" 하고 그와 동년배인 나의 아버지를 염려해주었는데, 그 아버지도 2005년에 세상을 떠났다.

21세기를 위한 몇 개의 시도

커다란 테마를 심플하게

1995년에 시리즈 '21세기 문제다발북스'를 시작했다. 아오키 다모쓰·사와 다카미쓰(佐和隆光)·나카무라 유지로·마쓰이 다카후미(松井孝典) 씨에게 편집위원을 부탁했다. 모두들 서로 속속들이 알고 있는 사람들이라서 활발한 논의를 즐길 수 있었다. 20세기도 다 가고 21세기를 목전에 둔 시점이었으므로 당연히 1000년 단위의 구획에 관한 인류사적 문제의식을 논하는 일이 많았는데, 마쓰이 다카후미 씨가 우주·지구·생명에 대해 한층 더 열린 관점으로 논함으로써 전혀 다른 문제가 떠오르기도 했다.

그의 말을 빌리자면 "현대란 농경·목축을 시작함으로써 지구시스템에 인간권(人間圈)인 서브시스템이 분화한 시대이며, 21세기란 팽창을 지속하는 인간권이 지구시스템 안에서 안정된 존재로 머무를지 아닐지 기로에 선 세기로 파악할 수 있다. 또 다른 관점에서 말하면 그것은 인권이나 환경이라는 인간권 내부시스템의 구축에 대한 선택의 문제에서 요소 환원주의적 분석인가, 복잡계(複雜系, complex systems) 시스템으로서의 거동에 대한 분석인가 하는 과학의 패러다임에 관한 문제에 이르기까지 모든 의미에서 개체와 전체의 관계를 되묻는 일이기도 하다."

그러므로 네 분의 논의가 따분할 리 없었다. 문제 자체는 심각할 터인데도 자유롭고 즐거운 논의를 전개한 결과 다음과 같은 기획이 만들어졌다.

1. 나카무라 유지로, 『21세기 문제다발―인류는 어디로 가는가』(21世紀問題群―人類はどこへ行くのか)
2. 오오카 아키라(大岡玲), 『삶의 보람 탐구 1996』(生きがいクエスト1996)
3. 이시다 히데미(石田秀実), 『죽음의 레슨』(死のレッスン)
4. 하나자키 고헤이(花崎皋平), 『개인/개인을 넘어서는 것』(個人/個人を超えるもの)
5. 사에키 게이시(佐伯啓思), 『이데올로기/탈이데올로기』(イデオロギー/脱イデオロギー)
6. 마쓰이 다카후미(松井孝典), 『지구 윤리로』(地球倫理へ)
7. 사토 후미타카, 『과학과 행복』(科學と幸福)
8. 요시카와 히로유키(吉川弘之), 『테크놀로지의 행방』(テクノロジーの行方)
9. 와시다 기요카즈(鷲田淸一), 『누구를 위한 일―노동 대 여가를 넘어서』(だれのための仕事―勞動VS余暇を超えて)
10. 니시자와 준이치(西澤潤一), 『교육의 목적 재고』(敎育の目的

再考)

11. 우에다 노리유키(上田紀行), 『종교 위기』(宗敎クライシス)

12. 나카가와 요네조(中川米造), 『의료의 원점』(醫療の原点)

13. 하라 히로시(原廣司), 『도시/교통』(都市/交通)

14. 오히라 겐(大平健), 『거식의 기쁨, 미태의 우울―이미지 숭배시대의 식과 성』(拒食の喜び, 媚態の憂うつ―イメージ崇拜時代の食と性)

15. 닛타 게이지(新田慶治), 『생활공간의 자연/인공』(生活空間の自然/人工)

16. 오카모토 마사코(岡本眞佐子), 『개발과 문화』(開發と文化)

17. 다케우치 게이(竹內啓), 『인구문제의 아포리아』(人口問題のアポリア)

18. 아오키 다모쓰(靑木保), 『국가/민족이라는 단위』(國家/民族という單位)

19. 모가미 도시키(最上敏樹), 『유엔시스템을 넘어서』(國連システムを超えて)

20. 사와 다카미쓰, 『자본주의의 재정의』(資本主義の再定義)

21. 우치다 류조(內田隆三), 『다양한 빈과 부』(さまざまな貧と富)

22. 쓰치야 게이치로, 『정의론/자유론―무관계 사회 일본의 정의』(正義論/自由論―無緣社會日本の正義)

23. 니시가키 도루, 『성스러운 가상과 실제―정보시스템 사회론』(聖なるヴァーチャル・リアリティ―情報システム社會論)

24. 마쓰다 다쿠야, 『정・부의 유토피아―인류의 미래에 관한 한 고찰』(正負のユートピア―人類の未來に關する一考察)

각 권 B6판으로 평균 200페이지의 부담 없는 크기의 시리즈다. 일곱 번째인 사토 후미타카 씨의 『과학과 행복』에 대해서는 앞에서 이미 썼다. 사토 씨가 받아들여준 것처럼 요시카와 히로유키 씨는 테크놀러지에 대해, 니시자와 준이치 씨는 교육에 대해, 나카가와 요네조 씨는 의료에 대해, 다케우치 게이 씨는 인구 문제에 대해, 우치다 류조 씨는 빈부에 대해, 쓰치야 게이이치로 씨는 정의와 자유에 대해, 니시가키 도루 씨는 가상과 실제에 대해 써주었다. 다른 필자들도 짧은 원고매수이지만 커다란 문제에 대해 정면으로 다루어주었다. 그 덕분에 이 시리즈는 수많은 독자를 얻을 수 있었다. 유감스러운 것은 하라 히로시 씨와 아오키 다모쓰 씨가 사정이 있어서 도저히 원고를 쓸 수 없었던 것이었다.

만날 수 없었던 저자

이 시리즈에 대해서는 앞에서 몇 권인가 언급한 책이 있는데, 여기서는 이시다 히데미 씨의 『죽음의 레슨』만 다루기로 한다. 원래 이 주제는 야마다 게이지 씨에게 부탁한 것이었다. 야마다 씨와는 『사상』 때부터 교류가 있었고 교토에 가면 자주 만나 이야기를 나누었다. 야마다 씨는 흔쾌히 승낙해주었지만 이 책을 집필하려고 할 때 공교롭게도 몸 상태가 안 좋아졌다. 그래서 야마다 씨와 마찬가지로 중국사상사를 연구하고 있는 이시다 히데미 씨를 추천해주었던 것이다.

이시다 씨는 1950년생인 젊은 연구자였지만 병을 앓고 있었다. 「후기」에서 그의 말을 인용한다.

투석이라는 고도 치료로 보통사람의 몇 배나 타자의 신체의 죽음에 의지하여 살고 있는 나에게 이 책을 쓰는 일이란 자기 생명의 모순을 드러내는 작업이기도 했다. 2년 전에 죽어야 했던 내가 지금도 뻔뻔하게 계속 살고 있는 것은 바로 내가 붙들고 늘어지고 있는 '나의 환영(幻影)'을 위해서다.

2600년 전 중국 진시황의 '불로불사' 바람에 대해서부터 쓰기 시작한 이 책은 소책자이지만 실로 박력이 넘치는 책이었다.

이 책을 간행한 후 나와 한번도 얼굴을 마주하지 않고도 짧은 시간에 "글이 느린 내가 자신도 아연할 정도의 속도로 원고를 끝내"(「후기」)준 이시다 씨에게 감사하다는 말을 전하고 싶어 규슈(九州)에 있는 그의 집으로 방문할 약속을 했다. 그런데 그 일정을 잡은 날 야스에 료스케(安江良介) 사장이 쓰러져 결국 나는 사장 대행 자리에 취임해야 했다. 결국 이시다 씨와는 지금까지 한 번도 만날 기회가 없었다.

오랜 편집자 생활 중에서 집필을 의뢰한 저자와 전혀 면식이 없는 사람은 이시다 씨뿐이다. 참으로 죄송스러운 일이다. 그러나 그와는 그 후에도 저작을 받기도 하고 편지를 주고받음으로써 오래된 친구처럼 친교를 유지하고 있는데, 신기하다고밖에 말할 수 없다.

전후에 도입된 학문의 충실성

1996년 11월 '강좌·문화인류학'(전13권)을 시작했다. 편집위원은 아오키 다모쓰·우치보리 모토미쓰(內堀基光)·가지와라 가게아키(梶原景昭)・고마쓰 가즈히코(小松和彦)・시미즈 아키토시(淸水昭俊)・나카바야시 노부히로(中林伸浩)・후쿠이 가쓰요시(福井勝義)・후나비키 다케오(船曳健夫)・야마시타 신지(山下晉司) 씨에게 부탁했다. 이 강좌는 문화인류학의 학문적 성과와 수준을 체계적으로 보여주는, 이른바 본래적인 의미의 강좌였다. 처음으로 의논한 사람은 아오키 다모쓰 씨였는데 뜻밖에 아오키 씨는 강좌를 만드는 데 신중했다. 문화인류학 연구자라고 칭하는 사람은 많지만 학문적 수준은 다른 학문에 비해 어떨까 하는 걱정으로 신중해졌던 것 같다.

그러나 결과적으로 편집위원과 집필자들의 노력에 의해 전후에 도입된 학문이 하나의 충실한 강좌를 제시할 수 있을 만큼 진전되어 가는 것을 보는 것은 역시 감동적인 일이었다. 지금까지 이시다 에이이치로(石田英一郎)・이즈미 세이이치(泉靖一) 씨를 비롯하여 야마구치 마사오・가와다 준조(川田順造) 씨에 이르기까지 몇 명의 뛰어난 문화인류학자가 활약해왔다. 그렇다고 해도 그것은 기본적으로 개인의 노력에 의한 것이었다고 할 수 있을 것이다. 전체 구성은 다음과 같다.

1. 『새로운 인간의 발견』(新たな人間の發見)
2. 『환경의 인류지』(環境の人類誌)
3. 『'사물'의 인간세계』(「もの」の人間世界)
4. 『개체에서 보는 사회 전망』(個からする社會展望)
5. 『민족의 생성과 논리』(民族の生成と論理)
6. 『분쟁과 운동』(紛爭と運動)
7. 『이동의 민족지』(移動の民族誌)

8. 『이문화의 공존』(異文化の共存)

9. 『의례와 퍼포먼스』(儀禮とパフォーマンス)

10. 『신화와 미디어』(神話とメディア)

11. 『종교의 현대』(宗敎の現代)

12. 『사상화되는 주변세계』(思想化される周邊世界)

13. 『문화라는 과제』(文化という課題)

여기서는 일찍이 문화인류학에서는 볼 수 없었던 '인간'에 대한 새로운 개념의 제시나 분쟁·개발·관광 등 새로운 문제에 대한 관심이 보인다. 명백하게 하나의 학문적 진전의 궤적을 더듬어갈 수 있을 것이다.

이 강좌의 부산물로 시리즈 '현대인류학의 사정거리'(전8권, 그 가운데 한 권은 아직 간행되지 않음)가 1999년부터 간행되기 시작했다. 강좌와 함께 I군이 담당했다.

사회과학의 부흥을 위하여

1995년 11월부터 '강좌·현대사회학'을 시작했다. 편집위원은 이노우에 슌(井上俊)·우에노 치즈코·오사와 마사치(大澤眞幸)·미타 무네스케(見田宗介)·요시미 슌야(吉見俊哉) 씨에게 부탁했다. 베테랑 편집자인 T군과 함께 도쿄대학 고마바 캠퍼스의 미타 연구실로 찾아가 본격적인 강좌를 만들고 싶다고 의뢰한 것이 시작이었다. 미타 무네스케 씨는 뛰어난 젊은 사람을 편집위원으로 뽑아줄 것을 조건으로 흔쾌히 승낙해주었다. 1993년 6월 초의 일이다.

그 이후 다섯 명의 편집위원은 여러 차례 모였다. 일당백의 개성적인 편집위원들이 엄격한 논의를 전개하는 광경은 그 자체로 볼거리였다. 논의의 결과 나온 것이 전체 26권과 한 권의 별권이었다.

1. 『현대사회의 사회학』(現代社會の社會學)
2. 『자아・주체・정체성』(自我・主體・アイデンティティ)
3. 『타자・관계・커뮤니케이션』(他者・關係・コミュニケーション)
4. 『신체와 간신체의 사회학』(身體と間身體の社會學)
5. 『지의 사회학/언어의 사회학』(知の社會學/言語の社會學)
6. 『시간과 공간의 사회학』(時間と空間の社會學)
7. 『'성스러운 것/저주받은 것'의 사회학』(〈聖なるもの/呪われたもの〉の社會學)
8. 『문학과 예술의 사회학』(文學と藝術の社會學)
9. 『라이프코스의 사회학』(ライフコースの社會學)
10. 『섹슈얼리티의 사회학』(セクシュアリティの社會學)
11. 『젠더의 사회학』(ジェンダーの社會學)
12. 『아이와 교육의 사회학』(こどもと教育の社會學)
13. 『성숙과 늙음의 사회학』(成熟と老いの社會學)
14. 『병과 의료의 사회학』(病と醫療の社會學)
15. 『차별과 공생의 사회학』(差別と共生の社會學)
16. 『권력과 지배의 사회학』(權力と支配の社會學)
17. 『증여와 시장의 사회학』(贈與と市場の社會學)
18. 『도시와 도시화의 사회학』(都市と都市化の社會學)
19. 『'가족'의 사회학』(〈家族〉の社會學)

20.『일과 놀이의 사회학』(仕事と遊びの社會學)
21.『디자인·모드·패션』(デザイン・モード・ファッション)
22.『미디어와 정보화의 사회학』(メディアと情報化の社會學)
23.『일본문화의 사회학』(日本文化の社會學)
24.『민족·국가·에스니티』(民族・國家・エスニシティ)
25.『환경과 생태계의 사회학』(環境と生態系の社會學)
26.『사회구상의 사회학』(社會構想の社會學)
별권.『현대사회학의 이론과 방법』(別卷・現代社會學の理論と方法)

이례적이라고 할 수 있는 많은 분량의 강좌가 책의 형태로 완성된 것을 보니 각 권이 경합하듯이 충실한 논고가 쭉 늘어서 있었다. 역시 오랜 학문적 전통을 가진 영역임을 납득할 수 있었다. 여기서도 신체나 젠더, 늙음이나 병, 디자인·정보화·환경 등 새로운 주제가 적극적으로 다루어지고 있었다. 그리고 '사회구상'에 대한 책이 설정되어 있는 것도 특징적이었다. 말하자면 편집위원들이 공유한 이 강좌의 문제의식은 단지 사회학을 위해서라기보다 침체된 지 오래인 사회과학의 부흥을 꾀한다는 뉘앙스가 강했던 것 같다.

지금가지 써온 강좌는 모두 예약 출판이었지만 이 강좌는 낱권으로 판매했다. 권수가 많고 주제가 여러 방면에 걸쳐 있기 때문에 독자로서는 전체를 다 예약하지 않는 것이 편할 것이라고 판단했기 때문이다. 결과는 각 권마다 차이는 있지만 모든 책이 증쇄를 거듭하며 많이 읽혔다. 마지막으로 배본한 것은 편집위원 전원이 집필한 제1권으로 1997년 6월에 간행되었다.

바로 최근에 이와나미신서로 미타 무네스케 씨가『사회학 입문—

인간과 사회의 미래』(2006)를 썼는데, 그 책 가운데서 이 강좌를 언급하고 있어서 무척 반가웠다.

인터넷과 출판을 조합하다

1998년에는 인터넷과 출판을 조합한 새로운 시도를 시작했다. 나카무라 유지로 씨의 이와나미신서 『술어집 II』(術語集 II)를 소재로 하여 '21세기의 핵심어, 인터넷 철학아고라'(전6권)라는 시리즈를 만드는 일이었다. 먼저 이 시리즈 각 권의 권두에 게재된 나카무라 씨의 「'인터넷 철학아고라'를 열며」라는 글을, 조금 길지만 그대로 인용하기로 한다. 이 시리즈를 만들기까지의 경위가 훌륭하게 표현되어 있기 때문이다.

이번에 이와나미쇼텐의 인터넷 홈페이지에서 졸저 『술어집 II』(岩波新書)를 소재로 하여 '철학아고라(광장)'라는 것을 열게 되었다. 일이 뜻밖으로 진행되어 나도 깜짝 놀랐다.

『술어집 II』의 「후기」에서 나는 분명히 이 책을 "인터넷 이후의 '술어집'"이라고 성격을 규정했다. 그때의 취지는 다음과 같은 것이었다. 인터넷 시대에는 이메일 덕분에 허물없이 커뮤니케이션을 할 수 있다. 그것은 좋은 일이지만 그만큼 언어의 쓰임이 적당히, 그리고 애매하게 되는 경향이 있다. 그러므로 다양한 핵심어에 대해서도 그것이 의미하는 바를 끊임없이 음미하면서 사용해야 한다. 대충 이런 내용이었다.

그 글을 썼을 때의 생각은 '활자책'의 역할이 아직 사라지지 않았기 때문에 인터넷 시대에는 오히려 활자책의 의미와 역할이 더욱 분명해질 것이고, 그것을 확실히 하고 싶다는 것이었다.

그런데 이와나미쇼텐의 지혜꾼들은 『술어집 II』 자체를 인터넷에 올려 '철학아고라'를 열고 싶다고 했다. 각 영역의 전문가나 널리 일반 독자가 참여하여 다양한 용어를 둘러싸고 기탄없이 논의하면 어떻겠느냐는 것이었다. 또 그것을 기초로 『술어집 II』의 버전을 높여보면 어떻겠는가 하는 것이었다.

인터넷이 실용화되어 정말 온갖 홈페이지가 만들어졌지만 이런 시도는 없었다. 일본뿐만 아니라 세계적으로도 아마 없을 것이다. 만약 이것이 성공하면 전 세계의 일본어 학습자들은 물론이고 여러 언어로 참가하는 것도 결코 꿈은 아닐 것이다. 그것을 위해서는 조만간 『술어집 II』의 영어 버전을 준비해야 할지도 모른다.

이메일로 말을 주고받는 것은 커뮤니케이션상의 애매함을 키울 우려가 있는 반면, 커뮤니케이션 수단인 문어(文語)의 새로운 스타일이나 장을 만들 가능성도 크다. 그러므로 거기에서 '철학하는' 새로운 스타일이 생겨날지도 모른다.

그러나 그에 앞서 디지털화에 의해 우리의 물질·정신생활이 변질되는 가운데 인터넷 시대의 '상식'을 발견하고 공유할 것이 요구되고 있다. 인터넷 시대에 접어들어 많은 사람들이 우리 시대나 사회의 상식은 무엇인가, 또는 어떤 것이어야 하는가를 요구하고 있다. 그것을 이 코너에서 확인하고 만들 수 있으면 좋겠다.

(후략)

이어서 이 시리즈의 선전용 팸플릿에 올린 「특색」을 그대로 인용하기로 하자. 편집부가 쓴 글인데, 이 새로운 시리즈의 특색을 읽어 주었으면 하기 때문이다.

• 철학자 나카무라 유지로 선생을 호스트로 인터넷과 출판을 조합하여 완전히 새롭게 시도한 시리즈입니다.
• 21세기를 맞이하는 우리에게 필요한 중요하고 기본적인 주제를 둘러싸고, 각계의 선두에서 활약하는 분들을 손님으로 모셔와 나카무라 선생이 각 손님과 인터넷상에서 논의를 전개합니다. 그 논의를 인터넷에 공개하고 여러분의 의견을 구하며, 함께 앞으로의 '지의 틀=상식'을 다시 물으려는 시도인 것입니다.
• 그리고 그 성과(공개된 논의나 보내온 의견)를 재편집한 것이 이 시리즈입니다.
• 책에는 시디롬을 첨부합니다. 영상이나 화상(畵像)·음성을 온 세계로 링크한 멀티미디어를 전제로 한 내용으로, 종래의 활자 미디어보다 다원적인 정보에 접근할 수 있도록 인터넷과 혼합한 미디어화를 꾀하고 있습니다.

그러한 바탕에서 전체 8권의 내용을 다음에 적기로 한다(괄호 안은 초대 손님).

1. 『생명』(이케다 기요히코)
2. 『종교』(마치다 소호)
3. 『철학』(이토 세이코)
4. 『죽음』(고마쓰 가즈히코)

5. 『약함』(가네코 이쿠요)
6. 『일본사회』(우에노 치즈코)
7. 『문화』(강상중)
8. 『역사』(노에 게이이치)

이 기획은 앞에서 말한 '강좌·문화인류학'의 담당편집자인 I군과 이야기를 하다가 문득 떠오른 것이다. 일찍부터 인터넷의 중요성을 지적하며 '총서·인터넷 사회' 등 개척적인 작업을 해온 I군은 "이와나미쇼텐의 재산을 인터넷을 이용해 살리는 방법이 없을까요?"라고 말했던 것이다. 그래서 생각한 것이 나카무라 씨의 『술어집』이었다. 이 이와나미신서의 핵심어를 소재로 저자와 독자가 인터넷상에서 논의를 하게 하자는 것이다. 그렇다고 제멋대로 논의하게 되면 수습이 안 된다. 역시 주제에 맞는 전문가가 끼어들어야만 일반 독자도 참가하기 쉬울 것이다. 이렇게 해서 이 시리즈가 만들어졌다.

후일 어떤 연구회가 나를 초청했을 때 "한 권의 작은 이와나미신서를 가지고, 인터넷을 이용해 B6판으로 여덟 권의 책을 만들었습니다"라고 소개하여 참가자들을 놀라게 한 적이 있다. I군의 이야기에 따르면 일반 독자의 접근도 굉장히 많았다고 한다. 그리고 나카무라 씨와 인터넷상에서 대화한 전문가들에게도 이 새로운 시도가 자극적이었을 것이다.

이 시리즈는 첫 시도였으므로 독자에게는 당연히 낯설었던 모양이다. 그러므로 엄청나게 많이 팔린 것은 아니었지만 나름대로 의미 있는 기획이었다고 자부한다. 이 기획의 성립은 오로지 나카무라 씨와 인터넷상의 대화자 및 참가해준 독자, 그리고 I군이 노력해준 덕분이었다. 어떤 책이나 나카무라 씨와의 대화가 필요했으므로 시간이 좀 걸렸지만 2000년에 완결했다.

근대 일본을 다시 묻는다

1999년에는 '근대 일본문화론'(전11권)을 시작했다. '시리즈' 내지 다른 어떤 이름도 붙이지 않았지만 총서라고 해도 좋을 것이다. 광고문처럼 말하자면, 이 기획의 목적은 다음과 같은 것이었다.

"근대 일본이란 무엇인가. 일본인은 어떻게 문화를 수용하고 창조해왔는가. 이 시리즈에서는 문화·사회의 영역에서 참신한 주제를 발굴하여 종래의 역사상(歷史像)을 일신하는 일본 근현대사를 구상한다. 여기에서 지금 근대 일본의 다양한 위상이 되살아난다."

편집위원은 아오키 다모쓰·가와모토 사부로·쓰쓰이 기요타다(筒井清忠)·미쿠리야 다카시(御廚貴)·야마오리 데쓰오(山折哲雄) 씨였다. 그리고 전체의 구성은 다음과 같았다.

1. 『근대 일본에 대한 시각』(近代日本への視角)
2. 『일본인의 자기인식』(日本人の自己認識)
3. 『고급소비문화』(ハイカルチャー)
4. 『지식인』(知識人)
5. 『도시문화』(都市文化)
6. 『범죄와 풍속』(犯罪と風俗)
7. 『대중문화와 매스미디어』(大衆文化とマスメディア)
8. 『여자의 문화』(女の文化)

9. 『종교와 생활』(宗敎と生活)
10. 『전쟁과 군대』(戰爭と軍隊)
11. 『사랑과 고난』(愛と苦難)

각 권의 논고는 강좌와 같은 논문조가 아니라 에세이 형식으로 쓰도록 했다. 그런 점에서 '총서·문화의 현재'와 비슷하다고 할 수 있다. 한 가지 예를 들어보자.

나카자와 신이치 씨가 제9권 『종교와 생활』에 「에덴동산의 대중문학」이라는 글을 썼다. 인간의 종교성을 어떻게 이해할까 하는 주제에 대해 나카자와 씨는 자신의 스승인 야나가와 게이이치(柳川啓一) 씨의 이야기를 인용했다.

나카자와 씨가 대학원생이었을 때 야나가와 씨는 와키모토 쓰네야(脇本平也) 씨 등과 함께 도쿄대학에서 종교학을 강의하고 있었는데, 그 강의에서 다음과 같은 이야기를 했다. 예컨대 미국인의 종교에 대한 감성을 영화를 통해 이해한다고 한다면 『십계』(*The Ten Commandments*, 1923)나 『왕 중 왕』(*King Of Kings*, 1961)처럼 너무 종교성이 짙은 것보다는 오히려 『타워링』(*The Towering Inferno*, 1974) 같은 엔터테인먼트 작품을 논하는 편이 적절하다는 이야기였다. 나카자와 씨는 그 이야기를 하며 자신도 속(俗)에서 성(聖)으로의 지향을 읽어내고 싶다는 논지를 전개시켜나갔다.

그런데 야나가와 게이이치 씨에 대해서는 또 생각나는 것이 있다. 현대선서를 편집하던 무렵의 일이다. 나는 외국 출판사의 카탈로그나 영문서평지를 보고, 이거다 싶은 책을 모조리 주문하여 판권을 취득하고 있었다. 그러므로 내 옆에는 수많은 서양 책이 산더미를 이루었다. 영어 책에 관해서는 어떻게든 내가 판단할 수 있었으나 그 밖의 언어에 대해서는 속수무책이었다. 그러므로 신뢰할 수 있는 몇 사람에게 검토해달라고 부탁했다. 종교 관계의 책은 야나가와 씨에게 의견을 구했다.

석 달에 한 번쯤 야나가와 씨의 연구실로 찾아가 한두 권의 서양 책, 특히 프랑스어 책에 대한 의견을 물었다. 그러면 2, 3주 사이에 반드시 훌륭한 내용 소개와 그 책에 대한 주도면밀한 평가서를 보내왔다. 처음에는 야나가와 씨가 직접 써준 것이라고만 생각했다. 그러던 중 아무래도 이상하다는 생각이 들기 시작했다. 내가 가져간 책을 야나가와 씨가 이렇게까지 꼼꼼하게 읽을 수는 없을 것이다. 한 편집자가 감으로 적당히 주문한 책을, 그렇지 않아도 바쁜 현역 교수가 일일이 세심하게 읽어줄 리 없는 것이다. 게다가 또 한 가지 그렇게 생각할 만한 이유가 있었다. 진보초에 '인생극장'이라는 커다란 파친코 가게가 있는데, 그 근처에 있는 빌딩 지하에 A라는 술집이 있었다. 거기서 나는 가끔 야나가와 씨를 만났던 것이다.

그런 일도 있고 해서 어느 날 야나가와 씨에게 큰맘 먹고 물어보았다. "항상 프랑스어 책에 대한 의견을 써주셔서 정말 감사합니다. 그런데 그 훌륭한 의견은 대체 누가 쓰는 겁니까?" 야나가와 씨는 "역시 들킨 모양이군. 사실은 우수한 대학원생인 나카자와 신이치 군한테 부탁해서 쓰게 한 거네"라고 대답했다. 나카자와 씨가 크게 활약하기 한참 전의 일이다.

과학과 인간의 관계를 묻는다

이어서 두 가지 강좌에 대해 이야기하기로 한다.

하나는 '강좌·과학/기술과 인간'(전11권, 별권 1)이다. 1999년 1월에 간행하기 시작한 이 강좌는 편집위원을 오카다 도킨도·사토 후미타카·다케우치 게이·나가오 마코토(長尾眞)·나카무라 유지로·무라카미 요이치로·요시카와 히로유키 씨 등에게 부탁했다. 1995년 말부터 준비를 시작하여 제1회 편집회의를 연 것은 1996년 5월 중순의 일이었다. 앞에서 말한 것처럼 1992년에 간행한 '강좌·종교와 과학'은 종교에 역점을 두었다. 이번 강좌는 21세기를 목전에 두고 경이적으로 진전된 과학/기술에 어떻게 대응해야 하는지를 묻는 기획이었다.

1996년 7월 갑자기 사장이 쓰러지고 아무런 준비도 없이 내가 사장 대행을 맡게 된 일은 앞에서도 말했다. 그러므로 가능한 한 편집회의에 출석하려고 노력했지만 최종적인 기획안을 결정하는 것은 편집부 부부장인 Y군과 베테랑 편집자 S씨에게 맡기기로 했다. 내가 참가한 초기의 편집회의에서는 왜 '과학·기술' 또는 '과학기술'이 아니라 '과학/기술'이어야 하는가 하는 문제로 격렬한 논의를 주고받았다. 최종적으로 전체 구성은 다음과 같이 결정되었다.

1. 『질문당하는 과학/기술』(問われる科學/技術)
2. 『전문가 집단의 사고와 행동』(專門家集團の思考と行動)
3. 『현대사회 안의 과학/기술』(現代社會のなかの科學/技術)
4. 『과학/기술의 뉴프런티어 (1)』(科學/技術のニュ・プロンティ

ア[1])
  5.『과학/기술의 뉴프런티어 (2)』(科學/技術のニュ・プロンティア[2])
  6.『대상으로서의 인간』(對象としての人間)
  7.『생명체 안의 사람』(生命體のなかのヒト)
  8.『지구시스템 안의 인간』(地球システムのなかの人間)
  9.『사상으로서의 과학/기술』(思想としての科學/技術)
  10.『과학/기술과 언어』(科學/技術と言語)
  11.『21세기 과학/기술에 대한 전망』(21世紀科學/技術への展望)
  별권.『새로운 과학/기술을 개척한 사람들』(新しい科學/技術を拓いたひとびと)

 여기에는 다수의 과학자와 공학자가 참여했는데, 일찍이 편집부가 '강좌・전환기의 인간' 때 했던 고생을 하지 않고 마무리되었다. 그때와 달리 이제 과학자나 공학자들도 사회와의 관계에 눈을 두지 않을 수 없게 되었던 것이다.
 편집위원을 해달라고 부탁한 일곱 분들은 지금까지도 여러 차례 이야기했기 때문에 여기서는 더 이상 언급하지 않고, 단 한 가지만 말하기로 한다. 그것은 일곱 분 중에 오카다 도킨도・사토 후미타카・나가오 마코토 씨, 즉 교토에 사는 사람들에 대해서다.
 내가 사장을 대행하던 시절을 포함하여 사장 자리에 있던 7년간, 이 세 분을 중심으로 우에노 겐지(上野健爾)・혼조 다스쿠・나가오카 요스케(長岡洋介) 씨, 그리고 문화계 사람 몇 명과 함께 가끔 편하게 같이 식사하는 모임을 가졌다. 그 목적은 단 하나, 이와나미쇼텐의 간행물에 대한 비판과 평가를 얻는 것이었다.

나는 인문 쪽 사람이어서 자연과학의 대가로부터 듣는 이야기에서 배울 점이 많았다. 그런 의미에서 앞에 든 분들께 깊이 감사한다. 그들은 바쁜 몸이면서도 나의 권유에 흔쾌히 응해주었다.

나가오 마코토 씨는 교토대학 총장을 하던 시절에도 사정만 괜찮으면 참가해주었는데, 어느 날 외국 출장에서 돌아와 간사이(關西) 공항에서 직접 모임에 참가해주었을 때의 감격은 지금도 잊을 수가 없다.

이 모임 때문에 자주 이용했던 음식점은 이미 문을 닫았다. 그러나 때로 혹독한 비판을 나누던 여러분이 담소하던 모습은 나의 뇌리에서 결코 사라지지 않는다.

이 강좌는 1999년에 완결되었다.

마지막 기획

또 하나는 '강좌·천황과 왕권을 생각한다'(전10권)다. 이 기획은 1998년 봄, 아미노 요시히코(網野善彦) 씨와 의논한 데서 시작되었다. 천황을 일본역사 안에 위치시키는 것은 당연한 일로, 국제적인 비교의 관점을 담아 다양한 학문 분야의 분석도 가미하자는 아미노 씨의 의견에서 시사를 받아 편집위원을 다음 다섯 분에게 부탁하기로 했다. 그 다섯 분은 아미노 요시히코·가바야마 고이치(樺山紘一)·미야타 노보루·야스마루 요시오(安丸良夫)·야마모토 고지(山本幸司) 씨였다.

1998년 중반부터 가끔씩 편집회의를 열었다. 아미노 씨의 문제제기를 중심으로 가바야마·미야타·야스마루·야마모토 씨가 각자의 입장에서 열심히 논의하던 광경은 특별히 선명한 기억으로 남아 있다. 천황제라는, 어떤 의미에서 깊은 르상티망(ressentiment: 복수심·원한)의 대상이 되기 쉬운 주제를 얼마나 냉정하게 논의할 수 있을까? 마치 이런 과제를 짊어지고 있는 것처럼 말을 골라 신중하게 논의하던 편집위원들의 모습이 인상적이었다.

2000년 중에 대략적인 안을 만들어낼 수 있었다. 선전용 팸플릿에서 「편집위원의 말」을 인용하기로 한다. 햇수로 3년에 걸친 논의의 도달점을 볼 수 있다고 생각해서다.

21세기를 맞이한 지금, 국가라는 존재 자체에 대한 근본적인 질문이 다시 제기되고 있다. 최근의 국민국가나 민족성을 둘러싼 다양한 논의는 그러한 움직임을 말해주는 것일 것이다.

이런 시대를 맞이하여 이번에 '천황과 왕권을 생각한다'라는 제목의 강좌를 세상에 내놓고 평가를 구하기로 했다. 이 기획이 의도하는 것은, 전환기에 이른 인류사회의 상황을 배경으로 천황과 '일본'의 역사를 열도(列島) 사회의 긴 역사 속에 위치시켜 상대화하고, 동시에 철저한 총괄의 대상으로서 스스로의 위상과 입장을 정확하게 인식하는 데 있다.

한편으로 오랜 역사를 거슬러 올라가고 또 한편으로는 널리 지구 전체로 시야를 넓히면서 정치·경제·사회·민속·종교·예능 등 다채로운 각도에서 세계역사상의 다양한 왕권과 국가의 다양한 측면을 비교·검토함으로써 일본사회가 직면하고 있는 과제를 제시하고 또 우리 자신의 자기 인식을 더욱 명확하게 하고 싶어서다.

 인간과 사회의 본질과 깊은 관련을 가진 국가와 왕권의 문제에 대해서는 오늘날까지도 널리 미지의 세계가 남아 있고, 이 작은 시도에 한계가 있다는 것은 말할 것도 없다. 그러나 이 강좌는 현 단계에서 생각할 수 있는 최고 수준의 각 전문 분야 연구자들을 집필진으로 내세워 아직 해결되지 않은 이 분야로 대담하게 파고들어가 새로운 문제를 적극적으로 제기할 수 있도록 구상되었다. 이 강좌가 21세기를 살아가기 위한 하나의 지침으로 다소나마 기여할 수 있다면 편집자로서는 더 이상의 기쁨이 없겠다.

전체 구성은 다음과 같다.

1. 『인류사회 안의 천황과 왕권』(人類社會の中の天皇と王權)
2. 『통치와 권력』(統治と權力)
3. 『생산과 유통』(生産と流通)
4. 『종교와 권위』(宗敎と權威)
5. 『왕권과 의례』(王權と儀禮)
6. 『표징과 예능』(表徵と藝能)
7. 『젠더와 신체』(ジェンダーと身體)
8. 『우주론과 신체』(コスモロジーと身體)
9. 『생활세계와 민속악』(生活世界とフォークロア)
10. 『왕을 둘러싼 시선』(王を巡ろ視線)

편집은 베테랑인 T군과 I군이 맡았다. 이 강좌는 2002년 4월에 시작하여 2003년 2월에 완결했다. 강좌라는 출판 형태는 예전과 같은 힘을 잃었지만 그래도 출판 불황이라는 폭풍 속에서도 그 나름대로의 부수를 판매할 수 있었다. 건투했다고 할 수 있을 것이다. 그것은 오직 이 강좌의 주제가 가진 중요성과 편집위원의 노력 덕분이라고 생각한다.

2003년 봄, 편집위원을 모시고 완결을 축하하는 모임을 가졌다. 병으로 요양 중인 아미노 씨의 집 근처 기쓰조지(吉祥寺)에 있는 프랑스식당에서 모임이 열렸는데, 아미노 씨는 여기에 산소마스크를 쓴 모습으로 나타났다. 아미노 씨를 포함하여 참가자는 모두 풀코스 요리를 늘어놓고 와인을 무척 많이 마셨다. 그리고 담소를 즐겼다.

그러나 유감스러웠던 것은 거기에 미야타 노보루 씨의 모습이 보이지 않았던 일이다. 미야타 씨는 이 강좌를 입안할 때는 참여했으니 집필하지는 않았고, 2000년에 세상을 떠났다. 그리고 지금은 아미노 씨도 저세상 사람이 되었다.

진정한 아카데미즘을 위하여

마지막으로 내가 어떻게든 실현하고 싶은 기획이 있었으므로 여기서 말하기로 한다. 그것은 '이와나미아카데믹총서'다.

세기가 바뀌는 무렵부터 국·공립대학의 법인화가 구체화되기 시작했고, 사립대학도 한층 더 기업화를 강화하고 있었다. 이러한 경향 속에서 자칫하면 아카데미즘은 경원시될 것 같았다. 배금주의가 횡행하는 사회에서 특히 수수한 인문학은 그 존속 자체가 위태로워졌다. 외국으로 눈을 돌려도 유럽이나 미국의 대학출판부는 고전을 면치 못하고 있고, 팔리지 않는 분야의 학술서는 가차없이 버려지는 경향이 보이기 시작했다.

풍전등화처럼 보이는 아카데미즘을 지켜내기 위해 출판사가 조금이라도 공헌할 수 있는 길은 없을까, 하고 나는 생각했다. 왜냐하면 이와나미쇼텐이 의거해야 하는 것은 진정한 아카데미즘이기 때문에 그것을 어떻게 해서든지 유지하고, 될수록 강화해나가지 않으면 안 되기 때문이다.

그러한 시도의 하나로 나는 대학에 제출되는 박사논문들 중에서 주목할 만한 논문을 골라 최신 기술을 이용해 제작원가를 낮춰 적은 부수의 출판을 가능하게 하는 방도를 모색했다.

사장으로서 일하는 한편, 10여 명 내외의 신뢰할 수 있는 저자들 사이를 오가면서 나의 문제의식을 설명하고 의논했다. 고맙게도 그런 분들 전원이 내 생각에 찬성해주었고 적극적으로 협력해주기로 했다. 그 결과 2002년 6월 '이와나미아카데믹총서'가 발족할 수 있었다.

그때 내가 쓴 「발간에 즈음하여」를 인용한다. 앞에서 말한 내 생각이 솔직하게 표현되어 있기 때문이다.

이와나미쇼텐은 창업 이래 인류의 지적 재산의 계승과 발전을 가장 중요한 과제로 생각하고 출판활동의 기축으로 삼아왔다. 그런 의미에서 아카데미즘의 옹호와 육성은 우리 출판사의 이념에서 핵심이라 해도 과언이 아니다.

이번에 우리 출판사는 그러한 이념 하에 '이와나미아카데믹총서'를 창간한다. 그 의도는 인류가 오랜 세월에 걸쳐 축적해온 지식을 확인하고 젊은 세대 연구자의 손으로 새로운 지적 공유재산을 더하는 데 있다. 그럼으로써 혼미의 도를 더해가는 현대사회에 다소라도 자신감과 새로운 세계에 대한 희망을 제시하는 것을 목적으로 한다.

이 총서는 우리나라 대학에서 활발하게 이루어지는 지적 활동 중에서 장래 학계를 짊어질 것으로 생각되는 촉망받는 연구자들의 의욕적인 업적을 간행하는 새로운 학술연구 시리즈다. 학위논문으로 제출된 다수의 논고를 신중하게 검토하고 그 중에서 특별히 주목되는 논문을, 제작상의 여러 가지를 고려하면서 순차적으로 간행해나갈 것이다.

학술 출판을 둘러싼 환경이 한층 어려워지고 있는 오늘날, 진정한 아카데미즘을 지켜내기 위해서도 독자의 많은 지지를 바라 마지않는다.

2002년 6월
이와나미쇼텐

이 총서는 후루쇼 마사타카(古莊眞敬)의 『하이데거의 언어철학—지향성과 공공성의 관련』(ハイデガーの言語哲學—志向性と公共性の連關), 히라타 쇼고(平田松吾)의 『에우리피데스 비극의 민중상—아테네 시민단의 자타의식』(エウリピデス悲劇の民衆像—アテナイ市民團の自他認識)을 비롯하여 2006년에 간행한 마루하시 미쓰히로(丸橋充拓)의 『당대 북변 재정 연구』(唐代北邊財政の研究)에 이르기까지 열 권을 간행했다.

이렇게 수수한 기획을 실현시키는 과정에는 출판사 안에서도 여러 가지 어려운 점이 있었다. 편집부의 T군이나 K군 등의 엄청난 노력으로 마침내 궤도에 오를 수 있었다. 젊은 세대의 편집자가 이 총서의 의도를 살리고 더욱 발전시켜나가기를 바란다.

2003년 5월 말, '이와나미아카데믹총서'의 출발과 '강좌·천황과 왕권을 생각한다'의 완결을 지켜보며 나는 이와나미쇼텐을 떠났다.

마침내 40년 동안 찾아온 '유토피아'를 엿보다
• 글을 맺으며

　이상이 내가 편집자로 살아온 40년의 궤적이다. 이렇게 내가 만든 기획이나 편집한 잡지와 책을 하나하나 돌아보면서 나는 일찍이 이노우에 히사시 씨가 한 말을 떠올리지 않을 수 없다. 그것은 『헤르메스』에서 부탁한 오에 겐자부로·쓰쓰이 야스타카 씨와의 대담 「유토피아 찾기 이야기 찾기」에서 이노우에 씨가 왜 자신이 계속해서 연극에 집착하는지를 이야기할 때 한 말이다.

　"연극은 여러 가지 의미에서 공동작업으로 이루어집니다. 희곡을 쓰는 사람이 있고, 그것을 연기하는 배우가 있습니다. 큰 도구, 작은 도구, 조명이나 음향을 담당하는 사람도 필요합니다. 하지만 가장 중요한 것은 관객이라는 존재일 겁니다. 어느 날, 어떤 시간에 극장에서 연극이 상연됩니다. 불과 두세 시간의 일입니다. 그러나 그 두세 시간은, 만약 극의 상연이 잘 되어 연기를 하는 측과 관객이 일체가 되는 경우에는 일종의 '유토피아'가 나타나는 시간이 되는 겁니다. 저는 고마쓰자(こまつ座)에서 작품 하나하나를 상연할 때마다 유토피아를 찾아왔습니다."

이노우에 씨의 말은 대충 이런 취지였다고 기억하고 있다.

 나는 이 이야기를 들었을 때 출판도 이와 똑같다고 생각했다. 저자가 있고, 편집자가 있다. 제작이나 교정 담당자도 있다. 인쇄소·제본소 사람들이 있고, 종이를 파는 사람도 있다. 광고를 담당하는 광고 담당자나 광고대리점 사람도 있다. 중개회사나 서점 관계자도 물론 빼놓을 수 없다. 그리고 무엇보다도 중요한 독자가 있지 않은가. 그렇다면 출판도 연극과 마찬가지로 수많은 사람들의 공동작업으로 이루어지는 것이다.

 그리고 연극처럼 극장이라는 자리에서 특정한 때에 특별한 세계가 나타난다는 점은 달라도 독자가 손에 든 한 권의 책으로 현실세계에서 짧은 시간 동안 다른 우주에서 살 수 있다면 이것 역시 이노우에 씨가 말한 '유토피아' 찾기가 아닐까? 이렇게 생각하면 내가 편집자로 살아온 40년은 '유토피아 찾기'의 40년이었다고 할 수 있을지도 모른다.

 그러나 생각해보면 '유토피아'는 현실에 존재하지 않기 때문에 '유토피아'일 것이다. '어디에도 없는 장소'라는 것이 '유토피아'의 의미니까 말이다. 따라서 역설적인 표현이 되겠지만, 현실에는 있을 수 없기 때문에 나는 40년간 계속해서 '유토피아'를 찾아온 것이라고 할 수 있을 것이다.

 그런데 나는 40년 중 거의 마지막 시기에 이르러, 어쩌면 살짝 '유토피아'를 엿보았다고 할 만한 한 가지 경험을 했다. 그 일을 적으면서 이 책을 끝내기로 한다.

 2001년 12월의 어느 날이었다. 오전 열한 시쯤, 책상 위에 놓인 전화에서 벨소리가 울렸다. 수화기를 들자 30년 넘게 교제해온 저자 X씨의 목소리였다.

"오늘 아침 신문을 봤습니다만, 엄청난 사태인 것 같네요. 제 아내와도 의논을 했습니다만, 아이들도 진작에 다들 독립했고, 우리는 늙어서 더 이상 아무 것도 필요없습니다. 그러니 수중에 있는 지금 같은 건 없어도 상관없습니다. 오쓰카 씨, 그 돈을 마음대로 써주지 않겠습니까?"

그리고 지금 ○○엔 정도 있다는 이야기가 이어졌다.

X씨의 뜻밖의 제안에 나는 정말 깜짝 놀랐다. 그리고 그 엄청난 액수에도 놀라지 않을 수 없었다. 너무나 갑작스러운 일이라서 나는 어떻게 대답해야 할지 몰랐다.

"정말 고마운 이야깁니다. 그러나 그 마음만 감사히 받겠습니다."

이렇게 대답한 게 고작이었다. 전화를 끊고 한동안 멍했다. 문득 눈물이 흘러내리더니 멈추지 않았다.

그날 전문서적 중개회사로 알려진 S사가 도산했다. 당일 조간에 그 기사가 실려 있었던 것이다. 패전 직후 S사가 창업한 이래 이와나미쇼텐은 S사와 특별히 깊은 관계를 유지해오고 있었다. 그러므로 신문이나 잡지에서는 기다렸다는 듯 "이와나미쇼텐은 위기다"라고 야단법석을 피워댔다. 그런 사정을 알고 있는 X씨가 걱정이 되어 전화를 해왔던 것이다.

나는 X씨가 개인적으로 오랫동안 교제해온 나를 구하기 위해 그런 제안을 해왔다고 생각하지 않는다. 그보다는 마침 내가 사장이 라는 형태로 최종적인 책임을 지고 있는 조직, 즉 이와나미쇼텐이라는 출판사를 소중하다고 생각했기 때문에 생각지도 못한 제안을 해온 것이라고 생각한다.

나는 진정한 의미에서의 아카데미즘을 믿고 무엇보다 소중히 해왔다. 아무리 쉽고 계몽적인 책을 만들 때도 그 배경에 학술적인 뒷받침이 있도록 배려해왔다고 생각한다.

학술전문서나 학문적인 강좌의 경우, 학술적 뒷받침이 가장 중요하다는 것은 말할 것도 없다. 이러한 이와나미쇼텐의 태도와 그것을 기반으로 지금까지 축적해온 것들에 대해 X씨가 공감해준 것일 것이다. 그리고 만약 그것이 위기에 처했다면 사재를 털어서라도 도움을 주려고 했던 것이리라. 주제넘은 소리일지 모르지만, 결국 40년 가까운 시간을 걸고 나는 내 나름대로, 이와나미쇼텐에 대한 X씨의 평가와 신뢰를 쌓아올 수 있었다고 말할 수 있을지도 모른다.

눈물이 그치지 않았다. 내가 가장 소중하다고 생각하는 것을 똑같이 신뢰하고 그것을 지키기 위해 사재까지 내놓으려는 X씨의 신뢰와 그런 행동에 대해 나는 할 말이 없었다. 말로 다할 수 없는 감사를 오직 눈물에 맡기는 것 외에 방법을 찾을 수 없었다.

나는 X씨로부터 한 통의 전화를 받은 일로 40년간 편집 일을 해온 것에 큰 의미가 있었다고 마음 저 밑바닥으로부터 느꼈다. 그리고 40년 동안 계속해서 찾아온 '유토피아'를 마침내 엿볼 수 있었다. 솔직히 말하자면 나는 이 에피소드에 대해 이야기하고 싶어서 이 책을 쓸 생각을 했다고도 할 수 있다.

커다란 손바닥 안에서 저질러온 반역
• 저자 후기

　이 책을 쓰기 위해서는 이와나미쇼텐을 물러나고 최소한 3년이라는 세월이 필요했다.
　첫째는 자신의 경험을 객관적으로 볼 수 있도록 마음의 자세를 가다듬어야 했기 때문이다. '마음의 자세를 가다듬는다'고 하면 뭔가 종교적이거나 윤리적인 뉘앙스가 풍길지도 모르지만 그런 것은 아니다.
　사장으로 일한 마지막 7년은, 나도 분명히 인식해온 것이지만 항상 머리끝에서 발끝까지 긴장하고 있었다.
　그것은 일본 경제 자체가 저 밑바닥의 수렁으로 침몰하지 않도록 필사적으로 허우적거리던 때와 완벽하게 겹치는 시기였다는 이유도 있을 것이다. 또 출판계가 전후 처음으로 바닥이 보이지 않는 나락으로 곤두박질하는, 소름끼치는 시기기도 했기 때문이다.
　그러나 그렇게 긴장한 가장 큰 이유는 이 어려운 시대에 이와나미쇼텐이라는 브랜드를 어떻게 지켜나갈 것인가 하는 데 있었다. 감히 '브랜드'라는 말을 썼는데, 과장되게 들릴지도 모르겠지만 나에게

이 브랜드를 지키는 일은 일본문화의 수준을 유지하는 것과 같은 일이라고 생각되었다.

활자를 떠나는 현상이 이어지고 학생들의 학력이 저하되었다는 말이 들려왔다. 책의 판매는 급커브를 그리며 감소했다.

어느 날 나는 교토대학의 우에노 겐지 교수에게 "긴히 부탁드릴게 있습니다만" 하고 의뢰한 적이 있다. "동료 수학교수님들을 모셔서 이야기 좀 듣고 싶습니다." 우에노 교수는 곧 준비를 해주었고, 그를 포함한 다섯 명의 수학 전문가와 만날 수 있었다. 거기서 나는 교토대학 수학교육에서 가장 큰 문제는 무엇인가 하는 무례한 질문을 던졌다. 그랬더니 다섯 분 각자는 뜻밖에도 일치된 답을 했는데, "요즘 학생들은 논문을 정리하는 실력, 다시 말해 일본어 능력이 부족하다는 겁니다"라는 것이었다.

책을 읽지 않게 되면 일본인의 사고력은 쇠퇴한다. 그렇게 되면 일본은 점차 형편없는 나라가 될 것이다. 단순히 내셔널리즘에 역성드는 것이 아니라 삶을 향수한 나라를 소중하게 생각하고 싶은 것이다. 활자를 떠나는 현상에 어떻게든 브레이크를 걸고 싶은 마음이 간절하다.

나는 '이와나미쇼텐 출판간담회'라는 모임을 만들어 아미노 요시히코 · 우자와 히로부미 · 오오카 마코토 · 사카베 메구미 · 사카모토 요시카즈 · 사토 후미타카 · 나가오 마코토 · 나카가와 히사야스 · 니노미야 히로유키(二宮宏之) · 후쿠다 간이치 등 열 분을 모이게 해서 1년에 두 번 이와나미쇼텐이 놓인 상황을 설명하고 조언을 구해왔다. 거기에는 반드시 편집부의 책임자 몇 명도 동석했다.

그 외에도 각각 역사 전문가나 사회과학 연구자들이 모이는 모임을 만들어 가끔 전문가 선생들의 의견을 구했다. 모두 이와나미쇼텐이라는 브랜드를 지키려면 어떻게 해야 할까 싶어 한 일이었다.

국외로 눈을 돌리면 유럽과 미국에서는 거대자본에 의한 명문 출판사의 흡수·합병이 일상다반사로 일어나고 있다. 출판사 이름은 남아도 실제로는 어느 대기업의 산하에 있는 식이다. 그렇게 되면 1, 2년은 예전처럼 양질의 출판이라는 자취가 이어진다고 해도 결국 영리를 최우선으로 하는, 도저히 출판사로 보이지 않는 기업이 되고 만다.

이런 생각으로 머리끝에서 발끝까지 딱딱하게 긴장하고 있던 나는 출판사를 그만둔 뒤에도 곧바로 자신의 과거를 객관적으로 볼 수 없었다. 퇴직 후 2년째 후반에 들어 마침내 자신이 걸어온 길을 될 수록 객관적으로 돌아보고 싶어졌다. 우선 굳어진 근육을 조금씩 이완시키는 데서 시작하여 마음의 자세를 천천히 가다듬고 나서 쓰기 시작한 것이 이 책이다.

조금씩 긴장을 풀며 마음의 자세를 가다듬고 있을 때, 나는 또 한 가지 싫어도 나의 모순된 생활방식을 깨닫지 않을 수 없는 균열에 이르렀다. 나는 사장 일을 하는 동안 이와나미쇼텐이라는 브랜드를 지키려고 필사적으로 노력해왔다. 그러나 생각해보면 그에 앞선 30년이라는 시간, 나는 무엇을 해왔던가. 무엇을 감추랴, 반(反) 이와나미라고 할 만한 기획만 세워오지 않았던가. 적어도 내가 입안한 기획의 절반은 기성 권위를 무너뜨리는 쪽에 선 것들이었다.

입사하여 처음 잡지과에 배속되었는데, 금세 이건 좀 이상하다는 생각이 들었다. 앞뒤도 가리지 못하는 신참 편집부원이 말하는 것도 이상한 일이지만, 당시는 창립 50주년을 축하하는 무렵이었는데 편집부에 충만한 것은 일종의 일류의식이었다. 50년 내내 이와나미쇼텐은 일본문화를 짊어져왔다, 대중문화는 고단샤(講談社)가, 고급문화는 이와나미가, 라는 말을 자주 들었다. 이와나미쇼텐의 저자는 반드시 일류여야 하고, 그 저자에 대한 대우 역시 최고의 조건이어야 한다. 예를 들자면 저자에게는 최고급 식당에서 식사를 제공하고, 보내고 맞이할 때는 전세 승용차로……하는 식이었다.

나는 이러한 일류의식을 참을 수 없었다. 제1부에서 말한 머리와 꼬리가 통째로 달린 전갱이 이야기도 그런 맥락이다. 다시 말해 만약 우리가 편집부 안에서 일류의식에 어울릴 만큼의 일류 논의를 하고 있다면, 그리고 그것을 지탱하는 일류 지식과 식견을 가지고 있다면 또 모르겠지만 수준이 낮은 편집회의에서 중용되는 것은 대가의 의견뿐이었다. 거기에서 편집자의 주체적인 모습을 감지하는 것은 어려운 일이었다.

그러므로 나는 입사하여 1, 2년이 지날 무렵부터 이와나미를 그만두고 싶은 마음이 강했다. 실제로 그 한발짝 앞까지 간 적도 있었다. 나는 어느 대학의 대학원에 시험을 보았고 다행히 합격했다. 잘 알고 있던 S교수는 호의에서 이와나미쇼텐의 장학금을 받도록 하자고 했다. 전전부터 계속되는 후쥬카이(風樹會)라는 장학제도가 있었는데, S교수는 그 이사를 맡고 있었다. 그러나 곧 그만두려는 회사에서 돈을 받을 수는 없었다. 그런 일도 있고 해서 이 이야기는 흐지부지되고 말았다.

그 외에도 계기는 몇 차례 있었다. 한 예를 들자면 잡지과의 O과장이 영국의 『이코노미스트』지에서 1, 2년 연수를 하는 것이 어떻겠느냐는 제안을 했다. 당시 O과장은 『이코노미스트』지의 도쿄 특파

원과 친구였던 것이다. 이 이야기는 회사도 정식으로 받아들여주었지만, 그쪽 사정으로 실현되지 못했다. 이런 식으로 사직도 연수도 실행에 옮기지 못하고 이와나미에 계속 남았던 것은 나 자신의 결단력이 부족해서였다고 할 수밖에 없다.

신입사원 무렵의 이야기는 그렇다치고, 이후 나는 이 책에 쓴 것처럼 이와나미의 일류의식에서 보면 의문시할 만한 기획을 많이 만들어왔다. 그러므로 언젠가 오노 스스무(大野晉) 씨로부터 통렬한 비판을 받았을 때 혼이 나면서도 나 자신의 마음속에서는 쾌재를 불렀던 적이 있다.

아마 신서 편집부에 있던 무렵의 일이라고 생각되는데, 오사카에서 히로시마(廣島)·마쓰야마(松山)를 도는 강연회에서 우자와 히로부미 씨의 강연 담당자로 따라갔을 때의 일이다. 우연히 오사카에서 오노 스스무 씨와 점심을 같이 먹게 되었다. 거기에는 당연히 우자와·오노 씨 외에 임원이나 오노 씨의 강연 담당자도 자리를 같이했을 텐데 전혀 생각나지 않는다. 다만 선명하게 기억나는 것은 오노 씨가 나에게 다음과 같은 말을 했다는 것이다.

"이와나미는 돈을 들여 강연회 같은 걸 대대적으로 하고 있지만 요즘 출판한 것들 중에는 볼 만한 게 거의 없는 것 같소. 최근 2, 3개월 동안 지적 자극으로 풍부한 책을 냈다면 좀 가르쳐주시겠소?"

다들 알다시피 오노 씨는 고군분투하며 독자적인 길을 개척하고 있었다. 그러한 그가 보기에 당시의 이와나미쇼텐 간행물은 무난하기는 하지만 모험심이 부족한 것들로만 비쳤을 것이다. 그 자리에서 가장 젊은 나에게 오노 씨는 도발하듯이 강렬한 비판을 계속했다. 나는 그 비판에 답할 수가 없었다. 그러나 그가 말하는 것이 옳다고 생각한 일을 또렷하게 기억하고 있다.

그런데 그 후 30년쯤 지나 21세기로 접어든 무렵 오노 씨 부부와 함께 신슈(信州)로 여행을 갈 기회가 있었다. 그때 "예전에 오사카에서 오노 선생님께 호되게 비판을 받았습니다. 그러나 그 덕분에 어떻게든 편집자의 길을 걸을 수 있어서 지금은 깊이 감사하고 있습니다" 하고 내가 말했더니 "그런 실례를 면전에 대고 했단 말입니까? 그렇다면 역시 저도 그땐 젊었나보군요"라고 오노 씨는 웃으면서 대답했다.

그런 사정이 있어서 나는 편집담당 임원이 되기까지 계속해서 본류에서 벗어나 있다는 의식을 갖고 있었다. 그리고 나 자신의 역할도 깨닫고 있었다. 예컨대 '일본고전문학대계' 같은 본류가 있어야 비로소 '총서·문화의 현재'와 같은 기획이 있을 수 있다고 생각한 것이다.

편집담당 임원이 된 것은 1990년의 일이지만, 그 무렵부터 조금씩 내 나름대로 본류를 강화할 생각을 하기 시작했다. 예컨대 전집과(全集課)의 책임자에게 부탁하여 『칸트 전집』을 실현시킨 적도 있다. 이와나미쇼텐은 아리스토텔레스·플라톤·헤겔의 전집을 간행해왔다. "여기에 칸트를 덧붙인다면 더할 나위 없을 텐데. 사카베 메구미 씨를 중심으로 하면 되지 않을까요?"라고 내가 말한 것을 받아들여 Y과장은 불과 2년도 안 돼 『칸트 전집』(전22권, 별권 1) 기획을 입안해주었다. 편집위원은 사카베 메구미·아리후쿠 고가쿠(有福孝岳)·마키노 에이지(牧野英二) 씨였다. 전권이 완간된 것은 2006년의 일이다.

또 서구사상을 아는 데 빼놓을 수 없는 프로이트에 대해서도, 라캉의 『세미나』를 먼저 만들기는 했지만 그 전집을 실현시키고 싶었다. 은퇴할 때까지 2, 3년 동안 기회를 보아 교토로 찾아가서 신구 가즈시게 씨와 의논했다. 라캉 이후의 프로이트상을 밝히자는 의도를 가진 이 『프로이트 전집』에 대해서는 전집과의 젊은 T군 등이 기획안을 만들었고 가까운 시일 안에 실현시킬 수 있는 데까지 애써 주었다.

  이렇게 나는 실질적으로 편집자로서 활동한 30년 내내 이와나미쇼텐이라는 장 안에서 반(反) 이와나미라고 할 만한 편집활동을 해왔다고 할 수 있다. 그러나 이제 와서 생각해보면 나 자신은 반 이와나미라는 자세로 열심히 일해왔다고 생각하지만, 사실 부처님이 아니라 이와나미쇼텐이라는 커다란 손바닥 안에서 혼자 좋아서 춤을 춰왔을 뿐이었는지도 모른다.

  '브랜드'라든가 '간판'이라는 것은 전통과 축적에 근거한 것이다. 그러나 동시에 '브랜드'나 '간판'은 단순히 그것을 지키는 것만으로는 아무런 의미가 없다. 끊임없이 재생산해야 비로소 브랜드나 간판을 유지할 수 있고, 나아가 발전시킬 수 있는 것이다. 그렇다면 반 이와나미로 일관해온 나의 30년은 브랜드 재생산을 위해 아주 조금밖에 기여하지 않았다고 할 수 있다. 거꾸로 말하면 이와나미라는 커다란 벽이 눈앞에 가로놓여 있었으므로 나의 사소한 반역도 성립할 수 있었던 것이다.

  그런 의미에서 나는 새삼 이와나미쇼텐이라는 장에 진심으로 감사하고 싶다. 그리고 '유토피아 찾기'에 동참해준 분들(이와나미쇼텐만이 아니라 저자나 관련 업계에 있는 분들을 포함하여)에게 충심으로 감사의 말씀을 드린다.

그리고 이 책에 등장해준 분들에게는 아무리 감사하다는 말을 해도 모자랄 것이다. 정말 고마웠다는 말을 전한다.

이 책에서는 이름을 언급할 기회가 없었지만 다음 분들에게도 정말 많은 신세를 졌다. 깊이 감사드린다.

이치코 데이지(市古貞次)·이데 마고로쿠(井出孫六)·이노키 다케노리(猪木武德)·이노세 히로시(猪瀨博)·이마미치 도모노부(今道友信)·우치하시 가쓰토(內橋克人)·가지 도모오(嘉治元郎)·가토 미키오(加藤幹雄)·고노 도시로(紅野敏郎)·사이토 야스히로(齋藤泰弘)·사카무라 겐(坂村健)·사쿠타 게이이치(作田啓一)·시바타 도쿠에(柴田德衛)·시마오 나가야스(島尾永康)·주가쿠 아키코(壽岳章子)·진노 나오히코(神野直彦)·스기야마 마사아키(杉山正明)·다카시나 슈지(高階秀爾)·다케니시 히로코(竹西寬子)·다치바나기 도시아키(橘木俊詔)·다나카 시게아키(田中成明)·단 이쿠마(團伊玖磨)·지명관(池明觀)·쓰루 시게토(都留重人)·나카무라 겐노스케(中村健之介)·나카무라 헤이지(中村平治)·니시 준조(西順藏)·노모토 가즈유키(野本和幸)·히다카 도시타카(日高敏隆)·히라마쓰 모리히코(平松守彦)·후지이 조지(藤井讓治)·후나바시 요이치(船橋洋一)·마쓰다 미치히로(松田道弘)·미야자키 이사무(宮崎勇)·미야하라 모리오(宮原守男)·미야모토 겐이치(宮本憲一)·야마노우치 히사아키(山內久明)·야마우치 레이코(山內玲子)·야마시타 하지메(山下肇)·와키무라 기타로(脇村義太郎)·요시카와 히로시(吉川洋)

나는 이 책의 원고를 트랜스뷰샤(トランスビュー社)의 나카지마 히로시(中嶋廣) 씨에게 맡겼다. 그는 자신만의 뜻을 가지고 출판사를 경영하고 있고 그런 신념 아래 스스로 편집 일을 하고 있는 분이라고 판단해서다. 그의 세심하고 적확한 편집에 깊이 감사드린다. 서명·장명·소제목 등은 젊은 세대들에게 이 책을 읽게 하고 싶다는 나카지마 씨의 강력한 의향에 따라 붙인 것이다. 교정을 맡아준 미모리 데루코(三森嘩子) 씨에게도 고마운 마음을 전한다. 인명이나 서명·논문명이 많이 나오는 이 책을 교정하는 데 무척 고생했을 것이다.

그리고 사적인 얘기지만 40년에 걸쳐 편집자로서의 일을 계속할 수 있었던 것은 뭐니뭐니 해도 가족의 뒷받침이 있었기 때문이다. 돌아가신 부모님, 아내 준코(純子), 두 딸 아사코(麻子)와 요코(葉子), 그리고 집에서 키우는 개 랑에게 '고맙다'는 말을 전한다.

마지막으로 졸작이지만 이 책을 다음 세대를 짊어진 젊은 편집자들에게 바치고 싶다. 하나의 반면교사로 읽어준다면 더 이상 바랄 게 없겠다.

2006년 초여름
오쓰카 노부카즈

한 편집자의 삶에서 보는 한 시대의 지성사
• 옮긴이의 글

 이 책은 이와나미쇼텐(岩波書店)의 편집자를 거쳐 사장을 지낸 오쓰카 노부카즈(大塚信一)의 『理想の出版を求めて――一編集者の回想 1963~2003』(トランスビュー, 2006)을 완역한 것이다. 이 책을 낸 일본의 출판사가 소개한 대로 이 책은 경직된 아카데미즘의 틀을 넘어 학문・예술・사회를 종횡무진하며 새로운 문화를 파노라마처럼 창출하여 20세기 후반 인문학적 지(知)의 형성에 커다란 역할을 한 한 편집자의 생동감 넘치는 기록이다.
 이와나미쇼텐은 일본을 대표하는 출판사다. 흔히 고단샤(講談社)가 대중적인 서적의 출판을 대표한다면 이와나미쇼텐은 학술서적의 출판을 대표하는 출판사다. 그러므로 1963년부터 40년간 이와나미쇼텐의 편집자로 일한 저자의 발자취는 그대로 일본 아카데미즘의 역사라고 할 수 있다. 그리고 그 40년은 일본의 인문학적 지 또는 아카데미즘이 세계적인 수준에 도달하는 과정이자 동시에 일본 출판계의 불황과 함께 세계적으로 인문서적을 비롯한 학술서 출판이 침체되는 과정이기도 하다. 학술출판을 둘러싼 환경이 점점 어려워지는 것은 비단 일본만의 현상이 아니라 세계적인 현상이었기 때문이다. 우리 또한 예외가 아니었다.

이와나미쇼텐이 진정한 아카데미즘에 의거해야 한다고 생각하는 저자는 배금주의가 횡행하는 사회에서 인문학은 그 존속 자체가 위태로워졌고, 유럽이나 미국의 대학출판부도 고전을 면치 못하고 있으며, 팔리지 않는 분야의 학술서는 가차 없이 버려지는 경향을 보이고 있다고 진단한다. 그래서 저자는 풍전등화처럼 보이는 아카데미즘을 지켜내기 위해 출판사가 조금이라도 공헌할 수 있는 길을 모색해왔고, 이 책에서 우리는 그 모색의 과정을 확인할 수 있다.

또한 저자가 걸어온 40년은 '편집이란 무엇인가'라는 질문과 그에 대한 해답을 찾아가는 과정이었다고 할 수 있다. 그것은 한 후배 편집자의 "편집자야 뭐 결국 패배자 아닌가요? 글을 쓸 수 없는 사람이 어쩔 수 없이 하는 일이니까요"라는 자괴감 섞인 질문에 "편집이란 기본적으로 한 권 한 권, 저자 한 사람 한 사람과의 인간관계에 기초하는 일이다"라는 답을 얻고 직접 그러한 인식에 근거한 실천을 보여준 과정이기도 하다. 『요미우리신문』에 실린 인터뷰에서 저자가 "편집자로서 아마 500권 이상의 책을 출판해왔지만 스스로 붓을 쥔 것은 처음이다. 책을 쓰고 싶다고 생각한 적은 한 번도 없었다. 다만 여러 모로 신세를 진 수많은 학자나 예술가들에게 감사하는 마음을 담아 회상기를 남기고 싶었을 뿐이다"라고 말한 것도 편집자로서 그의 이러한 인식과 무관하지 않을 것이다.

어쨌든 한국의 독자 입장에서 보면 생소한 책 이름이 무수히 나열되어 있는 이 책은 그저 한 개인의 작업일지처럼 보일지도 모른다. 그러나 이 책을 읽으면서 나는 어떤 장면들을 그리고 있었다. 그 장면들은 무수하게 박혀 있는 책 제목 사이에서 마치 드라마나 영화처럼 인상적인 장면들로 되살아났다. 그것은 테리 이글턴의 『문학이란 무엇인가』를 쓰쓰이 야쓰타카가 『문학부 다다노 교수』라는 소설로 만들어낸 과정과 유사하다. 1960년 이후 일본의 지성사가, 여기저기 박혀 있는 책 제목 사이에서 스토리를 얻어 되살아난 것이다. 그래서 우리는 일본의 대표적 지성들이 어떻게 공동 작업을 했고 당대의 세계와 어떻게 호흡하려고 했는지를 부러움과 함께 목격하게 된다. 한 편집자가 걸어온 길이 한 시대의 지성사가 되는 과정을 담은 이 책에서 우리가 보는 것은 바로 한 시대의 지성사 안에 놓인 한 편집자의 삶이다.

이 책이 번역되고 근사한 책으로 만들어지는 데도 편집자의 삶이 담겨 있다. 유달리 고유명사와 서명이 많은 이 책의 편집을 맡아 수고해준 한길사 직원들에게 고맙다는 말을 전한다.

2007년 11월
옮긴이 송태욱

찾아보기

ㄱ

가와이 하야오 90, 97, 101~103, 105, 139, 180, 183, 184, 201, 202, 204, 241, 266, 309, 311, 364, 369~371, 375, 379, 380, 387~393, 399, 402
강좌 · 과학/기술과 인간 357, 368, 396, 427
강좌 · 문화인류학 415, 423
강좌 · 심리요법 389
강좌 · 전환기의 인간 56, 308, 364, 368, 372, 389, 395, 428
강좌 · 정신과학 156, 179, 200, 218, 220, 389
강좌 · 종교와 과학 308, 368, 381, 389, 391, 396, 427
강좌 · 천황과 왕권을 생각한다 368, 429, 430, 435
강좌 · 철학 43, 49, 51, 58, 72, 73, 75, 78, 83, 98, 100, 138, 169, 204, 289, 301, 368, 406
강좌 · 현대사회학 417
고디머, 나딘 126, 128, 270
고바야시 이사무 14, 24, 35, 57, 58
곰브리치, 에른스트 185, 186
구노 오사무 21, 35, 44~46, 49, 58, 98
기다 겐 74, 75, 84, 85, 88, 110, 182, 183, 189, 287, 302, 304, 378
기든스, 앤서니 150, 151
기어츠, 클리퍼드 78, 109, 110, 314

ㄴ

나카무라 유지로 21, 22, 46, 66, 72, 78, 79, 103, 104, 130, 135, 136, 139~141, 161~163, 171, 173, 174, 190, 195, 196, 200, 207~209, 228, 229, 234, 238, 240, 244, 245, 252, 253, 258, 259, 274, 275, 301, 303, 304,

313, 332~334, 340, 341, 360, 378, 388, 389, 391, 397~399, 403, 411, 412, 420, 422~424, 427
뉴프레스 263, 264
니시다 기타로 43, 73, 195, 196, 368, 399

ㄷ
다이산카이 177, 178
다케미쓰 도루 171, 178, 234, 244, 257~259, 261, 262, 268, 329, 330, 332, 335, 336, 341, 360
『도서』 102, 107, 124, 387
도시회 103~105, 209
동아시아출판인회의 291
레인, 캐슬린 272, 342, 344, 345
마루야마 마사오 16, 36, 37, 114, 115, 282
마쓰시타 게이이치 16, 93~97, 126
막스 베버 18, 26, 114
미야케 잇세이 175, 176
미타 무네스케 20, 196, 417, 419

ㅅ
『사상』 13, 15~22, 28, 30, 31, 35, 36, 38, 39, 43, 51, 52, 64, 65, 78~80, 84, 93, 96, 98, 129, 133, 134, 185, 236, 414
『세계』 15, 129, 171
쇼르스케, 칼 186, 207, 210, 213, 215, 216, 270
쉬프랭, 앙드레 75, 263~265
스탠퍼드대학출판부 145, 146, 150
시미즈 이쿠타로 38, 126, 129~131, 195
신이와나미강좌·철학 56, 75, 80, 140, 198, 233, 293, 301, 308
신인회 224
쓰루미 슌스케 44, 77, 97, 98, 376, 407
쓰쓰이 야스타카 175, 245, 298, 319, 320, 337~340, 377, 437

ㅇ
아오키 다모쓰 77, 78, 178, 254, 255, 286, 287, 289, 291, 411, 413~416, 424
아잔사 265
야마구치 마사오 34~36, 64~66, 75, 77, 78, 89~91, 103, 105, 156, 163, 166, 167, 169, 171~174, 177~179, 181, 182, 184, 185, 204, 208, 209, 221~224, 234~236, 238, 239, 244, 251, 258~260, 262, 271~273, 275, 276, 286, 290, 291, 295, 309, 310, 318, 332, 333, 341, 360, 364, 365, 387, 403, 416
야스이 다쿠마 210~217
야콥슨, 로만 168, 169, 282, 309, 311, 356, 381, 405, 406

에코, 움베르토 165, 167, 185, 270, 313, 317
엔데, 미하엘 228, 229, 241, 260, 281, 293, 297, 298, 309, 313, 318, 319, 380, 401
예의 모임 171, 173, 177, 209, 224, 234, 242
오에 겐자부로 158, 160, 163, 165, 171~173, 178, 181, 209, 223, 224, 234, 238, 242, 244, 245, 248, 257, 258, 271, 274, 276, 277, 293, 310, 319, 320, 329, 330, 332, 335~337, 342, 360, 388, 437
오오카 마코토 171, 172, 234, 239, 244, 245, 249, 257, 258, 311, 314, 330, 332, 340, 360, 403
오카자와 시즈야 225, 228, 241, 355
와쓰지 데쓰로 13, 52, 65, 66, 200, 399
우메모토 가쓰미 38, 44, 51, 53
우자와 히로부미 116~123, 135, 136, 253, 309, 311, 313, 364, 365, 369, 371, 376, 380, 399, 402
울프, 크리스티안 260, 262~264
이글턴, 테리 165, 167, 294, 298, 299, 339, 340, 342~344
20세기 사상가문고 88, 156, 179, 186, 189, 199, 200, 230

21세기 문제다발북스 308, 357, 411
이소자키 아라타 171, 234, 236~238, 244~247, 257, 258, 260, 324~326, 328, 329, 332, 338, 340, 341, 360, 364, 365, 377, 378
이와나미 시게오 14, 219
이와나미동시대라이브러리 193, 204, 220, 320
이와나미쇼텐 13~15, 24, 35, 36, 43, 57, 74, 85, 93, 96, 98, 102, 110, 113, 120, 121, 124, 140, 143, 149, 155, 179, 190, 196, 197, 199, 201, 212~214, 220, 225, 236, 264, 292, 296, 338, 360, 368, 383, 385, 400, 421, 423, 428, 429, 433~435, 439, 440
이와나미신서 50, 51, 60, 61, 83~85, 90, 91, 94, 96~99, 101, 102, 106, 108, 109, 112~118, 121, 122, 127, 129, 132, 133, 135, 136, 138, 139, 141, 143, 144, 210, 217, 289, 312, 366, 400, 419, 420, 423
이와나미아카데믹총서 432, 433, 435
이와나미현대문고 88, 193, 220, 291
이와나미현대선서 83, 144, 156~158, 160, 161, 164, 165, 167, 175, 179, 211, 221, 300

이즈카 고지 32, 20, 33, 99
이치야나기 도시 171, 225, 282, 284, 285
이치카와 히로시 78~80, 103, 200, 209, 285, 302, 304
이키마쓰 게이조 20, 34, 39, 44, 45, 72, 77, 88, 110, 114, 167, 182, 183, 287~289
이토 미쓰하루 38, 365~367
인터넷 철학아고라 420, 421

ㅈ
주오코론샤 29, 91, 178, 273
지구발견북스 380, 386

ㅊ
촘스키, 노암 190~193
총서·문화의 현재 140, 156, 160, 163, 166, 173, 174, 177, 179, 233~235, 242, 292
총서·여행과 토포스의 정신사 198, 233, 256, 290, 292, 404
총서·정신과학 203
총서·현대의 종교 308

ㅋ
쿠네네, 마지시 128, 129, 162

ㅍ
판테온출판사 263, 264
폴리티출판사 150, 151

프랑크푸르트국제도서전 143, 145, 147, 149, 168, 343
프리드만, 알렉산드르 355, 356, 381

ㅎ
하나다 기요테루 22, 23, 199, 274
하니 고로 22~24
하비스트출판사 150
하야시 다쓰오 13, 35, 36, 44, 57, 58, 60~67, 89, 90, 109, 126, 127, 129, 130, 137, 168, 199, 238, 239, 242, 271~277
한길사 291
핫토리 시로 46, 47, 282, 283, 404, 405
『헤르메스』 140, 160, 167, 194, 200, 205, 223, 233, 234, 236, 238, 240, 242, 245, 246, 276, 281, 297, 298, 309, 320, 323, 329, 330, 332, 335, 337~339, 344, 345, 359, 360, 402, 437
헤이본샤 62, 65, 384
현대문화연구회 224
현대철학의 모험 308
후지사와 노리오 20~22, 44, 53~56, 79, 111, 112, 128, 166, 301~303, 364, 365, 369, 370, 372, 374, 399, 402, 403
후쿠다 간이치 16, 30, 31, 135, 136
히노코 177, 178

지은이 **오쓰카 노부카즈**(大塚信一)는 1939년 도쿄에서 태어났다. 1963년 국제기독교대학을 졸업하고 같은 해 주식회사 이와나미쇼텐(岩波書店)에 입사했다. 잡지 『사상』 편집부를 시작으로 '이와나미신서'(청판·황판) '이와나미현대선서' '총서·문화의 현재' '신이와나미강좌·철학' 『가와이 하야오 저작집』 등 수많은 시리즈·강좌·저작집을 세상에 내놓았다.

1984년 편집장으로서 학문·예능·사회에 다리를 놓는 계간지 『헤르메스』를 창간했고, 해외의 저자·출판인과도 폭넓은 네트워크를 구성하는 등 20세기 후반의 인문지식 형성에 커다란 공헌을 했다.

1996년 이와나미쇼텐 전무(사장 대행), 1997년부터 2003년까지 이와나미쇼텐 사장을 역임했다.

지금은 쓰쿠바전통민가연구회(고민가재생컨설팅 등) 대표·사회복지법인 일본점자도서관 이사장·동아시아출판인회의 이사 등을 맡고 있다.

옮긴이 **송태욱**은 연세대학교 국문과와 같은 대학 대학원을 졸업하고 문학박사학위를 받았다. 도쿄외국어대학 연구원을 지냈으며, 지금은 연세대와 경기대에서 강의하면서 번역 일을 하고 있다. 논문으로 「김승옥과 고백의 문학」이 있고, 지은 책으로 『르네상스인 김승옥』(공저)이 있다.

옮긴 책으로는 한길사에서 펴낸 『트랜스크리틱』을 비롯하여 『번역과 번역가들』 『탐구 1』 『윤리 21』 『일본정신의 기원』 『형태의 탄생』 『포스트콜로니얼』 『천천히 읽기를 권함』 『움베르토 에코를 둘러싼 번역이야기』 『연애의 불가능성에 대하여』 『은빛 송어』 『비틀거리는 여인』 『사랑의 갈증』 등이 있다.